HENRIQUE VIII

FUNDAÇÃO EDITORA DA UNESP

Presidente do Conselho Curador
Mário Sérgio Vasconcelos

Diretor-Presidente / Publisher
Jézio Hernani Bomfim Gutierre

Superintendente Administrativo e Financeiro
William de Souza Agostinho

Conselho Editorial Acadêmico
Divino José da Silva
Luís Antônio Francisco de Souza
Marcelo dos Santos Pereira
Patricia Porchat Pereira da Silva Knudsen
Paulo Celso Moura
Ricardo D'Elia Matheus
Sandra Aparecida Ferreira
Tatiana Noronha de Souza
Trajano Sardenberg
Valéria dos Santos Guimarães

Editores-Adjuntos
Anderson Nobara
Leandro Rodrigues

GEORGES MINOIS

HENRIQUE VIII

TRADUÇÃO
NÍCIA ADAN BONATTI

Henri VIII, de Georges Minois

© 1989 Librairie Arthème Fayard
© 2022 Editora Unesp

Direitos de publicação reservados à:
Fundação Editora da Unesp (FEU)
Praça da Sé, 108
01001-900 – São Paulo – SP
Tel.: (0xx11) 3242-7171
Fax: (0xx11) 3242-7172
www.editoraunesp.com.br
www.livrariaunesp.com.br
atendimento.editora@unesp.br

Dados Internacionais de Catalogação na Publicação (CIP) de acordo com ISBD
Elaborado por Vagner Rodolfo da Silva – CRB-8/9410

M666h	Minois, Georges
	Henrique VIII / Georges Minois; traduzido por Nícia Adan Bonatti. – São Paulo: Editora Unesp, 2022.
	Tradução de: *Henri VIII* Inclui bibliografia. ISBN: 978-65-5711-143-7
	1. Biografia. 2. Henrique VIII. I. Bonatti, Nícia Adan. II. Título.
2022-2162	CDD 920 CDU 929

Editora afiliada:

Aos meus filhos
Yves, Gaël, Yann, Gwenn

Live we how we can, yet die we must.
Shakespeare, *Henrique VI*, Parte III, II, 5

His promises were, as he then was, mighty;
but his performance, as he is now, nothing.

Shakespeare, Henrique VIII, IV, 2

SUMÁRIO

PRIMEIRA PARTE
O JOVEM *PREMIER* (1491-1515)

I. A NOVA DINASTIA 3
Os frágeis direitos dos Tudor; Prestígio real intacto; O enfraquecimento da nobreza e da igreja; O Parlamento: limite e instrumento do poder real; O rei e seu Conselho: amplas possibilidades de ação

II. PAI E FILHO 33
Nascimento do príncipe Henrique. Seus primeiros títulos; Primeiros contatos com a torre e a justiça real; Questões matrimoniais; A educação do príncipe de Gales; Henrique VII e a Marinha; Henrique VIII e o dinheiro

III. OS PRAZERES E A GLÓRIA (1509-1514) 61
O rei; Os prazeres; O governo do reino; Guerra ou paz? O rei contra seus conselheiros; Inícios infelizes: 1511 e 1512; O Ano Glorioso: 1513 (Guinegate e Flodden); O retorno das alianças

SEGUNDA PARTE
O REINADO DE MESTRE THOMAS WOLSEY (1515-1529)

IV. O CARDEAL WOLSEY E OS FRACASSOS DA POLÍTICA EXTERIOR (1515-1517) 93
A irresistível ascensão de Thomas Wolsey; Cardeal-ministro; A conservação do poder, finalidade última de sua política; Sua política externa: ser o árbitro da Europa; 1515: a Europa troca os jovens governantes; As desventuras de 1516 e 1517

V. ÁRBITRO DA EUROPA E DEFENSOR DA FÉ (1518-1522) 117

O Tratado de Londres (outubro de 1518), o triunfo pessoal de Wolsey; Henrique VIII candidato ao Império e suas veleidades de trabalho (1519); O fracasso eleitoral e o projeto de Cruzada (maio-dezembro de 1519); 1520: o ano das entrevistas; A execução de Buckingham; O defensor da fé; As negociações de Calais (verão de 1521); As diferenças entre o rei e Wolsey e o retorno da guerra

VI. MANOBRAS DIPLOMÁTICAS E MATRIMONIAIS (1522-1527) 149

As decepções da política externa (1522-1524); Pavia e os planos de Henrique VIII (1525); A aproximação com a França e a nova preocupação de Wolsey (1526-1527); Ana Bolena, os escrúpulos e a diplomacia do rei; Os argumentos a favor da anulação do casamento; Os argumentos contra a anulação do casamento; O terceiro caminho

VII. A LUTA PELO DIVÓRCIO E A QUEDA DE WOLSEY (1527-1529) 179

Planos do rei e planos de Wolsey para a anulação do casamento; As hesitações do papa; A missão do cardeal Campeggio; O novo plano do rei; Os debates de Westminster (junho-julho de 1529); A queda de Wolsey (outubro-novembro de 1529); Thomas More, novo chanceler, e o fim de Wolsey

TERCEIRA PARTE
O CORAÇÃO DO REINO: DIVÓRCIO E SUPREMACIA (1530-1539)

VIII. HUMANISMO E RENASCENÇA NA INGLATERRA DE HENRIQUE VIII 209

A modesta influência do Humanismo na Inglaterra. Thomas More; Colet, Grocin, Linacre e Erasmo; O problema da educação e da impressão; Mediocridade da produção literária; Uma arquitetura original, pouco afetada pela Renascença; Música e pintura. Holbein e os retratos do rei

IX. A OFENSIVA CONTRA ROMA E O CLERO INGLÊS (1529-1532) 241

Anticlericalismo e oposição a Roma na Inglaterra; Henrique VIII e as ideias de reforma religiosa; Os primeiros ataques (1529-1530); Os argumentos a favor da supremacia; Thomas Cromwell; As manobras reais de 1531; A ofensiva de 1532 contra o clero

X. O REI, CHEFE SUPREMO DA IGREJA DA INGLATERRA (1533-1535) 277

A anulação do casamento (maio de 1533); A ruptura com Roma (julho-novembro de 1533); A virgem de Kent; As leis de 1534; A teoria de Henrique; A religião henriquista como agente do despotismo; Os ingleses e a supremacia real. Execução de Fisher e de More

QUARTA PARTE
O DÉSPOTA E SEU REINO (1540-1547)

XI. A PRIMEIRA QUEDA DOS MONASTÉRIOS E AS RESISTÊNCIAS À POLÍTICA REAL (1535-1539) 315

Os mosteiros segundo a investigação de 1535; Dissolução de mosteiros de menos de 200 libras (1536); Execução de Ana Bolena e novo casamento com Jane Seymour (1536); Os dez artigos. Impopularidade de Henrique; A Peregrinação da Graça; As incertezas de 1538

XII. A INGLATERRA DE HENRIQUE VIII 349

Prosperidade geral do reino; O meio rural. As cercas; O ambiente urbano. As guildas. O comércio exterior; Londres; Administração e justiça; "O pai da marinha inglesa"; A unificação administrativa do reino

XIII. O DESPOTISMO RELIGIOSO, POLÍTICO E MATRIMONIAL (1539-1543) 375

Os seis artigos e a rejeição do protestantismo; A dissolução dos grandes mosteiros; A dilapidação dos bens monásticos; Ana de Clèves; A queda de Cromwell; Catarina Howard; O problema escocês (1542-1543); Catarina Parr

XIV. OS ÚLTIMOS COMBATES (1544-1547) 409

A campanha de 1544; O alerta de 1545; A paz de Ardres e as complicações diplomáticas do final do reinado; Os problemas financeiros; As últimas convulsões religiosas; Os últimos atos de despotismo; A morte do rei

CONCLUSÃO 437

ANEXOS 441

Lista dos titulares dos principais ofícios de governo; Cronologia

FONTES E BIBLIOGRAFIA 449
TABELAS E MAPAS 459
ÍNDICE ONOMÁSTICO 461

PRIMEIRA PARTE

O JOVEM *PREMIER* (1491-1515)

/# – I –

A NOVA DINASTIA

Em 22 de agosto de 1485, no coração das Terras Médias, perto da pequena cidade de Bosworth, foi travada uma batalha que determinaria o futuro da Inglaterra. Seria o ato final da interminável Guerra das Duas Rosas, que durante trinta anos colocou a família da rosa branca, York, contra a família da rosa vermelha, Lancaster, pela posse do trono. No campo de batalha estavam os dois últimos concorrentes: de um lado Ricardo III, rei da Inglaterra, 33 anos, o filho mais novo de Ricardo de York e o presumível assassino de seus dois sobrinhos; do outro lado, Henrique Tudor, 28 anos, um galês cuja complicada genealogia justificava, o melhor que podia, as últimas alegações de Lancaster.

Henrique Tudor tinha vivido exilado na França até então. Sua pequena expedição, que poderia ser considerada bastante arriscada, partiu da Normandia: 2 mil homens, mercenários da pior espécie, a maioria bretões e normandos, embarcaram no dia 1º de agosto em meia dúzia de navios na foz do rio Sena. No dia 7, a pequena tropa aportou em Milford Haven, num braço de mar no sudoeste do País de Gales, perto da terra natal de Henrique, Pembroke. De lá, o Tudor marchou para o leste para se encontrar com Ricardo. Ao longo do caminho, o seu exército tinha inchado com contingentes galeses que se tinham juntado ao filho nativo, de modo que na manhã de 22 de agosto já contava com cerca de 5 mil homens.

Do outro lado, Ricardo comandava o dobro de pessoas e estava em uma posição vantajosa. Sendo um guerreiro formidável, ele podia desprezar a ralé celta heteróclita que veio desafiá-lo. Apesar disso, estava inquieto, pois sabia que uma parte da nobreza que o seguia estava pronta para mudar de lado ao menor sinal de fraqueza de suas armas. Em particular, a lealdade do poderoso duque de Northumberland (Nortúmbria) era mais do que hesitante.

A batalha foi sangrenta. Ricardo perdeu tudo por uma infeliz ousadia: cercado apenas pelos cavaleiros de sua comitiva, tentou romper a linha inimiga para alcançar Henrique. No momento decisivo, Northumberland recusou-se a apoiá-lo e o rei foi morto. Ele foi enterrado no convento franciscano da cidade vizinha de Leicester. Meio século depois, quando os mosteiros foram dissolvidos, seu túmulo foi destruído e seu corpo foi atirado ao rio. Um fim miserável para a outrora magnífica rosa branca.

OS FRÁGEIS DIREITOS DOS TUDOR

Imediatamente coroado rei sob o nome de Henrique VII, o vencedor foi, no entanto, apenas o representante de uma rosa cujo vermelho havia empalidecido. Os títulos de Henrique Tudor para sucessão dos Lancaster e do reino pareciam incertos. Considerando apenas a genealogia, os direitos de Ricardo ao trono da Inglaterra eram muito superiores aos seus. O perdedor de Bosworth era, de fato, irmão do último rei, Eduardo IV, e filho do duque de York, Ricardo, que foi neto de Edmundo, duque de York, pelo lado de seu pai Ricardo, e tataraneto de Lionel, duque de Clarence, por parte de sua mãe, Anne Mortimer. Lionel e Edmundo foram, respectivamente, o segundo e quarto filhos de Eduardo III, o vencedor de Crécy, que morreu em 1377. Quanto a Henrique Tudor, era descendente do terceiro filho de Eduardo III, João de Gante, duque de Lancaster, que antes do casamento havia tido um filho com Catarina Swinford, João Beaufort. Mas esse filho tinha sido legitimado por

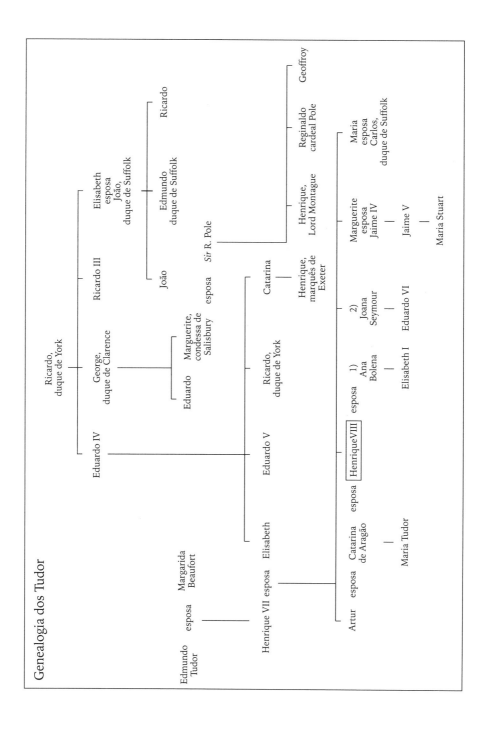

Ricardo II, com confirmação pelo Parlamento, e depois por Henrique IV, em 1407, mediante uma reserva sobre seus direitos à coroa.

João Beaufort tinha tido um filho, João, duque de Somerset, que por sua vez tivera uma filha, Margarida Beaufort, mãe de Henrique Tudor. Do lado de sua mãe, os Tudor só eram parentes dos Lancaster por um fio duvidoso; e mais ainda, ele só era parente do terceiro filho de Eduardo III, enquanto Ricardo era descendente do segundo.

Do lado do seu pai, as origens do novo rei eram ainda mais estranhas. Seu pai, Edmundo Tudor, duque de Richmond, era filho de Jasper Tudor, duque de Pembroke, que era o filho mais novo da viúva do rei Henrique V de Lancaster, Catarina. Esta última tinha casado em segredo novamente com um guardião do seu guarda-roupa, o sedutor galês Owen Tudor. Devido à impropriedade de tal casamento, explica-se por que ele permaneceu em segredo durante muito tempo. Após a morte de Catarina em 1437, Owen foi preso por ordem do Conselho Real, depois libertado em 1439; lutou pelos Lancaster na Guerra Civil e foi executado após a vitória dos York. Ele veio de uma família nobre em Anglesey, noroeste do País de Gales, um baluarte da resistência celta, diante da monarquia anglo-normanda.

Hereditariedade, portanto, só daria a Henrique VII direitos muito questionáveis à coroa. Além disso, sua história pessoal revelava a fragilidade de sua posição. Ele nascera no castelo de Pembroke em 28 de janeiro de 1457, de uma mãe de 14 anos e um pai morto e fora criado nas fortalezas galesas pelo seu tio Jasper. Em 1468, com o País de Gales novamente conquistado, a criança de 11 anos caiu nas mãos de lorde Herbert, que logo se tornou o novo duque de Pembroke. Dois anos mais tarde, seu tio libertou-o e enviou-o para a Bretanha, para os celtas do outro lado do Canal da Mancha, para fugir da família York, que estava recuperando o poder. Até 1484, ele viveu no ducado da Bretanha, sob a proteção do rei Francisco II, até Ricardo III exigir sua prisão. Henrique conseguiu escapar sob um disfarce e ganhar Anjou. Os Beaujeu, que então governavam na França e que favoreciam qualquer coisa que pudesse prejudicar o rei da Inglaterra, emprestaram-lhe 60 mil libras para equipar a sua pequena frota e facilitaram o recrutamento de 2 mil mercenários liderados por Philibert de Chandée.

Entretanto, o Tudor, mais do que sua magra força e direitos questionáveis, poderia contar com as divisões do partido de York. Ricardo III tinha se indisposto contra parte da nobreza. A partir de 1483, uma trama tinha reunido o duque de Buckingham, Morton, bispo de Ely, a família Courtenay, e a mãe de Henrique, que havia tornado a se casar com lorde Stanley. Os revoltados, entre outras coisas, planejavam promover o casamento de Henrique Tudor, herdeiro das ambições lancastrianas, e Elizabeth, filha de Eduardo IV e sobrinha de Ricardo III, herdeira dos direitos à coroa da família York: o casal teria, assim, reunido as duas rosas. A ideia teve o apoio das principais personalidades yorkistas: além de Buckingham, Elizabeth Woodville, viúva de Eduardo IV, seu irmão Eduardo Woodville, e seu filho, o marquês de Dorset. Quando a trama foi abortada, os líderes se juntaram a Henrique na Bretanha, e no dia de Natal de 1483, na catedral de Rennes, o Tudor e seus novos aliados fizeram um juramento de lealdade mútua. Henrique prometeu se casar com Elizabeth assim que tivesse conquistado o trono.

Henrique tinha importantes apoios entre a aristocracia inglesa. Muitos chefes de família, a quem o temor mantinha aparentemente no partido do rei, estavam prontos para se aliarem ao dragão galês. Bastava que o pretendente se mostrasse pessoalmente capaz de arrebatá-los. Ele provou ser capaz de vencer na batalha de Bosworth, e na própria noite de 22 de agosto de 1485 lorde Stanley sacramentou seu genro com a coroa da Inglaterra, recuperada em um arbusto não muito longe do corpo de Ricardo. Henrique VII foi aclamado rei da Inglaterra pelas suas tropas vitoriosas: o direito de conquista foi a sua mais forte justificação. O novo governante e a sua comitiva adornariam o seu sucesso com um quadro legal e teorias, mas a dinastia Tudor devia seu acontecimento ao sucesso pessoal de um homem que soubera tirar partido de circunstâncias favoráveis.

Embora Henrique VII tenha sido capaz de explorar habilmente a situação, nem tudo foi fácil. A morte de Ricardo foi uma oportunidade inesperada, uma vez que decapitara o puro partido yorkista e tornara improvável a continuação da guerra civil. Ainda havia alguns sobressaltos, pois os descendentes de York incluíam muitos rebentos que tentaram sua sorte, mas Henrique VII e Henrique VIII irão eliminá-los um após o outro. Assim, o irmão de Ricardo III, o duque de Clarence, deixou um filho, Eduardo, duque de Warwick, e uma filha, Margarete. Eduardo, com 10 anos de idade em 1485, foi preso na Torre de Londres durante catorze anos e executado em 1499, sob o pretexto de cumplicidade com a revolta de Perkin Warbeck em York. Margarete encontrou o mesmo destino em 1541; seu filho mais velho, Henrique Pole, tinha sido executado três anos antes, enquanto o mais novo, Reginaldo, cardeal Pole, se opôs ferozmente a Henrique VIII.

Ricardo III também teve uma irmã, Elizabeth, que casou com o conde de Suffolk, Jean de la Pole. Dos seus três filhos, o mais velho, João, foi morto na Batalha de Stoke em 1487, enquanto participava de outra revolta yorkista, a de Lambert Simnel; o segundo, Edmundo, foi preso na Torre e executado em 1513, enquanto o terceiro, Ricardo, foi morto na Batalha de Pavia em 1525. Finalmente, o último neto de Eduardo IV, Henrique, marquês de Exeter, e um bisneto do duque de Clarence, foram executados em 1538 e 1557. Desapareceriam assim os últimos membros da família York. O fato de terem sido caçados por mais de setenta anos depois de Bosworth, mostra que ainda preocupavam a família Tudor. Várias rebeliões tentaram restaurá-los no poder, e o rei usou isso como pretexto para mandar decapitar um pretendente a cada vez. As crises mais graves foram as de 1487, que culminaram na Batalha de Stoke, e as de 1491-1497, lideradas por Perkin Warbeck. Foi só no final do século XV que a dinastia Tudor finalmente pareceu estar assegurada do trono.

PRESTÍGIO REAL INTACTO

Nessa altura, ninguém apreciava a importância de Bosworth. A *Crônica de Landres,* contemporânea dos acontecimentos, mal menciona a batalha, em meio à ladainha de nomeações de prefeitos e xerifes, execuções e epidemias, como se a batalha tivesse sido apenas mais uma parte da Guerra das Duas Rosas. Desde a remoção de Ricardo II, em 1399, houve tantas derrotas de monarquias e tantos reinos efêmeros que a proclamação de Henrique VII foi recebida com indiferença pela população. A guerra civil continuava a ser um problema aristocrático, um ajuste de contas entre famílias nobres. York ou Lancaster? As pessoas do campo não se importavam. Quanto às cidades, apressavam-se a aplaudir o vencedor, desejando acima de tudo evitar problemas e continuar os negócios. Independentemente da cor da rosa, os impostos continuavam os mesmos, e as instituições não mudavam. Nenhuma ideologia estava em jogo. A única coisa que variava era o brasão dos senhores do momento, visíveis sobre os escudos desses terríveis cavaleiros de ferro ou nas librés de seus servos insolentes. Em Londres, o prefeito se esforçava para manter a calma, e a *Crônica* descrevia sem malícia como as corporações, com dezoito dias de intervalo, fizeram uma festa para Ricardo III partindo para a guerra e outra para seu vencedor que chegava do campo. A mesma atitude prevalecia em outras cidades: Norwich enviava homens para os dois partidos, e York se esforçava para manter os exércitos a uma boa distância de seus muros.

Apesar dos ruídos das batalhas e dos tronos que desmoronavam, a vida econômica do país continuava, apenas um pouco perturbada. Nada havia de comparável ao confronto entre os Armagnac e os Bourguignon na França do início do século XV. As cidades sofriam relativamente pouco; o campo sem dúvida um pouco mais, devido à passagem dos exércitos, mas estes eram poucos: não havia mais de 15 mil homens em Bosworth. O povo comum não estava envolvido na Guerra das Duas Rosas. Mantidos à distância, ele contava os golpes. A batalha foi feroz e impiedosa, com seu cortejo de assassinatos e de hecatombes bélicas, que forneceriam material para os dramas shakespearianos. A aristocracia foi praticamente a única vítima. "E assim, de minha memória", diz Commynes, "morreram nestas divisões da Inglaterra cerca de oitenta homens da linhagem real da Inglaterra, dos quais uma parte eu conheci [...]. A Inglaterra desfruta dessa graça particular sobre os outros reinos: nem o país, nem o povo, nem as casas foram devastadas, destruídas ou demolidas, mas as calamidades e os infortúnios da guerra caíram principalmente sobre os soldados e, particularmente, sobre a nobreza."

Entretanto, o país estava cansado desses combates que, embora produzissem relativamente poucos danos, mantinham uma incerteza nefasta, particularmente na área vital das exportações de lã para o continente. O duque de Borgonha apoiava os York, o rei da França os Lancaster, e a alternância das duas casas no poder levava a dificuldades comerciais com a Flandres. Os comerciantes de Londres, de Norwich, de Ipswich, os criadores de ovelhas, os importadores de vinho da Guiana aspiravam à estabilidade política. A nova monarquia usará esse fator para consolidar sua posição. Apesar das recentes convulsões, o prestígio da monarquia permanecera intacto, e o povo inglês, em que pesem as querelas dinásticas, estava preparado para apoiar o detentor da coroa, qualquer que fosse ele.

Característica desse estado de espírito é a frase que o conde de Surrey, Thomas Howard, feito prisioneiro em Bosworth, teria proferido para o novo soberano: "Ricardo foi meu rei coroado, e se a autoridade do Parlamento da Inglaterra tivesse coroado um bastão, eu lutaria por esse bastão; e como lutei por ele, assim lutarei por vós, quando fordes investido pela referida autoridade". Em contraste com a monarquia francesa, a continuidade dinástica não é o único elemento de legitimidade na Inglaterra; aos olhos do povo, ela até parece, pode-se dizer, secundária. A verdadeira garantia de poder é dada pelo assentimento do Parlamento. É nesse sentido que o grande jurista do século XV, John Fortescue, havia afirmado que a monarquia inglesa não era absoluta. O rei, uma vez instalado, gozava de enormes poderes, mas precisava do assentimento inicial do Parlamento. Todos os governantes efêmeros do período anterior, incluindo o último, Ricardo III, tinham tido o cuidado de ratificar sua tomada de poder pela ilustre assembleia. Por sua vez, Henrique VII se apressou em também fazê-lo: apenas doze dias após sua entrada solene em Londres, em 3 de setembro de 1485, ele convocava seu primeiro Parlamento.

Este último reuniu-se em 7 de novembro. O rei fez um discurso no qual proclamou seu direito ao trono por herança e pelo julgamento de Deus, manifestado no resultado da batalha. Tais reivindicações eram comuns havia um terço de século. O presente caso, no entanto, parecia mais espinhoso que os precedentes. Já vimos a extrema fraqueza dos argumentos dinásticos da família Tudor; deve-se acrescentar que Henrique estava sob uma condenação solene lançada por essa mesma instituição parlamentar durante o reinado anterior; e apenas um rei coroado tinha o direito de convocar o Parlamento. Nadava-se em plena ilegalidade, e foi por isso que o projeto de lei apresentado na assembleia era baseado unicamente no reconhecimento do fato consumado. Os Lordes e os Comuns deveriam reconhecer que, "para satisfação de Deus Todo-Poderoso, da riqueza, da prosperidade e da segurança do reino, do bem-estar de todos os súditos do rei e da eliminação de toda a ambiguidade, seja ordenado, estabelecido e aplicado pela autoridade do atual Parlamento, que a herança das coroas dos reinos da Inglaterra e da França [...] esteja, repouse e permaneça na real pessoa do nosso novo senhor, rei soberano Henrique VII e nos herdeiros do seu corpo em perpetuidade [...] e em nenhum outro".

Segundo a fórmula consagrada, o rei, com o acordo dos senhores espirituais e temporais, e a rogo dos Comuns, dá em francês seu assentimento: *"Le roy le voet en toutz pointz"*. O nascimento da nova dinastia marcava o triunfo do espírito prático: um fora da lei, descendente de uma obscura família galesa e do caçula legitimado do terceiro filho de Eduardo III, foi proclamado rei da Inglaterra por um Parlamento que ele não tinha o direito de reunir. Mas tinha a seu favor duas forças superiores à lei: ele era vitorioso e todo o país ansiava pela paz. A Lei de 1485 iria legitimar 118 anos de monarquia Tudor, que nem mesmo os problemas matrimoniais de Henrique VIII conseguirão perturbar.

Para estabelecer sua legitimidade, Henrique imediatamente assegura os direitos da família York à coroa, que eram muito mais sólidos que os seus – na pessoa de Elizabeth, filha de Eduardo IV e sobrinha de Ricardo III. Ela, porém, era sua parente distante; o casamento não poderia acontecer sem uma licença papal, um processo que se tornaria uma mania de família. Dessa vez não houve problema: em novembro, Henrique obteve uma licença do núncio apostólico na Inglaterra, o bispo de Imola, e sem esperar pela confirmação de Inocêncio VIII – que só assinaria a bula em 6 de março de 1486 –, casou-se com Elisabeth no dia 18 de janeiro. Em 27 de março, o papa acrescentou mais uma bula, confirmando o título real de Henrique e ameaçando com a excomunhão aqueles que se rebelassem contra ele. Ao fazê-lo, Roma mostrava sua confiança no rei e acrescentava sua autoridade espiritual – que sempre poderia servir para defender o rei – ao arsenal heteróclito das justificações do Tudor.

Apressado para acumular promessas de lealdade para com a sua família, Henrique VII imediatamente gerou um filho, que nasceu quase exatamente nove meses depois de seu casamento, no dia 20 de setembro de 1486, em Winchester. De uma forma muito apropriada, o príncipe de Gales foi recebeu o nome em homenagem ao herói bretão, símbolo da valentia, Artur. Nele, as duas rosas estavam enfim reunidas.

O ENFRAQUECIMENTO DA NOBREZA E DA IGREJA

Precisava ainda, para consolidar as bases da monarquia, operar a união da turbulenta aristocracia inglesa. Os líderes do partido yorkista estavam dizimados: Ratcliff, Brackenbury, Ferrers, Catesby, Norfolk, haviam morrido em Bosworth; Lovell e Lincoln haviam desaparecido; Northumberland e Surrey estavam presos. Henrique usou contra os ex-partidários de Ricardo uma mistura bem doseada de severidade e clemência: ele primeiro fez o Parlamento aprovar uma lei afirmando que todos aqueles que tinham lutado contra ele em Bosworth eram rebeldes, deixando a ameaça geral de exílio e execução, o que lhe permitiu em seguida conceder indultos individuais com generosidade. Northumberland e Surrey foram libertados; outros obtiveram perdões totais ou parciais. O núcleo dos fiéis foi amplamente recompensado, castelos reais mudaram de mãos, títulos foram distribuídos: Stanley tornou-se conde de Derby, Pembroke, duque de Bedford, Courtenay, conde de Devon, uma dúzia de senhores com direito a portar bandeira (e ter uma divisão de cavaleiros para combate) foram criados, postos administrativos e financeiros foram distribuídos. O rei sentiu que tinha a situação tão sob controle que dispensou seus mercenários estrangeiros e manteve apenas uma magra guarda permanente de cerca de cinquenta homens: os arqueiros, chamados *yeomen of the guard*. Estes, encarregados de guardar sua pessoa, foram por vezes usados para dispersar os raros motins londrinos do final do século. Com os poucos canhoneiros da Torre de Londres, que servia ao mesmo tempo como arsenal e prisão, formaram o único exército permanente de Henrique VII.

Apesar disso, a nova dinastia não estava imune às revoltas e aos complôs. As perturbações, que ocorreram até os primeiros anos do século XVI, explicam a cautela dos reis estrangeiros em relação ao Tudor. Trinta anos de guerra civil haviam consideravelmente desfalcado as fileiras da nobreza e enfraquecido os sobreviventes, mas ainda constituíam uma força com a qual se deveria contar. Execuções, confiscos, exílios, extinção de linhagens diretas haviam sido compensados por outros por dons, recompensas, heranças, usurpações e favores reais. Os soberanos frequentemente precisaram conceder uma autoridade suplementar aos principais feudais de seu partido. A justiça real era entravada, às vezes com sucesso, pelas justiças senhoriais. Principalmente no Norte, as cortes baroniais dos grandes senhores feudais haviam se tornado quase independentes, desfrutando das antigas "liberdades", que lhes conferia uma ampla jurisdição criminal e civil; muitos aspectos da vida econômica e social ainda dependiam somente de sua autoridade nos distantes condados de Cumberland, Northumberland, Durham ou Yorkshire.

Mas aqui, como na França, o declínio da aristocracia diante do poder real era inevitável, e a recuperação da monarquia soou o toque de morte das grandes potências feudais. Os enormes castelos-fortes, constantemente remodelados e ampliados durante a guerra civil, adaptados aos primórdios da artilharia, poderosamente equipados com armas e maquinaria, e ao mesmo tempo dotados de luxuosos apartamentos, entre os quais o grande salão, de proporções gigantescas, que era a peça central, ainda servia como um grande cenário para a vida senhorial. Típico a esse respeito é o Castelo de Warwick, a fortaleza do *"kingmaker"*, com sua formidável fachada oriental, defendido por profundos fossos, um barbacã[1] e as três enormes torres de César, do Relógio e de Guy, de 42 metros de altura. No lado da cidade, as torres de Clarence e do Urso, mais baixas, equipada com canhões, contrastam com a agradável fachada com vista para o rio Avon, sobre a qual se abrem confortáveis e luminosos alojamentos. O edifício é um exemplo admirável do apogeu da arte militar medieval e uma síntese do poder guerreiro e do esplendor extravagante da aristocracia do século XV. Na mesma escala e no mesmo estilo, está o Castelo de Arundel em Sussex, sede da família Fitzalan, ou Kenilworth, perto de Coventry. Nas escadarias galesas, o castelo de Raglan, construído a partir de 1432 por William Herbert, duque de Pembroke, combinava graça e poder com sua enorme torre independente e muralhas ornamentadas; suas torres, pontilhadas com numerosas canhoneiras e flechas cruciformes, também eram decoradas com janelas geminadas e nichos contendo estátuas de imperadores romanos. Esse esplêndido edifício, que poderia conter uma guarnição de 800 homens, só caiu em 1646, após um cerco que imobilizou um exército de 3.500 homens. Mais austeros são os grandes castelos do Norte: fortalezas gigantes como Alnwick, residência dos condes de Northumberland, protegidos por sua dupla muralha e suas torres adornadas com estátuas; Raby, sede da família Neville; Bamburgh, incrível massa de pedra erigida sobre um afloramento rochoso com vista para o Mar do Norte; Norham e Durham, pertencentes ao bispo desta última cidade, e a tantos outros, atualmente desaparecidos ou em ruínas.

---

1 Muro anteposto às muralhas, de menor altura que estas, e que tem a função de protegê-las dos impactos da artilharia. (N. T.)

Esses orgulhosos edifícios estavam, no entanto, vivendo sua última hora de glória. Apesar da destreza dos engenheiros militares, todos sabiam que essas fachadas, por mais espessas que fossem, não durariam muito diante da artilharia real. Além disso, assim como o soberano, para fazer a guerra os grandes barões só podiam contar com tropas mercenárias, que eram muito caras. Ora, os ganhos estavam em baixa. Estavam acabadas as proveitosas campanhas da Guerra dos Cem Anos, os lucrativos anos de Crécy, Poitiers e Azincourt, de onde eram trazidos ricos prisioneiros que rendiam vultosos resgates, e os frutos da pilhagem das boas cidades da França. Estavam também terminados os bons anos de rendas senhoriais, que permitiam manter amplamente o modesto orçamento medieval. Os rendimentos da terra, frequentemente fixos, não haviam seguido a alta geral dos preços desencadeada pela devastação da peste negra e acelerada pelo desenvolvimento do comércio. Os reveses da guerra civil haviam amputado a herança; a corrida aos armamentos havia sido ruinosa: a armadura de torneio, luxo que atingiu seu apogeu no século XV, e que amiúde se fazia vir de Nuremberg ou de Milão, custava uma verdadeira fortuna.

O fasto da vida aristocrática de então excedia tudo o que se conhecia antes; não a pompa refinada das cortes italianas da mesma época, mas a pompa extravagante do outono da Idade Média, o luxo decadente de uma sociedade que estava morrendo, que se consumia nos excessos do gótico flamejante. Os próprios viajantes italianos ficaram estupefatos. As roupas de seda e as festas engoliram somas colossais de dinheiro. Em 6 de janeiro de 1508, Eduardo Stafford, duque de Buckingham, celebrou suntuosamente a Epifania: 519 convidados ao meio-dia, 400 à noite; havia trovadores, músicos, acrobatas, montanhas de aves e de caça, elaborados pelos melhores cozinheiros e acompanhados com 521 quartos de cerveja (quase 600 litros). Os livros de contabilidade de Henrique Algernon Percy, quinto conde de Northumberland (1478-1527), revelam a angústia financeira e a loucura de gastos desses grandes barões: uma casa com 166 criados e empregados domésticos de todos os tipos custou-lhe 933 libras, 6 *shillings* e 8 *pence* por ano, equivalente a 1/15 dos gastos da família real; o esplendor de seus castelos era proverbial; quando acompanhou o rei à França, foi seguido por uma comitiva esplêndida. Também não negligenciava as coisas da mente, mantendo manuscritos de poesia copiados e iluminados, uma biblioteca feminina e uma biblioteca de cavalheiros, além de dar guarida ao poeta Skelton. Quando morreu, deixou 13 libras, 6 *shillings* e 8 *pence* em dinheiro, e 17 mil libras em dívidas.

Em meados do século XV, os grandes nobres ficaram à mercê dos usurários e do rei, cujos domínios tinham sido ampliados pelos confiscos realizados durante a guerra civil, e cujos castelos, não menos vastos que os dos senhores feudais, estavam espalhados por todo o país. Os rendimentos dos pares do reino se escalonavam de 500 a mil libras por ano, e aqueles da nobreza média – cerca de 9 mil famílias – de 10 a 800 libras: estes são recursos insuficientes para se lançar em aventuras políticas ou guerreiras arriscadas. Esta foi talvez, sem contar as mudanças de fortuna que se seguiram à Guerra das Duas Rosas, a precariedade da situação política e a relativização moral desse fim de século, uma das causas do fracasso do ideal cavalheiresco. O espírito prático, exemplificado pelo rei, foi levado por muitos até o ponto de cinismo e total deslealdade. Nesse reino do Norte, ainda pouco tocado pelos modos italianos, todos cultivaram o maquiavelismo que impregnou o ar da época. "A situação e as disposições dos homens eram tais que não se podia dizer em quem confiar e a quem temer", escreve Thomas More. O duque de Buckingham havia encontrado excelentes razões para apoiar Eduardo IV, depois Ricardo III contra os seus sobrinhos, e outras ainda melhores para trair Ricardo em proveito de Henrique, achando-se mal recompensado pelos seus serviços. A lealdade cavalheiresca deixara de existir, o momento era do pragmatismo e o sucesso sorria para o mais astuto e o mais forte. Estes novos critérios de lealdade só poderiam servir para Henrique Tudor, vitorioso no campo de batalha, criado no exílio num clima de perpétuo desafio, e que tinha aproveitado, durante a sua longa estadia na França, as lições da velha raposa, Luís XI.

Se a nova dinastia podia tirar proveito do declínio irreversível da nobreza, também tinha pouco a temer da outra força tradicional, a Igreja. Nela também, a fachada permanecia imponente e luxuosa. As generosas contribuições da nobreza e dos mercadores aumentaram a já considerável fortuna global; permitiram a construção, ampliação ou conclusão dessas maravilhosas igrejas paroquiais e capelas do estilo gótico flamengo, desses oratórios privados e dessas gigantescas catedrais de estilo perpendicular. A segunda metade do século XV assistiu ao florescimento das famosas abóbadas em leque, tão típicas da arte inglesa: as da catedral de Norwich, que o bispo Goldwell dotou, pouco antes de 1500, de um ousado pináculo de 105 metros de altura; a igreja da abadia de Bath, iniciada por William Vertue em 1499, e as incríveis rendas de pedra da capela do King's College em Cambridge, e a capela de Henrique VII na abadia de Westminster. As instalações do coro circundavam as catedrais, cada uma mais magnífica do que a outra, sobretudo as do cardeal Beaufort e a do bispo Thomas Langton, em Winchester. As igrejas paroquiais não ficavam atrás: no rico distrito ocidental de Cotswolds, entre Bristol, Gloucester, Coventry e Oxford, cada uma delas tem a opulência de uma catedral. As fábricas paroquiais dessas aldeias da indústria têxtil faziam abrir janelas enormes, construir pórticos monumentais, torres com campanários e pináculos; os mercadores multiplicavam os monumentos funerários multicoloridos. Em Gloucestershire, a igreja de Cirencester, com sessenta metros de comprimento e trinta de largura; munida com uma torre quadrada em estilo perpendicular, data de 1400; a capela da Trindade foi acrescentada em 1430 pela corporação dos tecelões, assim como o pórtico norte; em 1450, a capela da Virgem foi reconstruída; em 1500, o pórtico sul foi aumentado por dois andares de salas em estilo perpendicular, com janelas salientes; em 1508, a capela de Santa Catarina foi dotada de uma abóboda em leque; de 1515 a 1530, toda a nave foi reconstruída com grandes vãos perpendiculares tardios. E quantos casos semelhantes! Se a vitalidade da Igreja fosse medida pelo número de locais de construção e pela beleza dos monumentos, talvez nunca a Igreja da Inglaterra tenha estado mais viva do que no século XV.

Sua estrutura ainda era imponente, pois tinha duas províncias eclesiásticas, Canterbury (Cantuária) e York, dezenove enormes dioceses, seiscentas casas religiosas, uma multidão de paróquias, estimada, sem dúvida com exagero, em 40 mil ou 50 mil pelos contemporâneos. "É o clero que tem influência sobre o país, tanto em tempos de paz quanto nos de guerra [...] e o ditado popular local de que os padres são uma das três felizes gerações do mundo não deixa de ter fundamento", declarava um embaixador veneziano. Os cargos políticos mais importantes, a começar pelo de chanceler, foram ocupados pelos bispos, que, juntamente com os abades, formavam os senhores espirituais no Parlamento. O clero tinha suas assembleias nacionais regulares e as Convocações, com competência para conferenciar com o rei.

Na verdade, o clero só poderia ser poderoso em acordo com o soberano. As eleições episcopais há muito se tinham tornado meras formalidades que levavam à consagração de bispos escolhidos pelo rei, essencialmente com base em critérios políticos. Desde os grandes conflitos do século XIII, que levaram aos estatutos de *Provisors* e de *Praemunire*,[2] que restringiam os direitos de Roma, o papa contentava-se em aprovar as escolhas reais. Entre os fiéis, as velhas correntes heterodoxas que tinham surgido no século XIV com Wycliff e no XV com os *lollards*, criticando os poderes e a riqueza da Igreja, não haviam desaparecido. O observador italiano já citado aponta que os ingleses "não omitem nenhuma das formas que caracterizam os bons cristãos, porém têm muitas opiniões variadas em matéria de religião". A propriedade da Igreja não deixava de atrair a cobiça dos leigos, especialmente as vastas construções e propriedades dos regulares, cujo número tinha diminuído para cerca de 7 mil monges e 2 mil freiras no final do século. Mais do que um papado distante e do qual se desconfiava, a monarquia foi o principal protetor de uma Igreja que estava na defensiva.

No final da Guerra das Duas Rosas, o poder real inglês, apesar das recentes mudanças, encontrava então circunstâncias extremamente favoráveis: cidades e zonas rurais cansadas da guerra, indiferentes ao seu resultado, e que aspiravam ao retorno da ordem; uma nobreza dizimada e empobrecida, cada vez mais dependente do governo; uma Igreja frágil, que estava mais do que nunca abrigada atrás do braço secular. Com um pouco de habilidade, o novo rei poderia assegurar os alicerces da sua dinastia. E a Henrique Tudor não faltava habilidade.

O PARLAMENTO: LIMITE E INSTRUMENTO DO PODER REAL

Além dessa situação favorável, o Tudor tinha uma vantagem imensa sobre os seus homólogos europeus: seu reino tinha a estrutura política e administrativa mais avançada e eficiente da época. A máquina governamental inglesa era incontestavelmente a mais aperfeiçoada que se podia então encontrar. Não teria ela provado sua solidez ao emergir incólume de trinta

---

2 Estatutos de *Provisors* e *Praemunire*: leis que proibiam as nomeações para os benefícios eclesiásticos por "provisões" papais e recursos de clérigos ingleses nos tribunais romanos. Os primeiros foram votados em 1351 e 1353.

anos de guerra civil? Sobre uma base anglo-saxã haviam se enxertado sucessivamente a robustez normanda, o realismo angevino dos Plantagenetas, e o espírito de compromisso de Henrique III e de Eduardo I. Henrique VII herdara um notável instrumento de poder. Ele adicionaria seu toque pessoal e legaria assim ao seu filho uma ferramenta perfeitamente afiada.

A maior originalidade do sistema inglês residia na divisão do poder entre o rei e o Parlamento, cuja relação, dependendo das circunstâncias, podia ser harmoniosa ou tensa.

Sob os Tudor, foi um idílio constante, até a escalada do puritanismo sob Elisabeth I.

O Parlamento, a partir de sua grande reunião oficial em 1295, representava teoricamente os três estados do reino. Os senhores espirituais eram então pouco numerosos: dois arcebispos, dezenove bispos e somente 27 abades, que haviam sido 75 em 1305. Criaturas do rei, eles não manifestavam nenhuma oposição sob o reino de Henrique VII, e este não deixa de, a cada vacância de assento episcopal, especificar, nos capítulos de sua carta de "autorização de eleger", o nome do candidato que lhe convinha. Quanto aos senhores temporais, na origem compreendiam apenas os condes (*earls*) e os barões. No século XIV se agregaram os duques (*dukes*) e os marqueses (*marquess*), títulos importados da França e que recompensaram certos fiéis servidores da monarquia: os ducados de Lancaster, Clarence, Gloucester e York foram criados por Eduardo III, e o marquesato de Dublin, por Ricardo II. Esses títulos tinham apenas uma significação honorífica, e, contrariamente à França, não implicavam nenhum poder territorial ou judiciário. O direito de participar da Câmara dos Lordes era hereditário, e não ligado à posse de alguma propriedade. O único privilégio desses senhores era, em caso de traição ou de rebelião, serem julgados pelos seus pares; para as ofensas menores, dependiam, como todo mundo, dos tribunais reais, mas eram isentos da prisão por dívidas. A superioridade dos pares era então exclusivamente social, e em nenhum caso formavam uma ordem privilegiada. O rei tinha o direito de criar novos pares, mas raramente usava essa prerrogativa que, por herança, engajava o futuro. Os pares laicos também eram pouco numerosos: quarenta, no total, nos últimos anos do reino de Henrique VII.

Mais original ainda é a Câmara dos Comuns, composta por dois grupos de representantes eleitos: de um lado os cavaleiros, e de outro os cidadãos

e os burgueses. Cada um dos 37 condados da Inglaterra elegia dois cavaleiros, escolhidos entre os gentis-homens (*gentlemen*), os escudeiros (*squires*) ou os cavaleiros investidos (*knights*) residentes no condado; os eleitores eram arrendatários livres de uma terra que trouxesse ao menos 40 *shillings* por ano, depois de pagas todas as taxas. Os arrendatários por aluguel (*leasesholders*) eram excluídos do voto, independentemente do valor de sua concessão. Sob Henrique VII, antes que se inicie a grande inflação do século XVI, uma renda de 40 *shillings* é ainda bem considerável para limitar o corpo eleitoral a um reduzido número de grandes e pequenos proprietários. Por fim, as localidades episcopais elegiam cidadãos, e certas cidades, portando o título de burgos (*boroughs*) elegiam os burgueses (*burgess*). O número de burgos era flutuante: no início do século XIV contavam-se 166, mas somente 99 em 1445: Henrique IV adiciona oito e Eduardo IV, cinco. A primeira Câmara dos Comuns de Henrique VIII agrupará 224 cidadãos e burgueses. De fato, o privilégio de ser um burgo não era muito procurado: além da manutenção do deputado durante a sessão parlamentar, a comunidade urbana assim honrada deveria suportar impostos mais elevados que o resto do condado. Algumas cidades particularmente importantes haviam obtido o título de condado. Cada uma possuía um xerife[3] e um sistema eleitoral particular, próximo daqueles dos verdadeiros *shires* (condados). Era o caso de Londres, a partir do século XII, de Bristol desde 1373, de York desde 1396, de Newcastle, Norwich, Lincoln, Hull, Southampton, Nottingham, Coventry, Canterbury, desde o século XV.

O privilégio eleitoral variava muito de um burgo ao outro, os mais oligárquicos sendo os mais recentes, reservando o direito de voto aos comerciantes e artesãos mais ricos, que já ocupavam as funções municipais. Devido ao seu peso econômico crescente, essa rica burguesia desempenha um papel cada vez mais importante nos debates. Um fato revelador a esse respeito: tradicionalmente, o *speaker* (presidente) dos Comuns era um cavaleiro; em 1533, pela primeira vez, foi eleito para esse cargo um burguês, Humphrey Wingfield, representante de Yarmouth. Como a tradição obrigava, ele imediatamente foi ungido cavaleiro.

---

3 Xerife: agente do poder real que data do período anglo-saxão, à frente de um condado (*shire*), de onde seu nome, *shire-reeve*, isto é, supervisor do condado. Antigamente detentor de uma ampla autoridade, pouco a pouco foi perdendo o essencial de suas atribuições, e no século XV é apenas um agente de justiça subalterno.

Os membros dos Comuns eram retribuídos por seus eleitores: 4 *shillings* por dia, para os cavaleiros, e 2 *shillings* para os burgueses, o que, numa época em que o salário cotidiano de um artesão qualificado era fixado, pelos regulamentos de 1515, em cinco ou seis *pence*, constituía uma confortável indenização (1 *shilling* = 12 *pence*).

Lordes e Comuns tinham assento separadamente. Na verdade, somente os primeiros formavam parlamento, reunindo-se na câmara do mesmo nome, situada no interior do palácio real de Westminster. Os Comuns, mais modestamente, mantinham suas reuniões na sala capitular, ou no refeitório da abadia vizinha, e salvo ocasiões especiais, somente o *speaker* tinha acesso à câmara do Parlamento.

Pelo seu modo de eleição e sua composição, o Parlamento inglês se parecia com os estados gerais do reino da França. Todavia, aí termina sua semelhança. Pela frequência de suas reuniões e a extensão de seus poderes, o Parlamento desempenhava um papel infinitamente mais importante que a episódica assembleia francesa. A partir do século XIV, os estatutos previam sessões anuais. Eles não foram seguidos ao pé da letra, mas as necessidades financeiras crescentes dos soberanos os obrigaram reiteradamente a apelar para os representantes qualificados sobre suas necessidades, mesmo porque, em geral, os impostos eram acordados por um ano. Henrique VII conformou-se a essa prática – como agir diferentemente? – e em 1498 já havia reunido o Parlamento seis vezes.

Menos favorecido nesse quesito que seu "primo", o rei da França, que acabara de conseguir impor o imposto direto permanente, o rei da Inglaterra deve obter o acordo do país a cada vez que deseja recolher recursos superiores àqueles de suas terras próprias, o que doravante é regularmente o caso. O princípio é absoluto naquilo que concerne ao imposto direto. É menos estrito para as taxas indiretas sobre as trocas, mas uma série de estatutos herdados do século XIV só deixava ao rei uma margem de manobra extremamente reduzida. As necessidades da Guerra dos Cem Anos haviam levado os soberanos a buscar meios desviados para encher seu tesouro de guerra, por doações forçadas e "benevolências" extorquidas. O Parlamento de 1483 havia proibido essas práticas. O poder real não tinha mais escolha, e a cada sessão parlamentar assistia-se a uma grande negociação: uma taxa em troca de tal vantagem ou de tal promessa. Tudo dependia da habilidade das partes e da popularidade da política real.

Nesse jogo, Henrique VII se revela um mestre, e as lições paternas não serão desperdiçadas pelo filho, que reinará em perfeito entendimento com seu Parlamento. Bem entendido, havia diferentes formas de manipulação. Primeiramente, por ocasião das eleições, as pressões eram possíveis em favor dos "bons" candidatos, mas tudo deixa supor que elas aconteciam sem irregularidades. Quando ocorreu uma eleição perturbada em Leicester, o rei ordenou que dali em diante o procedimento deveria acontecer na presença de 48 notáveis. Por outro lado, o *speaker* dos Comuns era sempre uma pessoa agradável ao rei, ou até mesmo um amigo pessoal, como Thomas Lovell, que havia combatido em Bosworth e que se tornou chanceler das finanças; Richard Empson em 1491, chanceler do ducado de Lancaster; ou Edmund Dudley em 1504, um dos raros partidários do absolutismo; três outros haviam feito carreira a serviço do rei. Além da retribuição oficial de cem libras, esses personagens eram amplamente agraciados com presentes, e pouco inclinados a resistir à vontade real.

Contudo, Henrique VII não recorreu à corrupção. Foi de bom grado que os Comuns concordaram com suas demandas que, aliás, eram bastante razoáveis. Burgueses e cavaleiros eram reconhecidos a esse rei pacífico e administrador por ter trazido a paz e a estabilidade, e em troca obtinham impostos moderados, satisfações não negligenciáveis no campo econômico. Sua complacência ia até aceitar as inúmeras "provisões" que o rei adicionava aos textos parlamentares.

A legislação econômica sã de Henrique VII fez muito para conciliar os favores dos produtores e dos comerciantes: atento à qualidade dos produtos, ele protegeu os negociantes ingleses, especialmente aqueles da Etapa,[4] diante da concorrência estrangeira, e fez respeitar os regulamentos e os campos próprios das corporações. Sua moeda foi de muito boa qualidade, e pela primeira vez, moeda de conta e moeda real coincidiram: em 1490 surgiu o "soberano", bela peça de uma libra, e em 1504 o *shilling*, que valia 12 *pence*.

Os Comuns tinham a iniciativa das leis da finança, pois eles suportavam o essencial da carga. Dependendo das demandas do governo, eles propunham a elevação de um imposto (frequentemente 1/10 e 1/15 dos ganhos). Em seguida, o projeto passava pelos Lordes, para obter seu assentimento,

---

4 Organização dos comerciantes ingleses, exportadores de lã bruta.

que eles jamais recusavam. Aliás, os lordes espirituais não eram concernidos, pois decidiam seus próprios subsídios dentro de sua assembleia particular, a Convenção. A despeito dos impostos moderados, à sua morte, Henrique VII deixa os cofres cheios – 1,8 milhão de libras – feito excepcional na história de todas as monarquias. Acontece que o galês sabia jogar com todos os meios lucrativos – multas, confiscos, exações, direitos abusivos de relevo[5] e de guarda.[6] E como foi também o soberano mais avaro de sua época, pôde evitar se indispor com fiéis burgueses por intempestivas requisições financeiras.

Os poderes do Parlamento eram também legislativos. Essa legislação tomava a forma de "estatutos" (*statutes*), em cujo preâmbulo constava a elaboração: "O rei, nosso soberano senhor, Henrique VII, em seu Parlamento em Westminster, com o assentimento dos lordes espirituais e temporais, e dos Comuns do dito Parlamento reunidos, e pela autoridade do mesmo Parlamento, fez redigir certos estatutos e ordenanças, da maneira e forma que seguem". A formulação, que insiste três vezes na palavra Parlamento, mostra bem o papel doravante preponderante deste último. Se o rei continua a ser a fonte da lei, somente o assentimento dos Lordes e dos Comuns pode torná-la efetiva. Essa insistência sobre a autoridade parlamentar ocorre a partir de 1421, e mais ainda de 1433.

O estatuto é a forma mais solene de legislação, e a partir do século XIV admite-se que o rei não pode revogá-lo. Apesar disso, por vezes ele o faz, mas isso é considerado como um abuso de caráter completamente excepcional. Mais seguidamente, ele lança mão de seu poder de dispensar certas pessoas de obediência a um ou outro estatuto (*dispensing power*). Os soberanos do século XV frequentemente usaram esse direito em favor dos eclesiásticos, que os estatutos de mão-morta impediriam de adquirir terras. Contudo, os limites dessa prática continuavam a ser imprecisos.

O Parlamento tem a iniciativa das leis. Na época de Henrique VII, o costume já estava estabelecido; a assembleia deve redigir o texto completo do projeto de lei (*bill*) sob a forma elaborada de um estatuto, embaixo do qual o rei faz inscrever, em francês, seu acordo ("*le roy le veut*") ou sua oposição ("*le roy s'avisera*"). Fora dessas leis gerais e solenes, o equivalente dos éditos

---

5 Taxa de sucessão.
6 Direito do senhor a administrar os bens de um vassalo menor.

franceses, o soberano pode legislar dentro de seu conselho sobre questões menores ou temporárias, sob a forma de ordenanças. Os limites desse poder (*ordaining power*) são muito fluidos e por vezes levaram a abusos por parte de soberanos com tendências absolutistas, principalmente Ricardo II.

Por fim, o Parlamento possui poderes judiciários, amplamente utilizados em casos graves. Os pares acusados de felonia ou de traição são julgados pela Câmara dos Lordes ou, se ela não estiver em sessão, por um tribunal de pares presidido pelo lorde High Steward (governante da casa do rei). Os Lordes também podem corrigir os erros das cortes inferiores sobre a interpretação da lei. Mais importante é o procedimento do *impeachment*: os Comuns podem levar qualquer um a julgamento diante dos Lordes. O primeiro caso foi em 1376, o de lorde Latimer, camareiro do rei; em 1386, o procedimento foi usado contra o duque de Suffolk. Desde 1450, nenhum caso foi assinalado, e essa arma terá pouco uso até o século XVII. Mais usado é o ato de *attainder*, pelo qual se pode livrar, sem nenhum julgamento, de personagens politicamente perigosos. Procedimento legislativo e não judiciário, o *attainder* permite condenar, quase sempre à morte, e sem processo, tal pessoa ou outra. Esta poderia ser uma maravilhosa ferramenta arbitrária, mas, como todo estatuto, requeria o acordo do rei e do Parlamento. Quando este último é dócil, o rei não hesita em mandar seus inimigos para o carrasco por esse meio. Em 1459, vários nobres yorkistas perderam assim a vida; em 1461, foi a vez dos lancasteristas; depois, o próprio Henrique VI foi preso por iniciativa de Eduardo IV em virtude de um ato de *attainder*; em 1477, o duque de Clarence foi a vítima da vez. Henrique VIII tirará amplo proveito dessa arma.

O REI E SEU CONSELHO: AMPLAS POSSIBILIDADES DE AÇÃO

Apesar de ser colocado diante da obrigação de colaborar com seu Parlamento, o rei da Inglaterra, no final do século XV, não deixa de ter amplas possibilidades de ação, jogando com todas as ambiguidades e as imprecisões do costume.

Desde a destituição de Ricardo II, em 1399, não há perspectivas para o absolutismo, e na sequência nenhum soberano inglês poderá seriamente considerar o restabelecimento desse sistema. Nesse campo, como em muitos outros, os ingleses anteciparam em vários séculos as práticas governamentais do continente. De 1377 a 1399, numa época em que o poder real começa a progredir com Carlos V, antes de ser mergulhado na tormenta pela loucura de Carlos VI, Ricardo II punha em marcha, de maneira consciente e metódica, assim como mostraram os historiadores do direito constitucional inglês, Stubbs e Maitland, uma teoria coerente do absolutismo: o rei está acima da lei ou, mais exatamente, ele é a lei viva, que nada pode limitar. Toda oposição ou contestação é assimilada a uma traição. Essa concepção entrava demais em conflito com a prática e as mentalidades estabelecidas. Ricardo perdeu o trono e sua derrota diante de Henrique de Lancaster marca a ruína definitiva de sua política.

Os limites da nova monarquia foram enunciados pelo maior jurisconsulto da casa de Lancaster, *sir* John Fortescue, *chief justice* da corte do *King's Bench* em 1422 e que morreu em 1476. Em 1469, em sua grande obra, *De laudibus legum angliae*, ele estabelece um paralelo entre o rei da França, "que dirige seu povo com leis que ele mesmo fez, e que pode então assujeitá-los ao peso e a outras imposições sem o consentimento deles", e o rei da Inglaterra, "que só pode dirigir seu povo por meio de leis às quais este consentiu. E assim não pode submetê-los a imposições sem seu consentimento". O rei da Inglaterra não é um monarca absoluto, ele repete, e deve submeter-se à lei. Quanto a esta última, é saída diretamente da lei divina ou por meio da lei natural. O rei, no Parlamento ou no Conselho, "declara" essa lei, não a cria, e ela será inválida se não se acordar com a vontade de Deus. O costume, a administração e os tribunais aí estão para confirmar a coincidência da lei divina e da lei real.

Contudo, uma vez admitidos esses limites, o rei ainda dispõe de amplos poderes. De maneira surpreendente, a Guerra das Duas Rosas não os enfraqueceu de maneira alguma. É claro que a sucessão real foi perturbada, mas o rei continua a ser o rei, indispensável. A despeito das batalhas e dos mortos, o conflito foi superficial. Nenhuma teoria veio questionar o poder real. O que está em jogo é a posse da coroa.

É por esse motivo que o poder de Henrique VII poderá se afirmar sem muitos problemas, continuando a tradição. Se ele não pode revogar um estatuto, impor um imposto ou interferir no curso da justiça, o Tudor pode decidir sozinho sobre reunir o Parlamento, prorrogá-lo, suspendê-lo e mesmo dissolvê-lo; pode modificar sua composição, criando pares e burgos; nomeia praticamente os bispos; decide sobre eleições contestadas; sua aprovação é necessária para decretar um estatuto. Ele não pode ser levado diante de um tribunal, mas seus ministros não estão livres de tal infortúnio. Suas ordenanças têm força de lei; ele dirige os exércitos, a diplomacia, os gastos públicos, pois o tesouro público é o seu tesouro. Ele nomeia e revoga os ministros e todos os oficiais da coroa, até os xerifes dos condados.

Por muitos aspectos, essa enumeração evoca as funções de um chefe de Estado moderno. Todavia, evitemos o anacronismo. Henrique VII ainda é um soberano bem medieval. Na medida em que seu espírito de economia lhe permite, ele perpetua o costume das festas cavaleirescas. O dia de São Jorge, a Páscoa, o Pentecostes, o Natal, são ocasiões de magníficos cortejos; torneios e cerimônias religiosas, no gosto resplandecente do fim do século, realçam a majestade real. As práticas ancestrais são escrupulosamente respeitadas: cerimônia da coroação, o toque regular dos escrofulosos, que recebem, cada um, sua moeda de ouro, o anjo, as fundações piedosas, as devoções públicas, o interesse alardeado pelos projetos de cruzada. Contudo, por trás desses gestos tradicionais, por trás da utilização quase constitucional das estruturas governamentais, um cuidado constante transparece na obra do primeiro Tudor, cuidado bem moderno e que será uma das forças da nova dinastia: o da eficácia. Sem um verdadeiro plano de conjunto, sem ideologia, sem preconceito, Henrique VII é, por seu realismo, um verdadeiro príncipe do Renascimento. O apoio que ele encontra no país lhe permite realizar o que quer por meio das instituições parlamentares, mas também utilizando as múltiplas incertezas do sistema.

O instrumento principal do poder real é o Conselho, cujos membros, juramentados, são nomeados e despedidos pelo rei à vontade. Sob soberanos fracos ou durante as minoridades, esse Conselho facilmente pode colocar o poder em tutela. Este foi o caso várias vezes durante o século XV. Ao contrário, sob Henrique VII o Conselho se torna o principal agente de execução da vontade real. Teoricamente, ele está presente para esclarecer o rei e guiá-lo; na verdade, com frequência o soberano decide sem ele e lhe impõe sua própria visão. Aliás, a palavra Conselho recobre uma realidade bastante fluida. Em certas ocasiões, raras em suma, o rei reúne uma assembleia que comporta de 40 a 50 pessoas, ou até mesmo mais, como em 1485, 1487, 1488, 1496 ou ainda em 1504, em que se contam 41 presentes. Trata-se então do que se pode chamar de "Grande Conselho" que, em todo caso, não compreende a totalidade dos conselheiros (recensearam-se 172 nomes para o conjunto do reino). Contudo, o mais frequente, nessa época, era reunir de seis a dez pessoas; sua composição é relativamente estável e anuncia de bem longe os futuros gabinetes ministeriais. Os homens da Igreja já não são mais maioria: três ou quatro, acompanhados de grandes nobres, de cavaleiros e até mesmo de personagens de origem humilde. A maior parte acompanhou o rei no exílio e são seus amigos pessoais, seus homens de confiança, ou então seus confidentes. Recebem um salário de 100 libras por ano e dividem entre si os grandes encargos do Estado, comandam embaixadas, dirigem a administração, as finanças, a justiça e os negócios usuais.

A multiplicação e complexidade crescente dos temas a serem debatidos contribuíram, a partir do século XV, para fragmentar o Conselho em seções mais ou menos especializadas, sempre sob o nome de conselho, e supostamente presididas pelo rei. Sob Henrique VII, essas diferentes seções ainda não têm nada de oficial. Sua frequência e composição são bem variadas e só correspondem às necessidades práticas. O cerne do Conselho é constituído pelo chanceler, o tesoureiro, o lorde do sinete privado, acompanhado por um padre, o *secondarius*; no final do reino surge um presidente, que dirige a reunião na ausência do rei. Além disso, sob Henrique VII se reforça uma tendência (surgida no século XV) de distinguir os conselheiros que seguem o rei em seus deslocamentos e aqueles que residem em Westminster. Os primeiros constituem o esboço do que mais tarde será o Conselho privado, mas nada ainda está estabilizado, sendo que os dois conselhos bem poderiam se ocupar dos mesmos negócios.

Da mesma forma, num cuidado de eficácia, o primeiro Tudor instala duas seções do Conselho em regiões afastadas e perturbadas do país: no País de Gales e no Norte. Em que pese tudo isso, o reino da Inglaterra é bem pequeno, quando comparado ao dos Capetos, onde nada semelhante existe: 150 mil quilômetros quadrados, 200 quilômetros de Londres à fronteira galesa, menos de 500 quilômetros da capital à fronteira escocesa. Porém, e esta é uma outra marca da melhor organização da monarquia inglesa, o soberano faz questão de ser representado por seus agentes nesses setores excêntricos para atenuar a lentidão das comunicações e assegurar a presença real junto a sujeitos cuja lealdade frequentemente foi hesitante.

Se os galeses, compatriotas de Henrique VII, não lhe trazem problemas, por outro lado, o rei desconfia dos turbulentos senhores das marcas galesas (*Welsh March*)[7] que, retrancados em suas enormes fortalezas, sempre aproveitaram de sua situação fronteiriça para conduzir uma política independente. O aspecto de um castelo como o de Chepstow, perto da embocadura do Severn, dá uma ideia das pretensões desses senhores feudais: um maciço torreão retangular, edificado por um dos companheiros de Guilherme, o Conquistador, William Fitzosbern, em torno do qual muralhas e torres se multiplicavam no século XIII, rodeando três pátios interiores. Tais construções, mantidas pelos lordes das marcas, demarcam os condados fronteiriços: Gloucestershire, Herefordshire, Shropshire. Foi neste último que Henrique VII estabeleceu um conselho do País de Gales e das marcas, tendo como sede o castelo de Ludlow, sob a presidência nominal do príncipe de Gales. De fato, Artur, então com 6 anos, é mencionado a esse título numa comissão real de 1493, atribuindo funções judiciárias a esse conselho. Em 1501, pouco depois de seu casamento com Catarina de Aragão, Artur vem em pessoa presidi-lo. Ele habita então numa torre adaptada da impressionante fortaleza cercada por duas muralhas, desenvolvida em torno do torreão de Roger de Lacy, edificado em torno de 1095. O quadro medieval desempenha seu papel, mas doravante a morada abriga uma administração real eficaz.

No Norte, a situação é mais delicada. Muito mais afastados, Northumberland e Cumberland, regiões de montanhas cobertas de charnecas, de economia pobre e tradicional, eram dominadas por grandes famílias da nobreza local, cuja fidelidade era indispensável para neutralizar as invasões escocesas. Ciumentos de seus privilégios, orgulhosos de sua semi-independência, os senhores dessas regiões selvagens recebiam do rei funções judiciárias e administrativas cujo exercício por um representante de Londres não teria sido tolerado. Mas quando, em 1489, morre o senhor da região, o conde de Northumberland, imediatamente Henrique VII nomeia Artur, que então tinha 3 anos, guardião das marcas do norte. A função, na realidade, é exercida pelo conde de Surrey, assistido por um conselho com atribuições muito vastas.

---

7 Marcas Galesas. Região nas proximidades da fronteira entre o País de Gales e a Inglaterra. (N. T.)

Dessa forma, o Tudor, que raramente se afasta de Londres, Windsor ou Woodstock, instala dois ramos do Conselho que asseguram a ordem e a justiça nos confins do reino. Durante esse tempo, em Londres, o Conselho principal estende sua competência em inúmeros campos: ele nomeia e recebe os embaixadores, organiza a defesa, dirige as fortificações de Calais, supervisiona a administração local, reprime as desordens. No campo judiciário, suas prerrogativas crescerão consideravelmente durante seu reinado.

A partir do reino de Eduardo III no século XIV, o Conselho havia se habituado a manter sessões judiciárias ao menos quatro vezes por semana, reunindo-se numa das salas de Westminster, decorada com afrescos, de onde ela tirava seu nome de câmara estrelada (*star chamber*). Esse tribunal, que podia julgar todo tipo de caso, se permitia conduzir os julgamentos dos outros tribunais nos processos criminais e nas contestações de livre propriedade. As contendas eram citadas na câmara estrelada, seja pela iniciativa real, seja por petição da parte dos litigantes, pois o procedimento era muito mais rápido e mais eficaz que nos tribunais ordinários. Mas essa corte detinha poderes temíveis, sobretudo quando interesses do rei estavam em jogo: ela podia prender as partes que esperavam o julgamento, recusar um defensor aos acusados, recusar-se a revelar o motivo da acusação até o início do processo, exigir um juramento das testemunhas e das partes; a partir do reino de Eduardo IV, a tortura era empregada. A câmara estrelada não podia condenar à morte ou à mutilação, mas estava no direito de pronunciar sentenças de prisão, de destituição de cargo e de multas pecuniárias. Apesar de tudo, esse tribunal parece ter desfrutado de uma grande popularidade no país, pois permitia fazer restituir pela força o que financistas e conselheiros desonestos haviam surrupiado.

Henrique VII, estimando que essa corte era pouco eficaz contra os poderosos personagens dos quais desconfiava, a partir de 1487 atribui a um comitê restrito do Conselho o poder de julgar os casos de "manutenção ilegal de tropas, atribuição de uniformes, sinais de reconhecimento, por contratos, juramentos, escritos ou de outra forma, recrutamento de seus assujeitados, abusos dos xerifes na escolha dos júris, grandes sedições e ajuntamentos ilegais", todas elas, ele diz, infrações que até então quase não eram punidas. O comitê deveria ser composto pelo chanceler, o tesoureiro, o guarda do sinete privado, aos quais se juntariam um bispo e um lorde temporal, assim como dois presidentes de tribunais. Ele poderia julgar por um mandato do sinete privado todos os casos acima citados e infligir as penas previstas pela lei. Nesse ato de 1487 não constava nenhuma indicação sobre o lugar ou a periodicidade das reuniões. Será somente muito mais tarde, sob o reino de Elizabeth, que um padre adicionará a menção *pro câmera stellata* ao texto de Henrique VII, o que levou a pensar que se tratava da criação do tribunal da câmara estrelada. Atualmente é reconhecido que não se tratava disso, e que esse comitê constituía uma jurisdição separada, de caráter excepcional, que contribuiu para estender os poderes do rei.

Por fim, uma terceira delegação do Conselho, organizada sob Ricardo III, é cada vez mais usada pelas pessoas que não têm meios de recorrer aos tribunais ordinários: a corte de recursos, onde se encontram os magistrados de apelação nomeados pelo rei, cujos poderes judiciários diretos são, portanto, muito vastos.

O funcionamento da administração central, apesar de ainda comportar efeitos reduzidos, é eficaz. O personagem principal é o chanceler. Este dirige os secretários, dá forma às ordenanças, e outros documentos oficiais, autenticando-os com o grande sinete real do qual ele tem a guarda. Devido à multiplicidade de decisões de todo tipo que o rei deve tomar, uma primeira redação, rápida, é efetuada por um dos dois secretários de Estado, que têm à sua disposição o pequeno sinete. O documento é transmitido ao guarda do sinete privado, que elabora um primeiro texto, que ele chancela; por fim, o texto definitivo, solene e oficial, é redigido nos escritórios da chancelaria. Esta também possui sua jurisdição: a corte da chancelaria. Este outro tribunal, dirigido pelo chanceler, tem a particularidade de poder completar o sistema legal tradicional da lei comum (*common law*). Esta última, em vigor nos tribunais ordinários, é de fato muito antiga, por vezes inapropriada, e não pode responder a todos os novos casos que se apresentam. A corte da chancelaria completa as lacunas da lei comum, e assim faz obra de jurisprudência, dando nascimento a um código paralelo, chamado código da Equidade (*Equity*). Esta é uma particularidade da Inglaterra dessa época e dá testemunho do notável espírito prático desse povo, único capaz de fazer a síntese entre os costumes, que são conservados, e as novidades, que são introduzidas nos intervalos da tradição.

Resumindo, a nova monarquia se abria sob bons auspícios. O desejo de paz, o enfraquecimento dos grandes nobres, a permanência de instituições eficazes e equilibradas, uma sábia dosagem de governo representativo e de prerrogativas reais, permitem a um soberano inteligente e tático assentar sua autoridade e assegurar a ordem e a justiça. Henrique VII possui as qualidades necessárias para tal tarefa. O nascimento do príncipe de Gales, Artur, em 1486, reforça a esperança de ver enfim o estabelecimento de uma dinastia estável. Essa esperança é confirmada pelo nascimento de um segundo filho, Henrique, duque de York, em 1491.

– II –

PAI E FILHO

NASCIMENTO DO PRÍNCIPE HENRIQUE.
SEUS PRIMEIROS TÍTULOS

Uma das residências favoritas dos reis da Inglaterra a partir de Henrique IV era Greenwich. A 7 ou 8 quilômetros acima de Londres, sobre a margem direita de um meandro do Tâmisa, eles haviam edificado, no meio de um parque de cervos de uma centena de hectares, um agradável palácio de campo, bem ao lado do rio, meio que eles usavam para ir à capital. Em 1427, o duque Humphrey de Gloucester havia construído ali a Bella Court, de tamanho modesto, onde ele reunia artistas e homens de letras, e que dotou de uma magnífica biblioteca. Em 1447, Margarida de Anjou, esposa de Henrique VI, aumentou a construção em vastas proporções, adicionando uma longa fachada recortada e cheia de janelas proeminentes que se abriam para o rio. Desde então conhecida como *Palace of Pleasaunce*, ou Placentia, Greenwich tornou-se cada vez mais um refúgio da família real.

Foi aí que em 28 de junho de 1491 a rainha Elisabeth de York teve seu segundo filho, imediatamente batizado de Henrique, como seu pai, na igreja vizinha dos franciscanos da Observância, por Richard Fox, bispo de Exeter. Durante onze anos, o garoto, que ainda não estava destinado a reinar, viveu numa sombra relativa, poucas lembranças que lhe concernem sobreviveram desse período. Sabe-se somente que ele teve uma ama de leite chamada Anne Luke. Desde tenra infância, seu pai lhe outorga títulos e funções honoríficas, o que permitia ao rei realçar o prestígio desses cargos e evitava gratificar com eles os grandes nobres, concentrando assim os poderes nas mãos da família real. Em 5 de abril de 1493, o jovem Henrique, que ainda não tinha 2 anos, era assim investido do importantíssimo ofício de condestável do castelo de Dover, e guardião dos "Cinque Ports" (Sandwich, Dover, Hythe, Romney, Hastings). Estas eram posições-chave para a supervisão do Pas de Calais (que os ingleses chamam de estreito de Dover), pois o domínio dessas cidades era da maior importância nessa época, devido à rivalidade com o rei da França, tornando vital a manutenção dos laços comerciais e políticos com os Países Baixos e as ligações com Calais, possessão inglesa desde 1347.

Durante seu reinado, o prudente Henrique VII evitou engajar-se em aventuras europeias. Por uma sutil política de equilíbrio entre a França, a Espanha e os Países Baixos, ele conseguiu de certa maneira preservar as posições inglesas no exterior, sempre assegurando seu poder no interior. No momento em que o pequeno Henrique se tornava o condestável de Dover, a paz estava provisoriamente assegurada por dois tratados recentes: o de Medina del Campo, concluído em 1489 com Fernando de Aragão e Isabel de Castela, e o de Etaples, assinado em 1492 com o rei da França, Carlos VIII. Pelo primeiro, que nunca foi ratificado de maneira formal, a Inglaterra e a Espanha se propunham assistência mútua contra a França. Para firmar a aliança, um casamento foi previsto entre o príncipe de Gales, Artur, então com 3 anos, e a infanta Catarina de Aragão, que mal tinha feito 4 anos. Esse projeto deveria ter consequências incalculáveis para o reino da Inglaterra. O tratado de Etaples, concluído três anos mais tarde, punha fim a uma campanha abortada contra a França: Henrique VII e Carlos VIII se comprometiam a pôr fim à pirataria entre seus povos, proibiam-se de apoiar seus inimigos mútuos e prometiam resolver equitativamente o problema dos direitos de alfândega. Num documento separado, Carlos, por sua vez, se comprometia a não apoiar a oposição rebelde a Henrique VII.

Financeiramente, o habilidoso Tudor obtinha cláusulas vantajosas: 620 mil coroas pelos gastos militares dos ingleses na Bretanha, onde um de seus exércitos tinha ido apoiar a duquesa Anne, mais 125 mil coroas pelas pensões atrasadas que Luís XI havia prometido pagar em 1475 no tratado de Picquigny, soma que deveria ser paga em anuidades de 50 mil, ou seja, cerca de 5 mil libras inglesas. Henrique VII podia se felicitar. Com a volta da paz, a carga representada por seu pequeno Henrique pesaria menos sobre suas costas.

Em breve ele adiciona outra: depois de ter sido instituído conde-marechal da Inglaterra, em 12 de setembro de 1494, Henrique foi nomeado lugar-tenente do rei para a Irlanda. Com 3 anos e meio, a criança não se preocupava nem um pouco com o que acontecia na grande ilha vizinha. Mais tarde, porém, foi preciso que cuidasse desse eterno espinho encravado no flanco da monarquia inglesa, e que no momento da nomeação preocupava muito seu pai. Desde que no século XII o grande Henrique Plantageneta havia estabelecido os interesses anglo-normandos na ilha celta, a monarquia inglesa mantinha passavelmente seu domínio sobre uma estreita região que ia de Dublin a Dundalk, sobre cerca de 50 quilômetros de profundidade, formando aquilo que se chamava de *English Pale*. Senhores ingleses haviam se estabelecido ali, seguindo o sistema feudal clássico, e casamentos haviam tecido laços com a nobreza local. Mas, além dessa pequena região, os quatro quintos do país conheceram sempre a organização tribal tradicional; as grandes famílias irlandesas, em mútuas e perpétuas rivalidades, mesclavam seus conflitos internos com a política inglesa, o que permitia que a dominação anglo-saxã se perpetuasse, mas tornando-a assim muito frágil. Durante a Guerra das Duas Rosas, a família York tinha sido apoiada pelos Fitzgerald, que dominavam os condados de Kildare e de Desmond, enquanto os Lancaster recebiam o apoio dos Butler, rivais dos Fitzgerald.

A monarquia inglesa era representada em Dublin por um lugar-tenente, que devia dar provas de habilidade e de firmeza para salvaguardar os interesses de Londres. Foi parcialmente para conferir mais prestígio à função que Henrique VII investiu seu filho em 1494, sendo que a verdadeira tarefa era confiada ao deputado do príncipe, *sir* Edward Poynings, filho de um cavaleiro de Kent, um dos fiéis do rei bem antes da batalha de Bosworth. Poynings reuniu em Drogheda, em 1º de dezembro de 1494, um parlamento irlandês, que tomou medidas fundamentais, conhecidas sob o nome de "leis de Poynings":

elas tiveram o efeito de colocar a legislação e a administração irlandesas sob a completa dependência do governo inglês.

Doravante, para reunir um parlamento irlandês, era preciso obter o acordo do rei e apresentar-lhe a lista das leis que se desejava adotar. Somente depois de uma discussão no Conselho real o soberano daria sua autorização, autenticada pelo grande sinete. Além disso, as leis feitas pelo Parlamento inglês deveriam ser também aplicadas na Irlanda; na ausência do lugar-tenente do rei, o tesoureiro desempenharia o papel do governador, a fim de evitar qualquer vacância do poder. Os principais ofícios do governo de Dublin, chanceler, tesoureiro, os dois presidentes do tribunal, os dois primeiros barões ministros, o vice-chanceler (*Master of the rolls*) seriam nomeados e revogados pelo rei. As grandes famílias irlandesas não poderiam mais conservar, a título vitalício ou hereditário, uma dessas funções. O tesoureiro deveria dar contas anualmente ao rei, que receberia um subsídio de uma libra, 6 *shillings* e 8 *pence* por 50 hectares de terras cultivadas e um direito de alfândega de 5% sobre as exportações e importações irlandesas, salvo aquelas que eram feitas pelos homens livres[1] de Dublin, Waterford e Drogheda. A coroa deveria recuperar todas as terras que dela dependiam em 1327; o condado de Marsh, as senhorias de Ulster e de Connaught eram declaradas propriedades reais. Os castelos principais, em particular os de Dublin, Carlingford, Wicklow, Trim, Carrickfergus, deveriam receber um capitão inglês. Os traidores e rebeldes refugiados na Irlanda não mais desfrutariam de imunidade; as guerras privadas, a manutenção de tropas, a utilização de gritos de guerra, como "Cromabo" ou "Butlerabo", e a posse de artilharia eram proibidas. Os senhores que possuíam terras nos limites da *English Pale* deveriam cavar um fosso para sua defesa.

Definitivamente, as leis de Poynings tinham como finalidade essencial proteger os interesses existentes da coroa, sobretudo no Pale. As pretensões sobre Ulster e Connaught, todas teóricas, eram destinadas a apoiar eventuais reivindicações, pois naquele momento Henrique VII não tinha meios de intervir na ilha vizinha. Ele deveria fazer face à sublevação yorkista de Perkin Warbeck, e tudo o que poderia fazer era esperar manter os irlandeses

---

1 Homens livres: aqueles cujo *status* não comporta nenhuma marca de sujeição pessoal para com um senhor.

afastados. Finalmente, a solução mais eficaz que o espírito realista do rei encontrou, foi nomear, em 1496, um dos grandes nobres irlandeses, o conde de Kildare, deputado na Irlanda, depois de tê-lo feito se casar com uma prima do soberano, Elisabeth Saint John. O expediente funcionou. Os irlandeses aceitaram melhor a tutela de seu compatriota, e a ilha permaneceu calma durante o decorrer do reinado. Henrique VII legará a seu filho uma Irlanda relativamente pacificada. No entanto, a situação era muito ambígua, dado que Kildare bem poderia, se as circunstâncias fossem propícias, usar para seu proveito pessoal os poderes de deputado do rei.

Um mês após ter sido nomeado lugar-tenente do rei na Irlanda, o pequeno Henrique foi admitido, em 30 de outubro de 1494, na aristocrática ordem de cavalaria do Bain. A cerimônia ocorreu no palácio de Westminster, segundo as formalidades bastantes complexas, e no dia seguinte, o garoto de 3 anos e meio era ordenado cavaleiro. Levado nos braços do conde de Shrewsbury, recebeu das mãos do duque de Buckingham uma espada sobre o tornozelo direito. Em 1º de novembro, na câmara do Parlamento, na presença de uma assembleia solene de nobres e eclesiásticos, do lorde-prefeito e dos conselheiros de Londres, Henrique foi proclamado duque de York. No mês seguinte, recebia uma nova função de prestígio, que o colocava, antes mesmo que pudesse ter consciência, em contato com outro grande vizinho celta: Henrique, duque de York, se tornava guardião das Fronteiras Escocesas (*Scottish Borders*).

Essas regiões selvagens estavam então provisoriamente tranquilas. De fato, os dois reis tinham muitos problemas internos para resolver, então puseram em prática uma trégua em sua hostilidade permanente. A dinastia dos Stuart, que reinava na Escócia, passava por dificuldades. Nesse reino nevoento e montanhoso de 77 mil quilômetros quadrados, não havia pirâmide feudal e a única fidelidade era aquela devida ao chefe do clã, que exigia serviço militar e comida. Dispersos sobre distâncias consideráveis, protegidos pelo labirinto das grandes extensões de água e fiordes, pelas montanhas, pelos espaços cobertos de turfas, os MacDonald, MacNab, MacGregor, MacFarlane, MacKay, Macdonnel e outros MacPherson levavam uma existência rude e quase independente nas Highlands. Os *raids* de pilhagem nas Lowlands por vezes vinham completar os magros recursos da criação e da pesca, e a autoridade do soberano dependia muito de suas ligações pessoais e do equilíbrio precário de suas relações com os chefes. Nessa Escócia do século XV, cada reino havia sido um drama digno de *Macbeth*: Jaime I, rei aos 10 anos, prisioneiro na Inglaterra durante dezoito anos, foi assassinado em 1437 por instigação do conde de Atholl. Jaime II, rei aos 6 anos, passa uma parte de seu reinado lutando contra os grandes chefes de clãs, entre os quais o conde de Douglas; em luta contra os ingleses, ele foi morto em 1460 pela explosão de um canhão na sede de Roxburgh. Jaime III, rei aos 9 anos, foi assassinado quando tinha 37, por ocasião de uma revolta, em 1488. Jaime IV, rei aos 15 anos, perderá a vida na batalha de Flodden em 1513. Jaime V, rei com 1 ano, morrerá em 1542 depois da derrota de Solway Moss; sua filha, Maria Stuart, rainha com 6 dias, será executada no reino vizinho. Decididamente, os Stuart nada tinham a invejar dos Atridas!

Quando Henrique se torna guardião das marcas, é Jaime IV que reina na Escócia. Ele tem então 21 anos. Esse jovem muito brilhante, curioso de tudo, que promoverá as ideias e as artes do Renascimento em seu país, busca fortalecer seu poder imitando em muitos pontos seu vizinho do sul. Diplomaticamente, ele pode continuar usando a tradicional rivalidade franco-inglesa, o que lhe vale ser cortejado por seus dois colegas, muito mais poderosos que ele. Para o rei da França, a Velha Aliança com a Escócia é o meio de diversão favorito para paralisar as veleidades belicosas do rei da Inglaterra. Para o trono da Escócia, os subsídios franceses são uma fonte apreciável de recursos, que permitem prescindir da ajuda financeira bem aleatória de pessoas muito ligadas à sua bolsa. Além disso, a guerra contra a Inglaterra pode ser a ocasião de ataques proveitosos nos condados de Tweed e Solway, com o risco de sofrer expedições de represálias. Quando os reis da Inglaterra têm as mãos livres no sul e no oeste, vêm periodicamente fustigar os escoceses, semeando a desolação em Cheviot, Grampians e até Edimburgo. Henrique II no século XII, Eduardo I no século XIII, haviam deixado amargas lembranças. As marcas de Escócia, de Berwick a Carlisle, raramente viam se escoar mais de vinte anos sem escaramuças e expedições de pilhagem. Mas, por ora, o país estava calmo, e ainda ali o hábil Henrique VII legaria a seu filho uma herança pacífica.

PRIMEIROS CONTATOS COM A TORRE E A JUSTIÇA REAL

Em 17 de maio de 1495, o pequeno Henrique, já cavaleiro do Bain, se torna também cavaleiro da Jarreteira (*Order of the Garter*). Com menos de 4 anos, ele acumulava assim as maiores honrarias aristocráticas. No ano seguinte, ele efetua seu primeiro ato público consciente: no castelo de Windsor, em 21 de setembro de 1496, foi testemunha oficial da outorga de duas feiras anuais na abadia de Glastonbury.

Em 1487, quando tinha 6 anos, uma revolta popular ameaçou a capital. Tendo como pretexto a luta contra o rebelde Perkin Warbeck, Henrique VII acabara de fazer o Parlamento votar uma taxa suplementar. Ficavam isentas as pessoas que tivessem um ganho inferior a 20 *shillings* por ano ou cujos bens pessoais não atingissem 10 marcos, apesar dessas precauções, a medida provocou um vasto movimento de descontentamento, pois a avareza do rei começava a ser proverbial. O ataque de Perkin, aliado a alguns escoceses no setor de Berwick, era fácil de ser combatido: a operação não necessitava tal esforço financeiro. A Cornualha, essa ponta sudoeste do reino, pobre, povoada por mineiros de estanho e por pescadores, protestou mais fortemente. Sob a direção do ferreiro Michael Joseph e do jurista Thomas Flamank, uma pequena tropa se formou e decidiu marchar sobre Londres, para deixar claro ao rei que cabia aos barões do Norte combater as incursões nas marcas escocesas, sem recorrer ao dinheiro dos pobres do Sul. Como de hábito, a responsabilidade foi lançada sobre os maus conselheiros. Os protestadores, aliás, não se apresentavam como rebeldes, mas simplesmente desejavam levar uma petição ao soberano, sem cometer nenhuma violência durante sua marcha. Passando pela cidade episcopal de Wells, receberam o reforço de um nobre, James Touchet, barão Audley, que havia acompanhado Henrique na França, mas se estimava mal recompensado por seus serviços. Chegaram diante de Bristol, que se recusou a abrir as portas, e depois, ultrapassando Salisbury e Winchester rapidamente chegaram a alguns quilômetros de Londres, onde encontraram um exército real de 10 mil homens, dirigidos pelo camareiro Daubeney, acampado na charneca de Hounslow, a 20 quilômetros a oeste da capital. Henrique VII não havia perdido tempo. Juntando as tropas que se preparavam para combater Perkin Warbeck, ele havia colocado Londres em estado de defesa.

A rainha e o príncipe Henrique haviam se refugiado na Torre, que possuía defesas excepcionais. Simultaneamente fortaleza, arsenal, palácio e prisão, o famoso castelo formava um complexo inexpugnável, protegido ao sul pelo Tâmisa, e por um amplo fosso cheio de água nas outras três fachadas, a única entrada, no ângulo sudoeste, era comandada por uma enorme barbacã, ou Lion Tower. Para ultrapassar o fosso, era preciso passar por uma ponte descoberta de mais de 30 metros, que era vigiada por dois grupos de torres gêmeas, Middle Tower e Byward Tower. Em seguida chegava-se a uma espécie de corredor, entre a muralha exterior, que datava essencialmente do século XIV, e a muralha interior, do século XIII, flanqueada por treze torres. Atravessava-se esta última por meio das proteções daquilo que se chamará, desde o final do século XVI, a Bloody Tower, a torre sangrenta, onde se supunha que Ricardo III havia assassinado seus sobrinhos. Chegava-se então no pátio interior, onde se estendia, à esquerda, um espaço descoberto, Tower Green, limitada ao norte pela capela de Saint-Pierre-ad-Vincula, reconstruída no século XIII. Era o local das execuções capitais. O pequeno Henrique, que no momento passeava no gramado esperando o esmagamento da revolta, faria decapitar duas de suas mulheres, assim como a condessa de Salisbury, a viscondessa Rochford e alguns grandes nobres.

Dominando o sinistro pátio se erguia a enorme Torre Branca, White Tower, imponente cubo de pedra de 30 metros de altura e quase 40 metros de lado, dominada por suas quatro torres de campanário. Obra do grande ancestral, Guilherme, o Conquistador, terminada no final do século XI por Guilherme Rufus, esse símbolo da monarquia anglo-normanda abrigava, por trás de seus muros de 5 metros de espessura, uma parte do arsenal, a capela de São João, os apartamentos reais e as prisões. Ali haviam desfilado em cativeiro muitos reis e príncipes, na maior parte escoceses e franceses: João, o Bom, Carlos de Orléans, os seis burgueses de Calais, o rei da Escócia David e inúmeros nobres ingleses. Contudo, a partir do século XV, os prisioneiros eram frequentemente relegados nas torres da muralha interior, Beauchamp Tower em particular. Penetrar na White Tower não era coisa simples: depois de ter ultrapassado uma nova porta fortificada, Coldharbour Gate, junto à Torre, e hoje desaparecida, era preciso subir uma escadaria exterior para chegar à porta que, seguindo a tradição normanda, se abria para o primeiro andar. Era lá que Henrique e sua mãe estavam instalados. Na época, os apartamentos reais também compreendiam um grande *hall*, que acompanhava a clausura interior, entre Wakefield Tower e Lanthorn Tower. Essa construção, destruída no século XVII, seria testemunha, entre outros casos, do desenrolar do processo de Ana Bolena.

    A fortaleza era comandada por um condestável que dirigia uma importante guarnição, munida de canhões e tendo no arsenal uma reserva de couraças, lanças, espadas, alabardas, arcos e outras armas de guerra. Henrique VII havia organizado a defesa, criando o corpo de alabardeiros da guarda, os *Yeomen Warders*; estes percorriam os caminhos de ronda da silenciosa praça forte, acima da qual girava uma nuvem de corvos, sentinelas e guardiões do indestrutível monumento. Para o rei da Inglaterra, a Torre é mais que o Louvre para o rei da França: é o símbolo da monarquia. O soberano aí faz sua estadia antes de sua coroação, mas também se protege nos momentos difíceis, durante as revoltas, como a de 1497. Também é lá que o rei manda prender seus mais perigosos inimigos, e onde os executa. No final do século XV, o lugar é bem sinistro; suas paredes cheias de ameias que surgem da bruma são a primeira visão de Londres para o viajante que sobe o Tâmisa. Seus muros guardam o segredo de muitos assassinatos, que se multiplicaram na recente Guerra das Duas Rosas.

    Para o jovem Henrique, a Torre, nesse mês de junho de 1497, era antes de tudo um refúgio, com o qual se familiarizava, e que deveria se tornar um instrumento de seu reinado. Ele ficou aí pouco tempo, pois seu pai colocou prontamente um fim na revolta dos cornualheses. Estes últimos, depois de uma escaramuça perto de Guilford, tinham adentrado o Kent, esperando recrutar novos adeptos nesse condado tradicionalmente turbulento. Suas esperanças foram em vão, pois os habitantes não desejavam ver as perturbações recomeçarem nessa região próspera. Certos rebeldes começam a se desencorajar, e secretamente se oferecem a Daubeney para trair seus chefes, e é uma tropa desmoralizada que se instala na sexta-feira, 16 de junho, em Blackheath, a 4 quilômetros ao sul de Greenwich. Ela reunia cerca de 15 mil homens; diante dela, Henrique VII chegava à frente de um sólido exército totalizando 25 mil homens. Agora não se tinha mais dúvida sobre o resultado. Os arqueiros da Cornualha mataram cerca de 300 soldados do rei, mas rapidamente o pânico ganha os insurgentes, pois os cavaleiros reais, cobertos por armaduras, massacraram várias centenas deles. Muitos outros, incluindo os três chefes, foram aprisionados.

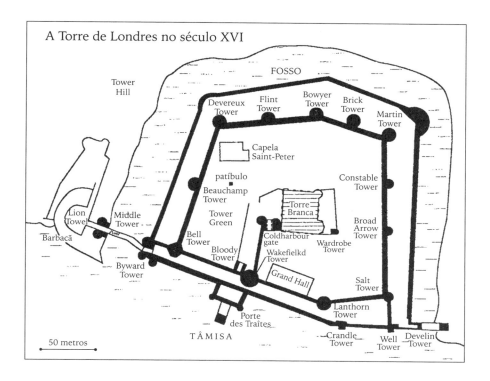

O rei deu graças a Deus na catedral de São Paulo, depois foi até a Torre tranquilizar sua esposa e o pequeno duque de York. Nessa fortaleza ficaram presos os chefes, Flamank e Joseph, antes de serem enforcados em 27 de junho nos patíbulos de Tyburn, a oeste de Londres. Quanto a Audley, por ser nobre, foi decapitado na Tower Hill, ao pé da Torre, onde desde 1465 ficou erguido um cadafalso permanente, assim como na Tower Green, onde se executavam os grandes personagens do Estado. É aí que Henrique VIII porá fim à carreira de alguns de seus ministros e bispos, Thomas More, John Fisher, Thomas Cromwell, sendo ainda a Tower Green preferencialmente reservada para as damas. Segundo o costume, as cabeças dos três chefes foram penduradas na entrada da London Bridge, a única ponte que atravessava o Tâmisa, na altura do subúrbio de Southwark. Os corpos foram esquartejados em quatro, cada quarto de Flamank foi exposto numa das principais portas da cidade e, como a tradição obriga, os pedaços de Joseph foram expedidos, a título de advertência, para sua região de origem. Esse gênero de detalhe nos lembra o fundo de selvageria latente, sempre presente por trás do frágil verniz da polidez na época do Renascimento.

No entanto, Henrique VII foi suficientemente sensato para frear aí as represálias. Mais sedento por ouro que por sangue, ele se contentou em revogar as multas nos condados do Oeste. Seu filho deveria aprender a lição: não se discute com rebeldes.

QUESTÕES MATRIMONIAIS

O príncipe Henrique só volta à cena quatro anos depois, numa cerimônia ritual, cujas consequências seriam capitais para seu reinado: o casamento de seu irmão mais velho, Artur, com a infante da Espanha, Catarina de Aragão, em 14 de novembro de 1501.

A união havia sido combinada desde o tratado de Medina del Campo, em 1489, principalmente para estreitar os laços entre a Inglaterra e a Espanha. O problema do dote tinha suscitado muitas discussões: as joias de Catarina seriam ou não contadas nas 200 mil coroas que seus pais lhe atribuíam, e cuja metade deveria ser entregue na chegada da princesa à Inglaterra? Do lado inglês, prometia-se ao casal um terço da receita do principado galês, o ducado de Cornualha e o condado de Chester. Em março de 1493, um segundo tratado previa a chegada da princesa quando ela tivesse 12 anos. Um terceiro tratado, datado de 1º de outubro de 1496, confirmado em 18 de julho de 1497, modifica ligeiramente as cláusulas: a princesa chegaria na Inglaterra quando Artur tivesse 14 anos; o dote seria pago em dinheiro, metade em dez dias após a celebração, e a outra em dois termos, nos dois anos que se seguiriam. Os direitos de Catarina à sucessão na Espanha estavam cuidadosamente regulamentados: ela só poderia fazê-los valer caso os outros filhos de Fernando e Isabel morressem sem deixar herdeiros. Esta cláusula concernia a sua irmã caçula, Joana, então noiva de Felipe da Áustria, filho do imperador Maximiliano. Em nenhum caso Catarina poderia pleitear uma porção da herança, Aragão, Itália ou América. Dependendo se Joana tivesse filhos ou não, Catarina nada teria ou reinaria sobre o conjunto da sucessão espanhola. Desse ponto de vista, Joana e seu marido estariam em vantagem.

As bodas foram celebradas por procuração em Woodstock, em agosto de 1497; depois os esposos demandaram e obtiveram uma dispensa pontifical que lhes permitia se casar antes de ter atingido a idade legal, o que foi feito em maio de 1499. Os espanhóis, desconfiando do astuto Henrique VII, de quem suspeitavam ter oferecido seu filho em casamento a vários lados simultaneamente, multiplicaram as precauções: um novo tratado foi assinado em julho de 1499: um segundo casamento foi celebrado no outono de 1500, quando Artur atingiu os 14 anos. Por fim, todas as garantias tomadas, Catarina foi enviada por seus pais para o brumoso reino do Norte, onde desembarcou, em Plymouth, em 2 de outubro de 1501. Ela jamais tornaria a ver o sol da Espanha.

Em pequenas jornadas, ela avança para Londres, guiada pelos oficiais do rei. Henrique e Artur vêm ao seu encontro e ambos ficaram agradavelmente surpresos pela beleza da princesa, então com 16 anos; foi isso, pelo menos, o que o rei escreveu para Fernando. Depois de alguns dias de descanso em Lambeth, Catarina fez sua entrada oficial em Londres. O casamento aconteceu em 14 de novembro de 1501. Nele, o príncipe Henrique desempenha seus primeiros papéis. O jovem rapaz imberbe de 10 anos conduzia o cortejo da infante do castelo de Baynard até a catedral Saint-Paul, ao longo da Fleet Street. Também conduzia a noiva na saída da igreja, e durante as festas, que duraram quinze dias, ele se destacou por sua graça, principalmente quando dançou com sua irmã mais velha, Margarida, que acabara de ficar noiva do rei da Escócia. Em 28 de novembro, as 100 mil coroas previstas foram engordar o tesouro de Henrique VII, e Artur escrevia aos seus sogros, prometendo-lhes ser um bom marido.

A felicidade durou pouco. Artur, corroído pela tuberculose, tinha uma saúde frágil. No final de novembro, ele partia com sua jovem esposa para os limites galeses, para presidir o conselho estabelecido no castelo de Ludlow. Austera viagem de núpcias para o herdeiro, treinado por seu pai na dura profissão de rei. O vento, a bruma e a chuva do inverno galês acabaram com Artur: ele morreu em Ludlow, em 2 de abril de 1502, aos 16 anos de idade.

O acontecimento transtornaria o destino de Henrique: com quase 11 anos, ele se tornara o herdeiro direto do reino. Seus pais, sinceramente perturbados pela morte de seu primogênito, transmitiram a ele todos os títulos do finado: duque de Cornualha em outubro de1502, príncipe de Gales e duque de Chester em 18 de fevereiro de 1503. Henrique se tornara o centro de interesse da corte e um partido interessante no mercado matrimonial europeu.

Ora, nesse campo, tudo já começava a se complicar. A questão do casamento de Henrique, é claro, havia sido considerada, e a candidata mais em vista, até então, no espírito de Henrique VII, era Eleonora, filha de Felipe, duque de Borgonha, e Joana, irmã de Catarina de Aragão. A morte de Artur recolocou tudo em questão. Para Fernando e Isabel, seu desaparecimento havia sido uma catástrofe. Em maus termos com o rei da França, que com ele disputava o reino de Nápoles, precisavam da aliança inglesa, e o casamento era o melhor meio de assegurá-la. Fernando, numa carta de 10 de maio de 1402 para seu embaixador na Inglaterra, Estrada, lhe dá então duas incumbências contraditórias: demandar que Henrique VII restitua Catarina e as 100 mil coroas do dote, mas também tentar promover o recasamento de Catarina com o príncipe Henrique, que, além dos títulos de seu irmão, herdaria também os de sua mulher. O projeto pareceu ainda mais fácil de ser realizado quando se ficou sabendo de Catarina e de sua aia Dona Elvira, que o casamento com Artur jamais foi consumado, apesar de quatro meses de vida em comum. A má saúde de Artur tornava o fato verossímil, se não certeiro, e casos mais estranhos já haviam sido vistos. Fernando e Isabel, a partir de julho de 1502, em todo caso, consideravam-no como certo.

A questão era de importância, sobretudo aos olhos da Igreja, pois o direito canônico, que regulava essas questões matrimoniais, proibia o recasamento de uma viúva com o irmão de seu marido. Se o casamento houvesse sido consumado, haveria entre a viúva e seu cunhado um "impedimento por afinidade do primeiro grau colateral"; se o casamento não houvesse sido consumado, haveria um simples "impedimento de honestidade pública", expressão que designava os casos em que a união chocaria o sentido moral. Nos dois casos, seria preciso obter uma dispensa de Roma para se casar. Isso não deveria ser um grande problema.

Em contrapartida, convencer o sogro era muito mais complicado. Henrique VII de fato buscava tirar o máximo de vantagens da situação. Ele não tinha nenhuma vontade de se deixar levar por Fernando a uma guerra contra a França, a despeito das ofertas generosas do rei de Aragão, que não lhe propunha nada menos que a Guiana e a Normandia como recompensa, com a condição de que ele levasse a cabo a conquista. O prudente galês não podia cair numa armadilha assim tão grotesca. Tergiversou. Ora, em fevereiro de 1503, a rainha Elisabeth de York, por sua vez, morre. Os dois Henriques, pai e filho, estavam então livres. O rei, com 46 anos, decide permanecer viúvo. Ele pensou até mesmo em desposar sua nora, que ainda não tinha 18 anos. Isabel de Castela lhe propõe também outra jovem viúva, Joana, rainha de Nápoles.

Os meses passavam. Catarina, confinada em Durham House, residência situada no Strand, entre Londres e Westminster, definhava. Mal falando inglês, sustentando dificilmente sua comitiva com as 100 libras por mês que seu mesquinho sogro lhe concedia, ela ficava doente continuamente. Contudo, indomável, recusava considerar seu retorno para a Espanha. Tinha vindo para ser rainha da Inglaterra, e ela o seria, mesmo sabendo que para isso deveria desposar seu sogro de 46 anos ou o cunhado de 12 anos. Por fim, em 23 de junho de 1503, um tratado foi assinado, prevendo o casamento entre Catarina e Henrique filho, assim que este completasse 15 anos. Os pais de Catarina prometiam pagar a outra metade do dote, ou seja, 100 mil coroas. Em 25 de junho celebrou-se o noivado. Os dois jovens se engajavam "por palavras de presente".

Ainda era preciso obter a dispensa pontifical. Qual deveria ser demandada? É claro que Catarina proclamava sua virgindade; poder-se-ia então se contentar por impedimento de honestidade pública. Mas duas precauções valem melhor que uma, como o embaixador da Espanha, Puebla, argumentou com Henrique VII. Para evitar antecipadamente qualquer má surpresa, espanhóis e ingleses demandaram então ao papa a dispensa por impedimento de afinidade do primeiro grau colateral. Sem saber eles abriam a porta para futuros debates que as sutilezas canônicas tornavam possíveis.

De imediato, não se estava no fim das dificuldades. O papa Alexandre VI estava morrendo. Seu sucessor, Pio III, não teve tempo de se ocupar do caso, pois seu pontificado durou menos de um mês. Em seguida, Júlio II foi eleito, mas queria ter tempo para refletir. Em julho de 1504, ele escreve ao rei dando diversos motivos para o atraso e declarando que a bula seria confiada a Robert Sherborne, decano de Saint-Paul, então em Roma. Ora, quando este último chega a Londres, em novembro, não trazia o documento. Henrique VII protestou ao papa e, em março de 1505, o bispo de Worcester anuncia, enfim, que iria trazer a bula. Ele explicava o atraso pelo fato de que Júlio II tinha desejado primeiramente enviar uma cópia para Isabel de Castela, para reconfortá-la, pois ela estava mal. Em 24 de novembro, Fernando, por sua vez, escrevia a Henrique para lhe dizer que enviava para seu embaixador, Puebla, a bula de dispensa tão esperada. Dois dias depois, Isabel morreu.

Durante esse tempo, na Inglaterra, o príncipe Henrique, primeiro concernido nesse caso, mas a quem ninguém tinha perguntado a opinião, esperava. Ora, em 27 de junho de 1505, na véspera de completar 16 anos e que, segundo o contrato de 1503, deveria marcar a celebração de seu casamento, ele fez um protesto formal e secreto, diante do bispo Fox como testemunha, desautorizando o contrato e declarando que jamais o ratificaria. A decisão, no mínimo surpreendente, só pode ter sido ditada por seu pai, por motivos que nos escapam. Teria Henrique VII escrúpulos a respeito desse casamento? Queria fazer pressão sobre os espanhóis, que ainda não haviam pago as 100 mil coroas? Sem dúvida, ele queria tomar suas precauções a fim de fazer face a todas as eventualidades. Em todo caso, o procedimento estava conforme ao espírito astuto do rei e ao meio principesco da época.

Além de tudo, o Tudor tinha outros projetos matrimoniais para si e para seu filho. Por um momento, vislumbra uma aliança com a casa de Savoia: ele se casaria com a mãe, Luísa, de 30 anos, viúva de Carlos de Valois, e o filho desposaria a filha, Margarida de Angoulême, de 13 anos. Ademais, seu velho compadre Fernando, pai de Catarina, aos 54 anos, estava a ponto de voltar a casar com a bela Germaine de Foix, de 18 anos. Em breve outra possibilidade se apresentou, moralmente repugnante, mas politicamente interessante. Em setembro de 1506, morreu o arquiduque Felipe da Áustria, filho do imperador Maximiliano. Sua viúva, Joana, era filha de Fernando e irmã de Catarina. Ela tinha 27 anos e era louca, o que não parecia perturbar o rei da Inglaterra, que pensa seriamente em se casar com a irmã de sua futura nora. O fato é que a jovem viúva era herdeira de Castela. Henrique VII não hesita em incitar Catarina a escrever para sua família em favor desse projeto que, ele sublinhava, favoreceria também uma retomada da cruzada. Não obstante, tudo fracassa devido à deterioração da saúde de Joana.

Havia ainda uma solução: o finado Felipe e Joana, a Louca, tinham, dentre os seis filhos, uma garota, Eleonora, que era então sobrinha de Catarina e conviria ao príncipe Henrique. O filho deles, Carlos, o futuro Carlos V, poderia se casar com Maria, a irmã caçula do príncipe Henrique, e o rei poderia ficar com a tia de Eleonora, Margarida, filha do imperador Maximiliano. Em

1507 esse projeto estava prestes a funcionar, e Maximiliano envia um embaixador a Londres para as tratativas. Por sua vez, Fernando, seriamente alarmado, envia Fuensalida para salvar a situação, mas havia poucas esperanças. O Conselho de Henrique VII desejava o casamento com os Habsburgo, seja com Eleonora, seja com a filha do duque da Baviera, e outros sugeriam Margarida de Alençon.

Porém, o tratado de 1503, em teoria, permanecia válido. Catarina e Henrique eram considerados engajados pelas "palavras de presente", isto é, de maneira formal. E, a crer num documento pontifical de 1505, o príncipe de Gales se considerava o legítimo esposo de Catarina: ele escreveu ao papa para lhe pedir a permissão de restringir as práticas ascéticas de sua esposa – jejuns, abstinências, preces, peregrinações – que corriam o risco de enfraquecer sua saúde e de pôr em risco sua capacidade de gerar filhos. Júlio II respondeu em 20 de outubro, autorizando Henrique a proibir sua esposa das práticas mais duras. Por sua vez, Catarina lutava para que a promessa de casamento fosse efetivamente realizada. Declarando que preferiria morrer a retornar para a Espanha, ela escrevia carta após carta para seu pai, pedindo-lhe que estimulasse o zelo de seus embaixadores, que ela denunciava como sendo complacentes demais com Henrique VII. Puebla e Fuensalida deveriam ser chamados de volta e substituídos por Ayala ou Membrilla, que conheciam a Inglaterra. Ela lamentava a penúria de dinheiro e de vestimentas na qual era deixada. Mas suas esperanças pareciam comprometidas. Henrique VII multiplicava os obstáculos: ele contestava o valor do engajamento "por palavras de presente" de 1503, pretextando que seu filho ainda não havia atingido a maioridade; exigia que o dote fosse pago em dinheiro e que as 100 mil coroas já quitadas fossem consideradas como adquiridas, independentemente do que acontecesse. Um casamento com Eleonora era cada vez mais desejável. O embaixador da Espanha, a quem não se permitia aproximar de Henrique, começa no início de 1509 a reenviar secretamente o dinheiro destinado ao pagamento da segunda metade do dote.

Todavia, as infelicidades de Catarina pareciam exageradas em sua correspondência, e quando Membrilla, que ela mesma havia pedido como embaixador, chega à Inglaterra, constata que a relativa pobreza da casa da princesa era devida sobretudo à péssima gestão de um jovem monge, "leviano, arrogante e escandaloso de modo extremo". Catarina e sua comitiva se portavam de maneira desagradável, altiva, desdenhosa para com esses bárbaros do Norte. Ela fazia poucos esforços para aprender inglês e ainda o falava muito mal, depois de oito anos de estadia.

No momento em que tudo parecia perdido, a morte de Henrique VII, em 22 de abril de 1509, transtorna os dados; no dia 23, o príncipe de Gales foi proclamado rei. Henrique VIII ainda não havia completado 18 anos. Ele foi morar na Torre, enquanto se desenrolavam os funerais de seu pai, em 9 de maio. A oração fúnebre foi pronunciada na Saint-Paul, e no dia 10 o rei foi enterrado em Westminster Abbey, na extraordinária capela que mandara construir.

A EDUCAÇÃO DO PRÍNCIPE DE GALES

O novo soberano, até aqui, só foi retratado sob a aparência de um adolescente apagado, passivo, submetido às vontades de um pai autoritário e de bom grado sufocante, que tomava todas as decisões que lhe concerniam, por motivos exclusivamente políticos e financeiros. O pouco que sabemos sobre a educação do príncipe Henrique confirma essa imagem. Segundo um testemunho isolado, o de lorde Herbert de Cherbury, Henrique VII teria destinado seu segundo filho a entrar nas ordens e receber a sede primacial de Canterbury. Nenhum documento atesta esse projeto que, de toda forma, foi abandonado desde 1502, com a morte de Artur.

O jovem Henrique teve como primeiro preceptor o poeta John Skelton, de 1495 ou 1496 a 1502. O literato escreve para seu pupilo, em 1501, um manual dos deveres de um príncipe, o *Speculum Principis*, obra muito formal, contendo opiniões estereotipadas sobre o modo de exercer o poder, desconfiando de seus conselheiros e sobre a fidelidade conjugal. Ao que parece, tudo isso causou pouca impressão para a criança, que não tinha nem 11 anos. Sem dúvida, Skelton lhe deu os rudimentos das letras clássicas, assim como seu sucessor, William Hone, sobre quem não sabemos quase nada.

A educação de Henrique parece ser devida muito mais à sua avó paterna, Margarida Beaufort. Essa mulher cultivada, que frequentava os círculos humanistas de Cambridge e de Oxford, onde criou cadeiras de teologia, se correspondia com Erasmo e admirava John Fisher, o erudito bispo de Rochester. Ela se interessava de perto pela formação de seus netos,

Henrique, Margarida e Maria, os três únicos sobreviventes dos seis filhos de Henrique VII e Elisabeth de York. Edmundo, um terceiro filho, havia morrido em 1500, Artur em 1502 e uma terceira filha, pouco após o nascimento, em 1503. Foi sob a direção esclarecida dessa avó, que os retratos nos mostram como uma mulher grande, seca e austera, vestida de negro e usando um véu de religiosa, que o príncipe de Gales adquiriu um gosto muito pronunciado por teologia, línguas e música. Falando corretamente o francês e o latim, tinha certo talento para o canto, talento sem dúvida exagerado pelos cortesãos, mas de fato compôs algumas das canções que lhe são atribuídas. Sua cultura não parece ter sido muito vasta. Ele desgostava do esforço intelectual e nunca conseguiu se dedicar muito tempo à escrita. Margarida Beaufort, em seu leito de morte, em 1509, recomendou-lhe seguir os conselhos de John Fisher. Esse último desejo jamais será contemplado.

Fato mais grave, sem dúvida, para um futuro rei, o príncipe de Gales não tinha nenhuma experiência da vida política e da prática do governo, seu pai só lhe havia confiado títulos honoríficos que não comportavam nenhuma responsabilidade. Apesar de ter enviado o primogênito, Artur, para dirigir o conselho das marcas galesas, havia conservado Henrique perto de si, sob estreita vigilância. Teria ele medo de perder esse filho, agora único? Queria se assegurar pessoalmente de sua atitude? É possível. Segundo Fuensalida, embaixador da Espanha, o príncipe vivia confinado numa dependência que era acessível somente atravessando os aposentos do rei. Quando saía para o jardim, devia ser acompanhado; na corte, falava apenas para responder ao seu pai. Suas distrações eram justas, às quais se entregava com paixão no palácio de Richmond, e a dança, para a qual tinha certo dom. Nas grandes ocasiões, não se deixava de observar a graça de seu passo. Assim ocorreu em fevereiro de 1506, nas festas dadas em Windsor em homenagem ao arquiduque Felipe e sua esposa Joana. Bailes e recepções se sucediam, e o príncipe Henrique recebeu de Felipe a ordem do Tosão de Ouro.

HENRIQUE VII E A MARINHA

O príncipe Henrique ainda não havia participado dos negócios políticos. Seu pai agia com prudência, realismo e economia, mas o filho não seguirá o exemplo. Na política exterior, Henrique VII se recusava a tomar posição no tabuleiro europeu. O custo e os riscos eram por demais elevados. O embaixador do duque de Milão, Soncino, escrevia para seu senhor: "No meio de tudo isso, Sua Majestade pode se manter como no alto de uma torre, olhando o que se passa na planície". De fato, o Tudor observava os negócios continentais, fazia projetos matrimoniais extravagantes, mas se furtava ao engajamento, apesar dos apelos que lhe vinham do estrangeiro. Ele soube resistir à tentação de retomar a guerra com a França e de se envolver nos conflitos italianos.

Isso não o havia impedido de organizar a defesa do reino, tanto do ponto de vista das forças terrestres, quanto das navais. Desde 1485 havia criado os *yeomen of the guard*, pequena guarda pessoal, vestida de um uniforme vermelho, que lhe bastava em tempos de paz. Para reprimir as revoltas, como a de Perkin Warbeck, que foi a mais grave, utilizava os meios tradicionais: recrutamento de arqueiros nos condados, efetuado pelas *commissions of array* e contratos de *indenture* com os nobres que se engajavam a seu serviço. As tarifas eram de 18 *pence* por dia para uma lança a cavalo com seu cavaleiro e um pajem, 6 *pence* para um arqueiro a pé etc. Os pagamentos eram efetuados a cada mês, sob a direção de um tesoureiro de guerra. Um marechal estava encarregado de fazer a disciplina ser respeitada, de punir os desertores e os capitães que resmungassem sobre o pagamento de seus homens. O conjunto desses regulamentos foi registrado num livro, *Estatutos e ordenanças de guerra*. A artilharia se tornava um elemento essencial da força militar, e desde 1483, um "mestre geral da ordenança" tinha sido instituído para dirigi-la. Os arsenais reais fabricavam canhões, mas se estava longe de atingir o poderio da artilharia francesa. Henrique VII tinha mais confiança na arma que havia trazido aos ingleses o sucesso na Guerra dos Cem Anos: o grande arco. Suas leis cuidavam de manter o preço da madeira teixo, da qual grande parte vinha da Itália, e proibiu o uso da balestra.

Henrique VII pode assim, a justo título, ser considerado como um dos fundadores da Royal Navy, embora numa escala bem modesta. Desde o reinado de Eduardo IV havia um embrião de marinha de guerra: no total, quatro navios. O Tudor promoveu sua modificação e a eles adicionou mais seis, colocando a construção sob a direção do secretário dos navios e de dois conselheiros, Guilford e Bray. O navio mais poderoso (600 toneladas) era o *Regent*, lançado em 1490 equipado com quatro mastros e dois tombadilhos, e dotado de um armamento impressionante: além dos indispensáveis arcos e flechas, não tinha menos que 225 canhões, dos quais a maior parte eram serpentinas de cobre ou de ferro, pesando 300 libras cada uma. Essas máquinas, que atiravam balas de um quarto de libra, podiam aniquilar homens e equipamentos sobre a ponte dos navios inimigos. Menor, o *Soveraign*, com 141 canhões, estava em construção em Southampton na mesma época. Para fazer a manutenção e reparar esses navios, uma doca seca de conserto foi construída em Portsmouth de 1495 a 1497. Em caso de necessidade, o rei completaria sua pequena frota alugando os serviços dos navios comerciantes, à razão de 1 *shilling* por mês e por tonelada. A equipagem era bem remunerada: 3 *shilling* e 4 *pence* por semana para o capitão, 1 *shilling* e 3 *pence* para o marinheiro, 6 a 9 *pence* para o grumete. Navios espanhóis também eram alugados a serviço do rei.

Henrique VII havia desenvolvido a marinha de comércio, encorajando a construção de navios com ao menos 80 toneladas, e protegendo o comércio marítimo inglês por duas leis que anunciavam com muita antecipação os atos de navegação do século XVII. A partir de 1485, proibiu as importações de vinho de Bordeaux em navios estrangeiros e, em 1489, estendeu a interdição ao pigmento pastel de Toulouse (*Isatis tinctoria*). O transporte devia ser feito em navios ingleses, com um capitão e a equipagem também ingleses. Os privilégios comerciais de que alguns estrangeiros desfrutavam foram restringidos. A Hansa germânica obteve a confirmação dos seus em 1498 em troca de 5 mil libras, mas uma lei de 1504 cuidou de manter as liberdades e privilégios da cidade de Londres, onde se encontrava o estabelecimento hanseático, o Steelyard.

O reinado de Henrique VI coincidiu com a época das grandes viagens oceânicas espanholas e portuguesas. Desde o início, os ingleses participaram ativamente dessas expedições, os resultados obtidos foram eclipsados pelos de Cristóvão Colombo, mas seria falso acreditar que os britânicos não participaram da grande corrida à Ásia pelo oeste, que se abria então, e por pouco a América não foi descoberta por eles. O rei mostrava tanto interesse por essas viagens quanto seu compadre Fernando. Bristol era o ponto de partida. Lá se encontravam marinheiros que frequentavam todas as paragens ocidentais do Atlântico, das ilhas Madeira à Islândia. Em 1480, John Lloyd havia embarcado em busca da ilha do Brasil. Em 1494, dois comerciantes de Bristol, Thorne e Elliot, chegaram à Terra Nova. Alguns anos antes, Cristóvão

Colombo, rejeitado pelo rei de Portugal, tinha enviado seu irmão, Bartolomeu, para solicitar o apoio do rei da Inglaterra. Infelizmente a negociação não teve êxito, pois Bartolomeu havia sido capturado por piratas; quando ele finalmente chegou, Henrique VII se mostrou muito interessado pelo projeto, mas era tarde demais.

Apesar disso, os ingleses tiveram seu próprio Cristóvão Colombo, na pessoa de John Cabot (Giovanni Caboto), também genovês, embora alguns pensem que nasceu na Inglaterra, e que se tornou cidadão veneziano em 1476. Convencido de que a rota das especiarias seria mais curta passando pelo oeste, buscou, como todo mundo, um *sponsor*, e depois de ter fracassado em Castela e em Portugal, chegou à Inglaterra em torno de 1490. Henrique VII lhe confia uma missão em 1495, em termos prudentes: John Cabot, seus três filhos e seus herdeiros recebiam o direito de explorar os mares com cinco navios sob o pavilhão inglês e de anexar todas as terras até então desconhecidas dos cristãos. Todos os custos estavam ao seu encargo e eles deveriam pagar ao rei um quinto dos lucros das viagens. Seriam isentos de direitos de alfândega sobre as mercadorias trazidas e teriam o monopólio do comércio com as regiões descobertas. A Inglaterra não levava em conta o tratado de Tordesilhas que, no ano precedente, havia dividido o mundo a ser descoberto entre portugueses e espanhóis.

Cabot partiu em 2 de maio de 1497 no *Matthew*, com dezoito homens de equipagem. Em 24 de junho, abordava tanto a Terra Nova quanto a Nova Escócia. Em 6 de agosto, estava de volta a Bristol, persuadido de ter estado na Ásia. O rei lhe concede uma pensão anual de 20 libras e lhe fornece um navio para sua próxima viagem. Com a ajuda dos comerciantes de Bristol e de Londres, ele monta uma expedição de cinco navios que deveriam chegar à China e talvez instalar colonos na Terra Nova. Deixaram Bristol em maio de 1498; um dos navios parou na Irlanda, depois de uma tempestade. Os outros desapareceram.

Apesar desse fracasso, Henrique VII continua a encorajar a exploração. Em março de 1501, concedia cartas patentes ao português João Fernandez e mais outros cinco, autorizando-os a anexar as terras desconhecidas dos cristãos. Em 1502, estendia a autorização para as terras já reivindicadas por um príncipe cristão, mas não ocupadas por ele. Buscava estabelecer colonos nos novos territórios. Em 1506, os comerciantes de Bristol formavam a

Companhia dos Aventureiros das Terras Novas. As viagens se multiplicaram. Traziam-se curiosidades, pássaros, até mesmo selvagens, dos quais alguns ficaram na Inglaterra e se "civilizaram". Em 1509, Sebastião, filho de Cabot, explora as costas canadenses, entra sem dúvida na bacia de Hudson, sai para escapar do gelo, e desce ao longo da costa americana, até a baía de Delaware. Quando voltou à Inglaterra, Henrique VII havia morrido.

O novo soberano não tinha nenhum interesse por essas expedições longínquas. Entregue aos seus prazeres e aos negócios europeus nos primeiros anos de seu reino, em seguida ocupado com suas mulheres, seus divórcios e suas reformas religiosas, Henrique VIII jamais compreenderá a importância das viagens de descoberta. Sebastião Cabot passará para o serviço do rei da Espanha; algumas pequenas expedições serão montadas, mas nada deverão ao rei. Thomas More se interessa mais, de um ponto de vista intelectual. Em 1517, seu cunhado, John Rastell, embarca para a Terra Nova com a finalidade de lá fundar uma colônia. A expedição fracassa por causa de um motim, que se suspeita tenha sido fomentado pelo grão almirante Surrey que, como o rei, pensa que seria melhor usar os navios para fazer a guerra contra os franceses. Nesse campo, Henrique VIII não terá clarividência e seu reino será nefasto para os interesses ingleses.

HENRIQUE VIII E O DINHEIRO

Há um outro campo no qual o novo rei se apressaria em dilapidar a herança paterna: o das finanças. Ao morrer, Henrique VII deixara os cofres transbordando. Havia passado seu reinado a enchê-los por todos os meios. A gama dos recursos reais era bem heteróclita: produto de suas terras, direitos de alfândega, aos quais se juntavam as taxas como o *tunnage and poundage* e os direitos sobre a exportação das lãs, o arrendamento de certos ofícios municipais e da administração dos condados, os produtos do sistema feudal, sobretudo em caso de sucessão, e uma parte das receitas das dioceses vacantes. Em tempos "normais", isto é, cada vez mais raramente, esses recursos poderiam bastar, com a condição de supervisionar cuidadosamente as despesas.

Mas os modos de arrecadação eram difíceis e incômodos, e o rendimento, fraco. Para a menor despesa extraordinária, era preciso apelar para o Parlamento, que concedia a retirada de um imposto direto: teoricamente, 1/15 dos bens móveis nos condados e 1/10 nas cidades, de onde o nome de *quinzième et dixième* dado a essa taxa direta. De fato, desde 1334 o rendimento havia ficado mais ou menos estável: cerca de 30 mil libras, e a parte de cada um não guardava mais relação com sua riqueza real. Imposto de repartição, o *quinzième et dixième* era retirado em cada condado, onde se atribuía a cada um certo montante fixo a ser pago. Os não proprietários eram isentos, e os pares nada deviam pelos recursos de sua propriedade. Em casos de necessidades mais importantes, retiravam-se dois ou três *quinzièmes et dixièmes*.

Desde o início do reinado, Henrique VII havia melhorado a eficácia do sistema tradicional de maneira espetacular. Ele herdara finanças em péssimo estado, e a guerra civil causou a multiplicação das alienações de propriedades, as isenções e os desvios. No que respeita aos direitos feudais, ele cobra em 1504 duas ajudas para o casamento de sua filha e para a investidura de seu filho Artur, morto havia dois anos; inflige multas àqueles que se recusam a entrar na onerosa ordem do Bain; se mantém cuidadosamente ao corrente das vendas de terras; eleva, em 1486, 1500 e 1503, uma taxa sobre aqueles cujos recursos de propriedade de terras ultrapassassem 40 libras por ano. Ao transferir frequentemente os bispos de uma diocese para outra, multiplica os ganhos devidos a cada vacância. Aluga os serviços de seus navios e empresta dinheiro: 87 mil libras de 1505 a 1509. Comercializou o alúmen. Revogou as alienações de território e os arrendamentos concluídos sob Ricardo III, o que lhe permitiu fazer que a receita de domínio passasse de 13.633 libras em 1495, para 32.630 libras em 1505. No campo comercial, modificou várias vezes as taxas de alfândega, e os proventos destas últimas passaram de 20 mil libras sob Ricardo III, para 32.950 libras em média durante os dez primeiros anos do reinado, e para 41 mil libras durante os dez últimos. É claro que é preciso abater dessas cifras os ganhos da Etapa de Calais, que eram gastas no local, e aqueles dos portos de Newcastle e Hull, que serviam à manutenção das fortificações de Berwick. Entretanto, os resultados aparecem como bem positivos, tanto mais que as despesas, supervisionadas atentamente, diminuíam.

A avareza de Henrique VII foi se acentuando no decorrer dos anos. Durante os últimos anos do reinado, as exações de todo tipo multiplicaram, medida que foi atribuída aos financistas Dudley e Empson. Na verdade, eles só sugeriam ideias, que não poderiam ter sido aplicadas sem o acordo do rei. Os livros contábeis de Dudley para o período 1504-1508 são cotidianamente assinados pelo soberano, que escruta cada entrada. Henrique VII está disposto a vender todos os seus favores: vende perdão de penas aos assassinos, vende perdão real para condenações que ele inflige com esse objetivo, vende intervenções de seus oficiais nos processos. As multas chovem: 18.483 em apenas um ano. Os grandes nobres são vítimas, como os outros, e mesmo seus fiéis, mesmo seus velhos companheiros: 2 mil libras para Daubeney, que não prestou contas no período em que era capitão em Calais; 10 mil a Oxford por ter mantido uma comitiva por demais numerosa; 5 mil a Burgavenny, 6 mil a Fitzwalter, 10 mil a Northumberland. Prefeitos, conselheiros municipais, oficiais, todos são atingidos. O pai de Thomas More é preso porque seu filho protestou contra a elevação de uma taxa em 1504 e deverá pagar 100 libras para ser libertado. Adicionemos os empréstimos e as doações forçadas, as benevolências já praticadas sob Eduardo IV e teoricamente proibidas desde Ricardo III.

Depois, de tempos em tempos, diversos pretextos permitiam elevar *quinzièmes et dixièmes*, dos quais o rei só gastava uma pequena parte, e o resto ia encher seus cofres. Dessa forma, em 1492, ele eleva 100 mil em impostos diretos, benevolências e doações do clero para organizar uma expedição na França. Ora, esta custa 49 mil libras e finaliza sem combate, em três semanas, pois o rei da França aceita pagar 745 mil coroas de ouro a título de indenização. Para lutar contra a Escócia e os rebeldes da Cornualha, ele obtém 160 mil libras, das quais gasta 60 mil; as multas impostas aos rebeldes lhe trazem mais de 15 mil libras.

Henrique VII supervisionava estreitamente o emprego dessas somas, desenvolvendo para isso uma nova administração financeira, cujo resultado foi aumentar a confusão entre tesouro público e tesouro privado. O organismo central era dirigido por um chanceler. Contudo, pouco a pouco o rei desvia as receitas para a câmara, que dependia diretamente dele por intermédio do tesoureiro da câmara. No final do reinado, o órgão recebedor obtinha apenas o produto das alfândegas e de algumas terras da coroa, assim como as somas pagas pelos xerifes e condados. Dessa quantia eram tirados os gastos para a casa do rei e o guarda-roupa. Todo o resto dependia do tesoureiro da câmara.

Globalmente, as receitas, que eram de 52 mil libras por ano no início do reinado, passaram a 142 mil nos cinco últimos anos. Depois de ter reembolsado as dívidas herdadas da guerra civil. O rei começou, a partir de 1497, a economizar somas importantes, das quais investia uma parte importante em joias, baixelas de prata e em empréstimos. Em 1509, o embaixador veneziano avaliava o conjunto de sua fortuna em 300 mil libras. Henrique VIII herdava uma confortável situação financeira.

Seu pai também lhe legava um reino pacificado. O último representante da família de York, Edmond de la Pole, que havia se ocultado no Império, foi preso em 1501 e trancado na Torre. Impiedoso, supersticioso, avaro e astuto, Henrique VII não havia granjeado amizades. Seus métodos e sucessos lembram em muitos aspectos os de Luís XI. Seu retrato é revelador: um pequeno homem seco, de olhar malicioso, lábios finos, longos dedos recurvados, simplesmente vestido, e com um rosto que exprime frieza e resolução. Seu reino foi reparador. Graças a ele, a Inglaterra, saída da guerra, se engaja no desenvolvimento econômico e marítimo. Um de seus primeiros biógrafos, Francis Bacon, no início do século XVII, faz sobre ele um julgamento que sempre se pode subscrever: "Mesmo com todos os seus defeitos, se fôssemos compará-lo aos reis da França e da Espanha, o veríamos como mais hábil que Luís XII, mais completo e mais sincero que Fernando. Mas se trocar Luís XII por Luís XI, que viveu um pouco antes, então a similaridade é mais perfeita. Pois Luís XI, Fernando e Henrique podem ser qualificados como os três grandes reis dessa época. Para concluir, se esse rei não fez grandes coisas, foi voluntariamente, pois aquilo que queria, ele conseguia".

Depois do eclipse da Guerra das Duas Rosas, a Inglaterra voltava a ser um parceiro importante da Europa, desempenhando um papel vantajoso: o de árbitro entre a França e a Espanha. Sem nunca se deixar levar a aventuras guerreiras arriscadas e custosas, Henrique VII havia sabido manter a balança equilibrada entre as duas potências continentais. Cortejado por Luís XII e Fernando, havia também tirado proveito da nova orientação do comércio europeu graças à abertura do Atlântico. Por uma política intuitiva, prudente e sem imaginação, ele inaugurava o eixo futuro da diplomacia inglesa: instaurar um equilíbrio europeu, tirando proveito do domínio marítimo.

Apesar de tudo, Henrique VII continuava a ser profundamente medieval, como seu testamento mostraria. Nele encontramos a lista habitual de devoções, donativos e fundações, com um extremo cuidado do detalhe. O rei ordena a celebração de 10 mil missas para o repouso de sua alma, dá dinheiro para fundar hospitais, ajudar os pobres, finalizar o King's College em Cambridge, a igreja de Westminster, as casas cistercienses de Richmond, Greenwich, Canterbury, Southampton, Newcastle. Pede para reparar as injustiças cometidas por sua administração. Na capela ainda inacabada, na extremidade do coro da abadia de Westminster, manda colocar os emblemas de York e de Lancaster, que havia reconciliado em sua pessoa.

Ele morreu em 21 de abril de 1509, aos 52 anos, em seu palácio de Richmond, em Londres. Seu filho, que até então havia sido mantido em total sujeição, se via brutalmente à frente dos negócios, com pouco mais de 17 anos. A ruptura foi total. Henrique VIII era exatamente o oposto de seu pai.

– III –

OS PRAZERES E A GLÓRIA (1509-1514)

O REI

"Sua Majestade é o mais belo príncipe que eu já tenha visto"; "Em beleza, ele ultrapassa todos os outros soberanos da cristandade; muito mais belo que o rei da França, magnífico e de uma estatura admiravelmente bem proporcionada"; "Ele é extremamente belo. A natureza não poderia ter feito mais por ele". Os embaixadores venezianos, bons conhecedores de homens, se extasiam diante do jovem rei. Alto, forte, bem bonito, cabelos "curtos e arrumados à moda francesa", rosto arredondado, com pele delicada e rosada, "que conviria a uma jovem", Henrique VIII, aos 18 anos, em nada se parece com o príncipe inchado, enorme, engrossado ainda pelas roupas amplas e bufantes, tal como Holbein o pintará no fim da sua vida. Do jovem rei, temos poucos retratos. O melhor, conservado na National Portrait Gallery, realizado por um pintor desconhecido, data de 1520 aproximadamente, isto é, mais de dez anos depois de sua ascensão. Nele vemos um belo homem, de compleição pálida, com uma ligeira barba castanho-clara, nariz reto e boca fina, lembrando muito seu pai e seu irmão mais velho, Artur.

Seguramente, o rei era bem-feito, e como cortesãos e embaixadores não cessaram de lhe dizer isso, ele desenvolveu uma extraordinária vaidade. Um dia, mostrando sua panturrilha para o embaixador veneziano, perguntou-lhe se ela não era mais bem projetada que a do rei da França. Grande desportista, sobressaía-se, dizem, em todos eles: soberbo dançarino, magnífico jogador de tênis, "jogo que é a mais bela coisa do mundo vê-lo jogar, sua pele delicada brilhando através de uma camisa do mais fino tecido", caçador infatigável, lutador invencível, arqueiro imbatível, duelista intocável, justador indesmontável, Henrique adora expor suas capacidades: em 1513, em Calais, participa de concursos de tiro ao arco com os arqueiros de sua guarda, e é claro que ganha facilmente: "Ele atingia o alvo em pleno centro e ultrapassava todos os outros, assim como os ultrapassa em natureza e em graças pessoais", não pode deixar de comentar o obsequioso embaixador veneziano. Ele desafia qualquer um na espada a duas mãos e projeta a lança mais longe que os outros. Nos torneios, triunfa regularmente sobre todos os adversários, como acontece, por exemplo, no verão de 1508, quando mal tem 17 anos.

Belo por natureza, o rei completa sua graça pelas vestimentas mais luxuosas e refinadas. Seu guarda-roupa transborda de tecidos preciosos e reluzentes sedas, veludos, cetins, casacas bordadas, passamanarias, golas de pele, chapéus com plumas coloridas, camisas bordadas em fio de ouro, enfeites de esmeraldas e rubis: colares e pingentes brilham sobre seu peito, seus dedos são carregados com quatro ou cinco anéis. Segundo o veneziano Giustiniani, "seus dedos eram uma massa de anéis engastados com pedras preciosas e no pescoço carregava um colar de ouro do qual pendia um diamante tão grande como uma noz". Henrique aprecia ofuscar, se oferecer em espetáculo, brincar de magnífico, de grande senhor, jogar dinheiro pela janela. O que faria seu avaro pai se retorcer na tumba.

O cenário monárquico mudou bastante. A corte se diverte, festeja, gasta. O rei é jovem, é o mais belo e o mais forte, o mais rico. Ele é o mestre, todos os lisonjeadores repetem sem cessar. Mas Henrique não deseja apenas ser o mais forte – como um verdadeiro príncipe do Renascimento, ele tem pretensões intelectuais, que os humanistas louvarão excessivamente. E isso começa bem cedo. Ele mal tinha 8 anos quando Erasmo o encontrou pela primeira vez. Foi em Eltham, onde os filhos de Henrique VII eram criados juntos. Lá estavam suas irmãs Margarida e Maria, e seu irmãozinho Edmundo. O pequeno duque, sob a direção de seu preceptor Skelton, pede ao célebre holandês que redija algumas odes. Erasmo o faz e, em três dias, produz uma *Descrição da Grã-Bretanha, do rei Henrique VII e dos filhos do rei*. Em 1505-1506, por ocasião de uma segunda estadia na Inglaterra, o príncipe dos humanistas teve a oportunidade de escrever ao jovem Henrique, que tinha então 15 anos, que lhe dirige uma elegante resposta. Erasmo fica surpreso com a qualidade da expressão, e seu amigo, lorde Mountjoy, lhe mostra outras cartas do príncipe de Gales para lhe provar que ele era mesmo o autor.

Em que pese tudo isso, Henrique VIII jamais gostará de escrever. Um dos pesadelos do cardeal Wolsey será de se esfalfar continuamente para que ele redija ao menos as cartas mais importantes, ou para que simplesmente nelas coloque sua assinatura. É preciso fazer-lhe modelos para que copie, como acontece, por exemplo, quando deve escrever para Francisco I, e pede que seu ministro lhe prepare uma "curta carta" em francês. De uma outra vez, ele não tem sequer a coragem de copiar a fórmula de polidez que lhe foi apresentada, e simplesmente recopia aquela que encontrou na carta do rei da França, à qual ele responde. Frequentemente Wolsey deve finalizar a correspondência abandonada a meio caminho pelo rei. Para todos os documentos oficiais que requerem seu exame, ele se contenta de indicar vagamente a seu secretário o conteúdo geral da resposta: "Recebi suas cartas, ele escreve um dia para Wolsey, às quais meu secretário responderá, pois isso demanda muita escritura". Por sua vez, seu ministro lhe escreve "Suplico que Vossa Graça faça algo a respeito, apesar de lhe custar muito" sobre cartas importantes que deveriam ser enviadas à regente dos Países Baixos e que o rei não havia assinado. Henrique somente escreverá suas cartas durante o período em que cortejará Ana Bolena, e mesmo então seus bilhetes serão muito breves. É na correção dos documentos oficiais e de relatórios que mais frequentemente encontramos sua escrita, rasurando expressões que não lhe agradavam e substituindo-as por seus próprios termos, com uma caligrafia, aliás, fluente e pouco diferente daquela de seus secretários.

Sua cultura, sem ser tão variada quanto a de Francisco I, não é negligenciável. Orgulhoso de seus conhecimentos teológicos, não hesita em tomar posição de maneira peremptória em matéria de heresia e até compõe um tratado de defesa do poder pontifical. Gosta de conversar com Thomas More e, no decorrer de suas longas discussões, este o inicia na matemática e na astronomia. Skelton e Bernard André lhe deram as bases da educação clássica, Giles d'Ewes lhe ensinou francês; ele compreende italiano, com Catarina aprende um pouco de espanhol; arranhará o grego, sob a direção do humanista Richard Croke, que ensina em Cambridge. Mas Henrique é, sobretudo, apaixonado pela música. Traz para a Inglaterra algumas celebridades da época, musicistas de alaúde, como o holandês Philip Van Wilder, ou de viola, como Ambrose Lupo, organistas, como Benedict de Opitiis e Dionisio Memo, que tocava na igreja de São Marcos, em Veneza, trompetistas e flautistas. Buscava as mais belas vozes para o coral de sua capela e invejava muito aquele de Wolsey. Seus músicos seguiam-no em todos os seus deslocamentos, até mesmo para a guerra, e ele podia ouvir Dionisio Memo tocar órgão durante quatro horas em seguida. Colecionava instrumentos de todo tipo e reunia não menos que 26 alaúdes de diferentes fabricações. Aliás, tocava bem esse instrumento, assim como órgão e cravo. Como também tinha uma bela voz, gostava de cantar diante da corte, em companhia de *sir* Peter Carew, com quem lia as partituras. Henrique VIII também foi compositor: duas missas de cinco partes, um moteto (*Oh, Senhor, criador de todas as coisas*), música instrumental, canções, como *Gentil príncipe* e *Infelizmente, madame*.

Tudo isso não deixa de ter mérito, e o jovem rei era um bom representante da nova onda principesca "início de século", a quem em breve se seguiriam Francisco I e Carlos V. A hora da juventude havia soado. Um a um, os velhos soberanos austeros, últimos representantes da Idade Média, desapareciam: Henrique VII, Fernando, Maximiliano. Um novo estilo se impunha, conforme ao ideal do "homem da corte", caro a Castiglione: o rei completo, cavaleiro e mecenas, esportivo e amigo das letras. Alguns dias após a ascensão do novo rei, numa carta de 27 de maio de 1509, lorde Mountjoy expressava a Erasmo o entusiasmo dos humanistas pelo soberano:

> Oh, meu Erasmo, se pudesses ver como todo mundo aqui se regozija pela posse de um tão grande príncipe, como sua vida preenche todos seus desejos, não poderias reter lágrimas de alegria. Os céus se regozijam, a terra exulta, tudo é leite, mel e néctar. A avareza está expulsa do país, a liberalidade expande a

riqueza de uma mão generosa. Nosso rei não deseja nem ouro, nem joias, nem metais preciosos, mas a virtude, a glória e a imortalidade. [...] Outro dia, ele deplorava o fato de não ser mais instruído. Eu lhe disse que não era o que se esperava de Sua Graça, mas que ele apoie e encoraje os homens instruídos. Sim certamente, respondeu, pois sem eles nós quase não existiríamos.

O reinado se abria então sob os melhores auspícios. Mas o príncipe do Renascimento não é somente a amabilidade de Castiglione, é também o realismo de Maquiavel. Se esse lado autoritário, tortuoso e impiedoso permanece mascarado durante os primeiros meses pelo brilho das festividades, será revelado demais na sequência. Henrique é instável e caprichoso, sujeito a terríveis mudanças de humor. Servi-lo é uma tarefa amedrontadora, que para muitos terminará no cadafalso. Tanto em relação às suas mulheres, quanto aos seus ministros, ele passa de um extremo ao outro. Não perdoa nem críticas, nem oposições, mesmo entre aqueles que mais amou, como Thomas More, que ele abraçava durante seus longos passeios nos jardins de Chelsea. Suas cóleras eram temidas e contava-se como ele havia batido na cabeça de seu fiel Thomas Cromwell, cobrindo-o de injúrias, sacudindo-o violentamente e catapultando-o fora de seu quarto privado. O chanceler Wriothesley foi tratado de "porco" e muitos outros sofreram por seu humor tirânico. Sobre ele avançou-se mesmo o termo hipocondríaco. Seu temperamento despótico é ainda mais terrível porque a ele se junta um fundo de crueldade. Insensível à dor alheia, ele gosta de humilhar e de fazer o mal; sua odiosa conduta para com Catarina fornecerá muitos exemplos disso. Egocêntrico, só se liga ao seu próprio interesse, ao qual está pronto para sacrificar tudo; indiferente ao sofrimento dos outros, só pensa em si. De um ciúme extremo, não tolera que possa ser ultrapassado em qualquer coisa que seja. Há algo de Nero nesse soberano que deseja ser o melhor em tudo, diante de quem tudo deve ceder. Que não se tenha uma moradia mais elegante que as suas, uma matilha mais importante ou um coro de capela mais virtuoso que o seu. Wolsey experimentará isso. Servir a tal senhor é uma tarefa perigosa. Ele pode amontoar honras e riquezas sobre um ministro e precipitá-lo à morte instantes depois.

É ainda mais difícil ser sua esposa. A instabilidade do rei é flagrante no campo conjugal, e não somente porque se casou seis vezes, anulou duas uniões, decapitou duas rainhas e teve várias ligações passageiras. Um elemento perturbador, talvez ligado ao complexo de Édipo, parece planar sobre sua vida sexual. Em todo caso, é o que fica evidente nos estudos de psicanálise histórica feitas em particular por Flügel. Uma inconsciente atração-repulsa pelo incesto explicaria alguns de seus comportamentos. Marido de sua cunhada, depois de duas sobrinhas do duque de Norfolk, amante de duas irmãs Bolena, implicado na juventude em extravagantes projetos matrimoniais de seu pai, que ora destinava uma princesa para seu filho, ora a reservava para si mesmo, ou ainda arranjava um duplo casamento, a mãe para ele, a filha para seu herdeiro, não é surpreendente que Henrique tenha sido marcado por esses acontecimentos. A repentina repulsa que sente por Ana de Clèves também intrigou os psicólogos.

Entretanto, nada decisivo pode ser concluído nesse campo, nenhum desvio foi assinalado na sexualidade do rei, que aliás nada tem de refinado e parece se reduzir à simples satisfação do desejo físico. De suas seis esposas, sem dúvida amou Ana Bolena, ao menos antes do casamento, e certamente também Jane Seymour. Catarina Howard, que desposou aos 49 anos, enquanto ela nem tinha vinte, bem teria podido ser sua filha, e novamente essa união pode deixar um ligeiro perfume de incesto. A série termina pela respeitável Catarina Parr, que já era viúva duas vezes, e que desempenha para o soberano, que se tornara enorme, o papel de enfermeira (e de uma mãe?), antes que ela mesma se case uma quarta vez.

OS PRAZERES

O reino se abre justamente por um casamento. Em 11 de junho de 1509, dois meses depois de sua ascensão, Henrique VIII se casava com sua cunhada, Catarina de Aragão, seis anos mais velha que ele. Por que essa súbita decisão, depois de anos de hesitação e do protesto secreto que conhecemos? Numa carta de 27 de junho, o rei declarava a Margarida de Savoia que ele somente obedecera a uma última vontade de seu pai, expressa em seu leito de morte. Essa versão é contradita pelas declarações de dois membros do Conselho, que asseguraram o contrário ao embaixador espanhol Fuensalida, e que Henrique VII deixara seu filho livre para desposar quem ele quisesse. Aliás, o embaixador considerava a causa como perdida, e continuava a expedir em Bruges, por pequenos pacotes, as coisas da princesa. Ora, alguns dias depois, foi convocado diante do Conselho, onde se assegurava que o rei estava disposto ao casamento. Thomas Ruthal, bispo de Durham, que tinha acabado de ter uma conversa privada com Henrique, lhe afirma que o detalhe do pagamento do dote era secundário, e que a celebração devia acontecer muito proximamente.

Definitivamente, parece que a opinião dos conselheiros tenha sido, na circunstância, predominante. O rei era jovem e sem experiência: a sucessão havia sido feita pacificamente, mas importava assegurar o mais depressa possível a continuidade dinástica. Catarina estava ao alcance da mão, tudo estava previsto havia muito tempo, e era a solução mais prática. Além disso, o casamento espanhol permitia estreitar a aliança com Fernando, conformemente à política feita por Henrique VII. Nesse passe delicado, mais valia consolidar os laços de amizade que correr riscos. Por fim, último argumento, o que já havia sido pago do dote poderia ser conservado. Ao que tudo indica, Henrique cedeu às instâncias dos conselheiros. Teria ele emitido escrúpulos de última hora à perspectiva de desposar a viúva de seu irmão? O arcebispo de Canterbury, William Warham, teria expressado dúvidas sobre a validade da dispensa pontifical? É o que mais tarde afirmarão testemunhas, como Nicolas West, bispo de Ely, no momento do processo de anulação do casamento. As circunstâncias em que esses fatos serão revelados, num momento em que havia a preocupação de acumular os menores indícios em favor da invalidação, devem inclinar, todavia, à maior prudência. Apesar de tudo, o casamento foi celebrado, discretamente – o rei estava de luto – no apartamento de Catarina, em Greenwich, pelo próprio arcebispo Warham.

Doze dias depois começavam as festas da coroação, tema inesgotável de admiração para os cronistas, dos quais o mais prolixo é Eduardo Hall, que descreve à exaustão os costumes, os cortejos, as ruas decoradas com tapeçarias, os cavalos, os banquetes, o entusiasmo popular. Henrique deleita-se com essas festividades. Ele é o herói, o ídolo, ostenta as vestimentas mais suntuosas, resplandece de diamantes e rubis. Ele é aclamado, está feliz. Para Catarina, esse casamento também marca um triunfo, depois de tantos anos de incerteza e de humilhação. Tudo acontece dentro do cerimonial tradicional: o rei se hospeda na Torre durante os preparativos. Em 23 de junho, o casal atravessa a cidade à frente e um longo cortejo para chegar ao palácio de Westminster. No dia seguinte, ocorrem a unção e a coroação na abadia, celebradas pelo arcebispo de Canterbury. O soberano presta juramento e se compromete, entre outras coisas, a "guardar e manter o direito e as liberdades da Santa Igreja", fórmula que posteriormente alterará, para melhor afirmar os direitos da coroa. Em seguida, um banquete é dado em Westminster Hall, para onde se dirige o casal real, precedido pelo desfile dos pratos, que o duque de Buckingham conduz a cavalo. A tarde se encerra por um torneio, que dura até o cair da noite.

As festas prosseguem por vários dias. Depois, como a coroação não podia mais servir de pretexto, elas se tornam rotineiras, até o momento em que foram substituídas pela guerra, que nada mais era senão um outro gênero de distração. Durante esse primeiro período do reino, Henrique ficou totalmente absorvido por seus prazeres e dedicava toda sua energia para as diversões. Ele pratica "o tiro, a dança, a luta, o lançamento da tranca, toca flauta doce, a grande flauta, o cravo, escreve canções, compõe baladas e duas santas missas, cada uma com cinco partes e que foram frequentemente cantadas em sua capela e, mais tarde, em outros lugares. E quando foi a Woking, houve justas e torneios. O resto de seu tempo, ele passa caçando, falcoando e atirando ao arco", programa que faz as delícias do cronista Eduardo Hall. Cada festa religiosa, cada acontecimento civil, era ocasião para novas festividades: o Ano Novo, a Epifania, *Mardi Gras*, volta da corte para Londres, depois dos passeios de verão.

Em 1º de janeiro de 1511, Catarina lhe dava um filho, Henrique. Primeiramente o rei galopa até seu santuário favorito, em Walsingham, em Norfolk, a 200 quilômetros de Londres, para agradecer à Virgem. Depois foram novamente torneios e desfiles, no decorrer dos quais a multidão, superexcitada, arranca os tecidos dourados ornados de H e de K. Sete semanas mais tarde, a criança morreu. Só houve um breve interlúdio entre as festas. Na Epifania de 1513, o rei participa, na companhia de outros onze cortesãos, de uma mascarada "à moda italiana, chamada de máscara, coisa até então desconhecida na Inglaterra", precisa Hall.

O dinheiro corria em abundância: no baralho, nos dados, no tênis, em que se faziam apostas altíssimas, com pessoas pouco escrupulosas, como os franceses e os lombardos mencionados ainda por Hall, e que tiravam proveito da generosidade real. O livro de pagamentos do rei nesses anos é uma litania de generosidades e de esbanjamento: 800 libras para os presentes do Ano Novo, 566 libras de joias, 40 libras para um frade que trouxe um instrumento para o rei, 335 libras para um ourives parisiense, 20 libras para o doutor Fairfax por um livro de canções; e as ofertas para os santuários, e as recompensas para os predicadores, e as vestimentas, e o embelezamento dos palácios reais. As economias de Henrique VII não resistiriam muito tempo a tal modo de vida. Cada festa era ocasião de um cenário alegórico, sutil e custoso, florestas artificiais, um porto dourado em que desembarcavam Celebridade, Renome, *sir* Galante e Coração Leal. Quanto ao rei, desempenhava com toda simplicidade o papel do "muito perfeito e valoroso" cavaleiro.

Seus companheiros de prazer eram Thomas e William Parr, Henrique Stafford, conde de Essex, Eduardo e Henrique Guilford, Edward Neville, os Carew, William Compton, fidalgo da câmara privada. Com este último, Henrique participou, incógnito, de uma justa ocorrida no palácio de Richmond em 12 de janeiro de 1510, e os dois desconhecidos eclipsaram os outros concorrentes por seu valor, mesmo que Compton quase tenha sido morto. Henrique e seus companheiros gostavam dos disfarces e das farsas. Numa manhã desse mesmo mês de janeiro de 1510, eles se vestem de Robin Hood, irrompem no quarto da rainha e conduzem as damas numa dança com galanterias variadas. No *Mardi Gras* seguinte, no decorrer de um banquete oferecido em honra de vários embaixadores na câmara do Parlamento, o soberano se eclipsa e reaparece alguns instantes depois disfarçado de turco, com o conde de Essex, seguido por outros seis, vestidos como prussianos, e carregadores de tochas vestidos como mouros. Não contente com o efeito produzido, Henrique e cinco outros trocam ainda de roupas, portando uma vestimenta fendida azul e vermelha, forrada com tecido dourado, e começam a dançar com as damas. No ano inteiro se deslocam através das florestas das *home counties*, de uma residência para outra, de Westminster para Windsor, de Woodstock para Greenwich, de Richmond para Woking, caçando, festejando, participando de torneios.

O GOVERNO DO REINO

De 1509 a 1513, o rei se diverte. É sua única ocupação, e visivelmente o papel de rei mandrião lhe convém às mil maravilhas. Durante esse tempo, quem se ocupa dos negócios sérios? Para isso há conselheiros, e Henrique se apoia inteiramente neles. Ele teve a chance de herdar de seu pai, além dos cofres bem guarnecidos, uma boa equipe governamental, experiente, unida e eficiente. Ele teve, ao menos, o mérito de não mudá-la, exceto dois homens particularmente impopulares, principais agentes das coletas fiscais de Henrique VII: Richard Empson e Edmund Dudley. Desde 23 de abril, o soberano os sacrificava à cólera pública, ao ficar sabendo sobre os procedimentos ignóbeis que eles usaram; trancafiados na Torre, serão executados dezesseis meses depois. Em seu testamento, o finado rei tinha concedido uma anistia geral e pedido que se reparassem as injustiças cometidas durante seu reinado. Isso poderia gerar uma infinidade de problemas; dessa forma, se satisfez com uma meia medida. Oitenta pessoas foram excluídas do perdão geral concedido pelo dia de São Jorge, incluindo os três irmãos Pole. Quanto às somas extorquidas, algumas foram anuladas e outras, mantidas. O entusiasmo geral pelo novo rei e a esperança de um futuro melhor arrebataram mais que as decepções.

O Conselho não sofreu então nenhuma transformação maior. Era conduzido por três notáveis bispos. William Warham, arcebispo de Canterbury, chanceler desde 1504, tinha proeminência sobre seus colegas, mas de fato era eclipsado pela personalidade muito mais forte do guardião do sinete privado, Richard Fox. Filho de um pequeno nobre do Lincolnshire, este último havia tido uma brilhante carreira eclesiástica, sem jamais usufruir de seus benefícios: bispo de Exeter de 1487 a 1492, de Bath e Wells de 1492 a 1494, de Durham de 1494 a 1501, de Winchester de 1501 a 1528, jamais havia sentido escrúpulos excessivos em praticar a política realista de Henrique VII. Amigo das letras e das universidades, capaz e eficiente, ele domina o Conselho nos primeiros anos de Henrique VIII, a ponto de o embaixador veneziano Badoer o qualificar de *alter rex*. Ele guardará o sinete até 1516, quando pediu demissão, tomado pelo remorso "ao pensar em todas essas almas das quais jamais vi os corpos", segundo suas palavras. Ele passará seus últimos anos em Winchester, preenchendo por fim, de maneira piedosa e esclarecida, seus deveres de bispo. Mas o governo o consultará de tempos em tempos a respeito de questões delicadas. O terceiro eclesiástico, Thomas Ruthal, era secretário do rei desde 1500; em junho de 1509, é nomeado bispo de Durham.

Esses três personagens estavam intimamente persuadidos da exatidão da política prudente do antigo rei, em particular da linha pacífica adotada com o exterior. O controlador da casa do rei, Edward Poynings, o tesoureiro da câmara, Thomas Lovell, o chanceler do ducado de Lancaster, Marney, permaneciam fiéis à mesma linha. Somente o tesoureiro, Thomas Howard, conde de Surrey, preconizava uma nova política, mais própria para seduzir um jovem e borbulhante soberano: a busca da glória e dos proveitos exteriores por uma atitude agressiva que poderia levar a uma guerra de conquista sobre o terreno familiar, a França; por outro lado, uma política interior de prestígio, com faustosos gastos que enfim poriam o rei da Inglaterra num pé de igualdade com seus pares europeus. Surrey, no início isolado, precisou se resignar ao prosseguimento da política tradicional, por mais mesquinha que ela lhe parecesse: em três anos, a câmara só gasta 156 mil libras, que incluíam as despesas dos funerais e da coroação. Contudo, o dinheiro escoava por outros lados, e Thomas Howard encorajava o movimento. Ele representava a força montante da nova monarquia diante dos bispos que envelheciam. Enquanto o rei só pensava em se divertir, Warham, Fox e Ruthal continuavam a ser os mestres dos negócios, para a felicidade do país.

Mas quanto tempo isso duraria? Warham, envelhecido, pensava em se retirar; a atmosfera do novo reinado não lhe convinha; além disso, tinha muitos problemas para resolver em seu arcebispado. Fox começava a sentir os primeiros remorsos que o levariam a mudar para sua diocese. Foi por isso que os dois homens favoreceram desde 1509 a ascensão de um jovem eclesiástico de ambição insaciável que lhes parecia apropriada para equilibrar a influência de Surrey no futuro, quando se retirassem para sua aposentadoria: Thomas Wolsey. Contrariamente ao que se acreditou durante muito tempo, a ascensão de Wolsey não se deu a despeito e contra Warham e Fox, mas graças a eles. Ele não os afastou do poder, e foram eles que lhe abriram as portas.

Fox, em particular, considerava Wolsey como seu protegido, louvando seus méritos, dando-lhe conselhos, cuidando para que ele não se fatigasse demais; numa carta, Fox lhe recomenda que não trabalhe depois das 6 horas da tarde. Por sua vez, Wolsey demandava ao bispo sua ajuda e seu conselho, como para a reconstrução das fortificações de Calais. A partir de novembro de 1509, graças ao seu patrono, Wolsey era promovido ao mesmo tempo a capelão do rei e a deão de Hereford. Rapidamente ele conquistou importância e segurança, dado que em 1511 o chanceler Warham aceitava dele, sem protestar, documentos reais que não eram identificados nem pela pequena chancela; sua familiaridade com o rei havia se tornado uma garantia suficiente.

De fato, o hábil capelão tinha imediatamente avaliado o soberano e sabido se tornar indispensável. Constatando a aversão que Henrique tinha pelos negócios, pela escrita, pelos debates de Conselho, não teve muito trabalho para persuadi-lo de que poderia encarregá-lo de todas as tarefas ingratas do governo. O rei era reconhecido a esse homem providencial para livrá-lo dessas desagradáveis obrigações. Quando alguns importunos lhe pediam que se ocupasse pessoalmente da política, "o capelão o persuadia ativamente do contrário, conta com admiração Cavendish, guarda-mor e biógrafo de Wolsey. Isso o deixava muito contente e sua estima e afeição pelo capelão aumentavam. [...] Quem agora estava em grande favor, se não o mestre capelão?". Ainda não se havia chegado a esse ponto, mas a cada dia Henrique apreciava mais as qualidades de Wolsey: grande trabalhador, inteligente, fino, voluntário, sabendo se antecipar às vontades do senhor, ele também tinha a mesma ambição, o mesmo desejo de glória. Os dois homens eram feitos para se entender, e fizeram isso a tal ponto que se chegou a falar de feitiçaria.

Encorajado a se desinteressar pelos negócios, Henrique pouco a pouco se torna dependente de Wolsey, o faz-tudo, o indispensável intermediário, a fonte inesgotável de ideias sobre todos os temas. Incapaz de tomar por si mesmo a menor decisão política, o soberano recorria sem cessar ao seu capelão. O que seria preciso responder à regente dos Países Baixos que queria visitar a Inglaterra? Seria preciso postergar os tribunais por causa da epidemia de *sudor anglicus*? Ele o encarregava de resumir as notícias e de apresentar um condensado, tão breve quanto possível. O que ele poderia fazer para que assinassem em seu lugar? O conselheiro tinha muitas dificuldades para falar com o soberano, entre duas caçadas ou duas danças, no retorno de um torneio, sobre os documentos mais importantes. Somente um homem de energia extraordinária podia preencher tal papel. Wolsey era infatigável; da chancelaria ao Conselho privado, de seu gabinete à câmara estrelada ou à recepção dos embaixadores, ele estava em todos os lugares, supervisionava tudo, dava conta de tudo.

Entretanto, mesmo tomando todas as responsabilidades, Wolsey devia dar a impressão de servir, tarefa que exigia uma habilidade consumada. Henrique VIII, apesar de negligenciar sua tarefa de rei, queria parecer que era quem decidia, e suas reações podiam ser violentas. Pouco depois de sua ascensão, recebeu uma carta de Luís XII, em resposta a uma das suas, redigida por seus conselheiros: "Quem escreveu essa carta?", vociferou. "Eu, pedindo a paz para o rei da França, ele que não ousaria sequer me olhar de frente, e ainda menos guerrear contra mim?" Bazófia de um jovem arrogante, que pensa que se pode governar passando seu tempo em caçadas. Mas por vezes o rei tinha acessos, tão breves quanto imprevisíveis, de trabalho. Podia então reduzir a nada, em poucos minutos, os laboriosos preparativos de seus conselheiros, derrubar decisões tomadas, captar ao primeiro olhar um erro de julgamento, decidir a convocação de um embaixador, avaliar os riscos de uma empreitada. Sua clarividência podia ser surpreendente, mas se manifestava em raros relâmpagos, servindo apenas para complicar a tarefa de seus próximos, quebrar a rotina e a continuidade dos negócios, e pôr os nervos de Wolsey a uma rude prova.

GUERRA OU PAZ? O REI CONTRA SEUS CONSELHEIROS

Até 1512, os conselheiros, conduzidos pelos três bispos, conseguiram fazer prevalecer a política de paz herdada do reino precedente, sem que o rei, por demais ocupado com seus prazeres, interferisse muito na condução dos negócios. Mas isso não podia durar muito tempo. Quando se sonha com a glória, se tem 20 anos, um tesouro bem fornecido, e se é o melhor cavaleiro do reino, raramente se fica satisfeito com o estreito quadro das liças. A verdadeira guerra, sobre o continente, oferece muitas outras perspectivas.

Ora, Henrique tem um título a fazer valer: ele não é rei da Inglaterra "e da França"? As flores de lis não ocupam a metade de seu brasão, desde que seu vago ancestral Henrique VI foi coroado em Paris, em 1422? Luís XII, com justiça, não é um usurpador, longamente tolerado? Seu sogro, Fernando de Aragão, não perde uma ocasião de despertar as velhas ambições inglesas, oferecendo ao Tudor a chance de recuperar essas ricas províncias: Normandia, Guiana, Anjou, que por direito lhe cabem. O jovem Henrique sonha em renovar as façanhas de seus grandes predecessores, Henrique II, Eduardo III, Henrique V. Ele se vê recomeçando Crécy, Poitiers e Azincourt. Para mergulhar nessa época heroica, ele demanda que lorde Berners traduza Froissart, e a um outro, cujo nome permaneceu desconhecido, que redija uma biografia de Henrique V.

Depois da França, havia a Terra Santa. O ideal de cruzada ainda era bem vivo, nos escritos e nas proclamações. Faltou pouco para que o estouvado Carlos VIII se lançasse a isso alguns anos antes; Fernando, sempre ele, havia retomado Granada dos muçulmanos; o papa exortava os soberanos cristãos a se reagruparem contra os turcos.

Além disso, todos os seus colegas coroados não se davam ao prazer na Itália, para ver quem devastava melhor os milaneses ou o reino de Nápoles? Efetivamente, a Europa era suficientemente vasta, rica e dividida para suportar um conquistador a mais. A nova geração nobiliárquica, que assim como Henrique nascera depois de Bosworth, os companheiros de justas do rei, viviam com a mesma esperança. As fileiras da aristocracia, dizimadas pela Guerra das Duas Rosas, se aposentavam; havia um quarto de século, a paixão guerreira desses beligerantes hereditários estava sendo contida. A repressão de algumas revoltas havia sido uma magra satisfação, indigna de um cavaleiro. A ordem e a paz reinavam, as armaduras enferrujavam, os castelos-forte se deterioravam. O velho rei havia imposto uma tediosa política, enchendo seus cofres, estimulando o comércio e reduzindo o nobre a se ocupar de suas terras. Esperava-se que tudo isso mudasse. Lembravam-se dos resgates, da glória, da aventura que os avôs e bisavôs haviam conhecido nas ricas planícies da França. Os romances de cavalaria, mais que nunca, estavam na moda: Caxton imprimia *O rei Artur*, Étienne Hawes compunha *O passatempo de prazer*, desdobrando um mundo de cavaleiros errantes. A nostalgia da Idade Média assombrava a nobreza ociosa.

Contudo, os velhos conselheiros de Henrique VII velavam, e eram eles que dirigiam a política. Warham, Fox, Ruthal, Fisher, formados sob o reino precedente, decidiam manter a política pacífica, parcimoniosa e mercantil que tinha funcionado tão bem até então. Eram bispos, estavam velhos e eram razoáveis: três boas razões para se opor às aventuras nas quais os jovens aristocratas descerebrados queriam engajar o país. Que Fernando, Luís XII e Maximiliano se virassem, na Itália ou em qualquer outro lugar. Os ingleses deveriam permanecer fora dessas querelas e se ocupar com sua economia.

O rei, que não dispõe de uma equipe que os substitua para dirigir a política que desejaria implementar, mas da qual não tem a coragem de tomar a direção, precisou deixar como estava. Mas os choques são frequentes. Prova disso é o episódio da carta para Luís XII, escrita pelos seus conselheiros sem o conhecimento do rei, e oferecendo sua amizade ao soberano francês. Compreende-se a surpresa e a cólera de Henrique VIII quando, no decorrer do verão de 1509, um enviado de Luís vem lhe trazer a resposta; melindrado, nem sequer aceita a caixa de bolas de tênis que lhe trouxeram de presente. Em março de 1510, o Conselho conseguiu, depois de épicas discussões, fazê-lo assinar um tratado com a França; em maio, foi ele que impôs outro tratado com a Espanha, contra a maioria do Conselho, pois ele queria retomar as hostilidades contra Luís XII. Alguns meses depois, quando propôs começar a guerra, a maior parte dos conselheiros se opôs. Fazer a guerra era também perder os humanistas, que havia tempos se insurgiam contra esse resto de barbárie que levava os príncipes, contra toda a razão, a desperdiçar o dinheiro de seus súditos, a arruinar o comércio de seus Estados, a destruir cidades e campos, a massacrar as pessoas por falaciosas razões de honra, de equilíbrio de forças, de necessidades estratégicas ou de direito ancestral. Entretanto, nesses anos de 1509 a 1514, para Henrique VIII, o renome guerreiro tinha atrativos mais poderosos que o humanismo.

Porém, para começar a guerra, era preciso ao menos um pretexto válido. Ora, a conjuntura diplomática no início do reinado era a mais desfavorável que se pudesse imaginar: a Inglaterra estava em bons termos com quase todo o mundo, e o principal adversário potencial, a França, estava no centro de uma poderosa coalizão formada pelo papa Júlio II, e que compreendia o imperador e os cantões suíços. Essa liga de Cambrai, formada em dezembro de 1508, esmagaria os venezianos e Agnadel alguns meses depois. Nessas condições, era bem delicado ir provocar os franceses. Então Henrique adota, desde o início, uma atitude insultuosa, declarando em público que muito em breve atacaria o rei da França, tratando de maneira desdenhosa o enviado de Luís XII.

Fernando, seu sogro, a quem ele pede conselho, recomenda ter prudência: seria preciso esperar uma ocasião mais favorável, e no momento se mostrar mais amigável com a França, que detinha a posição de força.

Henrique aquiesce: o aragonês era astucioso e tinha experiência. Certamente a liga de Cambrai não duraria muito mais. Bastavam boas palavras com relação aos venezianos. O rei escreve para Luís XII e para o imperador Maximiliano, pedindo-lhes que fossem indulgentes com seu inimigo vencido, e apresentando-se como um artesão da paz. Mas ao mesmo tempo, no final de 1509, ele mandava para Roma, como seu representante permanente, Christopher Bainbridge, arcebispo de York, um temperamento belicoso, inimigo renhido dos franceses, verdadeiro amotinador, que devia trabalhar para separar o papa da França. A tarefa não devia ser difícil. De fato, Júlio II, depois de ter humilhado os venezianos, visava agora a livrar a península dos incômodos franceses. Em fevereiro de 1510, ele retirou a excomunhão que atingia Veneza; em março, concluiu um tratado com os suíços, que lhe forneciam 6 mil homens; em julho, obteve uma aliança com Fernando, conferindo-lhe a investidura do reino de Nápoles; Veneza e os Sforza de Milão viriam reforçar a aliança antifrancesa, selada em outubro de 1511, sob o nome de Santa Liga.

A guerra havia recomeçado, a partir do inverno de 1510-1511, na Itália do Norte, com o próprio Júlio II conduzindo suas tropas para o combate, mas nada decisivo aconteceu. Luís XII respondeu ao ataque pontifical usando as armas eclesiásticas e conseguiu que o clero da França, reunido em Lyon em abril de 1511, apelasse a um concílio geral, cuja convocação foi lançada por alguns cardeais em Milão, em 16 de maio, e que se reuniu em Pisa em primeiro de setembro. Os papéis se inverteram: o papa atacava com a espada, o rei da França se servia dos bispos. Para desarmar esse falso concílio, Júlio II convoca o seu, que devia se reunir em Latrão, em abril de 1512.

A situação se tingia de rara complexidade, permitindo que se tirasse proveito da situação e, em primeiro lugar, estava Fernando. Explorando o apoio momentâneo do papa para tentar se estabelecer no reino de Nápoles, ele buscava também pôr as mãos em Navarra. Para tanto, um ataque inglês efetuado no norte da França poderia servir como distração e enfraquecer ainda mais Luís XII. A partir de 1511, Fernando incita então seu genro a intervir.

Henrique VIII não esperava outra coisa. Na realidade, o impulso decisivo foi dado por Júlio II, que precisava de todas as alianças possíveis contra os franceses. Quando ficou sabendo da assinatura do tratado de amizade entre Henrique e Luís, concluído em março de 1510 contra a vontade do rei da Inglaterra, o papa ficou inicialmente furioso: "Vocês são todos uns patifes", proferiu ele em sua linguagem apostólica muito particular a alguns ingleses que estavam malfadadamente lá naquele instante. Porém, rapidamente, usando de lisonja, soube pôr Henrique de seu lado: ele o fez acreditar que o perdão concedido aos venezianos tinha sido devido à sua intervenção. Mandou-lhe uma rosa de ouro, uma centena de queijos e vinho. Apelou para seus sentimentos ortodoxos, fustigando a atitude cismática do rei da França. Por sua vez, Christopher Bainbridge não estava inativo; seu temperamento combinava com o do papa, com quem compartilhava do ódio antifrancês. Em março de 1511, Bainbridge foi eleito cardeal e a honra, é claro, recaiu sobre o rei.

Todos os obstáculos para a guerra estavam então varridos para o lado. Henrique lançou-se às cegas na aliança pontifical e espanhola. Sua ingenuidade, seu caráter fervente e irrefletido, sua falta de experiência, faziam dele um instrumento entre as mãos desses mestres políticos que eram Júlio II e Fernando, que contavam com usá-lo para suas próprias finalidades. Manipulado por esses maquiavélicos mais velhos, o rei da Inglaterra se lançaria num conflito do qual tinha pouco a esperar. Os protestos de amizade de Luís XII, que continuava a pagar com pontualidade a pensão prevista pelo tratado de Étaples, não terão nenhum efeito.

Mais grave ainda, e como se a perspectiva de uma guerra na França não bastasse para apaziguar seu apetite belicoso, Henrique VIII procurava uma querela com seu vizinho escocês, Jaime IV, que era seu cunhado. Em que pese isto, nos primeiros dias do reinado, em 29 de junho de 1509, ele havia renovado o tratado de 1502 com a Escócia. Contudo, desde então, todas as ocasiões eram boas para desafiar o Stuart, que ele desprezava: reivindicação pública da soberania sobre o reino do Norte, recusa de enviar à sua irmã Margarida, esposa de Jaime, as joias que seu pai lhe havia legado. Em agosto de 1511, *sir* Eduardo Howard, que se tornará lorde almirante em 1512, interceptava no Canal da Mancha os dois navios escoceses de Andrew Barton, um dos melhores capitães de Jaime IV; Barton foi assassinado. Quando o rei da Escócia protestou, Henrique respondeu que "negócios de piratas não concernem aos reis". Em 5 de dezembro de 1511, Jaime escreveu para o papa, para denunciar o tratado que o ligava ao rei da Inglaterra.

Em dois anos de reinado e apesar das opiniões dos sábios conselheiros, o pretensioso Tudor conseguira assim se pôr em maus termos com seus dois vizinhos imediatos e a reduzir a nada a hábil política de seu pai. Rejeitando qualquer prudência, o fanfarrão provocava os dois adversários que todos os seus predecessores tinham buscado separar. Ignorando os princípios elementares de estratégia, ele se atirava de cabeça baixa para uma guerra em dois *fronts*, esquecendo que havia enfraquecido a Velha Aliança da França e da Escócia com seus indultos e agressões.

Ora, contrariamente ao que poderia pensar o desmiolado, uma guerra não é um torneio. Os ingleses, ausentes dos campos de batalha da Itália onde se formavam novos métodos de combate, estão em atraso de uma geração na arte da guerra. Seus exércitos não enfrentaram batalhas no continente desde o fim da Guerra dos Cem Anos, e os últimos encontros terminaram com fracassos escaldantes, principalmente em Castillon, em 1453, onde seu último grande capitão, John Talbot, tinha morrido. Quem é capaz, em 1511, de dirigir um grande exército: Darcy? Dorset? Poynings? Estes últimos não têm nada de heróis de guerra, o próprio rei não é um César, a despeito de suas ilusões. Falta à Inglaterra um chefe militar, um Gaston de Foix, um Bayard, um Gonzalve de Córdoba. Quanto ao exército, há muito tempo afastado das competições europeias, tem uma falta de cavalaria pesada, de mercenários, os canhões são insuficientes e pouco móveis. A base continua a ser de arqueiros dos condados, que as leis do início do reinado obrigavam a treinar regularmente. A interdição da balestra é confirmada em 1512: somente os nobres e os ricos podem usar essa arma. Um esforço é feito para melhorar a qualidade dos contingentes levantados nos condados: organização em unidades táticas de uma centena de homens, surgimento de um "uniforme", que se limita a um casaco branco. Para reforçar a cavalaria, Henrique VIII, desde o início do reinado, cria o corpo dos "lanceiros do rei", segundo o modelo francês. Cada unidade era composta por um cavaleiro acompanhado por seu pajem, ambos montados em cavalos de batalha e pesadamente armados. Eles eram seguidos por um estribeiro e dois arqueiros montados. O chefe da unidade recebia 3 *shillings* e 4 *pence* por dia, mas, como devia pagar a seu pajem 1 *shilling* e 6 *pence*, a seu estribeiro 9 *pence* e a seus arqueiros 8 *pence*, tinha um déficit de 3 *pence* por dia. A experiência teve pouco sucesso. Além disso, reunir um exército é uma coisa, alimentá-lo, mantê-lo, pagá-lo regularmente, organizar as etapas, principalmente em terreno inimigo, dado que se tinha a intenção de lutar na França, é outra completamente diferente. Os problemas de intendência, indignos das preocupações do rei, constituirão a principal deficiência. Por sorte, o universal Wolsey estava lá para se ocupar disso.

A marinha se porta melhor. Aos poucos navios de guerra herdados de seu pai, Henrique adiciona rapidamente novas unidades: desde 1509 são iniciados o *Mary Rose*, de 600 toneladas, e o *Peter Pomegranate*, de 450 toneladas; pouco depois, é lançado o grande *Henri Grâce à Dieu*, de mil toneladas, uma das glórias da Navy. Graças a algumas compras e aluguéis de navios no exterior e na Inglaterra, o rei conseguiu alinhar uma frota não negligenciável e assim, em 1512, o almirante Eduardo Howard se lança ao mar à frente de dezoito unidades.

INÍCIOS INFELIZES: 1511 E 1512

Era preciso ainda testar o valor dessas forças numa verdadeira guerra. Em 1511, sem se engajar abertamente nos conflitos, Henrique envia sobre o continente dois corpos expedicionários, com 1.500 arqueiros cada um. O primeiro, de julho a setembro, para os Países Baixos, para ajudar o imperador contra um sujeito recalcitrante, o duque de Gueldres. Este poderia ser um meio de ganhar a simpatia de Maximiliano. A pequena tropa, dirigida por Edward Poynings, não se sai tão mal. O segundo grupo, comandado por lorde Darcy, partiu em maio para Cádis, com a finalidade de ajudar Fernando, que projetava uma expedição contra os muçulmanos da África do Norte. O resultado foi decepcionante: não era contra os mouros, mas contra os franceses que o rei de Aragão precisava dos ingleses. Desde sua chegada, ele comunicou a Darcy que podia ir embora. Os arqueiros deixaram ao menos uma lembrança: embriagados com o vinho da Espanha, provocaram uma briga em Cádis, saquearam as casas e, na falta de infiéis, mataram alguns espanhóis.

Tudo isso eram bagatelas. Estava-se encaminhando para coisas sérias. Em outubro de 1511, a Santa Liga estava formada. Cinco semanas mais tarde, Henrique aderia a ela. Ele enviava uma embaixada demandar ao rei da França que renunciasse ao seu concílio cismático. Com a recusa de Luís, ele convocava o Conselho privado e o persuadia a se pronunciar pela guerra:

não se tratava de uma nobre causa, socorrer a sede apostólica contra um rei que incorria na divisão na Igreja universal? Henrique não tinha palavras suficientemente duras contra o "grande pecado do rei da França", que "lacerava a túnica sem costura de Cristo", "que destruía malevolamente a unidade da Igreja", ato "cruel, ímpio, criminoso e inominável". Em novembro, a Inglaterra e a Espanha se punham de acordo para um ataque conjunto sobre a Aquitânia na primavera seguinte. O inverno assistiu a febris preparativos.

Seria também preciso pensar no nervo da guerra, que o bom povo deveria fornecer. O Parlamento se reuniu em 4 de fevereiro de 1512. Fica claro que o arcebispo Warham pregou pela paz, mas que peso tinha sua voz diante do patético apelo de Júlio II, que foi lido diante das duas câmaras? Voltaram-se dois *quinzièmes et dixièmes* por uma lei cujo preâmbulo insistia pesadamente sobre a ambição devoradora do rei da França e dos erros do rei da Escócia. Luís XII envia o bispo de Rieux para uma última tentativa de conciliação. Henrique nem sequer o recebe. Era, então, enfim a guerra.

A partir do mês de abril, Eduardo Howard, à frente de dezessete navios, acossava os navios franceses no Canal da Mancha. Contudo, o primeiro sucesso foi de Luís XII: no dia da Páscoa, 11 de abril de 1512, Gaston de Foix obtinha uma brilhante vitória em Ravena sobre as tropas da Santa Liga. A coisa começava mal. Entretanto, prosseguiu-se na aplicação do plano previsto no ano anterior. Em junho, 10 mil homens, reunidos em Southampton sob a direção do marquês de Dorset, foram enviados a Saint-Sébastien, na intenção de se juntar aos espanhóis para invadir a Aquitânia. A expedição foi um desastre, cuja principal responsabilidade coube a Fernando. Seu único objetivo era invadir Navarra. Ele jamais teve a intenção de ajudar seu ingênuo genro a conquistar a Guiana. Quando Dorset desembarcou, nenhum dos cavalos e transportes prometidos pelo rei de Aragão estava lá. Foi preciso comprar a preço de ouro duzentas mulas de medíocre qualidade. Dorset se propôs então a tomar Bayonne para dela fazer uma base de partida; Fernando recusa, demandando que os ingleses venham primeiramente a Navarra, o que não estava previsto pelo acordo. Como seu aliado não se movia, o rei de Aragão invadiu sozinho o pequeno reino cobiçado e, tendo obtido o que queria, deixou que os ingleses se virassem entre Fontarabie e Bayonne. A situação estava mais que crítica: falta de comida, falta de cerveja, o indispensável estimulante do soldado inglês, um vinho ruim que deixava doente, chuvas diluvianas que encharcavam os arcos e os homens por causa do número insuficiente de tendas, oficiais que brigavam, efetivos que derretiam na sequência das deserções e da doença, e nenhuma novidade de Henrique, que deixava Dorset na mais completa incerteza. No final de agosto, os cacos desse exército desmoralizado forçaram os chefes a alugar navios para voltar à Inglaterra. Pouco depois de sua partida, chega enfim uma carta do rei, ordenando a Dorset que fosse encontrar Fernando. Era tarde demais.

Em novembro, os chefes de expedição foram processados pelo rei, pelo Conselho e pelos embaixadores espanhóis, pois Fernando teve a audácia de acusar seu aliado de má vontade, de incapacidade, de lentidão e até mesmo de traição. Henrique, aceitando as reprovações de seu sogro, critica suas tropas, pedindo que os espanhóis escolhessem a punição que seus oficiais mereciam. Eles tiveram a bondade de não insistir. O caso não estava menos lamentável; o rei da Inglaterra desperdiçava seus recursos somente para o benefício de Fernando, que tirava proveito dele.

No mar, a situação era mais favorável, mas as operações parecem muito secundárias em relação ao grande teatro continental. O notável Eduardo Howard havia queimado Le Conquet, realizado alguns ataques-surpresa nas costas bretãs, normandas e picardas; sobretudo, em 10 de agosto, havia conseguido uma vitória naval importante ao largo de Brest. Seus 25 navios, entre os quais os magníficos *Regent* e *Sovereign*, haviam encontrado as 22 unidades de Hervé de Porzemoguer, que conduzia a *Cordelière* de 700 toneladas, 200 canhões e 1.200 homens de equipagem; a frota francesa virou para Brest, mas alguns de seus navios foram emparelhados e houve uma abordagem espetacular e encarniçada entre o *Regent* e a *Cordelière*, que talvez fossem os dois maiores navios da época. O navio francês explode, carregando o *Regent* consigo para o fundo, assim como os dois capitães e a quase totalidade das equipagens. Mas os ingleses continuaram a ser os mestres do mar.

Se o ano de 1512 não foi muito glorioso para Henrique, a situação global da Santa Liga não estava ruim. Ravena não tinha sido explorada; ao contrário, os franceses, que tinham perdido Gaston de Foix, eram enxotados do ducado de Milão e, em novembro, o imperador Maximiliano decidia se juntar à aliança. A despeito das pressões de Luís XII, o rei da Escócia não se resolvia a entrar em guerra contra Henrique VIII. Este último, julgando então as condições favoráveis, fez projetos para uma grande expedição em 1513.

Ao seu plano, apresentado ao embaixador espanhol no final de dezembro, não faltava estilo. A França seria tomada em tenaz: enquanto os espanhóis se apoderariam da Aquitânia – a experiência recente não o havia feito perder as ilusões – ele desembarcaria na Picardia ou na Normandia, em busca de uma nova batalha de Crécy. Melhor: prometendo polpudos subsídios, ele contribuiria para fazer Maximiliano se juntar ao ataque, pelo nordeste, enquanto Júlio II chegaria pela Provence. Este foi o tratado concluído em Malines em 5 de abril de 1513. Isso custaria caro, pois, além do exército inglês, Henrique se comprometia em pagar uma parte das custas imperiais e espanholas. Pouco importa: o Parlamento vota uma nova taxa para financiar a campanha.

Às vésperas de retomar as hostilidades, o rei estava muito entusiasmado, pois Júlio II o estimulava, fazendo-o sonhar com a coroa da França como recompensa por sua futura vitória. Fazendo de conta que estava na época de Gregório IV e de Inocêncio III, o papa, com efeito, num breve de 20 de março de 1512, havia privado Luís de seu título de rei Muito Católico e de seu reino, e os havia conferido a Henrique VIII. Este último era investido "do nome, da glória e da autoridade" de rei da França, "pelo tempo que permanecer na fé, na devoção e na obediência da Santa Igreja romana e da Sede apostólica". A coroação estava mesmo prevista para Paris, das mãos do próprio papa. Mas, pois sempre havia um mas, esse breve somente seria aplicado depois da conquista do reino da França por Henrique VIII. Enquanto isso, o documento permaneceria secreto, nas mãos de dois cardeais cujos nomes não eram revelados. Evidentemente, isso era apenas uma isca destinada a assegurar a colaboração ativa de Henrique, que, entregue aos seus sonhos, se deixava levar por essas quimeras. Ao mesmo tempo, seu sogro Fernando, em 1º de abril de 1513, cinco dias antes da renovação da Santa Liga, assinava em Orthez uma trégua de um ano com a França. Seis dias antes, Veneza havia concluído a paz com Luís XII. Henrique VIII ainda tinha muito a aprender em matéria de realismo político.

Na primavera de 1513, ele só pensava na expedição, que seria sua primeira experiência guerreira. Os preparativos caminhavam bem, graças à diligência do mestre Thomas Wolsey, que se revelava tão precioso em seus conselhos militares quanto por suas opiniões no governo civil. Foram compradas milhares de armaduras na Itália e na Espanha, canhões na Alemanha e em Flandres, entre os quais doze grandes peças, apelidadas de "os doze apóstolos"; as provisões, a cerveja, as tendas se acumulavam; foram construídos novos navios, como o *Great Harry*, e outros foram alugados.

Nem todos na Inglaterra compartilhavam o entusiasmo de Henrique. Assim como o povo, que financiava a expedição, os humanistas continuavam a crer que uma paz injusta era preferível a uma guerra justa, ainda que fosse com a aprovação do papa. Foi isso que John Colet teve a audácia de declarar em seu sermão da Sexta-Feira Santa de 1513, pregando em Greenwich, diante do rei e da corte. Quando o ofício terminou, Henrique foi ao encontro do pregador, que morava no convento dos franciscanos próximo dali. Ao encontrá-lo no jardim, dispensou seu séquito e manteve uma longa conversa com ele. Visivelmente, o rei estava perturbado. Ainda havia sinceridade nesse jovem de 22 anos que se deixava tão facilmente enganar pelas velhas raposas da diplomacia europeia. Ele levava a sério seu papel de defensor da Santa Sé e, portanto, da cristandade. Que um homem tão prestigioso, tão sábio nas Santas Escrituras como era o deão de Saint-Paul fizesse objeções à sua expedição o tornava vagamente inquieto, e era para tentar dissipar seus escrúpulos que ele vinha se explicar. Ele não podia ir para a França com dúvidas sobre a justiça de sua causa. "Vim para aliviar minha consciência", disse ele a Colet, ao encontrá-lo. Erasmo, que conta o episódio em uma de suas cartas, não nos diz quais foram os argumentos trocados, mas o rei saiu da entrevista totalmente tranquilizado. Não teria Colet ousado, face a face, confirmar sua condenação? É humanamente verossímil. Em todo caso, Henrique estava radiante: demandou um vinho e fez um brinde ao deão: "Que cada um tenha seu doutor. Aqui está o meu!", exclamou.

Antes de embarcar, faltava uma última formalidade. A Torre abrigava um incômodo prisioneiro, Edmond de la Pole, filho de uma irmã de Eduardo IV, que poderia se tornar um pretendente ao trono. York ainda tinha partidários, e havia o risco de se aproveitarem da ausência do rei para se sublevarem. Em junho, o rei mandou decapitar Edmond na Tower Hill; seu irmão Richard havia fornecido um pretexto ao tomar as armas no campo de Luís XII. Assim, depois de ter apaziguado sua consciência, Henrique acalmava suas inquietações dinásticas. Essa desconcertante mescla de vontade política impiedosa e de consciência cristã escrupulosa é um dos traços profundos da psicologia de Henrique VIII, cuja mentalidade é, em relação a isto, muito mais medieval que moderna. Vivendo no presente, esse caráter inteiro, sincero tanto no bem quanto no mal, ainda faz figura de criança no maquiavélico mundo do Renascimento.

O ANO GLORIOSO: 1513 (GUINEGATE E FLODDEN)

As operações podiam então começar. No norte, onde Jaime IV continuava hesitante, foi deixado o conde de Surrey para supervisionar a fronteira com uma magra tropa, que poderia ser reforçada, se preciso, recrutando os contingentes dos condados das marcas. No mar, a coisa começava muito mal. Eduardo Howard, escoltado por uma bela frota de 28 navios, havia partido de Plymouth para Brest em 20 de abril. Lá, encontrou um novo adversário, na presença do temível Prégent de Bidoux, que havia voltado do Mediterrâneo com suas galeras de baixo calado, munidas de canhões pesados, ideais para as delicadas manobras entre os recifes da costa bretã. O almirante inglês, que perdera um navio nos rochedos, decide se contentar com o bloqueio de Brest. Uma carta furiosa de Henrique lhe ordena que ataque, coisa que faz em 25 de abril. Foi um desastre. Eduardo Howard, que subira no navio na abordagem da galera de Prégent de Bidoux, se viu acuado com alguns homens, foi morto e lançado ao mar pela amurada. A frota inglesa, desencorajada, tendo perdido seu chefe, volta para Plymouth em 30 de abril, para receber as reprovações injustificadas do rei, principal responsável pelo fracasso. Thomas Howard, irmão mais velho de Eduardo, sucedeu-o como almirante e desde então só se pensava no desembarque na França.

Era preciso então abrir mão da ajuda espanhola. Pior ainda, Fernando havia tido a audácia de incluir a Inglaterra na trégua que concluíra com a França, e sob o protesto do governo inglês, acusara Henrique de duplicidade. Ele enfatizou que se seu genro não respeitava a trégua, ninguém mais confiaria na palavra do rei da Espanha, que havia se comprometido por seu aliado.

O desembarque aconteceu em Calais. Havia dois séculos possessão inglesa, o porto, a cidade e os territórios circunvizinhos constituíam um ponto de apoio seguro. As fortificações eram cuidadosamente mantidas e guardadas. Desde meados de maio, o duque de Shrewsbury chegara com 8 mil homens, seguido por lorde Herbert e 6 mil homens. Essas duas corporações tomaram posição a alguns quilômetros de lá, em território francês, diante da cidadezinha de Thérouanne, primeiro objetivo da campanha. Por fim, em 7 de junho, às 19h30, desembarcava em Calais o grosso da tropa: 11 mil homens, conduzidos pessoalmente pelo rei, vestido com armadura. Era escoltado pelo capelão Wolsey, 115 clérigos da capela real, os secretários do pequeno sinete e do sinete privado, trezentos membros da casa do rei, dois bispos, um duque, cerca de vinte grandes nobres, saltimbancos, menestréis, músicos, arautos, um guarda-roupa, joias e um imenso leito. Não é porque se vai à guerra que se deve negligenciar seu conforto.

O rei esperou. Durante três semanas aconteceram festas, cortejos, desfiles e recepções de embaixadores. Em 21 de julho, ele se pôs em marcha, sem forçar o passo: 5 quilômetros no primeiro dia, sob a chuva. A gigantesca caravana, atulhada de carroças, sobrecarregada de utensílios inúteis, precisou de onze dias para percorrer os 50 quilômetros que separavam Calais de Thérouanne. A monotonia da viagem foi rompida por algumas escaramuças com destacamentos franceses que saíram de Boulogne. Perderam-se mesmo dois dos "doze apóstolos"; um foi recuperado do inimigo, mas "São João Evangelista" ficou com eles. Por fim, a tropa encontrou a vanguarda diante de Thérouanne e se instalou para o cerco. Sob as enormes tendas de tecido dourado, acomodaram-se os bufês, as baixelas em ouro e prata, o leito esculpido do rei. Em 12 de agosto, o imperador Maximiliano em pessoa visita Henrique. Ele tinha apenas uma pequena tropa e se oferece ao serviço do rei da Inglaterra. O cerco será estreitado.

Na manhã de 16 de agosto, um destacamento da cavalaria francesa encontra por acaso o exército sitiante e foi recebido com canhões. Surpreso por encontrar ali forças tão consideráveis, os cavaleiros fugiram a toda velocidade, perseguidos na direção de Guinegate pelos ingleses e pelos Bourguignon. Na fuga, deixaram para o inimigo seis estandartes, um duque, um marquês, um vice-almirante da França e o próprio Bayard. Tendo chegado tarde para participar, Henrique mesmo assim descreve essa "batalha das esporas" em termos grandiloquentes. No espírito dos ingleses, ela se torna uma vitória heroica. Em 23 de agosto, Thérouanne capitulava. Henrique a deu de presente para Maximiliano, que imediatamente a arrasou.

De lá, partiram para Lille, dependência borgonhesa, onde o rei foi festejado: ele dançou, cantou e festejou durante três dias. Depois assediou

Tournai, um lugar mais poderoso que Thérouanne, com fortes muros e sete magníficas portas. Mas os burgueses, advertidos sobre o destino sofrido pela precedente vítima dos ingleses, capitularam em oito dias. Henrique instalou aí uma guarnição e passou três semanas em torneios, danças e festas. Depois decidiu que já havia feito bastante em sua primeira campanha e voltou para a Inglaterra em 21 de outubro. Duas cidades tomadas e uma escaramuça ganha eram, de toda forma, muito pouco em consideração aos meios engajados, 25 mil homens e um equipamento custoso. Os contribuintes ingleses pagavam caro uma glória real que não tinha nenhum interesse estratégico.

Felizmente, durante a ausência de Henrique, o conde de Surrey havia feito um bom trabalho na fronteira escocesa. Foi lá que ocorreu o acontecimento mais importante do ano. Jaime IV enfim se decidira a agir, no respeito às formas: em 11 de agosto, seu arauto se apresentava diante de Henrique VIII, no campo estabelecido em frente a Thérouanne, para pedir-lhe que se retirasse da França, e no caso de uma recusa de sua parte, adverti-lo de que o rei da Escócia iria atacar no norte. Henrique mandou-o ao diabo. Em 22 de agosto, Jaime atravessava a Tweed, fronteira entre a Escócia e a Inglaterra.

Os ingleses estavam prontos. Desde meados de julho, o conde de Surrey mandava tropas para o norte. A artilharia estava reunida em Durham: ele convocara os contingentes das marcas, formado por sólidos rapazes, arqueiros e cavaleiros, com a pequena nobreza local e um milhar de homens da frota, dirigidos por seu filho, Thomas Howard, o almirante. Todos eles, cerca de 20 mil homens, deviam se encontrar em 1º de setembro em Newcastle.

As forças de Jaime, sem dúvida numericamente superiores, eram muito disparatadas: os chefes de clãs das Highlands escoltados por seu séquito, os recrutados nos condados, a guarda real, assim como uma boa artilharia, da qual uma parte vinha da França. Toda a flor e a gentalha da Escócia ali estavam, atrás das gaitas de fole, ávidas por bater-se contra os ingleses, antes de passar à pilhagem. Em 28 de agosto, o castelo de Norham, em Tweed, poderosa construção normanda que pertencia ao bispo de Durham, era tomado, seguido pelos de Wark, Etal e Ford. Em 4 de setembro, Jaime estabelecia seu exército numa posição inexpugnável, sobre o cume de Flodden, a alguns quilômetros a sudoeste de Berwick. Surrey alcançou-o no dia 7. Primeiramente tentou em vão fazê-lo descer, depois simulou continuar sua rota para o norte. Durante a noite, ficou sabendo que os escoceses, indecisos, começavam a deixar sua posição, então voltou, antes das 5 horas da manhã, para pegá-los pelo norte, em pleno movimento.

A batalha foi encarniçada, sangrenta; dos dois lados multiplicaram-se os atos de heroísmo; arqueiros, artilheiros e lanceiros se superavam. O momento mais dramático registrou os batalhões cerrados de lanceiros escoceses descer em silêncio na direção do exército inglês, tal como uma falange macedônia. Mas o terreno muito desigual provocou o deslocamento das fileiras, e muitos caíram sob as bestas inglesas. Foi então que o rei Jaime, à frente de sua guarda, por sua vez se lança no combate corpo a corpo e cai morto a 5 metros do conde de Surrey. A noite pôs fim ao combate, e somente na manhã seguinte os ingleses mediram a extensão de sua vitória: os escoceses deixaram sobre o terreno 12 mil mortos, entre os quais o rei, seu filho, arcebispo de Saint-Andrew, um bispo, dois abades, doze condes, catorze lordes e os chefes de muitos clãs. Dezessete canhões estavam tomados, Flodden não era Guinegate!

Apesar disso, o balanço de 1513 era bem magro. É claro que a ameaça escocesa, que o próprio Henrique havia suscitado, estava momentaneamente afastada, e ele poderia fingir ser magnânimo ao declarar que Jaime havia pago por sua perfídia "mais caro do que poderia esperar". Assim mesmo, aproveita para reduzir Saint-Andrew à categoria de bispado e atribuir a si mesmo um direito de controle sobre a nomeação dos bispos escoceses. Mas no continente a vantagem era quase nula. Somente a vaidade real havia tido satisfações: o imperador havia lisonjeado o rei e lhe havia cedido o primeiro lugar em Thérouanne, Lille e Courtrai, o havia chamado de "meu filho", "meu irmão", mas era sobretudo a Maximiliano que as vitórias inglesas davam proveito. Quanto ao novo papa, Leão X, não tinha a menor intenção de fazer valer a execução do breve de 1512 e coroar Henrique. A conquista do reino da França ainda precisava ser feita.

O RETORNO DAS ALIANÇAS

Isso seria o objeto da campanha seguinte, cujas grandes linhas haviam sido decididas em Lille com Maximiliano. Para fortalecer a aliança, tinha ficado acertado que o neto deste último, Carlos, desposaria Maria, irmã de

Henrique, em Calais, antes de 15 de maio de 1514. Imediatamente depois do casamento, os dois soberanos começariam a conquista. Além disso, Fernando ao mesmo tempo invadiria a Aquitânia pelo sul. Era a terceira vez que o rei de Aragão se comprometia a isso, sem nenhuma intenção de cumpri-lo, e Henrique caía nessa armadilha grosseira. Como de costume, a Inglaterra pagaria os mercenários de seus aliados.

O inverno se passa em preparativos. Os chefes da armada receberam uma promoção: Thomas Howard se torna duque de Norfolk, e Charles Brandon, duque de Suffolk. O equipamento era encaminhado para Calais, e o protocolo do casamento e da visita imperial era implementado.

Esses projetos voaram em pedaços na primeira metade de 1514 quando, um a um, os membros da Santa Liga desertaram da aliança. O primeiro a abandonar o navio, como de hábito, foi Fernando. Em janeiro, ele concluiu um acordo secreto com a França, pelo qual renovava a trégua em 13 de março. A isso associava Maximiliano, seduzido por um projeto de casamento entre seu outro neto, Fernando, e Renée, filha de Luís XII. Henrique começa a suspeitar dessas defecções em fevereiro, e em breve Fernando o avisa de que também o associara à trégua com a França, buscando impossíveis escusas. Ele pretendia que havia uma conspiração pontifical para expulsá-lo da Itália, então seria necessário que ele se dedicasse a esse negócio; além disso, ele continuava, só havia cedido à insistência de Maximiliano. Henrique, furioso, jurou que continuaria na campanha sozinho, e continuou seus preparativos. Aproximou-se dos suíços, concluindo com eles um acordo pelo qual colocariam um exército à sua disposição e que, é claro, ele pagaria.

Ora, havia um fato ainda mais grave: o próprio papa havia mudado de campo. Desde março de 1513, não era mais o fervilhante Júlio II, mas o hesitante Leão X, que preferia apoiar a França para expulsar os espanhóis da Itália. Como Luís XII havia renunciado ao seu concílio de Pisa e havia se juntado ao de Latrão, nada continuava a motivar a existência da Santa Liga. O sumo pontífice envia o cardeal Caraffa para a Inglaterra para pleitear a paz. Inicialmente Henrique se fez de surdo. No entanto, no Conselho, vozes familiares apoiavam os esforços de Leão X. Fox e Wolsey faziam o papel de advogados da paz: o primeiro sempre fora partidário de uma política pacífica, e os motivos do segundo são mais discutidos. Dificilmente se pode crer, como certos historiadores sugeriram, que ele se tornava favorável ao papa para obter uma diminuição das taxas sobre seu bispado de Lincoln. O que é certo, é que ele trabalha ativamente pela paz. Leão X, informado por Caraffa, agradece-lhe. Por sua vez, Henrique declara que "ninguém trabalha e sua" nessa tarefa tanto quanto seu capelão; o próprio Wolsey dirá: "Eu sou o autor dessa paz".

Finalmente, Henrique se resigna. Negociações secretas se abriram com o rei da França e finalizaram em 10 de agosto com a proclamação da paz. Ela deveria durar um ano depois que o primeiro deles viesse a falecer. Luís deveria pagar a pensão prevista para os descendentes pelo tratado de Étaples, cujo montante era quase dobrado. Henrique ficaria com Tournai. Por fim, como de hábito, um casamento selaria a reconciliação: o rei da Inglaterra, que no ano precedente havia oferecido sua irmã Maria, de 17 anos, ao arquiduque Carlos, neto de Maximiliano, de 13 anos, a dava agora ao próprio Luís XII, com 52 anos, e em mau estado. A princesa mudava de noivo ao sabor das alianças de seu irmão, e se o primeiro era um pouco jovem – o adolescente havia declarado que desejava uma mulher, e não uma mãe –, o segundo, que tinha gota, desdentado, doentio, já estava com um pé na cova. O casamento, celebrado em 9 de outubro, iria acabar com ele, pois não estava mais em condições de suportar esse tipo de exercício: "Ele quis bancar o gentil companheiro para sua mulher, mas abusava, pois não era mais homem para fazer isso, dado que havia tempos estava muito doente", anota polidamente o senhor de Fleuranges. Quanto aos estudantes parisienses, diziam, gracejando, que Henrique VIII, ao enviar essa jovem potranca para o rei da França, tinha mais certeza de matá-lo do que com veneno. Não se sabe se o Tudor havia feito esse cálculo; em todo caso, em 1º de janeiro, Luís XII estava morto. Maria só havia aceitado esse casamento repugnante com a condição de poder escolher ela mesma seu segundo marido. Ela já pensava em Charles Brandon, duque de Suffolk, com quem se casaria alguns meses depois, na França, escapando por pouco do duque da Baviera, a quem seu irmão já a destinava.

A reconciliação com a França marcava o fim da primeira época do reinado, cujo balanço era bem negativo. Aos olhos da opinião europeia, Henrique havia sido joguete das complexas manipulações de Maximiliano e de Fernando. Sua apregoada intenção de reconquistar o reino da França havia se saldado pela tomada de duas cidades e pelo casamento da irmã com seu inimigo. Seu desejo de glória militar terminava com um fiasco completo. Em poucos meses, havia dilapidado todo o tesouro de seu pai, e mais o fruto das taxas aumentadas desde sua ascensão, para financiar campanhas abortadas e os mercenários de seus aliados: as contas do tesoureiro da câmara mostram 800 mil libras de despesas militares em 1513. E, por esse vão empreendimento, o rei havia completamente abandonado o governo interior do reino.

Contudo, Henrique havia conseguido enfraquecer a Escócia, e por muito tempo. Na política exterior, o jovem rei começava a assimilar a lição de seus fracassos. A única aliança à qual permanecia firmemente ligado era a do papa, e este não é um dos menores paradoxos desse reino que acabará no cisma: ver Henrique, durante muitos anos, ser o defensor dos direitos supremos de Roma sobre os soberanos. Até o caso do divórcio, este será o único eixo permanente de sua diplomacia. Se a influência de Wolsey é determinante, é inegável que o rei é sinceramente ligado ao sumo pontífice. Ao contrário, Maximiliano decepcionou bastante sua expectativa. Por algum tempo seduzido pelas lisonjas do imperador, Henrique agora toma distância dele, para a fúria da regente dos Países Baixos, Margarida. Principalmente, há um personagem do qual agora deseja se vingar: seu sogro Fernando, que o traiu três vezes em dois anos.

Em outubro de 1514, o duque de Suffolk era enviado para a França, oficialmente para assistir à coroação de Maria. Mas ele também tinha instruções secretas com vistas a elaborar, com os franceses, um plano de ataque contra a Espanha, do qual os dois novos aliados poderiam tirar proveito: Luís XII recuperaria Navarra e Henrique VIII se asseguraria de Aragão, que depois de tudo caberia em parte à sua mulher, Catarina. O projeto era completamente irrealista, sem falar do fato que violava o tratado de casamento, que obrigava Catarina a renunciar à herança de sua mãe, Isabel. Além disso, os franceses estavam então interessados só numa coisa: a Itália. Então deram uma resposta polida e vaga, que significava uma não aceitação. Apesar disso, Henrique estava decidido a se vingar de Fernando. Em Londres, o embaixador espanhol alegava "ser tratado como um touro, em quem cada um espeta bandarilhas"; um rumor começava a circular, segundo o qual o rei poderia se separar de sua mulher. Henrique parecia disposto a tudo para atacar os interesses de Fernando. Wolsey está lá para moderar seu temperamento e prevenir o irreparável.

SEGUNDA PARTE

O REINADO DE MESTRE THOMAS WOLSEY (1515-1529)

– IV –

O CARDEAL WOLSEY E OS FRACASSOS DA POLÍTICA EXTERIOR (1515-1517)

Desde o início do reinado, a estrela de Thomas Wolsey não parou de crescer. O capelão, que soubera se mostrar indispensável em tempos de paz, facilitando a expedição das tarefas administrativas, havia dado prova de excepcionais dons de intendente militar durante a campanha de 1513. Sob sua direção, as forças armadas haviam estado bem equipadas, bem alimentadas, bem instaladas e providas até mesmo de um conforto pouco usual, graças a cabanas de madeira equipadas com lareiras. Graças ao mestre Thomas, o rei podia ficar orgulhoso de suas hostes. Aliás, o capelão fazia parte da viagem, podendo assim dar provas de seus dons diplomáticos nos encontros com Maximiliano. Sua competência era decididamente universal, e foi recompensada em 1513 pelo bispado de Tournai, depois pelo de Lincoln, e o título de deão de York. Em julho de 1514, com a morte de Christopher Bainbridge em Roma, Wolsey se torna imediatamente arcebispo de York, atingindo, aos 41 anos, a segunda dignidade da Igreja da Inglaterra. Ele deverá esperar dezembro de 1515 para obter o título de chanceler, mas sua proeminência no Conselho é incontestável a partir do fim de 1513. O reinado do ministro começava.

A IRRESISTÍVEL ASCENSÃO DE THOMAS WOLSEY

Quem era então Thomas Wolsey? Um filho de açougueiro, nascido em 1472 ou 1473. Essa origem, infamante para a época, que lhe valerá o ódio da aristocracia, explica em parte seu formidável desejo de poder. À soberba dos grandes senhores ele oporá a arrogância do novo-rico, decuplicando a hostilidade que habitualmente o favorito, influente demais, colhe. Há, em cada etapa de sua ascensão, a fruição de uma desforra de classe em relação a todos aqueles que ele deixa atrás de si.

Os Wolsey são contestadores. O pai de Thomas aparece várias vezes em documentos judiciários por não respeito das regras corporativas, e o futuro cardeal foi exposto ao desprezo, quando era pároco de Limington, por excessos cometidos numa feira. Mas a inteligência é viva: lá pelos 11 ou 12 anos, ele vai estudar na universidade de Oxford, no Magdalen College, onde obtém o bacharelado aos 15 anos. Ao tornar-se membro titular (*fellow*) e intendente desse mesmo colégio, ainda se faz notar por sua falta de disciplina, efetuando despesas com os fundos do colégio sem autorizações oficiais. Nessa época, no Magdalen College, estudavam os filhos do marquês de Dorset, que se interessa pelo jovem e lhe oferece um benefício eclesiástico, a paróquia de Limington, em Somerset. Quando Dorset morre, Wolsey encontra um novo protetor na figura de Henrique Deane, arcebispo de Canterbury, de quem se torna capelão, adicionando à sua paróquia outros benefícios. Seu terceiro protetor foi o deputado lugar-tenente de Calais, *sir* Richard Nanfan, que lhe confia várias missões e que, entrando para a aposentadoria em 1506, o recomenda a Henrique VII. O filho do açougueiro de Ipswich se torna então capelão do rei.

De imediato, deu provas de uma eficiência excepcional, recompensada pelo decano de Hereford. Em 1509, foi bastante hábil para conservar seu cargo com o novo rei, que o fez também entrar para o Conselho. O apoio de Fox e de Warham lhe permitiu em breve ocupar um lugar de destaque junto ao soberano. O entusiasmo de Henrique VIII por esse servidor fez o resto. O voo foi então irresistível: deão e depois bispo de Lincoln; deão e depois arcebispo de York; bispo comendatário de Tournai. Em 1515, fazendo valer os serviços prestados ao papado pela Inglaterra, obteve a mitra de cardeal, que ele é então o único inglês a possuir. A novidade chegou em novembro e foi pretexto para faustosas cerimônias, no decorrer das quais Thomas Wolsey ostentou sua proeminência sobre todos os dignatários civis e eclesiásticos.

Ele visava mais alto ainda. Para assegurar seu poder supremo sobre a Igreja da Inglaterra, precisava de uma delegação da autoridade pontifical, que somente lhe poderia ser garantida pelo título de legado *a latere*. Essa função, que designava um representante permanente do papa, comportava poderes especiais, como o de pôr à venda os bens da Igreja e o de nomear para certos benefícios importantes. A ocasião se apresenta em 1518. Naquele ano, o papa Leão X lançava uma grande ofensiva diplomática destinada a preparar a cruzada contra os turcos, obsessão do papado, sempre recolocada em questão pelas guerras intestinas da cristandade. Como sempre, os soberanos deram respostas evasivas. Não que fossem inteiramente de má-fé: o sonho da cruzada os habitava em permanência, mas eram confrontados com outras urgências. Colocados contra a parede, esquivavam-se regularmente. Francisco I responde por um "sim" de convenção; Maximiliano, que se dissipava na maior extravagância – sua última ideia havia sido se fazer proclamar papa e santo – a quem se somava um grandioso projeto que incluiria o imperador da Abissínia, o rei da Geórgia e o xá da Pérsia, provocou muitas risadas em Henrique. Entretanto, a cruzada foi solenemente pregada em Roma, e Leão X nomeou quatro legados encarregados de anunciá-la aos principais soberanos. Seu enviado na Inglaterra, o cardeal Lorenzo Campeggio, se pôs a caminho em 15 de abril.

Wolsey aproveitou a ocasião. Henrique VIII, como todos os reis da Inglaterra, era bem meticuloso sobre a questão da independência nacional com relação a Roma. Ele escreveu que "não era costume deste reino admitir um legado *a latere*", e, por sugestão de seu chanceler, colocou como condição à entrada de Campeggio a outorga dos mesmos poderes a Wolsey. Este último exige mesmo que o título de legado *a latere* lhe seja confiado vitaliciamente, demanda exorbitante que será progressivamente satisfeita. Durante as seis semanas de negociações, Campeggio precisou esperar entre Boulogne e Calais. Ele só foi autorizado a atravessar o canal da Mancha quando o papa cedeu. Sua missão, aliás, foi um fracasso. Se os soberanos ainda sonhavam vagamente com aventuras na Terra Santa, os ministros se opunham totalmente a isso, e Wolsey mais que qualquer outro: a ameaça turca era por demais longínqua para inquietar a Inglaterra, disse ele ao embaixador veneziano; mais valia supervisionar as ações do rei da França que aquelas do sultão. De acordo com o rei, ele acalmou o papa com boas palavras, manifestações de lealdade deferente, sem nada prometer de concreto. O essencial estava adquirido: doravante ele era cardeal-legado *a latere*.

Por que não ambicionar então o título supremo? Por duas vezes Wolsey tentará ser eleito papa, sem sucesso. O filho do açougueiro jamais será papa. Mas, na Inglaterra, acumulará os benefícios, com desprezo pelas regras canônicas contra a comenda, com uma avidez fenomenal. Ao seu arcebispado de York ele adicionará o bispado de Bath e Wells em 1518, o de Durham em 1524, e o de Winchester em 1529. Receberá os proventos de Salisbury, Worcester, Llandaff, dos quais os titulares italianos não residentes receberam uma pensão fixa. Também se tornará abade comendatário da mais rica abadia do reino, a de Saint-Albans, ao norte de Londres. Usando os poderes de legado, exerceu uma autoridade tirânica sobre a Igreja da Inglaterra, reservando-se o direito de nomeação aos benefícios durante as férias episcopais, açambarcando o direito de patronagem para colocar seus escolhidos nas assembleias, nas paróquias, nos colegiados, usurpando do arcebispo de Canterbury o direito de visitas às dioceses, impondo sua lei aos tribunais eclesiásticos, suprimindo cerca de vinte casas religiosas cujas rendas serviram para manter suas fundações universitárias, impondo seus candidatos à frente dos conventos e monastérios, por vezes em proveito de pessoas escandalosas, como a abadessa de Wilton em 1528.

Seu modo de vida esplêndido só perdia para o do rei. Sua vaidade se expressava na afirmação enganosa de sua proeminência sobre todos, incluindo o arcebispo de Canterbury. Sempre vestido de seda e veludo, tendo à sua mesa mais pratos que um lorde do Parlamento, multiplicando as suntuosas residências, que chegaram a provocar os ciúmes do rei, Thomas Wolsey ligará seu nome ao seu palácio favorito, Hampton Court. Em terras pertencentes aos Hospitais de Saint-Jean, às margens do Tâmisa, a cerca de 20 quilômetros a oeste de Westminster, portanto próximo da sede do governo, mas tirando proveito do ar salubre, afastado das epidemias da capital, a partir de

1514 o cardeal fez construir o maior palácio de tijolos da Inglaterra. Com 280 cômodos, dois pátios internos, seu largo fosso, seus tetos ameados, suas janelas projetadas para o exterior, suas lareiras ornamentadas, seus medalhões, seus lambris, Hampton Court é a pérola da arquitetura medieval civil na Inglaterra, mesmo deixando a suspeita de uma imperceptível nuança italiana, introduzida por alguns artistas da península que trabalharam na decoração. Nela o cardeal concilia suas necessidades de conforto, luxo e higiene. A água potável era captada a 5 quilômetros dali, nas fontes de Coombe Hill, e levada até o palácio por canos de chumbo. Para esperar por Wolsey em sua câmara de audiência privada, o visitante deveria atravessar oito apartamentos com paredes cobertas por tapeçarias que eram trocadas todas as semanas. Sua Eminência amava as coisas belas e a variedade. Quinhentos domésticos, servidores, cozinheiros, jardineiros, povoavam a suntuosa residência onde o cardeal recebeu o rei e a rainha. À pergunta de Henrique, que questionava o motivo da construção de tal edifício, Wolsey teria respondido que nada era belo demais para presentear Sua Majestade, como ele tinha a intenção de fazer. Palavra hábil e, ao mesmo tempo, imprudente!

A vida privada do cardeal, sem ser muito edificante para um eclesiástico, não era, entretanto, tão escandalosa quanto aquela de certos papas e as de muitos prelados. Se ele teve muitos palácios e um modo de vida excessivo, por outro lado se contenta com apenas uma amante, à qual foi muito mais fiel do que muitos homens casados às suas esposas. Também cuidou de seus bastardos: sua filha foi colocada no convento de Shaftesbury, e seu filho Thomas Wynter recebeu certo número de benefícios menores. O cardeal tinha poucos amigos sinceros e muitos inimigos autênticos. Seus modos altivos, seu desprezo pelos costumes, sua origem mais que modesta, a própria extensão de seus poderes, seu ódio pela aristocracia, seus atos autoritários, alienaram-no tanto dos sentimentos do povo quanto dos da corte. Seguro demais de si, ele subestimará essa hostilidade, achando-se livre de ser atingido pelos adversários, graças à sua influência sobre o rei.

Vimos como sua inteligência viva, seu enorme poder de trabalho, seu espírito prático, sua eficiência, o haviam tornado indispensável para Henrique VIII. O segredo de seu poder era a capacidade de fazer com que suas próprias intenções parecessem ser as do rei e, portanto, comandar simulando obedecer. Durante mais de dez anos, Henrique VIII será o joguete dessas hábeis manobras, enquanto sua opinião terá sido aventada pelo cardeal, que aparentará ser o humilde executor de suas próprias vontades. Na maior parte das vezes, o acordo dos dois homens era tão profundo, que atualmente fica impossível saber a quem atribuir o impulso inicial. Mas parece que em várias ocasiões Wolsey não hesitou em ocultar certas de suas ações do soberano: quando envia Polydore Vergil para Roma, em 1514, para demandar a mitra de cardeal, fez que se acreditasse que a iniciativa havia sido do próprio papa; Henrique jamais soubera sobre as 100 mil coroas que seu homem de confiança recebeu em 1525 no decorrer das negociações com Luísa de Savoia; em 1527 o rei também não foi advertido das intenções belicosas que seu chanceler enviara aos embaixadores ingleses na Espanha.

A megalomania de Wolsey se expressa em sua correspondência. Suas cartas privadas o mostram como único senhor das decisões. Seus documentos oficiais usam com predileção a fórmula latina *ego et rex meus*, "eu e o meu rei", na qual a correção gramatical é um cômodo pretexto para exibir sua vaidade. Desde 1519, um embaixador veneziano notava que Wolsey não dizia mais: "o rei fará isto ou aquilo", nem mesmo "nós faremos isto e aquilo", mas "eu farei".

CARDEAL-MINISTRO

No caso, ele apenas expressava a realidade. O cardeal não era apenas o primeiro na Igreja, mas também cumulava ofícios políticos, judiciários e administrativos. Em 1515, de tanto envenenar a existência do arcebispo Warham por suas constantes intervenções no exercício de suas funções de chanceler, acaba por forçá-lo a se demitir, e foi investido no cargo. O chanceler, primeiro oficial da coroa, era o chefe de todos os serviços do secretariado real. Por outro lado, possuía uma importante jurisdição independente da lei comum, cujos julgamentos eram efetuados na corte da chancelaria. Sob a direção de Wolsey, esta viu sua competência crescer de modo considerável, como dá testemunho o acúmulo dos arquivos a partir dessa data.

O chanceler também se servia da corte da câmara estrelada, que representava o poder judiciário do Conselho. Ele a usará particularmente para disciplinar a nobreza, reprimindo impiedosamente as ofensas, perjúrios, fraudes, falsidades, libelos e outros abusos dos grandes. Sua obra nesse campo, aliás, foi benéfica e aprovada pela massa da população. As atividades da câmara estrelada se multiplicaram a ponto de certos historiadores e juristas dos séculos XVI e XVII acreditarem que essa instituição datava de Wolsey. De fato, a corte tinha assento às segundas, terças, quintas e sábados a cada semana. Os dois outros dias eram reservados às seções da corte da chancelaria. O número de casos aumentou de tal forma que foi preciso dividi-los entre quatro comitês do Conselho, que aconteciam em White Hall, nos Arquivos, na câmara do tesoureiro, e sob a direção do capelão real. Sobre todas essas seções, assim como sobre a corte de recursos, que teoricamente dependia do lorde do sinete privado, Wolsey estendia sua dominação, intervindo constantemente nos processos, estendendo as prerrogativas da justiça retida (poder real) em detrimento da lei comum. Mas ainda isso não bastava para seu desejo de tudo reger. Tribunais especiais foram criados: a corte do almirantado, depois de 1524; o conselho do Norte, dissolvido em 1509, foi recriado, assim como o conselho das marcas galesas. Sobre todos eles, vigiava o cardeal-legado-chanceler.

No Conselho, Wolsey exerceu a autoridade suprema a partir de 1515, e não somente devido ao seu título de chanceler. Os postos-chave foram confiados a homens seguros: Thomas Ruthall, bispo de Durham, recebeu o sinete privado em maio de 1516; Richard Pace, que era secretário de Wolsey, tornou-se secretário do rei no mesmo ano; os velhos servidores de Henrique VII, Lovell, Poynings, se aposentavam um depois do outro; o velho Norfolk, tesoureiro, desempenhava um papel cada vez mais apagado; seu filho Surrey estava empregado na Irlanda; a nobreza desconfiava de Suffolk, que havia se casado um pouco rapidamente demais com a rainha Maria, viúva de Luís XII; os outros eram comparsas, divididos e lisonjeadores, rivalizando em obsequiosidade em relação ao cardeal-ministro. Este último se considerava quase como o proprietário do grande sinete: ele o levava consigo no exterior, em suas embaixadas em Calais e Bruges em 1521, na França em 1527, e se recusa a devolvê-lo durante um momento quando caiu em desgraça. Sua autoridade sem limites se exercia até mesmo sobre os estrangeiros, e os privilégios dos embaixadores não valiam grande coisa diante dele: em 1518, repreendeu o representante de Veneza, Giustiniani, e o proibiu de enviar relatórios sem seu consentimento; o núncio Chieregato foi preso e ameaçado de tortura; em 1527 ele mandou abrir a correspondência do embaixador imperial, Praet, e declarou sua prisão domiciliar.

Era melhor não granjear a hostilidade de tal homem. Se por um lado sabia recompensar os bons serviços, por outro se mostrava impiedoso na repressão das oposições, na punição das resistências, e não sofria nem críticas, nem brincadeiras: em 1526, prendeu o autor de uma pequena mascarada acontecida em Gray's Inn, uma das escolas de direito de Londres, pois se achava, talvez com razão, visado por certos traços satíricos; um dos atores foi assim preso, e outro precisou fugir para o estrangeiro. O próprio poeta Skelton precisou buscar asilo na abadia de Westminster, pois duas de suas obras – *Colyn Clout* e *Por que você não vem para a corte?* – haviam provocado a fúria do cardeal. Em 1515, o famoso cronista Polydore Vergil era preso: ele se permitira criticar Wolsey em uma de suas cartas, que caíra nas mãos dos agentes do cardeal. Ele se esforça para retirar de Castelli, que representava a Inglaterra em Roma havia vinte anos, sua diocese de Bath e Wells. Em 1521, será um dos artesãos da queda de Buckingham: aliás, o duque desprezava o filho do açougueiro tanto quanto este detestava o grande nobre arrogante. O impulsivo Buckingham não parava de criticar a política do cardeal e multiplicava os insultos em relação a ele. Um dia, indignado por vê-lo lavar as mãos numa bacia que servira ao rei, jogou-lhe o conteúdo nos pés. Wolsey fixou-o furiosamente e jurou que ele "se sentaria sobre sua camisa". No dia seguinte, o duque foi até o rei, declarando que queria privar o cardeal de sua vingança. Evidentemente, o fato não foi a causa da execução de Buckingham, mas decuplicou o ódio de Wolsey, que pesou muito na decisão final. O cardeal desconfiava até mesmo de seus colaboradores próximos: retirou de seu fiel Richard Pace o posto de secretário e o prendeu na Torre em 1527. Em compensação, podia defender encarniçadamente seus protegidos: em 1514, interveio em favor de Gigli, seu agente em Roma, que era acusado de ter envenenado o arcebispo de York, Bainbridge.

Na história, raros foram os ministros que possuíram tal poder. As comparações que vêm ao espírito são outros cardeais-ministros: Henri Beaufort, chanceler de Henrique VI; o cardeal de Amboise, faz-tudo de Luís XII: "Deixemos isso para Georges", diziam na França nessa época. Pensa-se também em Richelieu, mas ainda este não ocupa um lugar comparável na Igreja: ele não é nem legado, nem arcebispo, e seu poder é essencialmente político.

Tão detestado quanto Wolsey, conseguiu conservar seu lugar até sua morte, o que o cardeal inglês não pôde fazer.

"Esse cardeal", dizia em 1519 o embaixador veneziano, "é a pessoa que dirige ao mesmo tempo o rei e todo o reino." Essa observação deve ser precisada e nuançada. Se Wolsey não é verdadeiramente um Richelieu, Henrique VIII também não é um Luís XIII. Para o jovem rei da Inglaterra, o cardeal é um precioso auxiliar, que lhe presta o apreciável serviço de fortificar o poder real, de submeter a Igreja ao poder civil e de preparar a unificação da autoridade política e religiosa no reino. Wolsey prefigura o que o rei se tornará nos anos 1530. Unindo em sua pessoa, pelos títulos de legado e de chanceler, uma parte do poder pontifical e do poder real, ele prepara a via para a solução anglicana, e nesse sentido o alcance de sua obra ultrapassa a de Richelieu. Contudo, no momento, nem o rei, nem o cardeal, têm consciência dessas implicações; nem um, nem outro, aplicam um plano preconcebido, e sua grandeza será retrospectiva. Henrique, absorto em seu frívolo desejo de glória, se regozija ao ver o cardeal completar com diligência todas as maçadas do governo. Satisfeito de continuar a ser nominalmente o senhor, ele não tem nenhuma política definida, a não ser a fidelidade ao papa. Ele reina no dia a dia e aproveita a existência. Serão os acontecimentos que pouco a pouco irão orientar sua ação, e, quando se livrar de seu cardeal-ministro, herdará a autoridade por ele concentrada. Até lá, sua única preocupação era desfrutar do poder, salvaguardar a aparência de suas prerrogativas, deixando ao cardeal o cuidado de governar, portanto, de prever, e de ter uma política e ideias.

A CONSERVAÇÃO DO PODER, FINALIDADE ÚLTIMA DE SUA POLÍTICA

Wolsey tem uma política e ideias? O exame de seus atos, de suas obras, de sua correspondência, leva a responder por uma negativa. Sua finalidade é o poder pelo poder, o exercício do poderio, manter-se à frente dos negócios, tal é sua única preocupação. É claro que isso o leva a escolher uma linha diretora, aquela que lhe parece ser a mais hábil a favorecer sua grandeza, a mostrar sua clarividência, a provar que ele é indispensável ao Estado. Wolsey pertence ao tipo de político que busca primeiramente ver de onde sopra o vento, para soprar na mesma direção; não é daqueles que se acham inspirados e que querem impor sua grandiosa visão das coisas, contra ventos e marés. Wolsey não tem ideal, salvo sua própria grandiosidade, nem política, senão seu próprio triunfo. Sem dúvida os políticos de sua espécie são os menos perigosos, pois não são daqueles que levam os outros à morte por uma "grande causa". Wolsey é do tipo cínico e realista, uma espécie que a História, que não pode se impedir de moralizar, julga duramente, mas que, ao somar e subtrair, é melhor que aquela dos fanáticos e dos inspirados.

Para se manter no poder, o cardeal, que não tem preconceitos, tenta discernir as forças predominantes de sua época, a fim de se conformar a elas. Por esse motivo, alguns historiadores acreditaram poder distinguir uma "política" de Wolsey. Podemos adotar o termo se por ele entendermos que o cardeal não age em função de concepções preestabelecidas, mas orienta sua ação ao sabor dos ventos dominantes, mesmo que sua clarividência falhasse frequentemente, sobretudo nos campos social, econômico e cultural. É assim que Wolsey parece nunca ter compreendido as aspirações de reforma religiosa de sua época. Mesmo que ele próprio seja membro do alto clero, participando de todos os abusos correntes deste – acumulação, comendas, absenteísmo, nicolaísmo –, é favorável à manutenção do sistema tradicional e se opõe a qualquer reforma profunda da disciplina. As questões espirituais não o afetam. Que os fiéis não estejam satisfeitos pelo ensino formal da Igreja oficial não lhe concerne: ele não tem nenhuma simpatia por apelos a uma renovação interior da piedade, correntes que, para ele, desde Wycliff[1] e os lollardistas, são mais ou menos tingidos de heresia e, sobretudo, de subversão. Pois o essencial, para esse antigo contestador que se tornou cardeal, é a ordem e a submissão, tanto dos fiéis, quanto do clero. Nada deve entravar a justiça real e, com relação a isto, os órgãos representativos, Parlamento e Convocação, são por ele obstáculos que convém aplainar, sem se preocupar com a boa fundamentação das causas. O caso de Richard Hunne, que explode em dezembro de 1514, fornece uma ilustração disso.

---

1 John Wycliff (1320-1384): padre, doutor em teologia, professor em Oxford, na origem de posições reformadoras radicais da Igreja, da qual ele critica a riqueza, a estrutura hierárquica, o dogma eucarístico e a prática das indulgências. Suas teorias serão retomadas pelos lollardistas, predicadores itinerantes, e pelos protestantes do século XVI.

Richard Hunne, um rico alfaiate muito conhecido em Londres, tinha sido recolhido à prisão episcopal por heresia, esperando por seu julgamento. Em 14 de dezembro, foi encontrado enforcado. Para as autoridades eclesiásticas, era a prova de sua culpabilidade, e por consequência seu corpo foi queimado. O acontecimento desencadeia as paixões anticlericais, já reveladas por um ato do Parlamento de 1512, que havia decidido submeter aos tribunais civis os clérigos revestidos das ordens menores culpados de assassinato. Os lordes espirituais, encorajados por uma decisão do concílio de Latrão em maio de 1514, que proibia às jurisdições laicas julgar os clérigos, se preparavam para fazer anular o ato de 1512 pelo novo Parlamento, convocado para 5 de fevereiro de 1515. Com sua aprovação, o abade de Winchcombe, Richard Kidderminster, prega em Saint Paul's Cross um violento sermão em favor da isenção dos clérigos em relação aos tribunais civis. O caso Hunne teve o efeito de óleo sobre o fogo. Para os artesãos londrinos, "a heresia" do infeliz alfaiate consistia em ter se recusado a pagar uma taxa mortuária à Igreja no enterro de um de seus filhos, e falava-se abertamente de assassinato a seu respeito. Os protestadores conseguiram ações judiciais e estas finalizaram na prisão do guarda do cárcere, Charles Joseph, que, confessando o crime, pôs em causa o chanceler do bispo, o doutor Horsey, e este, apesar de ser padre, foi preso.

As coisas iam mal para o clero. Ele obteve o adiamento da decisão sobre o ato de 1512, mas não pôde impedir certos membros dos Comuns, como *sir* Robert Sheffield e o doutor Henry Standish, de mostrar ao rei que a Igreja usurpava seus direitos. Em novembro de 1515, os bispos replicaram e intimaram Standish diante da Convocação, colocando-lhe quatro questões: uma corte secular tem o direito de julgar o clero? As ordens menores são santas? Um soberano laico é superior a um bispo? Um decreto do papa e da Igreja tem valor diante da constituição de qualquer país? Acuado, Standish apelou ao rei que, depois de consultar o deão de sua capela, decidiu defendê-lo. Numa seção solene ocorrida no convento dominicano de Blackfriars, os juízes e conselheiros declararam a Convocação culpada de *praemunire*, isto é, de violação da prerrogativa real. As intimações contra Standish foram abandonadas, e em breve ele foi nomeado bispo de Saint-Asaph. Horsey precisou pagar uma multa de 600 libras e abandonar Londres.

Em todo esse caso, Wolsey está no primeiro plano, na qualidade de arcebispo e principal ministro. Apesar de Warham lhe ser teoricamente superior na hierarquia da Igreja da Inglaterra, é a ele que o clero apela. Ora, sua conduta consiste unicamente em buscar um compromisso que permita acalmar os espíritos, sempre afirmando a supremacia real e impondo silêncio aos dois campos: em nome da Igreja, ele faz sua submissão ao rei, numa sessão do Parlamento ocorrida no castelo de Baynard, e demanda que o ponto contestado seja submetido ao julgamento de Roma, sempre afirmando sua fidelidade à prerrogativa real. Solução bastarda, que não resolvia nenhum problema de fundo quanto às relações entre jurisdição temporal e eclesiástica, entre papado e realeza, entre Igreja e poder real. Mas Wolsey não está interessado em problemas de fundo; conta somente o respeito da autoridade do governo, e se ele aprendeu alguma coisa com o caso, foi que se deveria evitar ao máximo as assembleias representativas, fontes de contestação. A partir de novembro de 1515, ele obtém a dissolução do Parlamento, e no decorrer dos catorze anos seguintes, até sua queda, Lordes e Comuns só se reuniram uma única vez, em 1523, por alguns meses, feito excepcional na história inglesa. Quanto a *sir* Robert Sheffield, que havia sido um dos cabeças da oposição ao clero, foi mandado para a Torre, onde morreu. A Convocação não foi mais bem tratada que o Parlamento. Quando ele a reuniu, em 1523, para pedir dinheiro, não lhe deixou nenhuma possibilidade de discussão. Ele fez com que ela viesse diante dele em Westminster, sendo que habitualmente a reunião era feita em Saint-Paul, com o arcebispo Warham, e exigiu o voto de uma forte taxa.

Wolsey exigia que a ordem fosse respeitada em todo lugar e por todas as pessoas, em particular pelos nobres. O cronista Hall o louvava: "Ele castigava também os lordes, os cavaleiros e os homens de todas as classes por rebelião, manutenção de tropas armadas, e tão bem, que os pobres viviam em paz". Entretanto, sua obstinação em rebaixar a nobreza não era ditada somente pelo desejo de justiça. As multas e prisões arbitrárias que choviam sobre a nobreza rural eram em muito devidas ao ódio congênito que sentia por essa classe. Depois de sua queda, o tutor da princesa Maria, John Palsgrave, escreveu uma sátira na qual mostrava assim o cardeal: "Aprisionamos na Torre, na prisão de Fleet Street, e nos muros de Calais, um grande número de nobres ingleses, e muitos por causas insignificantes. [...] Enforcamos, confiscamos e banimos mais homens desde que tomamos o poder do que os que pereceram pela justiça em toda a cristandade". Se, de um lado, é preciso considerar os rancores aristocráticos nessas declarações, por outro também é verdade que nisso, como na política ou nos casos religiosos, Wolsey busca mais afastar os problemas do que resolvê-los. A ordem interessa mais que o endireitamento dos erros. Por exemplo, se ele criou comissões em 1517, 1518, 1526 para se ocupar da grave questão das demarcações,[2] estas foram ineficazes; sua finalidade era antes acalmar as paixões, mostrando que o governo não estava indiferente.

O país esteve calmo durante os quinze anos do reino de Wolsey. Não foram vistas revoltas que haviam agitado o governo pessoal de Henrique VII e que perturbarão o governo pessoal de Henrique VIII. O único movimento de certa amplitude foi uma insurreição dos artesãos de Londres em 1º de maio de 1517, do qual Wolsey não era a causa, nem o objeto. *Compagnons*[3], mestres e aprendizes, atingidos por uma fase de depressão econômica, atribuíram a culpa aos estrangeiros da capital, espanhóis, italianos, hanseáticos, acusados de concorrência desleal e de privilégios abusivos. Os sermões xenofóbicos de um certo doutor Beal em Saint Paul's Cross esquentaram os espíritos, e sob a direção de um intermediário, John Lincoln, uma multidão superexcitada percorreu as ruas da cidade, lançando pedras nas casas dos estrangeiros. Ouviram-se ameaças de morte contra o prefeito, os conselheiros, mas também Wolsey, que se fortifica em seu palácio londrino. Esse foi o "mau primeiro de maio". O tumulto não era perigoso e não houve nenhuma vítima. O primeiro-tenente da Torre, *sir* Richard Cholmeley, mandou disparar alguns canhões, e alguns cavaleiros foram enviados por Surrey e Shrewsbury. À noite, tudo estava terminado. Mas, como se havia sentido medo, 400 pessoas foram presas, homens, mulheres e crianças. Catorze foram enforcados e esquartejados, como sempre, entre os quais John Lincoln. Essas execuções tinham por pretexto que atacar estrangeiros quando o rei estava em paz com eles equivalia a uma traição. Os outros foram agraciados, em parte por causa da intervenção da rainha em favor deles. Deu-se uma publicidade sem reservas a esse gesto de indulgência real, numa grandiosa encenação em Westminster Hall: na presença de todos os grandes nobres e do rei, Wolsey

---

2 Demarcações: separação das terras pelos senhores (vide Cap.XII).
3 *Compagnon*: pessoa que terminou sua aprendizagem e ainda não é mestre em certas corporações de artesãos. (N. T.)

fez um longo discurso ao qual o rei respondeu; em seguida, os prisioneiros algemados desfilaram diante do rei gritando "piedade"; no mesmo instante, Wolsey e os outros se ajoelharam diante de Henrique, que ordenou a liberação dos infelizes.

SUA POLÍTICA EXTERNA: SER O ÁRBITRO DA EUROPA

Foi a única revolta aberta que o cardeal conheceu. Ele teve então o desfrute de dedicar o essencial de sua energia, que era enorme, à política estrangeira. É sem dúvida nesse campo que sua obra é a menos criticável. Apesar disso, seus objetivos não são muito claros, como dão testemunho disso as divergências dos historiadores ingleses a seu respeito.

As duas posições extremas são representadas por A. F. Pollard, em sua biografia do cardeal, publicada em 1929, e J. J. Scarisbrick, em sua história da vida de Henrique VIII, datada de 1968. Para o primeiro, toda a política externa de Wolsey se resume a seguir o papa: ser pela paz quando Roma apela para a reconciliação, pela cruzada quando a Santa Sé a prega, contra os espanhóis, os franceses ou os imperiais quando o sumo pontífice se declara seu adversário. Para isso, uma boa razão: a chave das ambições de Wolsey está em Roma, de onde espera a mitra de cardeal, depois um título de legado, depois a confirmação da vitaliciedade desse título, depois o próprio papado. Assim, a Inglaterra estaria a reboque do papado durante quinze anos, de 1514 a 1529, e isso para satisfazer as aspirações pessoais do cardeal.

As primeiras guerras do reino, como vimos, e muitos dos traços da história dos anos subsequentes, parecem justificar esse ponto de vista. Mas o professor Scarisbrick sublinhou os pontos fracos disso. O traço mais contundente é, de fato, a desenvoltura e mesmo a falta de polidez com a qual Wolsey sempre tratou o papa. Essa atitude causava o desespero de seu agente em Roma, Silvestre de Gigli, que mais de uma vez suplicou-lhe que respondesse às cartas da Santa Sé, e enviar notícias ao menos uma vez por mês. Assim, quando o papa escreveu a respeito de uma eventual reforma do calendário, a Inglaterra não deu o menor sinal de vida. Leão X e Adriano VI expressaram várias vezes sua irritação diante desse mutismo. A representação inglesa em Roma, aliás, era bem magra para manter um partido pró-britânico, e a coincidência de visões entre Roma e Londres era quase acidental. Certamente Wolsey não teria sido tão negligente se houvesse colocado todas as suas esperanças no papa e na cúria.

Para J. J. Scarisbrick, a palavra-chave da política de Wolsey não era Roma, mas simplesmente a paz. O cardeal seria o grande pacifista da primeira metade do século XVI, e isto por duas razões principais. A primeira, mais casual, é que Wolsey teria compartilhado o ideal dos humanistas, sua condenação da guerra e de seus danos, Erasmo o louva várias vezes em suas cartas, e Thomas More talvez não houvesse aceitado as responsabilidades políticas, segundo nosso autor, apenas porque tinha confiança nas intenções pacíficas do cardeal. Podemos ser céticos. É claro que Wolsey se interessava pelo humanismo, ele fundou colégios, mas o que sabemos por outras fontes sobre sua personalidade, sua ambição devastadora, nos leva a pensar que ele não era homem que recuasse diante de uma guerra se isto lhe pudesse oferecer algum tipo de vantagem.

Uma razão mais séria da política pacífica do cardeal seria o argumento financeiro: a guerra é ruim porque custa caro. Formado na administração de Henrique VII, Wolsey pôde adquirir princípios de parcimônia. Na mais antiga carta completa que possuímos dele, datada de setembro de 1511, ele escrevia a Fox: "O dinheiro do rei vai para todos os lados", e criticava a política agressiva de Surrey, que, "por suas visões imprudentes, gasta muito dinheiro e é mais propenso à guerra que à paz". Também é verdade que ele tenta, sem fazer reformas profundas, tornar o sistema fiscal mais eficiente e que, pelas ordenações de Eltham, em 1526, procura reformar a casa do rei num sentido mais racional. Sempre que possível, prefere obter o pagamento de pensões por parte dos soberanos estrangeiros do que lhes fazer a guerra. Por vezes, a França paga até 20 mil libras por ano, enquanto as campanhas inúteis de 1522-1523 custaram 400 mil libras para a coroa inglesa. Contudo, é difícil considerar o desejo de fazer economia como a *ultima ratio* do cardeal Wolsey. Esse homem, cujos rendimentos pessoais, avaliados em 35 mil libras, ultrapassavam um terço dos recursos ordinários da coroa, que gasta sem contar para suas construções e seu modo de vida, que deixa dívidas colossais, não deveria se sentir impedido por questões de dinheiro. Seguindo a fórmula do professor J. D. Mackie, "na busca de suas finalidades políticas, ele não considerava o custo; decidia o que ele e seu mestre queriam, e exigia que a Inglaterra pagasse a nota". Pois a Inglaterra, pensava ele, era bem rica para pagar. Em 1523, ele perceberá que o Parlamento não tinha a mesma opinião.

De fato, Wolsey pretende desempenhar o papel de árbitro na Europa, em particular ao intervir no combate entre gigantes, entre Francisco I e Carlos V. Se possível, ele prefere manter a Inglaterra fora dos combates, pois não tem confiança nos acasos da guerra; ou então, se declara a guerra, prefere deixar seus aliados lutarem sozinhos, com o encargo de pagar-lhes pensões. Não é sovina diante dos meios para corromper, financiar, perverter, trocar "à moda de Luís XI". Entre 1527 e 1529, por exemplo, ele paga a Francisco I 50 mil libras, uma joia de 10 mil libras, e presenteou-o com 50 mil libras de pensões em débito. "Nada lhe causava tanto prazer", diz o veneziano Giustiniani em 1519, "do que ser considerado como o árbitro dos negócios da cristandade." Para isso, é levado a cultivar o equilíbrio das forças na Europa. Cortejado pelo Habsburgo e o Valois, ele desfruta de sua posição vantajosa, aliás, exagerando sua importância, lançando o peso da Inglaterra de um lado ou de outro, sempre se beneficiando de uma quase inviolabilidade, graças à sua posição insular. O papel lhe convinha, e ele o desempenhava muito bem, não sem cometer alguns erros. Sem preconceitos, ele busca antes de tudo satisfazer seu amor-próprio.

Esse era então o homem que Henrique VIII teve como principal ministro durante quinze anos, a partir de 1514. Se podemos distinguir algumas divergências passageiras entre eles, a coabitação por ora era quase perfeita. A grandeza do ministro era inseparável daquela do rei. Wolsey, pensando em si, sabia dar a ilusão de servir ao rei. Henrique, só buscando sua própria glória, compartilhava os pontos de vista do cardeal, que se revelavam os mais aptos a desenvolver seu poderio, deixando-o pensar que era o iniciador. A política externa ilustra o entendimento e a complementaridade desses dois temperamentos egocêntricos.

1515: A EUROPA TROCA OS JOVENS GOVERNANTES

Voltemos ao famoso ano de 1515. Henrique VIII estava reconciliado com a França, zangado com Maximiliano e Fernando. Contudo em 1º de janeiro morria seu cunhado, o rei Luís XII. No trono da França instalava-se com arrogância um jovem de 20 anos, que colocava em risco o papel de jovem *premier* da política europeia do Tudor. A parte das rivalidades pessoais está longe de ser negligenciável nessa Europa principesca. Entre os dois jovens, que só se conheciam de reputação, instaurou-se de imediato uma atmosfera de desafio, que punha em questão os recentes acordos diplomáticos. Além disso, o laço matrimonial estava desfeito, dado que em breve a viúva de Luís XII se casava com o duque de Suffolk.

Francisco I tomou a iniciativa, dedicando-se a multiplicar os entraves em relação ao seu rival, para pô-lo fora do combate, enquanto ele mesmo ia lutar na Itália. O meio mais eficaz era se servir novamente da Escócia, onde, desde a batalha de Flodden, reinava uma situação confusa. A viúva de Jaime IV, Margarida, irmã de Henrique VIII, tentava manter a autoridade real em favor de seu jovem filho, Jaime V. O rei da França reclamava o título de protetor da Escócia durante a minoridade, exceto se os ingleses lhe devolvessem Tournai. Diante do fracasso das negociações, Francisco manda para Edimburgo John Stuart, duque de Albany, primo e herdeiro de Jaime V. Esse príncipe, que morava na França, era um inimigo encarniçado da Inglaterra. Desde o início do verão de 1515, ele trabalha para fortalecer o partido francês. Consegue se apoderar da regente, que ele prende no castelo de Stirling, de onde ela foge em setembro para refugiar-se com seu irmão Henrique. A Escócia caía sob a influência francesa. Ao mesmo tempo, o governo francês criava dificuldades para restituir as joias de Maria, entre as quais um diamante muito precioso, chamado "o espelho de Nápoles", e Francisco I lembrava que, se necessário, ele sempre tinha consigo um membro da família de la Pole, que poderia facilmente se transformar em pretendente se Henrique VIII se tornasse ameaçador.

Este último estava furioso e impotente. "O espírito ambicioso e os apetites insaciáveis" do rei da França, como ele dizia numa carta, exigiam que se lhe pusessem rédeas. O Conselho estava inquieto e os sentimentos francófobos, exaltados. Mas o que fazer? O contexto não era favorável. As relações com Maximiliano e Fernando haviam esfriado no final do ano precedente. Nenhum aliado seguro se apresentava. A contragosto, foi renovado o tratado com a França, em 5 de abril de 1515. Mas, privadamente, Henrique insistia demoradamente em considerações acerbas contra Francisco. Ele tomava como testemunha o embaixador veneziano: não era verdade que não se podia confiar nos franceses? Era verdade, como se contava, que o rei da França era feio e se parecia com o diabo? Henrique não era melhor arqueiro e melhor cavaleiro que esse recém-chegado? Ele tentava persuadir-se de que continuava a ser o senhor da situação. Graças aos suíços, ele se gabava de ter Francisco em suas mãos: "Se eu quiser, ele atravessará os Alpes, e se eu quiser, ele não atravessará", confiou imprudentemente ao veneziano. A ideia de relançar uma Santa Liga contra o estraga-festas começava a germinar.

Os acontecimentos do final do verão infligiram um fustigante desmentido a Henrique: Francisco I atravessava os Alpes, derrotava os suíços em Marignan em 13 e 14 de setembro, recuperava o Milanês, encontrava Leão X em Bolonha e assinava um tratado com ele. A humilhação era severa, e o rei da Inglaterra se enfurecia. Marignan relegava a batalha de Guinegate a um nível de escaramuça, o que ela era na realidade. A glória militar, a aliança pontifical: Francisco I, o novo herói, tirava de Henrique tudo o que almejava. Era demais; era preciso reagir, mas prudentemente. Pela força das coisas, o Tudor deveria se voltar novamente para Fernando, de quem jurara se vingar apenas alguns meses antes. O rei da Espanha não estava menos inquieto que ele com os sucessos de Francisco I, então se puseram facilmente de acordo num novo tratado, no final de outubro de 1515. Falava-se novamente do velho plano de ataque conjunto contra a França.

Todavia os ingleses, sabendo como era lidar com Fernando, fizeram seu mais sério movimento em direção dos suíços que, a despeito de Marignan, continuavam a representar a principal força antifrancesa no continente. A ideia de empregá-los a serviço da Inglaterra já tinha sido proposta em 1514. No final de 1515, Wolsey e Henrique VIII enviaram a Zurique o humanista Richard Pace, secretário e homem de confiança do arcebispo de York. Ele oferecia um subsídio de 120 mil coroas para reunir uma força de 20 mil mercenários, que agiriam a serviço do rei da Inglaterra. Previa-se, esperando um reforço imperial, um ataque ao Milanês, que seria seguido por uma invasão do sul da França. O acordo foi rapidamente concluído graças à intervenção do suíço Matthieu Shiner, cardeal de Sion, amigo de Bainbridge e violentamente antifrancês. Maximiliano, pressionado pelo embaixador inglês, *sir* Robert Wingfield, também aceitava se juntar à expedição, à qual forneceria a cavalaria e a artilharia. Em janeiro e fevereiro de 1516, Richard Pace enviava a Londres as cartas mais otimistas sobre sua missão. Por sua vez, Shiner escrevia a Wolsey dizendo que a armada se reunia e que os franceses seriam expulsos do Milanês antes de um mês.

AS DESVENTURAS DE 1516 E 1517

Então, o ano de 1516 se anunciava bom. Aliás, é possível que Henrique VIII tenha sonhado desembarcar pessoalmente à frente de um exército para reeditar seu feito de 1513 e apagar Marignan. É o que se depreende de várias passagens da correspondência de Wolsey, que no outono de 1515 escrevia: "Não duvido que o rei da Inglaterra, seja pessoalmente, seja por meio de um primeiro-tenente, invadirá a França com um exército real". Mas o cardeal e o Conselho não parecem ter aprovado esse plano, que segundo eles era por demais arriscado. Numa carta para Gigli, de 22 de maio de 1516, Wolsey declarava que os conselheiros, unânimes, haviam se pronunciado contra o envio de um exército inglês, porque isso representaria um fardo insuportável para o reino, que já deveria pagar aos suíços; que corriam o risco de serem abandonados em plena campanha por estes últimos, como já se havia visto no passado, e assim obrigar a suportar sozinho os assaltos franceses. Era melhor então postergar um ataque direto da Inglaterra num momento em que estaria à altura de enfrentar sozinha a França. Para melhor persuadir o rei, Wolsey recorreu a uma estranha manobra: no final de maio, pediu que Richard Pace interviesse junto ao imperador para que este falasse que preferia atrasar o ataque direto contra o reino da França. Use sua habilidade, dizia Wolsey a Pace, para que o imperador e os suíços "requeiram que você demande ao rei que eles não precisem ir mais longe que o ducado de Milão", e que sejam "isentos de perseguir os franceses na França". Aqui o procedimento aponta que parecia haver desacordo entre o rei e o cardeal sobre a maneira de conduzir as operações. Henrique VIII teria desejado um ataque conjunto dele e dos suíços; Wolsey se contentava com uma intervenção dos suíços limitada ao Milanês, para "mandar os gauleses de volta para seu reino da França" e "diminuir a autoridade, a força e o poderio do dito francês". Para ter mais chances de ser ouvido, ele não hesitava em sugerir um procedimento no mesmo sentido pelos aliados da Inglaterra. O modo com que passa, em suas cartas para Richard Pace, do "nós" ao "eu", tenderia a confirmar essa ideia de uma duplicidade do ministro.

Apesar de tudo, a campanha suíça da primavera de 1516 foi um completo fracasso. O exército helvético atingiu Milão no final de março, seguido a certa distância por Maximiliano. Porém, em breve, por razões obscuras, este último retrocedeu. Desde então, sem moral, os suíços somente continuaram o sítio de maneira toda formal, para receber seu dinheiro. Pace lhes havia distribuído um mês de soldo por ocasião de sua reunião, em Chur. Agora, eles reclamavam o segundo termo; Pace apressava Londres para enviar as esterlinas, com risco de sua própria vida, ele dizia, se os cofres não chegassem mais rapidamente. O dinheiro chegou, mas as tropas imperiais se apoderaram de boa parte da soma. O terceiro termo, depois de uma perigosa viagem através do Império, em que pese tudo, chegou à destinação. Assim que receberam, os suíços se foram para sua terra. Era assim que era gasto o dinheiro dos contribuintes ingleses. O pobre Richard Pace, doente, maltratado pelos mercenários, preso durante algum tempo, mesmo assim retomou sua tarefa, tentou reformar a aliança, até o momento em que, pelo fim de maio, recebeu uma carta de Wolsey advertindo-o de que os planos haviam mudado: o rei, dizia o cardeal, "resolveu não reunir um exército e não fazer a viagem para a França". Tudo o que queremos, é que os franceses sejam expulsos do Milanês, mas não haverá intervenção inglesa direta. Pace recebeu um dinheiro suplementar para relançar os suíços.

Durante esse tempo, um novo parceiro surgiu, em janeiro de 1516. O velho Fernando de Aragão, sogro de Henrique VIII, morria. Seu sucessor era um jovem que mal tinha 16 anos: Carlos de Habsburgo, primeiro do nome na Espanha, mas futuro imperador Carlos V, já soberano dos Países Baixos e do Franco-Condado, doravante senhor de Aragão, de Castela, do reino de Nápoles e de um império sul-americano. A hora era da juventude, e os três rapazes que iriam colocar a Europa de cabeça para baixo durante trinta anos estavam a postos: Henrique VIII, 25 anos, era o mais velho; seguia-se Francisco I, 21 anos, o herói do momento, que por sua vez começava a se inquietar com o poderio do mais novo, Carlos. O único da antiga geração que ainda estava em atividade era o "velho" Maximiliano que, aos 57 anos, continuava com seus sonhos de grandeza.

Para Henrique VIII e Wolsey, o inimigo continuava a ser Francisco I, e eles continuavam a se esforçar para ampliar as alianças antifrancesas. Nesse círculo de soberanos cínicos, o dinheiro sonante continuava a ser um dos melhores argumentos da política, e o governo inglês o oferecia generosamente a um de cada vez, o que afirma uma vez mais a tese de Wolsey pacifista por razões econômicas: propôs-se aos suíços uma pensão anual de 40 mil *anges d'or*;[4] ao jovem Carlos, que deveria fazer a viagem dos Países Baixos para a Espanha, a fim de visitar seus novos Estados, foi feita a oferta de pagar as custas do deslocamento; com o velho Maximiliano, tentou-se mais uma vez a corrupção; com o papa, eram necessários métodos mais refinados, mas a cúria não era indiferente ao poder dos *anges*.

Não obstante, o plano fracassa. O papa continuava fiel ao seu tratado com Francisco I e, mais grave, este último assinava, em agosto, o tratado de Noyon com Carlos, prometendo-lhe sua filha Louise, ou outra que o prolífico rei da França não deixaria de procriar nos anos a seguir, em casamento. Em troca, Carlos se comprometia a restituir Navarra. Para Henrique e Wolsey, o golpe era rude. Porém, ainda restavam Maximiliano e os suíços. Estes últimos, representados por Matthieu Shiner, que foi pessoalmente a Londres propor planos de ataque contra a Itália, a Borgonha e a Picardia, pareciam bem dispostos. Quanto ao imperador, representou, com um cinismo desconcertante, uma comédia maquiavélica, que enganou completamente Henrique VIII. Foi a última lição de realismo dada pelo velho Maximiliano ao trio de jovens aprendizes de príncipes.

Atraído pelo odor do dinheiro inglês, o imperador informou Henrique VIII que estava pronto para ir a Calais para tramar com ele contra os franceses, e, no final de outubro de 1516, foi concluído um acordo nesse sentido que custava bem caro para o tesouro inglês. As dívidas de Maximiliano eram apagadas; todos os custos de sua viagem – sua "descida", como dizia o texto – através do império e dos Países Baixos até Calais seriam pagas por Henrique VIII que, além disso, lhe dava 40 mil florins para a defesa de Verona contra os venezianos. Em 9 de dezembro, Maximiliano ratificava o tratado numa esplêndida cerimônia em que ostentava orgulhosamente a ordem da Jarreteira. Em seguida, iniciava vagarosamente sua viagem gratuita até Calais. Em 6 de janeiro de 1517, ele estava em Trèves. Ao encontrar seu neto Carlos, ele lhe disse: "Meu filho, você vai enganar os franceses, e eu vou enganar os ingleses". Alguns dias depois, em Haguenau, ele jurava sobre a Bíblia que aderia

---

4 Belas moedas que valiam 6 *shillings* e 8 *pence* cada uma.

à liga inglesa, recebia um enviado de Francisco I e aceitava dele 60 mil florins para aderir ao tratado de Noyon. Com a outra mão, continuava a receber o dinheiro inglês, assegurando a Henrique, "maravilhosamente inquieto", que estava enganando o rei da França, e que em breve se veria o que ele pensava do "detestável" tratado de Noyon. Henrique VIII, tranquilizado, declarava ingenuamente que as maquinações do Habsburgo eram apenas "manobras e invenções do imperador, para a fachada", a fim de enganar os franceses. Durante esse tempo, Maximiliano, em Bruxelas, aderia ao tratado de Noyon, que estava reforçado: ele se comprometia a encontrar Francisco I e a desposar uma princesa francesa. Por fim, cúmulo da perfídia, vendia Verona por 20 mil florins aos venezianos, depois de ter extorquido, ao todo, 40 mil de Henrique VIII para assegurar a defesa da cidade. O dinheiro vinha de todos os lados para seus cofres, e deixava o rei da Inglaterra humilhado, furioso e com as mãos vazias.

Wolsey expressou a reação do rei por um eufemismo, quando notou que os acontecimentos recentes haviam deixado Sua Majestade "muito pensativo"! Por sua vez, o cardeal dirigiu ao imperador uma carta de reprovações tão violenta que os embaixadores ingleses não ousaram apresentá-la a Maximiliano. Este, que por sinal não apresentava nenhum remorso, considerava sua posição como totalmente natural. Inconsciente, ou mais cínico que nunca, escreveu a Henrique algumas semanas mais tarde, para reapresentar o projeto de encontro – "em Gravelines ou, por que não, em Dover" – e avançar na ideia de um novo empréstimo.

O ano de 1517 foi um ano bem miserável para a monarquia Tudor. Tudo parecia ir muito mal. No interior acontecia a primeira revolta depois de muitos anos, "o mau primeiro de maio", que durante um momento perturbou a vida londrina. A própria natureza estava contra: depois de um inverno excepcionalmente rigoroso, em que o Tâmisa congelou, o verão de 1517 foi particularmente tórrido, e uma grave epidemia de suor, que causou inúmeras vítimas, atinge a capital. Segundo o cronista Hall, podia-se estar "alegre no jantar e morto na ceia". Henrique e a corte partiram precipitadamente para o campo: o rei ficou seriamente alarmado quando vários conselheiros caíram doentes e morreram pajens que haviam dormido em seu quarto. Ele muda frequentemente de residência, só via seu médico, seus músicos e duas ou três outras pessoas. Wolsey, obstinadamente preso ao trabalho, como sempre, permaneceu em Londres. Em junho, esteve a ponto de morrer; em agosto, sobrevivera a quatro ataques de suor, e em dezembro foi agradecer à Virgem na peregrinação a Walsingham.

Diplomaticamente, a situação também não era brilhante. Os suíços faltaram ao compromisso. Em junho, o duque de Albany voltara à França para renovar a Velha Aliança. Um amargo sentimento de fracasso pesava no espírito do rei e de seu ministro. Sem ser oficialmente inimigo de ninguém, a Inglaterra se via mais uma vez sem amigos verdadeiros. Entretanto, apesar de tudo havia motivos para esperar. Supunha-se que o tratado de Noyon, que repousava sobre circunstâncias bem passageiras, não poderia se sustentar muito tempo. Carlos precisava simplesmente de uma trégua para visitar os Estados espanhóis. Era evidente que não esperaria que as pequenas princesas francesas, nascidas ou a nascer, crescessem para se casar, e que ele não tinha nenhuma intenção de devolver a Navarra. Os ingleses nada fizeram que pudesse incomodar sua passagem no canal da Mancha em setembro e, em Santander, foi acolhido pelo embaixador de Henrique VIII. Além disso, segundo toda probabilidade, Maximiliano não tardaria a morrer e, por fim, o papa fazia esforços com vistas a uma reconciliação geral, para preparar a cruzada.

Em 5 de julho, Londres havia mesmo sido palco de festas magníficas destinadas a celebrar a conclusão de uma liga defensiva contra a França, cujas finalidades permaneciam bem vagas. Foi uma nova ocasião para Henrique VIII desdobrar seus talentos de desportista, de comedor e de dançarino. Ele apareceu disfarçado ora como húngaro, ora como turco, trajando em outro momento um vestido carregado de pedras preciosas e bordado com rosas, ou ainda com um tecido em ouro, e escoltado por quarenta fidalgos e 24 trompetistas. O último dia foi uma apoteose: torneio, banquete e sete horas com dezenas de pratos, e dança até o alvorecer. Com ou sem aliados, Henrique VIII continuava a ser um *bon-vivant*.

– V –

ÁRBITRO DA EUROPA E DEFENSOR DA FÉ
(1518-1522)

Depois de um início de reinado negligente, mas difícil e infrutífero, marcado por infortúnios diplomáticos e despesas inconsideradas, que começavam a cansar a opinião geral, Henrique VIII conhecerá um período de sucesso político. No teatro europeu, o rei, curado de suas ingenuidades juvenis, tirou proveito das lições de Fernando e Maximiliano. Por sua vez, tornou-se um mestre em negociações, desempenhando o papel de árbitro entre a França e o Império, ofuscando seu rival no Campo do Pano de Ouro (*Camp du Drap d'Or*),[1] antes de lhe prestar socorro depois de Pavia, para restabelecer o equilíbrio europeu. É claro que essa hábil política é parcialmente obra de Wolsey, mas as divergências aparecerão com frequência entre os dois homens, e não se saberia dizer se o cardeal foi o mestre exclusivo da diplomacia.

---

1 Nome dado ao local em que os reis da Inglaterra e da França se encontraram diplomaticamente para estreitar relações e pôr fim às hostilidades entre ambos. Cada um deles ostentou o máximo de luxo e riqueza, então o nome do evento se origina nos tecidos e brocados abundantes que marcaram o acontecimento. (N. T.)

Árbitro da Europa, Henrique VIII aparece mais que nunca como aliado do papa, tanto política quanto doutrinalmente. Ele, que detesta escrever, se dá ao trabalho de compor um tratado teológico sobre os sacramentos, no qual defende ferozmente a tradição católica. Esse ato de bravura, do qual é muito orgulhoso, lhe valerá o título de defensor da fé. Entre 27 e 32 anos, o rei brilha; é o apogeu da parte clássica de seu reino, antes dos tormentos do divórcio e da ruptura com Roma. Mas não conhece apenas o sucesso: o título imperial lhe escapa, como para Wolsey escapa o papado. Contudo, os dois ultrapassam esses dissabores, e os reveses são apenas nuvens passageiras num período fausto.

O TRATADO DE LONDRES (OUTUBRO DE 1518), O TRIUNFO PESSOAL DE WOLSEY

O ano de 1518 foi de triunfo para Wolsey, após os contratempos do período anterior. Já em janeiro, através das suas conversas com Giustiniani, surgiu a ideia de um plano grandioso baseado numa aproximação com a França, selada por um tratado que resolveria todos os problemas entre os dois monarcas, e que seria o eixo de uma reconciliação geral das potências europeias, chamadas a garantir esta paz.

O projeto era ambicioso, à altura da ambição do cardeal. Um elemento poderia pesar a seu favor: Leão X ao mesmo tempo lançava sua campanha pela paz geral na Europa, cujo objetivo final era a organização de uma cruzada. O governo inglês estava, portanto, trabalhando na mesma direção que Roma. Os esforços conjugados dos legados e embaixadores de Henrique VIII teriam uma chance de alcançar resultados, mas Wolsey corria o risco de ver todo o crédito pela reconciliação dada ao papa. Ora, ele pretendia fazer da paz europeia um triunfo pessoal. Soube trazer o rei ao jogo, e desde então iniciou uma partida delicada, mas promissora.

Em abril, o cardeal Campeggio, legatário *a latere*, partiu para Inglaterra, levando a chamada papal para a cruzada. Como vimos, ele só foi autorizado a entrar depois de Leão X ter concedido a Wolsey o título de legatário: a partir daí, o cardeal-arcebispo, empunhando a autoridade pontifícia, poderia parecer ser o mestre das negociações e, portanto, o responsável pelo sucesso.

A 29 de julho, fazia uma entrada solene em Londres com o seu colega italiano. Cinco dias mais tarde, os dois homens foram recebidos em Greenwich por Henrique VIII, que ficou muito satisfeito por ver o seu ministro tornar-se ao mesmo tempo o representante papal.

Os dois legatários apresentaram ao rei o apelo à cruzada, e Henrique deu uma bela resposta, em latim muito correto. Era, portanto, importante manter vivas as esperanças de Campeggio com boas palavras, sem nunca se comprometer formalmente.

Ao mesmo tempo, começaram as negociações com a França, por intermédio do bispo de Paris, que tinha chegado incógnito à Inglaterra. No final de setembro, os dois países estavam prontos para assinar um acordo. Wolsey notificou o papa, o imperador e o rei da Espanha, convidando-os a aderir ao grande tratado que iria unir a França e a Inglaterra. Francisco I enviou uma embaixada oficial, e a 2 de outubro foi concluído o tratado de Londres, ratificado pouco depois pelos representantes dos outros poderes. No dia 3, Wolsey celebrou uma missa de ação de graças em Saint-Paul, na presença do rei, de Campeggio, dos embaixadores e dos pares do reino: o cardeal desempenhou todos os papéis principais, como sumo sacerdote da paz universal. A missa foi seguida por um banquete e uma mímica, na qual Henrique e sua irmã Maria participaram. No dia 4, foram assinados tratados suplementares, resolvendo pontos específicos da disputa franco-inglesa, e tudo isto terminou com justas, banquetes e festas. Desde abril, tudo tinha sido magistralmente sincronizado com a mão de um ourives na matéria.

O resultado foi notável: os acordos agrupados sob o termo tratado de Londres foram nada mais nada menos que uma proclamação da paz universal, que ultrapassava muito além o quadro das relações entre a França e a Inglaterra. Um sistema de garantia coletiva visava garantir que as decisões fossem respeitadas: se um dos signatários fosse atacado, apelaria a todos os outros, que teriam de intervir para exigir a retirada do atacante, e, em caso de não execução após um mês, declarar-se contra ele; após dois meses, travar uma guerra em terra contra ele; após três meses, atacá-lo no mar. Cada uma das partes contratantes devia permitir a livre circulação das tropas aliadas através do seu território; nenhuma devia permitir o recrutamento de mercenários em seu território para serem utilizados contra um dos signatários; qualquer tratado anterior a este e em contradição com ele estava anulado.

Os acordos foram ratificados por Henrique VIII, Francisco I e Maximiliano, Carlos, mas também pela Escócia, Dinamarca, Portugal, Hungria, os estados italianos, os suíços e a Liga Hanseática. Wolsey tinha conseguido tornar este o "seu" tratado. De fato, o papa aparecia apenas como uma das partes contratantes, e a cruzada foi mencionada, de uma forma muito formal, apenas no preâmbulo. O cardeal tinha confiscado o projeto de reconciliação da cristandade para seu benefício exclusivo: "Vemos assim o que a Santa Sé e o papa podem esperar do chanceler da Inglaterra", declarou Júlio de Médici, o futuro Clemente VII, enquanto Fox escrevia ao seu antigo protegido: "Certamente, meu senhor, com a ajuda de Deus, esta será a melhor ação jamais realizada para o reino da Inglaterra, e, depois do rei, é a vós que a glória e o louvor perpétuos pertencerão".

Efetivamente, o tratado de Londres era extraordinário. Se é exagerado ver nele uma prefiguração das Nações Unidas, era, no entanto, a primeira vez na história europeia que uma tentativa de garantia da segurança coletiva vinha à luz. Certamente existia um precedente, mas a ideia jamais havia vingado: nos anos 1460, o rei da Boêmia sugerira a criação de uma assembleia europeia, dotada de um secretariado e de uma corte de justiça. Teria Wolsey se inspirado nesse plano? Não é impossível. Em todo o caso, merece uma menção entre os antepassados dos criadores dos tratados de não agressão. Se o Tratado de Londres era realista é outra questão. No meio maquiavélico dos tribunais europeus no início do século XVI, pode-se duvidar, com razão, da sinceridade das partes contratantes, especialmente quando se considera a curta duração dos acordos. Wolsey acreditava realmente no sucesso do seu tratado? O texto refletia interesses muito temporários, e a cena europeia, em constante mudança, rapidamente o tornaria obsoleto. É óbvio que o cardeal, um pragmático, vivendo acima de tudo no presente e governando caso a caso, estava ciente disto. O Tratado de Londres tinha feito dele o homem de 1518, e de momento ele estava satisfeito com isso.

As cláusulas relativas às relações com a França eram mais sérias. Henrique VIII restituiu a Francisco I a sua última conquista, Tournai, que lhe custava muito caro para defender e não lhe podia ser útil. Ele recebeu muito bem por essa entrega: 600 mil coroas. Os velhos problemas da pirataria no canal da Mancha foram resolvidos e o acordo foi selado, como habitualmente, por um projeto de casamento entre dois recém-nascidos: Maria, filha de Henrique VIII, foi prometida ao delfim. Mas haveria tempo para mudar de ideia antes da celebração. Finalmente, foi planejada uma reunião de cúpula entre os dois reis. Na mente medieval, as relações internacionais eram sobretudo uma questão de pessoas, de famílias, de contatos humanos. As relações mais abstratas de Estado para Estado, por meio de textos e embaixadores, que caracterizam a diplomacia da época moderna, ainda não apagaram as relações de homem para homem do mundo feudal. Os dois reis, rivais e agora amigos, marcaram então um encontro para o início do verão de 1519.

HENRIQUE VIII CANDIDATO AO IMPÉRIO E SUAS VELEIDADES DE TRABALHO (1519)

Os acontecimentos iriam adiar a reunião por um ano. A 12 de janeiro de 1519, o imperador Maximiliano morreu. Havia dois candidatos para a prestigiosa sucessão: Carlos, neto do falecido, e Francisco I. Os desejos de Henrique VIII e de Wolsey eram claramente a favor de Carlos, mas, em conformidade com o recente tratado de Londres, o governo inglês adotou desde o início uma atitude oficial de imparcialidade, fazendo saber a cada concorrente que o apoiava e que o encorajamento dado ao outro era apenas uma falsa aparência. Foi também prometido que não seria criada uma terceira parte.

Em 19 de fevereiro, Campeggio, ainda na Inglaterra, recebeu uma carta do papa, que explicava que a vitória de Carlos ou Francisco seria igualmente catastrófica, e que seria desejável que outro candidato se apresentasse, sem especificar qual. Para Leão X, um novo aumento do poder dos Habsburgo ou dos Valois, ambos estreitamente implicados na Itália, um controlando o sul, o outro o norte, poderia ter consequências temíveis. Se a Santa Sé oficialmente apoiava Francisco I, era antes na esperança de dividir o eleitorado e favorecer a eleição de um homem menos perigoso e não envolvido na península. Wolsey, ciente da carta do papa, foi rápido a ler nas entrelinhas o discreto apelo à candidatura de Henrique VIII. Mas foi igualmente discreto na sua resposta a Leão X, sublinhando que a política mais sensata era provavelmente a de permanecer neutro no duelo entre Carlos e Francisco. A maior prudência era necessária.

Alguns viram a reserva do cardeal como um sinal de oposição à entrada do rei na competição. O professor Scarisbrick apoia essa visão com um incidente ocorrido em 12 de junho, pouco antes da eleição. Nesse dia, Wolsey enviou urgentemente o seu capelão, John Clerck, a Windsor, para pedir ao rei que não fizesse nada "sobre sua disposição a respeito do Império". O problema é que não sabemos o que era essa coisa. Os traços escritos não a mencionam explicitamente. Deve ter sido um assunto importante, pois John Clerck escreveu ao seu mestre à 1 hora da manhã: "Posso assegurar a Vossa Graça que argumentei tão solidamente quanto meu pobre espírito permitia, permanecendo fiel às vossas instruções [...], mas Sua Graça, creio eu, não vê qualquer perigo nisso". O rei tinha terminado a entrevista dizendo que ia "dormir e sonhar com o assunto, e que daria uma resposta de manhã". Nunca saberemos o assunto do despacho, nem a resposta, que foi dada oralmente. É razoável assumir que esta foi uma iniciativa de última hora por parte do rei, que Wolsey talvez tenha considerado demasiado ousada ou "perigosa" para o sucesso da eleição. Pois é difícil imaginar um homem como o cardeal, sedento de honras e títulos, disputando o trono de São Pedro, procurando desencorajar o seu mestre de obter o Império, o que faria dele o ministro do mais prestigiado governante da Europa.

Henrique, em todo caso, estava determinado a tentar a sua sorte. A carta do papa, logo seguida de outra, tinha reavivado nele as esperanças que Maximiliano havia criado alguns anos antes. Já em 1513, o caprichoso imperador, durante a gloriosa campanha de Guinegate, tinha falado ao rei da Inglaterra sobre a sua intenção de deixar-lhe o Império ou ajudá-lo a ser eleito rei dos romanos para sucedê-lo. Em 1516, tinha voltado à carga, dessa vez com um plano preciso: Maximiliano adotaria Henrique como seu filho, e este último viria com 6 mil homens para Trier, onde seria investido com o Império e o ducado de Milão, que, na verdade, teria de ser conquistado. Depois, de Trier, via Como e Milão, os dois homens iriam a Roma para a coroação de Henrique, enquanto o duque de Suffolk iniciaria a conquista do norte da França, que o rei completaria a partir do sul, no seu regresso de Roma. O Tudor tornar-se-ia assim rei da França, Inglaterra e imperador do Sacro Império Romano. Como vimos, Maximiliano era simultaneamente um sonhador e um realista cínico, uma combinação bastante excepcional, deve ser dito. Os projetos mais extravagantes podiam germinar no seu cérebro, sem qualquer consideração por dificuldades práticas e, ao mesmo tempo, podia mostrar-se como o negociador mais astuto e eficiente. Seus planos foram principalmente concebidos para extrair dinheiro do rei da Inglaterra, fazendo reluzir as expectativas mais loucas diante dos olhos desse jovem inexperiente. Ele fez outra oferta em 1517, mas não foi levada mais a sério do que as anteriores.

Contudo, naqueles primeiros meses de 1519, Henrique VIII não podia deixar de pensar nessas velhas utopias. O assunto parecia agora mais sério, uma vez que o próprio papa, o guia a quem tinha permanecido fiel desde o início do seu reinado, lhe estendia a mão. Aliás, o rei entrava numa fase de boas resoluções, que pareciam anunciar um reinado pessoal e uma existência mais ordenada. Segundo Giustiniani, que relata todas as discussões da corte, o duque de Norfolk declarou que Sua Majestade tinha decidido mudar de vida e livrar-se dos seus companheiros mais turbulentos. De fato, Nicholas Carew, Francis Bryan e alguns outros foram convocados perante o Conselho e exilados em Calais. Bryan, em particular, tinha se tornado recentemente visível pela sua conduta escandalosa em Paris, onde havia passado algum tempo. Em seu regresso à Inglaterra, apaixonado pelas maneiras do outro lado do canal, tinha ridicularizado os modos do seu país, zombando de tudo o que não era francês. O Conselho tinha assinalado ao rei que a conduta desses companheiros era indecorosa e prejudicial para o seu prestígio. Henrique foi suficientemente sábio para aceitar os conselhos, descartar a companhia desses jovens e substituí-los por homens maduros, de conduta mais respeitável, como *sir* William Kingston e *sir* Richard Weston.

Ao mesmo tempo, Henrique tomava a decisão de se encarregar pessoalmente dos assuntos, tal como evidenciado por documentos que todos os historiadores concordam datar dos primeiros meses de 1519. Uma importante instrução intitulada *Aviso de coisas que a graça do rei quer ver serem cumpridas e deu ordem a seu cardeal para que execute como segue* e reformas administrativas e financeiras. O rei declarava que queria controlar suas receitas, controlar as despesas com louça, guarda-roupa, artilharia, arsenal, estábulos, serviço de tenda e construção naval. Todos os meses, o tesoureiro da câmara lhe apresentaria as contas, e todos os anos o chanceler do ducado de Lancaster, o tesoureiro, o subtesoureiro e os juízes lhe apresentariam relatórios sobre o estado de coisas em cada condado, e sobre a observância da ordem pública e da justiça. Ele fixava as suas despesas extraordinárias em 10 mil libras, e 6 mil para os edifícios. A casa do rei deveria ser reformada o mais rapidamente possível. Um segundo documento especificava o que o rei "pretende discutir pessoalmente no seu Conselho e reformar": o funcionamento da justiça, o Tesouro, o governo da Irlanda; o reforço das cidades fronteiriças; a implementação do trabalho dos mendigos inválidos. Outro documento anunciava a vontade do rei de lidar com problemas variados.

O programa era vasto e ambicioso. Haveria uma verdadeira vontade de executar todos esses projetos? O que se seguiu nos leva a responder pela negativa: nada foi realizado, o rei não se ocupou mais dos negócios do que antes fazia, e os seus amigos exilados logo reapareceram na corte, tão alegres e turbulentos como sempre. Qual era então o objetivo desse programa "Luís-Catorziano" antes do tempo? Satisfação formal dada a Wolsey? Parecia que Wolsey estava bastante satisfeito por dirigir tudo, e só esperava do rei suas assinaturas. A coincidência desse desejo de governo pessoal e da campanha eleitoral no Império talvez não seja acidental. Henrique VIII viu-se confrontado com a perspectiva de enormes responsabilidades. Ele deve convencer o Conselho, o público, o eleitorado e ele próprio da sua capacidade política e administrativa, e da sua seriedade. Talvez o céu seja também mais favorável a um candidato piedoso, ordeiro e trabalhador. O soberano torna-se mais sério, mais preocupado, e o sentimento confuso do seu dever faz uma fugaz aparição.

O FRACASSO ELEITORAL E O PROJETO DE CRUZADA (MAIO-DEZEMBRO DE 1519)

A partir do início de maio, Henrique embarcou na aventura imperial. No dia 11, foram enviadas cartas aos sete eleitores, anunciando a chegada iminente de Richard Pace, que explicaria a posição do rei de Inglaterra. As instruções dadas a Pace foram muito cuidadosas. Ele deveria sondar a opinião dos eleitores. Àqueles que eram inabaláveis no seu apoio aos Habsburgo ou aos Valois, ele devia assegurar-lhes que Henrique estava do seu lado e os apoiava sem reservas. Aos hesitantes, ele devia sugerir o nome do rei, salientando que afinal ele era de língua germânica, dotado de vários dons, perfeitamente capaz de preencher a função, e generoso; mas Pace devia limitar-se a prometer o dinheiro, que só seria pago depois das eleições, pois já se tinha desperdiçado muito alguns anos antes. Se por acaso o eleitor parecesse refratário aos três grandes candidatos, era preciso sugerir que escolhesse um príncipe alemão dentre os membros do colégio eleitoral. Por toda a parte, Pace devia pôr o representante do papa do seu lado, mostrando-lhe as cartas de Leão X, e usar o apoio de Matthew Shiner, o cardeal de Sion.

Os relatórios que Richard Pace enviou à Inglaterra na primeira quinzena de junho suscitaram as esperanças de Henrique VIII: dos três eleitores eclesiásticos, o arcebispo de Mainz parecia estar a favor de Francisco I; o arcebispo de Colônia parecia estar indeciso e, segundo Pace, com um pouco de habilidade poderia ser conquistado para a causa inglesa; quanto ao arcebispo de Trier, declarara que Henrique seria tão bom quanto qualquer outro, tornando assim possível manifestar abertamente as intenções reais. Melhor ainda, no dia 10 de junho, um membro da comitiva do arcebispo de Mainz veio dizer a Pace que estava determinado a persuadir seu mestre a favor de Henrique; se isto acontecesse, o arcebispo de Colônia certamente o seguiria, o que faria três votos em sete. Dos quatro eleitores leigos, o palatino era a favor de Francisco, o brandemburguês hesitara, e o saxão e o rei da Boêmia ainda não tinham sido visitados. O voto de um dos quatro seria suficiente. A 14 de junho, Richard Pace escreveu que a eleição de Henrique estava praticamente assegurada e pediu que lhe fosse enviada uma comissão para receber o Império em nome do rei. Durante alguns dias, Henrique pôde acreditar que seu sonho iria se tornar realidade. Ele tinha o apoio do papa; seus dois concorrentes eram tão estrangeiros ao Império quanto ele, e a tradição de eleger um Habsburgo ainda não tinha sido definitivamente estabelecida. No entanto, no dia 24, Pace estava menos entusiasmado. Temia a reação popular se Carlos não fosse eleito, e temia pela sua própria segurança se Henrique fosse escolhido. Além disso, os eleitores agora faziam da residência do imperador na Alemanha uma condição. Finalmente, em 28 de junho, às 7 horas da manhã, Carlos foi eleito.

O fracasso foi ainda mais estúpido porque, se tivesse usado mais convicção e meios, Henrique teria tido uma verdadeira oportunidade. Numa eleição em que, como todos sabiam, os argumentos duros eram os mais eficazes, o que poderiam as meras promessas verbais de Richard Pace fazer contra as 420 mil coroas de ouro de Carlos? Se alguns eleitores tinham fingido pensar favoravelmente em Henrique, era para testar a generosidade inglesa. O rei, que tinha sido liberal com o falecido imperador em vão, perdeu uma oportunidade de desembolsar sabiamente, e sem dúvida isso lhe custou o Império. Outros erros também podem ser invocados: uma campanha lançada tarde demais, instruções excessivamente tímidas, um apoio pontifical muito reservado. Seria a eleição de Henrique desejável para ele mesmo e para a Inglaterra? Era de se duvidar, sobretudo ao pensar nas dificuldades que esperavam Carlos V e ao imaginar os inextrincáveis conflitos que poderiam nascer da combinação dos negócios religiosos, matrimoniais e políticos do Sacro Império e do reino da Inglaterra.

Em todo caso, o interessado não pareceu ficar muito decepcionado. O primeiro a ficar surpreso foi Richard Pace, que esperava uma recepção turbulenta. De volta à Inglaterra em 11 de agosto, foi dar conta de sua missão para o rei. Henrique descansava no castelo de Penshurst, agradável residência do duque de Buckingham, no Kent, da qual se apoderaria em 1521. Wolsey instruiu o embaixador antes da entrevista real: era inútil insistir sobre alguns detalhes que teriam deixado pensar que havia faltado entusiasmo ao cardeal. Ao contrário, seria bom enfatizar que Carlos só devia sua eleição às somas colossais que havia gasto, o que era verdade. Quando Pace se apresentou, Henrique estava às voltas com alguns reféns franceses, que eram a garantia do pagamento devido por Francisco I pela cessão de Tournai. Ele estava de bom humor e, depois da narrativa do embaixador, "Sua Graça ficou maravilhado com o fato e disse que ficava muito feliz por não ter obtido" a dignidade imperial, considerando as fabulosas somas desembolsadas para isso pelo Habsburgo. Henrique conversou com Pace, pontuando suas observações indignadas com retumbantes *"par la messe!"*,[2] em particular quando Pace lhe contou que os agentes do papa haviam sido corrompidos pelo rei da França. Ele chamou Buckingham e Suffolk, e todos comentaram o caso. Pace, convidado por Henrique para jantar, foi crivado de questões: o rei "fala de mim coisas mais elogiosas do que mereci", constata, satisfeito.

A eleição imperial alimenta a conversação durante a noitada, e acabou aí. Na manhã seguinte, não se falava mais dela. Isso talvez fosse passar rapidamente demais sobre um dos grandes acontecimentos do século, e sobre o fato de que a Europa ser agora dominada por um colosso, cujas posses, de Gibraltar

---

2 Fórmula geralmente usada quando, para se obter uma vantagem importante, se consente num sacrifício. (N. T.)

ao Báltico, e da Sicília a Flandres, cercavam a França e bordejavam a maior parte dos mares e dos oceanos. O equilíbrio estava rompido. Entretanto, a eleição de Carlos V punha mais que nunca Henrique na posição de árbitro. Francisco I precisava de aliados na luta que se anunciava, e tinha todo o interesse em pôr a Inglaterra de seu lado. O quebra-cabeças de suas possessões era frágil, fazer que permanecessem unidos Castela, Aragão, Sardenha, reino de Nápoles, Países Baixos, Luxemburgo, Franco-Condado, Tirol, Carniola, Caríntia, Áustria, Boêmia e Sacro Império, sem contar a América, era um desafio. Sem contar as particularidades desses territórios, ainda era preciso resolver a simples questão das comunicações entre os dois blocos principais: germânico e mediterrâneo. Duas vias naturais se apresentavam: a Itália do Norte, mas que estava nas mãos de Francisco I, e a Mancha e o Atlântico: Henrique VIII, cuja marinha doravante era capaz de manter o passo de Calais, encontrava aí sua importância. Ele poderia completar o circundamento, ou então, acabar de cortar em duas as possessões de Carlos V, por meio de uma barragem que ia de Veneza à Escócia, pelo Milanês, pela França, pelo canal da Mancha e pela Inglaterra. Sua posição, de fato, era vantajosa, e ele passa a ser cortejado pelos dois soberanos continentais, concedendo seus favores ora a um, ora a outro.

De imediato, se Henrique parece dar tão pouca atenção à eleição do Habsburgo, é porque acaba de conceber um projeto que lhe ocupa toda a atenção, e que poderia fazer dele o herói da cristandade: ele se decidiu pela cruzada. Em meados de agosto, pouco antes da partida do cardeal Campeggio para Roma, o rei dita uma das mais longas cartas de sua carreira para ser levada ao papa. Num estilo entusiasta, que contrasta com as respostas formais e polidas feitas até então para Leão X a esse respeito, ele declara que seu mais caro desejo é ir combater os infiéis; oferece sua vida, seus bens, seu reino a Cristo e ao seu vigário. Dá detalhes precisos, cifras: levará 20 mil soldados de infantaria equipados, máquinas de guerra, reunirá 70 navios, com 15 mil marinheiros. Os nobres ingleses, que não deixarão de acorrer ao seu chamado, virão se juntar a eles com seus contingentes. Quanto ao povo e ao clero, se darão ao prazer de votar um imposto para financiar a expedição. Wolsey e Campeggio, adicionava o rei, discutiriam todos esses projetos consigo. Campeggio, a quem a carta era confiada, tinha a missão de explicar tudo ao papa.

Estranho documento. Esse brutal entusiasmo pela cruzada, depois de meses de resistência, de tergiversações e de evasivas, não poderia deixar de parecer suspeito. Os historiadores buscaram então as profundas motivações do rei. As explicações não faltam: afagar o papa, primeiramente, que tinha motivos para estar descontente. Havia meses prometiam-lhe uma taxa sobre o clero, e nada vinha; a missão de Campeggio não havia dado em nada. Em seguida, favorecer as ambições de Wolsey: o inglês temia perder o título de legatário e demandava que este lhe fosse concedido vitaliciamente. O projeto da cruzada só poderia tornar Leão X generoso. Tudo isso é verossímil, e os soberanos nos habituaram de tal forma às velhacarias que só podemos suspeitar da sinceridade de suas intenções. Mas, no caso presente, não seria possível admitir uma certa boa-fé de Henrique VIII? Ele é ainda um jovem, propenso a impulsos de curta duração, sempre em busca da glória e sensível aos encorajamentos do papa. Foi Leão X que, depois de Maximiliano, lhe sugeriu a ideia de ser eleito imperador; a cruzada foi outra ideia do mesmo papa. O fato de que o rei se inflamou subitamente por ela corresponde à psicologia do personagem, pronto para se entusiasmar, mas cujo ardor também rapidamente diminui. Seu reinado fornecerá muitas outras ilustrações dessa sua característica de caráter. A ideia imperial, que o havia preocupado de maio a julho, já havia desaparecido. O plano da cruzada não durou muito mais. No entanto, Henrique escreveu novamente ao papa sobre o assunto no início de dezembro, oferecendo-se para persuadir Francisco I para acompanhá-lo; essa insistência seria outra indicação de sua sinceridade. Mas, dessa vez, era Leão X que mudara de ideia. Talvez Campeggio não lhe tivesse sequer falado sobre a carta de Henrique. Em todo caso, não houve desdobramentos.

Em janeiro de 1520, o rei estava ocupado com outro projeto: as reuniões com Carlos V e Francisco I, o que lhe permitiria desempenhar seu papel de árbitro da Europa.

1520: O ANO DAS ENTREVISTAS

Henrique VIII estava particularmente ansioso para ver o rei da França, aquele rival glorioso cujas façanhas militares eram cantadas em todos os lugares. Para além das negociações sérias, cujos detalhes foram confiados a Wolsey, ele pretendia mostrar, pelo esplendor de seu cortejo e sua habilidade nos torneios, que não era de forma alguma inferior a Francisco. Para provar seu desejo de conhecê-lo, quando o primeiro encontro, marcado para o verão de 1519, precisou ser adiado, ele jurou não fazer a barba até poder abraçar o rei da França, que fez o mesmo juramento. A promessa não foi cumprida, pois a rainha não gostava de barbas longas, e "o assediava diariamente, pedindo-lhe que a cortasse". Isto ao menos mostra que ela ainda tinha alguma influência sobre Henrique. A barba foi cortada, mas em janeiro de 1520 Wolsey foi encarregado de elaborar o protocolo da reunião pelos dois reis.

Esses preparativos não deixaram de preocupar Carlos, que também expressou sua intenção de ver Henrique. Ele deveria retornar da Espanha para a Holanda na primavera, por mar, passando à vista da costa inglesa. Por que não aproveitar a oportunidade para convidá-lo a fazer uma escala por lá, pouco antes de Henrique ir para Calais? Wolsey propôs que o imperador desembarcasse em Southampton, viajasse por terra até a costa de Kent e depois embarcasse para Calais, ao mesmo tempo que Henrique. Sem dúvida, ele esperava reunir os três soberanos sob sua égide na costa flamenga.

Carlos recusou: ele não estava interessado em falar com Francisco. O que queria era obter a aliança de Henrique, ou pelo menos sua neutralidade, e para isso se encontraria com ele separadamente, antes da reunião entre o Tudor e o Valois, e após essa mesma reunião, para neutralizar seus efeitos. Wolsey cedeu: Carlos desembarcaria em Sandwich, na costa leste de Kent, passaria alguns dias com Henrique, e depois partiria sozinho. A reunião se realizaria em maio, e a entrevista com Francisco I deveria ocorrer em junho.

As condições climáticas quase inviabilizaram tudo. Durante quatro semanas, Carlos esperou em La Coruña por ventos favoráveis. Na Inglaterra, Henrique não podia esperar indefinidamente, pois tinha um compromisso com Francisco. Ele deu um prazo ao imperador – até 26 de maio – para chegar, após o qual ele navegaria para Calais. Carlos enviou cartas de desculpas, advertiu o Tudor contra o rei francês e ofereceu dinheiro a Wolsey. Finalmente os ventos mudaram, e o imperador chegou, *in extremis,* na noite de 26 de maio, ao largo de Dover. Wolsey foi ao seu encontro no mar, e o acompanhou até o castelo, onde Henrique se juntou a eles durante a noite. No dia seguinte, Pentecostes, os soberanos foram ao santuário vizinho, em Canterbury. Lá Carlos V foi apresentado à sua tia, a rainha Catarina de Aragão, pela primeira vez. Durante três dias, houve desfiles, justas, danças e festas. A tarde de 29 de maio foi dedicada aos negócios, e à noite o imperador partiu para Sandwich, enquanto Henrique foi a Dover para encontrar Francisco I.

Essa segunda reunião era mais delicada. Durante quatro séculos e meio, as relações entre as duas monarquias se resumiram a uma longa luta, cujo último episódio havia sido a Guerra dos Cem Anos. É certo que, durante meio século, reis mais políticos que militares, Eduardo IV e Henrique VII, por um lado, e Luís XI, por outro, haviam substituído batalhas infrutíferas por barganhas financeiras, inauguradas pelas negociações de paz de Picquigny, em 1475, entre Luís XI e Eduardo IV. Mas o contencioso continuava pesado: o rei da França ajudava os escoceses e pagava uma pensão ao rei da Inglaterra; este último ainda mantinha Calais e até se autodenominou rei da França, mas isto postulava a ilegitimidade de seu colega. Entre Henrique e Francisco se adicionavam rivalidades pessoais, vaidades de jovens esportistas pretensiosos, e uma guerra recente. O protocolo foi, portanto, particularmente delicado de se estabelecer, pois em nenhum momento um dos dois deveria ter a mínima precedência sobre o outro. Além disso, os séquitos dos dois soberanos se detestavam e se desprezavam mutuamente, estando cada um imbuído da superioridade de sua "nação" sobre a outra. Não era uma questão de patriotismo, mas de honra cavalheiresca. Ambos guardavam em suas famílias amargas lembranças da Guerra dos Cem Anos, dos resgates feitos ou pagos, dos feridos e mortos, da vingança não cumprida. O menor choque podia degenerar. Os sentimentos antifranceses eram extremamente fortes. O irmão do marquês de Dorset dizia que, se tivesse uma gota de sangue francês em suas veias, ele se cortaria para se livrar dele; o embaixador veneziano constatava que os dois reis "se odeiam cordialmente".

A organização foi confiada ao inevitável Wolsey, a quem pertence o êxito pelo Campo Pano de Ouro. Ele realizou um verdadeiro feito administrativo, dadas as condições técnicas e materiais da época: montar, transportar, alojar, alimentar e entreter durante três semanas uma multidão de mais de 5 mil pessoas, homens e mulheres, eclesiásticos e nobres exigentes, que constituíram o séquito de Henrique VIII. Centenas de barracas pesadas, tapeçarias luxuosas, móveis, louças de prata, 2.014 ovelhas, 700 congros, 52 garças-reais, quatro alqueires de mostarda foram transportados para Calais. Seis mil trabalhadores foram empregados para preparar o cenário da reunião, que deveria ocorrer exatamente na metade do caminho entre Guines e Ardres, no côncavo de um vale chamado Val d'Or. A própria natureza foi remodelada: os declives foram dispostos de modo que os dois reis, que chegariam às cristas opostas, estivessem à mesma altura e tivessem a mesma distância a percorrer para chegar ao fundo. A partir de 19 de março, durante quase três meses, 2 mil pedreiros e carpinteiros trabalharam na construção de um palácio de verão de curta duração, cuja base era feita de tijolos e a superestrutura, de madeira e lona. O estilo era Tudor, com telhados e torreões ameados, e uma grande concha sobre a entrada. O interior compreendia um enorme salão de banquetes, mas também uma capela, cozinhas e adegas. Ao redor, haviam sido montados uma floresta de barracas e um campo marcado para torneios. Wolsey estabeleceu o programa e cuidou dos menores detalhes, comparando preços, calculando se era mais barato trazer as mercadorias da Inglaterra ou comprá-las em Calais. Ele precisava ser, ao mesmo tempo, o merceeiro, o mestre de cerimônias e o diplomata, planejando o que se comeria e o que seria dito, para Francisco, é claro, mas também para Carlos, que deveria voltar e se informar após a reunião.

O encontro transcorreu perfeitamente. No início de junho, ao mesmo tempo em que o rei e a rainha, toda a mais importante nobreza da Inglaterra atravessou o canal da Mancha. Francisco I, por sua vez, montou suas tendas em Ardres; a tenda do rei, muito grande, desmoronou durante uma borrasca. Wolsey foi resolver os detalhes finais da entrevista com os franceses. Em 7 de junho, foram disparados tiros de canhão em ambos os lados do canal para anunciar a partida dos soberanos em direção ao Val d'Or; cada um tinha a mesma distância a percorrer, e os dois reis chegaram ao topo da encosta aproximadamente ao mesmo tempo. Eles se olharam à distância por alguns segundos, depois galoparam, ao som de trombetas, para o lugar marcado por uma lança fincada no chão; fizeram reverências, se abraçaram, desmontaram dos cavalos e se abraçaram novamente; algumas palavras em particular na tenda erguida nas proximidades, depois os nobres dos dois séquitos foram convidados a vir, e toda a companhia, por sua vez, se abraçou. Durante mais de duas semanas, houve uma sucessão de justas, torneios, festas e bailes, alternadamente nos acampamentos francês e inglês. Henrique se sentiu realizado; esse tipo de diplomacia lhe convinha, mesmo que ele nem sempre estivesse em vantagem na luta contra Francisco. Cronistas e artistas glorificaram essa extraordinária exibição de pompa, a última luz da extravagância resplandecente;

livros e pinturas, das quais a mais famosa é a de um artista desconhecido, atualmente na coleção real inglesa, se detiveram sobre o pitoresco, as cores e o luxo; para muitos contemporâneos, foi o acontecimento do século.

Os historiadores são menos entusiastas. O Campo do Pano de Ouro tornou-se um símbolo da extravagância das monarquias, do desperdício das finanças públicas, dos jogos de luxo daquelas crianças grandes que eram Henrique e Francisco. Os sentimentos oscilam entre o desprezo indulgente e a curiosidade divertida. É verdade que os resultados concretos parecem ser escassos. O principal deles foi a celebração oficial da reconciliação franco-inglesa, que aconteceu solenemente em 23 de junho, o último dia da reunião: nesse dia, os dois reis participaram, com os embaixadores, da missa ao ar livre oficiada por Wolsey, mais uma vez transformado em sumo sacerdote. Foi feito um voto de construir uma capela para Nossa Senhora da Paz no local da reunião, foram trocados presentes e foi dado um sermão sobre a paz. Isto era melhor que a guerra, e considerando o tipo de relacionamento que os reis da França e da Inglaterra tinham desde Guilherme, o Conquistador, o evento foi excepcional. No entusiasmo do momento, Henrique até fez um gesto espetacular; enquanto Wolsey lia para os dois soberanos o relato das conversas, ele usava o título oficial, "Henrique, rei da Inglaterra e da França"; um silêncio embaraçoso, interrompido pelo riso alto do Tudor: "Apague esse título!"; depois, voltando-se para Francisco, que não sabemos se achou a coisa divertida: "Estes são títulos dados a mim e não têm utilidade!". Certamente nenhum tratado importante resultou da reunião. Mas não existia o grande tratado de paz universal de 1518? O que mais poderia ser acrescentado a ele? A grande demonstração de amizade foi uma ilustração disso.

Resta saber até que ponto Henrique foi sincero. Em vista de sua política futura, pode-se questionar essa vontade declarada de reconciliação. Ora, isto não fica tão claro. De fato, parece que foram feitos verdadeiros esforços para respeitar o Tratado de 1518 que, afinal, era o trabalho da diplomacia inglesa. É verdade que uma quinzena depois de deixar Francisco, Henrique se encontrou novamente com Carlos V, mas isto havia sido planejado desde maio, devido à curta duração da primeira reunião com o imperador. O rei da Inglaterra ficou dois dias em Gravelines com o imperador e sua tia, a arquiduquesa Margarida, e depois Carlos foi a Calais para ficar mais dois dias com Henrique, em um palácio temporário construído para a ocasião. Novos banquetes, danças e celebrações. Em 14 de julho, eles concordaram em não assinar uma aliança com a França para os próximos dois anos e em agir conjuntamente numa conferência de paz a ser realizada em Calais. Por fim, todos voltaram para casa. Henrique, que precisava de exercício depois de toda a festa, passou o resto do verão caçando nos condados do oeste. Wolsey foi em peregrinação a Walsingham. Era melhor evitar Londres, que estava sendo atingida por uma epidemia de peste.

Durante o resto do ano de 1520, Henrique VIII e Wolsey agiram como pacificadores, com toda a sinceridade, e defenderam tanto quanto puderam o Tratado de Londres. Enquanto Carlos V e Francisco I multiplicavam as provocações e obviamente aspiravam à guerra, o rei da Inglaterra recusava qualquer aliança contra o acordo de Londres. Carlos propôs a quebra do tratado de casamento entre Maria e o delfim; Leão X propôs uma liga contra a França; a este Henrique respondeu que se recusava a ouvir "tais exortações que tendiam a violar sua dita promessa". Francisco I, por sua vez, estava tentando formar uma liga contra Carlos; Henrique declarou que se o rei francês atacasse Nápoles ou qualquer outra posse do imperador, todos os signatários do Tratado de Londres deveriam intervir. Wolsey lembrou que por um lado havia "amor fraternal e consanguinidade" com o imperador, e por outro "grandes concordâncias de caráter, apetite e maneiras" com o rei francês. Foram emitidos avisos a ambos: que o imperador não deveria marchar sobre Roma com suas forças para ser coroado, mas sim que usasse "forças pacíficas e políticas, sem hostilidades"; que ele se contentasse em resolver seus problemas da Alemanha e da Espanha; que o rei da França não retornasse à Lombardia. "O rei não deixará de dar ajuda e assistência ao rei da França contra o imperador, se ele invadir, de acordo com o tratado [de 1518]; da mesma forma, Sua Graça ajudará necessariamente o referido imperador contra a invasão do rei da França", escreveu Wolsey em março de 1521. O governo inglês estava, ao que parece, desempenhando lealmente seu papel como árbitro.

A EXECUÇÃO DE BUCKINGHAM

De volta à Inglaterra, Henrique VIII devia dedicar os últimos meses de 1520 e o início de 1521 a duas atividades inusitadas, que desenvolvia paralelamente: a supervisão do duque de Buckingham e a composição de um tratado teológico. Em uma carta que pode razoavelmente ser colocada no final de 1520, raro exemplo de um manuscrito do rei, escreveu a Wolsey: "Meu caro cardeal, eu me dirijo muito cordialmente a você. Como a escrita é muito monótona e entediante para mim, confio a maioria dos assuntos ao portador desta carta, que os entrega oralmente a você e em quem você tem confiança. No entanto, achei melhor que ele não fosse informado do que se segue, assim como nenhum outro, a não ser você e eu: gostaria que você mantivesse uma boa vigilância sobre o conde de Suffolk, o duque de Buckingham, o conde de Northumberland, lorde Derby, lorde Wiltshire e outros de quem você possa desconfiar, para ver o que eles fazem com esta notícia. Não direi mais nada no momento, mas *sapienti pauca*. Escrito pela mão de seu mestre, que o ama".

A missiva é obscura, mas obviamente o rei leva o caso, qualquer que seja ele, muito a sério. De que ele culpava esses grandes senhores? De que ele suspeitava? De que "novidade" se trata? É muito difícil responder a essas perguntas. Buckingham estava em maus termos com Wolsey, mas também era um dos companheiros mais próximos do rei, acompanhando-o à guerra, jogando tênis e competindo com ele em torneios, e entretendo-o em seu castelo em Penshurt. Um descendente de Eduardo III, sobrinho de Eduardo IV por sua mãe, marido de uma Percy, sogro do conde de Surrey, do conde de Westmorland e de lorde Burgaveny, o duque era também um poderoso senhor das marcas galesas. Talvez um pouco poderoso demais para não ser suspeito aos olhos do desconfiado Tudor. Mas Buckingham foi acima de tudo uma vítima de sua cabeça quente, de seu temperamento desenfreado e descontrolado, e de suas imprudências verbais.

Um de seus oficiais, recentemente dispensado, Carlos Knyvet, de fato fez revelações, confirmadas pelo confessor e chanceler do duque, que chegaram aos ouvidos de Wolsey. Desde 1514, Buckingham teria sido seduzido pelas profecias de Nicolas Hopkins, prior dos monges cartuxos de Henton, que lhe prometeu que um dia seria rei, porque Henrique nunca teria um herdeiro; ele deveria trabalhar para conciliar as comunas, em preparação para esse dia. Em outra ocasião, ele chegou a ponto de dizer que se o rei o mandasse prender, ele se ajoelharia diante dele e o apunhalaria. Em 1520, teria declarado que tudo o que o rei tinha feito era injusto e que ele estava apenas esperando a oportunidade para pôr seus planos em execução, contando com a ajuda de certos grandes nobres. Várias vezes seu ódio a Wolsey havia sido manifestado. Essas revelações foram mais do que suficientes para justificar uma acusação de traição. Tanto mais que sobre a família pesava uma história de traição: o pai do duque não tinha traído Ricardo III?

Henrique VIII também era muito sensível à questão de sua incapacidade de ter um filho; após doze anos de casamento, o problema estava se tornando preocupante, mas Buckingham teria dito que isso se devia à vingança divina. Para o rei, que estava cada vez mais preocupado com a validade de seu casamento, essas palavras eram um insulto. Eram simples rumores? É impossível saber ao certo.

A conduta de Buckingham tornou suas palavras plausíveis. O homem era altivo, autoconfiante e colérico, e era pouco apreciado em suas propriedades, bem como na corte. A desconfiança do rei se manifestou quando, no final de 1520, o duque pediu permissão para visitar suas terras nas marcas com uma força armada, a fim de receber o que lhe era devido. A autorização foi recusada. Quatro meses depois, após cuidadosa consideração, Henrique atacou rápida e duramente: no início de 1521, o duque foi convocado a Londres. Ele viajou de barco, descendo o Tâmisa. Quando Buckingham se aproximou da capital, o capitão das guardas interceptou seu barco e o prendeu na Torre. Em 13 de maio ele foi julgado por seus pares em Westminster, condenado à morte e executado. Talvez o duque não tivesse intenção de fazer aquilo de que se vangloriava. Mas os rumores eram muito sérios, e Wolsey, seu inimigo pessoal, não podia deixar de levantar as suspeitas do rei. Henrique ficou aliviado; ele não deixou de confiscar os bens do traidor, o que lhe permitiu acrescentar às suas residências provinciais alguns belos castelos, incluindo Penshurst.

O DEFENSOR DA FÉ

Na véspera do julgamento de Buckingham, em 12 de maio, uma importante cerimônia ocorreu em Saint Paul's Cross, em frente à catedral. Na presença de uma multidão de clérigos, nobres e londrinos, o bispo John Fisher havia proferido um grande sermão contra a heresia luterana, que começava a ser discutida com seriedade, e as obras do monge agostiniano haviam sido lançadas no fogo. Thomas Wolsey estava presente, e o embaixador veneziano, atento a qualquer detalhe, notou que estava segurando um livro em sua mão. Era o manuscrito de uma obra recentemente concluída, *A defesa dos sete sacramentos*. A obra era de fato digna do respeito do cardeal: o autor era seu senhor, o próprio Henrique VIII.

O rei acrescentava, assim, a corda de teólogo ao seu arco. Isto pode parecer surpreendente no início, vindo de um jovem que estava mais interessado em danças, torneios, caça e guerra do que em estudos, e que odiava escrever. Mas Henrique VIII, como príncipe da Renascença, não desprezava as coisas da mente; sua cultura pessoal, sem ser excessivamente vasta, estava longe de ser desprezível. Acima de tudo, ele sempre se considerou um filho fiel à Igreja, um filho respeitoso do sumo pontífice, a quem ele havia defendido pelas armas e pela diplomacia. Ora, em 1517, porém, Roma havia sido objeto de ataques, não militares ou políticos, mas teológicos, de Lutero, que protestava contra a prática de indulgências. A partir do ano seguinte, Henrique se exercitava na controvérsia religiosa: os ataques teológicos precisaram ser enfrentados com armas teológicas, e ele escreveu algumas páginas para justificar as indulgências e a autoridade do papa. Wolsey, após alguma hesitação, parabenizou o rei, que ficou muito lisonjeado. Mas ele logo se cansou dessa nova ocupação e, a partir de junho de 1518, outros assuntos chamaram sua atenção. Ele só voltou ao trabalho três anos mais tarde, no início de 1521.

Enquanto isso, Lutero havia esclarecido seu pensamento em *Apelo à nobreza cristã da nação alemã*, *A liberdade do cristão* e *O cativeiro babilônico da Igreja*. Em junho, a bula *Exsurge Domine* condenou 41 de suas posições, e, em 10 de dezembro, o monge queimou o documento. Em janeiro de 1521 ele foi excomungado, e, em maio, foi expulso do Império. Suas ideias estavam começando a penetrar na Inglaterra, onde uma grande parte da opinião estava maldisposta em relação ao papa e havia uma longa tradição de oposição a Roma, ilustrada pelos Estatutos de *Provisors* e de *Praemunire*, as Constituições de Clarendon[3] e a heresia de Wycliff, que levou ao movimento dos *lollards*. Processos de heresia haviam ocorrido sob Henrique VII, provando a persis-

---

3 Constituições de Clarendon: conjunto de regulamentos que colocavam o clero inglês sob o estreito controle da monarquia. Impostas por Henrique II, em 1164, por ocasião do concílio de Clarendon, elas foram um dos principais pontos de desacordo entre o rei e o arcebispo Thomas Becket.

tência de movimentos anticlericais baseados na reflexão direta das Escrituras traduzidas por Wycliff. Cambridge havia se tornado um foco de novas ideias. Na White Horse Tavern, por esta razão apelidada de "Alemanha", jovens estudiosos se reuniram para discutir as teses de Lutero.

Wolsey não prestou muita atenção a esses sinais, mas encorajou o rei em seu projeto de escrever um tratado contra Lutero. Ele enviou a Henrique uma cópia de *O cativeiro babilônico*, sugerindo que escrevesse uma resposta, e supervisionou o empreendimento. Vários relatos confirmam esse ponto. O do papa, que dirá que Wolsey "foi um apoiador diligente e estimulante, levando o rei a usar seu tempo dessa maneira"; e o próprio testemunho do rei, de que não tinha intenção de escrever o livro "até ser conduzido e incitado por Vossa Graça". É verdade que Henrique VIII teria mais tarde boas razões para repudiar esse trabalho de juventude bastante embaraçoso, no qual ele defendeu a indissolubilidade do casamento, a primazia do papa e condenou as tentativas de cisma. Wolsey tinha todo o interesse em apoiar as boas intenções de seu senhor, quando mais não fosse para mantê-lo ocupado por um tempo; Henrique poderia esperar ganhar prestígio adicional nesse empreendimento, o que o distinguiria, por seu zelo católico, dos outros soberanos da Europa.

Na primavera de 1521, o rei trabalhou nisso com seriedade, retomando sem dúvida as páginas escritas em 1518 para fazer os dois primeiros capítulos de seu livro: "Das indulgências", e "Da autoridade do papa". Uma carta de Richard Pace para Wolsey, datada de 7 de abril de 1521, indica que Henrique está ocupado "em escrever contra Lutero, como presumo", e que por isso não teve tempo para tratar de outros assuntos. O livro foi terminado no início de maio, e o rei escreveu ao papa dizendo que pretendia dedicá-lo a ele. Foi impresso em julho, e em agosto trinta exemplares foram enviados a Roma, para os cardeais. Um dos volumes, belamente encadernado, e no final do qual Henrique tinha copiado versos escolhidos por Wolsey, era destinado ao papa.

A defesa dos sete sacramentos não é uma obra-prima da teologia. Seus argumentos contra o luteranismo são muito convencionais e carecem de sutileza e nuance. A ideia desenvolvida por Henrique é que seria absurdo pensar que um monge agostiniano, isolado, tenha bruscamente descoberto a verdade por si mesmo, enquanto toda a Santa Igreja teria vivido durante séculos, sob a autoridade das maiores mentes, em erro. A concepção da natureza profunda do luteranismo é muito aproximada, e a própria doutrina católica é muitas vezes esquematizada, insistindo no livre-arbítrio do homem, com vestígios característicos do pelagianismo.[4] O uso abusivo da zombaria muitas vezes substitui os argumentos, e a eficácia dos sacramentos é vista de uma forma muito mecanicista. John Fisher, ao defender o livro real, terá que preencher habilmente as lacunas. É, portanto, uma obra polêmica de tipo bastante banal, como se verá milhares deles nos séculos XVI e XVII.

Mas bastava a personalidade do autor para a circulação do livro. Modesto em tamanho, usando raciocínios simples, a obra real era mais acessível do que as penosas páginas de apologistas profissionais, e Wolsey acreditava que o livro deveria ser enviado para toda a Europa. O sucesso do livro foi imediato e duradouro: sabe-se que vinte edições em todos os idiomas foram publicadas no século XVI. Desde o início de 1522, duas traduções alemãs foram impressas, uma pelo estrasburguês Thomas Murner, a outra por Jérôme Emser, a pedido do duque da Saxônia, adversário de Lutero. Este último, chamado por Henrique de "serpente venenosa, [...] lobo infernal, [...] detestável campeão do orgulho, da calúnia e do cisma", respondeu na mesma linha, qualificando o rei como "víbora surda, [...] rabiscador miserável, [...] louco", em dois panfletos, em latim e em alemão, prova de que não era indiferente ao trabalho de Henrique. O teólogo real então deixou sua defesa para especialistas: John Fisher e Thomas More responderam aos ataques de Lutero, o primeiro, de uma maneira muito douta e complementando a doutrina do rei, e o segundo, com mais violência, mas sob o pseudônimo de William Ross. Em Roma, o grande adversário de Lutero, John Eck, também publicará em 1523 uma obra em favor da *Defesa dos sete sacramentos*.

Escrever um livro, especialmente um teológico, mesmo banal e pouco volumoso, parecia tão extraordinário para Henrique VIII, cuja aversão à tinta e à pluma é bem conhecida, que se poderia perguntar quem poderia ter sido o verdadeiro autor. Mais tarde, Thomas More falaria dos "artesãos" do livro; alguns se referiam a John Fisher, outros a Edward Lee, o futuro arcebispo de York, ou ainda a Richard Pace, a Wolsey, ao confessor do rei,

---

4 Pelagianismo: doutrina do monge Pelágio (360-422), que dava um lugar essencial ao livre-arbítrio e à capacidade do homem para atingir a salvação por seus próprios esforços.

John Longland – que se tornou bispo de Lincoln em 1521 – ou até mesmo a Erasmo. Nenhuma dessas atribuições é inteiramente plausível. As lacunas e fraquezas do livro revelam um não profissional. A versão agora aceita é que o rei confiou a seus clérigos, talvez àqueles que se acabou de mencionar, excluindo Erasmo, a tarefa de pesquisar e refinar os pontos doutrinários, e que ele mesmo procedeu à sua montagem e composição, talvez com o conselho especializado de seu amigo Thomas More.

Os trinta exemplares chegaram a Roma no início de setembro de 1521. O representante do rei, John Clerk, levou imediatamente a cópia ao papa, que leu algumas passagens em sua presença, murmurando palavras de aprovação, balançando a cabeça em admiração e se extasiando diante da sabedoria real; ele mesmo insistiu em ler os versos da dedicatória. Quando, alguns dias depois, havia terminado de ler o livro, se desdobrou em louvores pela obra. A apresentação oficial aconteceu em 2 de outubro, na presença dos cardeais, precedida por um grande discurso de John Clerk para o papa.

Esse monumento à glória da Igreja merecia uma recompensa, e Henrique sabia muito bem o que queria. Desde o final do século XV, seus rivais, os reis da França e da Espanha, carregavam os títulos oficiais e lisonjeiros de "Muito Cristão" e "Muito Católico". Por que o rei da Inglaterra, um fiel aliado do papado, não deveria também ter direito a um título que sublinhasse sua importância na Igreja? Em 1512 se falou em lhe transferir o "Majestade Muito Cristã" do rei da França. A reconciliação entre Francisco I e o papa tornou o projeto obsoleto. Outros epítetos foram considerados: "Rei Apostólico", "Rei Ortodoxo", "Protetor da Santa Sé", "Defensor da Santa Sé", *"Fidelissimus"*, *"Gloriosus"*, *"Rex Fidelis"*. Contudo, algumas das fórmulas desagradaram ao papa, outras, ao rei, e ainda outras já haviam sido concedidas. De todo modo, alguns dos cardeais observavam que o rei da Inglaterra teria primeiro que empreender alguma ação notável em favor da Santa Sé para merecer um novo título.

Em maio de 1521, Wolsey escreveu ao papa dizendo que Henrique já havia lutado contra o cismático Luís XII e que havia acabado de escrever um livro contra Lutero. Em um consistório realizado em 10 de junho, Leão X e os cardeais decidiram elaborar uma lista de títulos possíveis, que seria enviada a Henrique para que escolhesse. Isto foi feito. O rei se decidiu em favor de uma fórmula que ele mesmo havia sugerido, em 1516, a de "Defensor da Fé", *"Defensor Fidei"*, que seu recente trabalho parecia justificar mais do que nunca. Em uma bula de 11 de outubro, cheia de elogios ao rei da Inglaterra, o papa ratificou essa escolha, mas somente a título pessoal, o que não impediu Henrique de considerá-la hereditária e perpétua. Sua filha Maria revogou essa decisão, que foi restaurada por sua outra filha, Elisabeth, de modo que até hoje a soberana ainda é "Defensora da Fé". Por sua pluma, Henrique VIII tinha conquistado a paridade com seu "Muito Cristão" rival.

AS NEGOCIAÇÕES DE CALAIS (VERÃO DE 1521)

O verão de 1521, que viu Henrique ganhar renome teológico, também foi marcado por seu papel contínuo como árbitro da política europeia, graças ao intermédio de Wolsey, mas um árbitro cada vez mais comprometido com a causa de Carlos V.

A constante deterioração das relações entre a França e o Império desde o início do ano pôs em questão o grande tratado de paz universal de 1518. Este último previa uma ação conjunta dos signatários contra o possível agressor, mas, como sempre em tais casos, como determinar as responsabilidades exatas de um e de outro? Em fevereiro, Francisco I apoiou um vassalo decepcionado do imperador, o duque de Bouillon; os assuntos de Guelders, Navarra e Milão aumentaram os atritos. Em primeiro de abril, o embaixador imperial censurou o rei da França pelas agressões de seus protegidos; Francisco se considerava "provocado e lesado". As operações começaram imediatamente: os imperiais cercaram Mézières, do Milanês os atritos se multiplicaram, e houve confrontos em Navarra.

Em maio, o governo inglês ofereceu-se para mediar. Wolsey se ofereceu para convocar uma conferência das principais partes envolvidas em Calais, a fim de resolver os problemas pacificamente, se possível. Após muita relutância e discussão do lado francês e imperial, o princípio foi adotado. Cada lado enviou seu mais alto representante: Wolsey chegou a Calais em 2 de agosto, acompanhado de seus mais importantes conselheiros, incluindo Thomas More e Tunstall; também trouxe consigo o grande sinete da Inglaterra. A embaixada imperial foi liderada pelo chanceler Gattinara, a delegação francesa pelo chanceler Duprat, e o papa foi representado pelo núncio Contarini. Começaram as negociações, que se anunciaram como extremamente difíceis. Após alguns dias, Wolsey declarou abruptamente aos franceses que iria a Bruges para ver Carlos V para tentar despertar-lhe sentimentos pacíficos e persuadi-lo a dar mais poderes a seus representantes para que assinassem uma trégua; mas, ao mesmo tempo, escreveu a Henrique VIII que havia inventado essa história para enganar os franceses.

Portanto, aqui está ele em Bruges, em 14 de agosto. Em 25 de agosto, assinou um tratado secreto com o imperador: Henrique VIII e Carlos V atacariam a França juntos, mas não antes da primavera de 1523; cada um deles traria forças consideráveis: 10 mil cavaleiros, 30 mil combatentes da infantaria, e a artilharia. Carlos partirá dos Pirineus, e Henrique do norte, o que estranhamente lembra os planos da época de Fernando. Além disso, os ingleses atacarão os franceses no mar a partir de 1522 e garantirão que Carlos possa atravessar o canal da Mancha com segurança. Também começaram as negociações sobre o casamento entre Carlos e Maria Tudor, que ocorreria quando ela chegasse aos 12 anos de idade e receberia um dote de 400 mil coroas de ouro.

O tratado não foi ratificado oficialmente até 24 de novembro, mas já estava firmemente concluído e mantido em segredo para que as negociações de Calais pudessem continuar. De fato, em 26 de agosto, Wolsey estava de volta à cidade e retomou as discussões com Gattinara, Duprat e Contarini. Os debates eram agora uma farsa por parte dos ingleses e dos imperiais, já vinculados por um tratado ofensivo. No entanto, as discussões foram agitadas e complicadas, e continuaram por semanas. Como as trocas se tornaram muito quentes, Wolsey preferiu conversar separadamente com ambos os lados. Ele até ficou gravemente doente por um tempo. Em meados de outubro, nenhum progresso havia sido feito; uma embaixada foi enviada a Francisco e outra a Carlos para pedir a cada lado que fosse mais razoável. Em suas instruções secretas, Wolsey prometia ajuda inglesa a cada um se o outro não cedesse: esta provavelmente não era a melhor maneira de incentivar um compromisso. Entretanto, por um momento, parecia que o rei francês, numa posição mais delicada, estava pronto para fazer concessões, o que Henrique VIII temia.

O rei estava de fato focado no tratado secreto de Bruges, e desejava a guerra. Ele expressou sua preocupação a Wolsey, que estava à beira de um colapso nervoso. O cardeal, preso entre um desejo sincero de alcançar uma trégua, os acordos secretos com Carlos V e as recriminações do rei, consumido pelo que chamou de "o ar insalubre de Calais", esgotado por negociações fúteis, confusas e inúteis, estava no fim das forças. O imperador, determinado a conseguir sua guerra, foi mais intransigente do que nunca. No local, onde os resultados da conferência não eram esperados, os eventos o favoreceram: os franceses foram gradualmente expulsos da Lombardia; as tropas imperiais haviam tomado Tournai. Nessas condições, era inútil prolongar a comédia. Em 28 de novembro, o cardeal retornou à Inglaterra. Como recompensa por seus bons serviços, o rei lhe deu em comenda a abadia mais rica do país, Saint-Albans. Mas é verdade que em Calais Wolsey havia gasto mais de 10 mil libras.

A interpretação dessa conferência de quatro meses permanece delicada. Como explicar, especialmente no lado inglês, a continuação de uma discussão tão longa, cujo resultado estava previsto desde o tratado de Bruges? Como explicar tal duplicidade por parte do cardeal? Como podemos justificar essa farsa dispendiosa, esse jogo de dados viciados, que dois dos parceiros, se não três, contando com o núncio papal, estavam determinados a fazer fracassar? Uma versão nos é dada pelo representante inglês em Roma, John Clerk. Enquanto o papa, que tinha estado do lado de Carlos V, estava preocupado com a tergiversação da Inglaterra, e esta dava a impressão de querer permanecer neutra, o escritor explicou que Henrique VIII, embora totalmente a favor do imperador, tinha que levar em conta as objeções de seu Conselho. Este argumentava que o custo de uma expedição era muito alto e que a estação estava muito avançada para que se adiasse uma campanha militar. O rei havia proposto uma conferência de paz a fim de ganhar tempo e estar mais bem preparado para a guerra. Suas intenções, é claro, foram muito honestas, e isto tranquilizou Sua Santidade.

AS DIFERENÇAS ENTRE O REI E WOLSEY E O RETORNO DA GUERRA

O professor Scarisbrick propôs uma versão mais convincente dos eventos. Teria havido uma diferença de pontos de vista e de intenções entre o rei e o cardeal. O primeiro queria a guerra, o segundo queria preservar o tratado de paz universal de 1518, do qual havia sido o arquiteto principal; ele teria conduzido as negociações de Calais com sinceridade. Por que teria gasto tanto tempo, dinheiro, energia e comprometido sua saúde a fim de entreter os franceses? Por que deveria ter trazido consigo a Calais seis dos melhores conselheiros, entre os quais o íntegro Thomas More, que em *Utopia* tinha escrito duras passagens contra negociações fraudulentas? Por que, finalmente, se quisesse assinar um tratado secreto com Carlos V, Wolsey teria recorrido ao estratagema grosseiro de deixar a conferência, quando poderia ter feito as coisas de forma discreta através dos embaixadores? Na realidade, Wolsey era refém do imperador. Este último não queria ouvir falar de um acordo com Francisco I, que ele considerava o agressor. Wolsey, por outro lado, estava interessado em sua conferência que, com um pouco de sorte e habilidade, poderia ser bem-sucedida. Daí o acordo: Carlos V concordou em enviar representantes a Calais na condição de que o cardeal viesse a Bruges para assinar um tratado militar, no qual Wolsey adiou a data da entrada da Inglaterra na guerra o máximo de tempo possível. De volta a Calais, ele fez esforços desesperados para manter a paz. Mas o jogo estava além de suas forças, então tentou apostar num jogo pessoal, enganando a todos, que pensam que o têm consigo, enquanto ele age apenas como conciliador, trabalhando para manter a paz entre quatro parceiros que só querem a guerra.

Da Inglaterra, Henrique VIII acompanhou as negociações, com a firme intenção de logo retomar a guerra contra Francisco I. Para se preparar para qualquer eventualidade, deu uma grande variedade de tarefas ao seu chanceler, no qual tinha total confiança e que sempre foi o mestre da diplomacia: uma missão para agir como mediador, uma missão para concluir um tratado com o imperador, uma missão para concluir outro com a França, uma missão para criar uma liga entre o papa, o imperador e a França. Wolsey tinha, portanto, uma grande liberdade de manobra.

Mas, pela primeira vez, surgiram diferenças entre o soberano e seu ministro. Henrique, tendo recuperado todo seu entusiasmo e espírito de luta, estava determinado, com seu novo aliado Carlos V, a retomar a conquista da França. A prudência de Wolsey o irritou, e ele expressou seu mau humor em várias ocasiões, sem poder ir mais longe, pois o chanceler continuava a ser indispensável. Por sua vez, o cardeal, já sobrecarregado de trabalho em Calais, ficou extenuado com as repetidas observações e repreensões do rei. O tom das cartas trocadas de agosto a novembro às vezes é azedo. Cada detalhe das negociações tornou-se um assunto de disputa. Assim,

Carlos V pediu que um contingente de 6 mil arqueiros fosse enviado a Calais. Wolsey se opôs. Henrique, assediado pelos emissários imperiais, aceitou a princípio. Ele queria que os arqueiros fossem comandados por um marquês ou por um conde; o cardeal desejaria um simples cavaleiro. Então o rei mudou de ideia: era tarde demais para enviá-los, por causa de Wolsey, e não se poderia assegurar sua manutenção. "É melhor enviar uma frota para destruir a frota francesa." "Impossível", responde o cardeal, "não temos navios suficientes." "Vamos chamar de volta nosso embaixador francês." "Agora não", disse Wolsey. Carlos V está com falta de pólvora: "Por São Jorge, ele terá o quanto quiser", diz Henrique. "Vamos ter cuidado", retorquiu Wolsey.

Mais seriamente, houve uma discordância sobre os comerciantes ingleses, que importavam vinho de Bordeaux. Preocupados com a deterioração das relações com a França, eles perguntaram a Henrique VIII se ainda poderiam arriscar a viagem no outono, sem medo dos corsários franceses. Incapaz de responder por si mesmo, o rei escreveu a Wolsey, ainda em Calais, para pedir seu conselho: um passo instrutivo em relação ao funcionamento do governo. O cardeal enviou uma longa resposta, explicando que os comerciantes podiam ir comprar seu vinho como de costume, pois o rei francês tinha muitas outras preocupações para procurar fazer um inimigo adicional; o chanceler Duprat, continuou, havia até mesmo proibido o ataque a propriedades inglesas, sob pena de morte. Entretanto, dessa vez provavelmente seria melhor reduzir o tamanho e o número de navios, e conceder permissão para importação por navios estrangeiros. Henrique não acolheu bem esse conselho. Ele respondeu em 9 de setembro com uma série de recriminações mais ou menos justificadas: ele não tinha o que fazer com as garantias francesas, que eram apenas armadilhas "para atrair sua marinha e seus súditos ao perigo"; seria estúpido reduzir o número de navios, pois isso desagradaria aos comerciantes; por que Francisco não ataca os imperiais, como havia prometido fazer?

Surpreendido, Wolsey respondeu imediatamente, de forma muito firme: "Em vão serão exploradas outras soluções". Se a viagem for impedida, "a desconfiança e o ciúme surgirão", e se não há boa-fé, não há remédio. Henrique, com estas palavras, deixa-se levar: "Maravilho-me com o conteúdo de sua carta", escreve ele em substância ao cardeal;

[...] se você me acusa de falta de confiança, saiba que possuo esta virtude tanto quanto qualquer outra pessoa; você subestima a perfídia dos franceses, diz que Francisco não suspeita da Inglaterra, quando tudo mostra o contrário; você afirma que a boa vontade francesa é comprovada pelo fato de que eles devolveram o que havia sido tomado por atos de pirataria, mas só o fizeram porque foram forçados a fazê-lo; e mais ainda, eu perco, porque não cobrei minhas taxas alfandegárias sobre essas mercadorias; em todo caso, os comerciantes decidiram por sua própria vontade não fazer a viagem.

Essas palavras, que são acrimoniosas, refletem o mau humor do soberano, mas também o início de uma certa desconfiança.

Henrique fica impaciente com as conversas intermináveis em Calais e começa a se perguntar o que Wolsey está fazendo lá. Ele não é uma vítima de truques franceses? Por que tomar tais precauções com eles? Por sua vez, o cardeal agiu como um homem autoconfiante, um igual ao rei: ele tinha todas as comissões necessárias, o Grande Selo, parte do Conselho, e acima de tudo ele sabia que o soberano não poderia passar sem ele. O simples fato de ele ter pedido sua opinião sobre esse pequeno problema o prova. Por isso, mais uma vez, Wolsey raciocinou. Em sua resposta, retomou o caso desde o início, reexaminando seus argumentos. Como esperava, o rei desistiu, incapaz de dar qualquer atenção sustentada ao assunto. Alguns dias depois, de fato, Richard Pace escreveu a Wolsey da Inglaterra: "Ultimamente tem agradado ao rei brigar com Vossa Graça; e agora lhe agrada fazer sua paz. A viagem dos comerciantes de vinho a Bordeaux será realizada, as garantias do rei da França são aceitas; ele deseja a você uma rápida recuperação, pede-lhe que cuide de sua saúde e solicita que o aconselhe sobre a nomeação de um novo lugar-tenente na Irlanda". Quando Wolsey retornou à Inglaterra no final de novembro, ele o recompensou por seus esforços.

A guerra era inevitável. Wolsey havia providenciado a continuação das negociações em Londres com representantes franceses e imperiais durante o inverno, mas a causa era evidente. A situação continuou a se deteriorar. O duque de Albany retornara à Escócia, e havia todos os indícios de que a Velha Aliança estava em pé novamente. Henrique escreveu a Carlos V para expressar sua total amizade.

Os dois soberanos teriam uma excelente oportunidade de mostrar sua concordância e confiança em Wolsey. Em 1º de dezembro de 1521, Leão X morreu. A suprema dignidade estava vacante. Em 1520, Carlos V já havia prometido a Thomas Wolsey a possibilidade de se tornar papa, e voltara ao assunto em Bruges, em agosto de 1521. Henrique VIII, esquecendo a desavença do verão, obviamente era muito favorável ao projeto: que vantagem para ele, se seu chanceler se tornasse o pontífice! Ele enviou imediatamente Richard Pace a Roma para promover a causa de Wolsey entre os cardeais. Quanto ao próprio Wolsey, se fazia de difícil, dizendo que só aceitaria se o imperador e o rei o obrigassem. Mas podemos realmente acreditar que o filho do açougueiro, arcebispo de York, cardeal, legatário, abade de Saint-Albans, chanceler da Inglaterra, refugue o último degrau do pódio, ele, que uma ambição devoradora levara até lá? Porém, ao que tudo indica, ao medir a fraqueza de suas chances, aceitou a candidatura apenas relutantemente, a fim de evitar a humilhação. O conclave teve grande dificuldade para se decidir e finalmente escolheu um holandês, Adrian de Utrecht, ex-professor em Louvain e preceptor de Carlos V, que, apesar de seus protestos, tornou-se Adriano IV.

O ano de 1521 terminou assim com decepções e, sobretudo, com a perspectiva de uma guerra iminente. A mediação inglesa tinha sido de curta duração. Henrique VIII estava determinado a retomar a guerra contra a França, dessa vez com um aliado forte e determinado, que poderia fazê-lo pensar que as possibilidades de reconquista eram reais. O Campo do Pano de Ouro foi bem esquecido. Wolsey, embora sem ilusões, estava fazendo o que podia para retardar o movimento. Durante o inverno, ele tentou em vão organizar uma reunião de cúpula dos três soberanos; depois, recusou-se a aceitar as cartas nas quais Carlos V pediu a Henrique VIII que declarasse guerra à França, considerada a agressora, nos termos do Tratado de Londres. Recusou um pedido de empréstimo do imperador; depois concordou em emprestar metade da soma, sob a condição de que ele não entrasse em guerra até que fosse pago. Vãs tergiversações. Tudo levava à guerra, e o rei em primeiro lugar.

O tratado de Bruges previa uma próxima visita de Carlos V à Inglaterra para selar a aliança, que foi arranjada para a primavera de 1522. Em 28 de maio, o imperador desembarcou em Dover. Passando por Greenwich e Southwark, ele chegou a Londres, onde foi recebido de forma magnífica. Depois, via Richmond e Hampton Court, foi para Windsor, onde houve caças, banquetes e danças durante semanas. Um mês e meio depois, ele embarcou em Southampton, escoltado por trinta navios ingleses, cuja missão secreta era devastar a costa francesa.

Essa longa visita de seis semanas ofuscou o encontro do Pano de Ouro. Henrique VIII havia escolhido seu lado. Em 19 de junho, o tratado de Bruges havia sido confirmado. Tropas, navios e equipamentos estavam sendo ativamente reunidos. Richard Pace foi enviado a Veneza para separar a Sereníssima do rei da França; William Knight foi enviado aos suíços para o mesmo fim; os escoceses foram convidados a expulsar Albany; as defesas de Calais foram reforçadas; o conde de Surrey tomou a frente da frota. Francisco I confiscou os bens dos mercadores ingleses em Bordeaux e, em Lyon, o arauto Clarencieux anunciou-lhe oficialmente o desafio do rei Henrique VIII. Tendo todas as formalidades sido concluídas, finalmente era hora de lutar.

– VI –

MANOBRAS DIPLOMÁTICAS E MATRIMONIAIS
(1522-1527)

Duas preocupações dominaram a vida de Henrique VIII nos anos 1522-1527: primeiro, a guerra, que foi conduzida de maneira confusa e às vezes contraditória, e segundo, o problema da anulação de seu casamento com Catarina de Aragão. Até 1524, as questões externas prevaleceram. As operações contra a França não levaram a nenhum resultado. Elas agravaram as dificuldades financeiras e revelaram diferenças de opinião entre o rei e o cardeal. O ano de 1525 foi crucial: depois de Pavia, Henrique se separou de Carlos V e se reaproximou da França, seguindo o tradicional jogo de báscula. Este foi também o momento em que Ana Bolena apareceu e trouxe à tona a questão do divórcio. A partir de então, toda a política deveria ser subordinada a esse único objetivo, quase obsessivo, que estava no coração do reinado e do qual as grandes reformas religiosas dos anos 1530 em parte se originaram.

AS DECEPÇÕES DA POLÍTICA EXTERNA (1522-1524)

A guerra contra a França foi retomada no verão de 1522. A princípio, foi conduzida sem entusiasmo, para o grande desagrado de Carlos V. O imperador queria implementar uma invasão em larga escala o mais rápido possível, enquanto Wolsey continuava adiando a data. A campanha, originalmente planejada para 1523, foi adiada para 1524. Os aliados desconfiavam um do outro; os ingleses estavam começando a temer as despesas. Nessas condições, em 1522, limitaram-se a algumas escaramuças: o almirante Surrey invadiu Morlaix, devastou parte da costa oeste da Bretanha e depois liderou um exército de 15 mil homens, incluindo um contingente de trezentos espanhóis, que deixou Calais em 30 de agosto. Até 14 de outubro, o campo ao redor foi saqueado, mas o exército falhou diante de Hesdin, devido à falta de canhões pesados. A febre completou a debilitação do exército.

Ao mesmo tempo, as hostilidades foram retomadas na fronteira escocesa. Eram de curta duração. Em 17 de setembro, o guardião das marcas, lorde Dacre, concedeu uma trégua de um mês, fazendo que o exército do duque de Albany se dispersasse, e ele retornasse à França. O rei ficou furioso com a iniciativa de Dacre, mas Wolsey chamou-o de "erro feliz", e passou o inverno negociando: foi oferecida a Margarida uma prorrogação da trégua por dezesseis anos, sob a condição de que Albany não voltasse; também foi considerado um casamento entre Jaime V e a princesa Maria, já prometida a Carlos V. Esses planos fracassaram e a guerra recomeçou em 1523, com Dorset nas marcas orientais e Dacre nas marcas ocidentais. Os ingleses tomaram e queimaram Kelso em junho, Jedburgh em setembro, mas perderam oitocentos cavalos ao se retirarem. Albany voltou em setembro com 5 mil homens, sitiou o castelo de Wark, mas seus homens se recusaram a atravessar o Tweed. Em 20 de maio de 1524, o duque deixou a Escócia para sempre.

No continente, 1523 foi um pouco mais movimentado. Mas a população inglesa, submetida a pesados impostos, não estava entusiasmada com a continuação da guerra. Desde o início de 1522, Wolsey havia coletado 352.231 libras por meio de empréstimos forçados. Tendo sido esgotado esse recurso, foi necessário convocar o Parlamento em abril de 1523. Essa foi a primeira vez em oito anos. A resistência dos Comuns foi forte quando o cardeal anunciou suas exigências: um imposto de 20% sobre todos os bens. Um deputado veio implorar para que ele reduzisse o montante. Wolsey reagiu com arrogância: recusou de maneira desdenhosa e foi pessoalmente diante dos Comuns para forçá-los a votar o imposto. Isto foi contrário ao costume: o chanceler foi recebido com absoluto silêncio pelos membros, nenhum dos quais respondeu às suas perguntas. Thomas More, que havia sido eleito *speaker*, teve que lembrá-lo de que a Assembleia deveria deliberar sozinha. Um discurso preparado por Thomas Cromwell declarou que só a tomada do Thérouanne já tinha custado pelo menos vinte vezes o valor daquele "buraco", e que nada podia ser esperado das conquistas. Wolsey teve que se contentar com um subsídio de 150 mil libras, pagável em quatro parcelas.

Apesar disso, no verão, o governo decidiu lançar um grande ataque. Um novo elemento tinha tornado a situação favorável. Na França, o duque de Bourbon, espoliado dos direitos sobre a herança de sua esposa, recorreu a Carlos e a Henrique. Inicialmente, as negociações começaram com desconfiança, depois com confiança crescente. No final de junho, o embaixador inglês nos Países Baixos foi a Bourbon, incógnito, para levar as ofertas do rei. Henrique VIII via renascer suas chances de recuperar a coroa da França; ele falou abertamente sobre isso na corte, dizendo que Francisco I logo seria obrigado "a ceder o lugar a ele, como o rei Ricardo havia feito com seu pai". Bourbon era poderoso; muitos lordes eram seus vassalos. Se ele aceitasse Henrique como rei da França, seu exemplo poderia ser seguido por muitos outros. É por isso que os termos do acordo apresentado ao duque previam que este reconheceria o Tudor como seu legítimo rei e senhor feudal, e que ele publicasse esse reconhecimento. Carlos V zombou dessa pretensão, e o duque de Bourbon recusou-se a subscrevê-la, mesmo em um ato secreto. O tratado assinado no final de julho entre ele, Henrique e Carlos, foi, portanto, reduzido a cláusulas militares: um ataque dos três contra a França foi planejado a partir do final do verão: Carlos pelo sul, Henrique pelo norte e Bourbon, que receberia abundantes subsídios ingleses, pelo leste. No final de agosto, Henrique VIII enviou *sir* John Russell, disfarçado de comerciante, para acertar com o duque os preparativos finais para a campanha. Ele se encontrou com Bourbon em Bourg, em 6 de setembro, e o acordo foi rapidamente concluído.

Apesar da estação avançada, Suffolk deixou Calais no início de setembro à frente de um belo exército de 20 mil homens. O primeiro objetivo tinha sido a captura de Boulogne, e foi para lá que Suffolk se dirigiu e iniciou o cerco. Mas logo Wolsey mudou de ideia. Russell, que havia retornado de seu encontro com Bourbon, lhe disse que este desejava que os três exércitos convergissem para Paris. Com a maior parte das forças francesas na Itália, essa tática poderia ter a vantagem de acabar rapidamente com a guerra, atingindo diretamente o cerne. O cerco de Boulogne provavelmente seria longo e caro, ao passo que um ataque relâmpago à capital poderia resolver tudo em poucas semanas. Mas Henrique era contra: os riscos, disse ele, eram muito grandes, a estação muito avançada; havia muitos obstáculos no caminho para Paris; o abastecimento do exército colocaria problemas intransponíveis; os homens, privados de saque, recusar-se-iam a marchar. Henrique VIII permaneceu fiel ao pesado ritual de guerra da época: uma guerra de cercos, de devastações, de movimentos lentos, ao ritmo das carroças incômodas; uma guerra na qual os exércitos, paralisados pelos problemas da administração, as exigências do saque, as recriminações dos mercenários, a bagagem inútil, a devastação da disenteria, raramente se encontravam em batalhas campais. Wolsey tinha ideias mais ousadas e, como sempre, conseguiu convencer o rei. Em 26 de setembro, foram enviadas ordens a Suffolk para marchar em direção a Paris.

O sucesso foi inicialmente brilhante: avançando ao ritmo prodigioso de 40 quilômetros por semana, o exército chegou ao Oise no final de outubro. Henrique, superexcitado, deixou seus campos de caça e mudou-se para Londres, para se comunicar mais rapidamente com Suffolk. De acordo com uma carta de Thomas More, o soberano pensava que tinha "uma boa chance de aproveitar seu antigo direito e título à coroa da França, para sua satisfação pessoal e honra eterna", enquanto Wolsey declarava que nunca mais haveria outra oportunidade tão favorável para derrotar a França.

Infelizmente, a situação dos aliados não era tão favorável. No sul, os espanhóis tomaram Fontarabia, mas depois foram empurrados de volta por Lautrec; no leste, Bourbon saiu de Besançon, mas logo foi forçado a atravessar de volta à Itália. Suffolk, tendo chegado a 80 quilômetros de Paris, teve que voltar para trás: seus efetivos estavam diminuindo, um frio precoce caiu sobre o exército, e então o degelo transformou toda a região em um pântano, onde homens e canhões estavam afundando. Os aliados não chegavam. A retirada ocorreu em condições difíceis, e os canhões precisaram ser abandonados em Valenciennes.

Após as grandes esperanças de outubro, a decepção foi cruel. Seguiu-se outra, que acabou por fazer de 1523 um ano nefasto. Em setembro, morria Adriano VI, o papa holandês. Wolsey teve uma segunda chance de ocupar esse lugar. O conclave se reuniu em primeiro de outubro, mas a situação não foi muito favorável. Havia de fato um grande favorito de que todos falavam: o cardeal Júlio de Médici, primo de Leão X. Frequentador habitual da Cúria e da diplomacia romana, da qual já era um dos inspiradores sob seus dois predecessores, rico, poderoso, culto e levando uma vida digna, ele tinha todas as qualidades necessárias para fazer um grande papa. Carlos V, entendendo que Médici, mais flexível e mais impressionável que o chanceler inglês, seria um instrumento mais maleável, se pôs de seu lado.

Isto deixou Wolsey com poucas chances. As instruções enviadas a Roma aos agentes ingleses foram, portanto, muito prudentes: se a vitória de Júlio de Médici não colocasse dúvidas, ele deveria ser apoiado; se, ao contrário, houvesse hesitação, o nome de Wolsey deveria ser apresentado, enfatizando que ele era o candidato do rei da Inglaterra. Os cardeais seriam informados sobre suas qualidades, suas virtudes, seu amor pela paz; insistiriam no fato de que ele se opõe ao "rigor e austeridade" que caracterizaram seu antecessor e incomodaram muito os romanos. Foi explicado que ele estava preparado para ir a Roma dentro de três meses e residir lá, caso eleito, e que lançaria uma cruzada contra os turcos, com a participação de Henrique VIII. Wolsey assegurava em sua carta que se sentia indigno da honra suprema e que, disse ele, "com a velhice se aproximando", preferiria continuar sua humilde tarefa como chanceler da Inglaterra, mas que se submeteu ao "ardente desejo" do rei de vê-lo "alcançar a dita dignidade". Que Henrique VIII tinha um forte desejo para a eleição de seu chanceler fica evidente. Em uma nota confidencial somente para John Clerk, o cardeal declarou: "O rei não quer que você economize nem sua autoridade, nem seu dinheiro e substância" para garantir a vitória, dirigindo-se em particular aos mais jovens, mais sensíveis às promessas do que os outros.

Mas o partido de Médici era mais forte. Na noite de 18 para 19 de novembro de 1523, o conclave elegeu Júlio de Médici, que tomou o nome de Clemente VII. Em Londres, seu desapontamento não foi evidenciado. Wolsey até escreveu a Clemente: "Estou mais feliz do que se o destino me tivesse escolhido", e mandou John Clerk dizer-lhe que o rei "cooperaria com ele em tudo o que estivesse de acordo com sua honra, prosperidade e segurança, com a tranquilidade e repouso da cristandade, oferecendo sua autoridade, seu poder, seu reino e seu sangue para a manutenção e triunfo das ditas coisas". Henrique VIII estava mais determinado do que nunca a ser um aliado fiel do papa. O Defensor da Fé desempenhou seu papel com fervor e sinceridade.

Enquanto isso, a guerra tinha que continuar. O fracasso da campanha de 1523 tinha esfriado o ardor e despertado os desacordos. O rei, que pensava ter chegado perto da vitória, queria lançar um novo ataque "relâmpago" contra Paris. Planos ambiciosos para a campanha foram elaborados durante o inverno: o exército inglês deveria ser liderado pelo condestável de Bourbon, que marcharia sobre Paris, enquanto o próprio Henrique lideraria outro exército. Wolsey, que relatou esses planos, pareceu a princípio compartilhá-los: a ideia de um ataque direto não era sua? No entanto, nada de concreto aconteceu. Nos primeiros meses de 1524, a atitude já era muito menos belicosa: a Inglaterra só enviaria um exército se o imperador e o condestável conseguissem primeiro um sucesso decisivo; a confiança nos aliados estava abalada; as pessoas estavam até preparadas para ouvir os apelos pacíficos de Clemente VII e receber discretamente o cisterciense Jean Joachim, mordomo da mãe de Francisco I, que tinha vindo fazer propostas para uma trégua.

Essas hesitações refletiram uma nova divergência entre o rei e o cardeal? Alguns elementos parecem apontar nessa direção, em particular uma carta de 25 de março, enviada ao papa: a primeira parte, em nome do rei, exortava Clemente VII a tomar o partido dos aliados contra Francisco I, enquanto a segunda parte, na caligrafia de Wolsey, suplicava pela paz. Ao mesmo tempo, o cardeal enviava uma mensagem codificada aos embaixadores ingleses na Espanha, pedindo-lhes que agissem a favor da paz. Por sua vez, John Clerk informou ao papa que o Conselho estava determinado a continuar o esforço de guerra, apesar do conselho de Wolsey em contrário. No entanto, o próprio Wolsey dizia que a dupla orientação da política inglesa – continuar a guerra enquanto se buscava a paz – era obra do rei e do Conselho. Na verdade, todos hesitavam e esperavam um sinal dos aliados antes de decidir: uma vitória ou uma derrota do lado de Carlos ou Bourbon seria decisiva. No primeiro caso, um exército inglês viria e acabaria com a França; no segundo, a Inglaterra procuraria a paz.

Richard Pace e John Russell foram enviados para negociar com Bourbon. Eles o encontraram perto de Turim, à frente de um exército de 20 mil homens, prontos para atravessar os Alpes. Wolsey colocou uma condição para um ataque simultâneo, pela Provença e por Calais: o reconhecimento, pelo condestável, de Henrique VIII como rei da França. Finalmente, foi acordado um compromisso: o duque prestou vassalagem ao rei da Inglaterra, mas recusou-se a prestar homenagem por seu ducado. O juramento, feito perante os representantes ingleses, foi redigido da seguinte forma: "Prometo-vos, por minha fé, que com a ajuda de meus amigos colocarei a coroa da França sobre a cabeça de nosso mestre comum, o rei, ou morrerei". Richard Pace, entusiasmado com esse sucesso, escreveu então várias cartas a Wolsey, implorando-lhe que enviasse imediatamente um exército a Paris. Já imaginando os aliados vitoriosos, ele propôs o envio da coroa francesa para Londres.

Mas se Bourbon entrou na campanha como planejado, os ingleses não se mexeram. Wolsey permaneceu extremamente cauteloso. Ele escreveu a Pace para acalmar seu entusiasmo e chamá-lo à ordem, e lhe disse que o rei só entraria na campanha se ele pudesse "facilmente, sem muita resistência, obter a dita coroa ou uma boa parte de sua herança". Em resumo, ele esperava que Bourbon fizesse o trabalho por ele. Além disso, o cardeal continuou, por que o duque estava perdendo seu tempo sitiando Marselha em vez de ir para Lyon? Bourbon tinha invadido a Provença, mas ainda se esperava um sucesso decisivo. Não veio. Pelo contrário. No final do ano, o condestável precisou levantar o cerco e retornar à Itália com um exército desmoralizado. "Se eles tivessem sido tão rápidos na ida quanto na volta", ironizou John Clerk, "já estariam em Calais há muito tempo."

PAVIA E OS PLANOS DE HENRIQUE VIII (1525)

A tão esperada ação decisiva finalmente ocorreu em 24 de fevereiro, em uma escala que superou as previsões mais otimistas. Naquele dia, o exército francês foi esmagado pelas tropas imperiais antes de Pavia. Os maiores líderes ali perderam suas vidas: La Palice, La Trémouille, Bonnivet, assim como um último ramo da rosa branca, Richard de la Pole. Quanto a Francisco I, foi feito prisioneiro e logo levado para Madri, deixando o reino indefeso nas mãos de sua mãe, Luísa de Savoia.

Enquanto Carlos V recebia a notícia com calma e frieza, a reação de Henrique VIII foi superficial e quase infantil. Ele estava na cama quando o mensageiro chegou no dia 9 de março; levantou-se apressadamente, leu a carta e deu vazão à alegria mais exuberante e indecente, gritando, ajoelhando-se e depois declarando ao mensageiro: "Meu amigo, você é como São Gabriel, que anunciou a vinda de Cristo". Ele lhe perguntou sobre a maneira como Francisco I tinha sido preso e sobre a morte de Richard de la Pole, antes de concluir: "Todos os inimigos da Inglaterra desapareceram. Deixe-o beber mais um pouco de vinho!". Ele ordenou fogos em sinal de regozijo e serviços religiosos para agradecer por esse evento providencial. E imediatamente fez planos. Era agora ou nunca a oportunidade de recuperar a coroa da França: "Não há uma hora a perder", disse ele a uma delegação vinda dos Países Baixos. A situação tinha que ser explorada, sem qualquer magnanimidade. O grande adversário estava preso: ele precisava ser liquidado. Um exército invasor começou a ser montado, e seria mantido por um novo imposto, a "doação amigável".

Em abril, Tunstall e Wingfield foram enviados a Madri para discutir a divisão dos despojos com Carlos V. Suas instruções eram radicais. A derrota de Francisco foi claramente um sinal do céu, para o qual uma resposta apropriada deveria ser dada: os Capetos-Valois-Angoulême deveriam ser removidos permanentemente do trono da França; não haveria a questão do resgate ou mesmo da amputação territorial. A França deveria ser de Henrique VIII por direito. Seu exército se juntaria ao de Carlos em Paris, onde seria coroado antes de acompanhar o imperador a Roma, ajudando-o a recuperar toda sua herança italiana. Como grande senhor, o rei da Inglaterra concederia a Carlos V grandes pedaços de seu reino: Provença, Languedoc, Borgonha; ele financiaria suas despesas militares e lhe daria, como planejado, sua filha Maria em casamento. Bourbon não seria esquecido, sob a condição de que prestasse homenagem a Henrique: a herança de sua esposa lhe seria devolvida e ele seria solicitado a completar a conquista da França.

Henrique se deixou levar pelas mais selvagens esperanças; tudo parecia ser possível. Ele só esqueceu uma coisa: o vencedor foi Carlos V, e não ele. O imperador tinha todas as cartas em sua mão e não devia nada a um aliado que tinha sido de pouca ajuda. De forma alguma o rei da Inglaterra poderia imaginar uma recusa de Carlos. Se, pela mais improvável das suposições, este fosse o caso, os embaixadores tinham que propor alternativas, em ordem decrescente: Henrique poderia se contentar com a herança do Plantageneta (Anjou, Touraine, Poitou, Saintonge, Guiana, Bretanha, Normandia, Ponthieu); se isso ainda fosse demais, ele concordaria em ceder Guiana; depois, se contentaria com a Normandia, Bretanha, Picardia; como último recurso, ele ficaria satisfeito com a Normandia ou a Picardia com Boulogne.

Na verdade, ele não terá nada, nem uma cidade, nem um centímetro de território. Carlos V tinha outros planos. Mais precisamente, o imperador não sabia o que fazer com sua vitória, mas pretendia explorá-la em seu próprio benefício, e não tinha intenção de substituir seu inimigo Valois por um Tudor duas vezes mais poderoso, à frente de uma dupla monarquia franco-inglesa. Com Francisco preso, não tinha nenhuma necessidade real de seu aliado inglês. Também não estava mais interessado na mão de Maria Tudor, pois agora tinha sua prima Isabella de Portugal na mira, e seu dote de 1 milhão de coroas, o que seria de grande ajuda para ele em seu infortúnio financeiro. O casamento foi concluído em março de 1526.

Além disso, Carlos desconfiava de Wolsey, que estava em dívida para com ele. Ele sabia que o cardeal havia iniciado conversações com os franceses e, em 26 de março de 1525, escreveu que se os ingleses quisessem invadir a França, poderiam fazê-lo sozinhos. Wolsey, por sua vez, não facilitava o acordo. Chamando o imperador de mentiroso, mandou apreender uma carta do embaixador imperial em Londres, repreendeu este último, mandou vigiá-lo e pediu sua retirada. A embaixada inglesa em Madri não teve muito sucesso: o imperador faria "pouco ou nada por vossa conveniência, lucro e benefício", escreveu um de seus representantes a Henrique.

Caso se quisesse invadir a França, o dinheiro seria necessário. Mas a coleta da "doação amigável" foi recebida com crescente resistência por parte dos ingleses. Esse imposto, decidido no Conselho e com a aprovação dos juízes, foi particularmente pesado: um sexto de toda a renda dos laicos e um terço da renda eclesiástica. A agitação irrompeu em todos os lugares quando se buscou cobrar o imposto: em Londres, apesar das ameaças de Wolsey de que a resistência poderia "custar a cabeça de algumas pessoas"; em Norfolk, onde a nobreza começou a destruir pontes para impedir que os camponeses se reunissem; em Kent, onde a população, lamentando a derrota de Francisco I, se opôs à guerra e declarou que o rei nunca havia ganhado um centímetro de terreno na França; em East Anglia, onde os camponeses disseram que eram impelidos pela "pobreza e sua prima, a necessidade". Alguns começaram a antever o espectro de uma revolta camponesa, do tipo que estava ocorrendo na Alemanha naquela mesma época. O rei e Wolsey souberam recuar a tempo. Henrique, ao tomar conhecimento da agitação, alegou, com firmeza, que "nunca soube da demanda", o que é difícil de acreditar, embora o soberano estivesse ausente do Conselho quando o imposto foi decidido. Quanto a Wolsey, que não podia alegar ignorância, disse que se opôs à decisão desde o início, mas que tinha se rendido à maioria do Conselho. Em todo caso, ele fez saber que, graças à sua intervenção – de joelhos diante do rei, disse ele – o imposto havia sido abolido e aqueles que haviam resistido, foram perdoados.

À custa desse novo ato de má-fé por parte do governo, a ameaça de revolta foi evitada, mas os cofres permaneceram vazios. Nessas condições, havia pouca escolha: a paz era necessária. O cardeal, portanto, retomou as negociações no verão de 1525 com Luísa de Savoia. Em 22 de junho, Jean Joachim retornou a Londres. Em 1524, ele já havia ficado, sob o disfarce de comerciante, com o capelão de Blackfriars, Thomas Lark, e um acordo estava prestes a ser concluído, quando as notícias de Pavia colocaram tudo em questão. Dessa vez, ele teve propostas muito mais suaves: a rainha-mãe devia imperativamente afastar Henrique da aliança imperial e, para tornar Wolsey mais favorável, ela lhe ofereceu 100 mil coroas, que o cardeal calmamente embolsou, mesmo sem o conhecimento do rei. A partir de então, as negociações progrediram muito rapidamente. Em 30 de agosto, foi assinado um acordo em uma das residências do chanceler, "The More", em Hertfordshire. A paz com a França foi restaurada, e ela deveria pagar um tributo substancial.

No lado escocês, a calma também havia retornado; o reino do norte não podia mais contar com a ajuda francesa. Desde julho de 1524, Jaime V vinha governando em seu próprio nome, e Henrique VIII lhe deu a expectativa da mão de sua filha Maria, que havia sido desdenhada pelo imperador.

A APROXIMAÇÃO COM A FRANÇA E A NOVA PREOCUPAÇÃO DE WOLSEY (1526-1527)

Assim, sob a liderança de Wolsey, a Inglaterra gradualmente se distanciou de Carlos V, muito mais por despeito que pelo objetivo de restaurar o equilíbrio europeu. Foi a recusa de Carlos de desmembrar a França que levou o cardeal aos braços da rainha-mãe. Havia a disposição de se renegar o tratado de More ao menor gesto de boa vontade do imperador. O gesto não veio. Pelo contrário, em janeiro de 1526, Carlos obrigou o rei francês a assinar o humilhante tratado de Madri, que não levava em conta as exigências inglesas: Francisco I cedia a Borgonha, a suserania sobre Flandres e Artois, renunciava aos seus direitos na Itália e restituía ao duque de Bourbon seus títulos e honras. O poder imperial era consolidado de forma decisiva. Wolsey escreveu imediatamente a Luísa de Savoia para expressar seu desejo de que o rei da França renegasse um tratado que não estava moralmente obrigado a respeitar. Ele não tinha nada com que se preocupar a esse respeito. Na Itália e no Sacro Império, começaram a surgir reações contra o demasiadamente poderoso Habsburgo. Doravante, Clemente VII temia o imperador, então libertou Francisco I do juramento de respeitar o tratado de Madri e encorajou a formação de uma liga italiana anti-imperial. Sua atitude acabou por empurrar Henrique VIII, um zeloso defensor do papa, para o lado francês.

Os esforços combinados do pontífice e do Defensor da Fé levaram à criação da Liga Cognac, em maio de 1526. A liga incluía a França, Florença, Veneza, Milão e o papa. Henrique não aderia formalmente a ela. Em sua mente, ela deveria ser um instrumento de pressão sobre o imperador, para forçá-lo a adotar uma atitude mais conciliadora em relação à França; a Inglaterra só interviria militarmente ao lado de seus aliados se essa manobra falhasse. Wolsey, muito satisfeito com a conclusão da liga, já via o rei da Inglaterra como o árbitro supremo da Europa. Ele lhe escreveu: "Vossa Grandeza, se Deus quiser, terá em suas mãos a conduta da paz universal da cristandade, para seu maior mérito, louvor e renome perpétuo". Mas isso era ir rápido demais.

A liga de Cognac não causou muita impressão no imperador. Suas tropas tomaram Milão e logo em seguida Roma, onde o papa foi sitiado no castelo de Sant'Angelo. Os aliados fizeram apelos desesperados a Henrique VIII, em busca de tropas e dinheiro. Wolsey, não querendo enviar nenhum dos dois, entrou em conflito com os embaixadores papais, franceses e venezianos. Em 1º de agosto, ele informou o rei sobre um encontro particularmente tempestuoso com eles: "Nunca vi homens mais veementes em minha vida [...]. No entanto, Sire, eles não foram tão ardentes, e permaneci tão calmo, apresentando tantas razões contra vossa entrada ou vossa próxima contribuição para a referida liga, que eles a expuseram para acelerá-la e promovê-la". Ao papa ele escreveu que lamentava não poder ajudar mais a Santa Sé. Entretanto, um gesto teve que ser feito, e em outubro ele prometeu à liga, que pedia 35 mil ducados, que lhes daria 30 mil, sob a condição de que não precisassem intervir diretamente. O dinheiro foi efetivamente pago. O cardeal esperava salvaguardar os interesses ingleses ao mesmo tempo de ambos os lados: ganhar a gratidão do imperador e manter a confiança da liga, tudo pelo menor custo, como escreveu a Henrique: "Vossa Graça receberá os mais sinceros agradecimentos de Sua Santidade o papa, do rei da França, dos venezianos e de toda a liga; não terá que arriscar mais dinheiro do que esta soma; Vossa Graça manterá a amizade do imperador, ganhando, se Deus quiser, grandes agradecimentos dele por ter concluído a paz; e finalmente a glória e a honra e todo bom êxito serão atribuídos a Vossa Graça, por cujos conselhos esta liga surgiu e, com a ajuda de Deus, encontrará seu fim virtuoso e honroso".

Era jogar dos dois lados, não sem habilidade, mas correndo o risco de ficar sozinho. O objetivo continuava sendo a paz, forçando Carlos V, com a ameaça da liga, a suavizar os termos do tratado de Madri. Um novo elemento poderia ajudar a pressionar o imperador: em agosto de 1526, a grande vitória turca em Mohacs, na Hungria, colocou Viena ao alcance dos muçulmanos. Carlos não podia mais se dar ao luxo de renovar a guerra contra Francisco. Parecendo aceitar a ideia de uma conferência geral de paz conduzida por Wolsey, ele enviou um novo embaixador a Londres, Mendoza, para esse fim. Infelizes reveses frustraram o processo: Mendoza, preso pelos franceses durante a viagem, só chegou à Inglaterra em dezembro de 1526, seis meses após sua partida, e suas instruções, que haviam sido perdidas por um momento, não eram mais válidas. Um outro passo foi necessário para aumentar a pressão sobre Carlos V: em março de 1527, uma delegação francesa chegou a Londres, liderada pelo bispo de Tarbes, e em 30 de abril foi assinado o tratado de Westminster. Henrique VIII e Francisco I prometiam um ao outro a paz eterna e se comprometiam a ir à guerra contra Carlos se ele não libertasse os filhos do rei francês, ainda mantidos como reféns na Espanha, e se ele não pagasse suas dívidas para com o rei da Inglaterra. Henrique VIII estava agora oferecendo sua filha Maria, já ofertada a Carlos V e depois a Jaime V, a Francisco I ou ao seu segundo filho, como escolhesse. Esta menina de 11 anos definitivamente foi um peão muito útil no jogo do Tudor.

Como se poderia imaginar, a conclusão do tratado de Westminster foi acompanhada por festas em Greenwich. Mas o rei não pôde aproveitar plenamente: o mau tempo estragou as justas e ele mesmo, ferido no pé durante uma partida de tênis, não pôde dançar ou participar dos torneios. Pelo menos o tratado serviria para alguma coisa? Não houve nem mesmo tempo para testar sua eficácia. Menos de uma semana depois, outro evento perturbou a situação diplomática: em 6 de maio de 1527, os mercenários imperiais, acampados diante de Roma, mal pagos e mal alimentados, escaparam ao controle de seus líderes, e se apoderaram da Cidade Eterna e a submeteram a uma espantosa pilhagem. O duque de Bourbon foi morto no evento e o papa, pela segunda vez, refugiou-se no castelo Sant'Angelo, que foi sitiado pelos mercenários imperiais. Carlos V negou toda a responsabilidade. No entanto, ele estava no controle: Clemente VII estava realmente à sua mercê. O imperador não tinha que se preocupar com o tratado de Westminster.

Na Inglaterra, no entanto, a mente fértil de Wolsey viu imediatamente a vantagem que poderia tirar das novas circunstâncias. A posição precária do papa, ele pensou, poderia não ser um mal. Para o chanceler, agora havia um imperativo adicional: obter de Roma a anulação do casamento de Henrique VIII. A satisfação desse desejo só poderia ser concedida pelo papa. Não poderia sua atual fraqueza ser usada para atender às exigências reais? Esse novo objetivo complicava a já confusa política externa inglesa.

A partir da primavera de 1527, a questão do divórcio tornou-se cada vez mais importante e acabou deslocando outros problemas para segundo plano. Aqui, "pequena" e "grande" história se unem, na pessoa de um soberano cuja paixão pelo amor, misturada com escrúpulos de consciência, influenciará a situação nacional e internacional. Henrique VIII, cujo comportamento tinha sido tão flutuante até então, tinha acabado de encontrar o eixo de sua política: cancelar seu casamento e casar-se com Ana Bolena. Sobre esse objetivo, que pode parecer irrisório, ele permanecerá inabalável; Wolsey entendeu bem isto. Neste ponto, não se trata mais de sua influência sobre o rei, de mudar de ideia, de governar em seu nome. O caso de Ana Bolena mudou o destino do ministro e da Inglaterra: Wolsey, que tinha estado no comando, só tinha que obedecer para obter o divórcio. Sua carreira e – quem sabe, com tal soberano? – sua vida. Essa preocupação dominará todas as outras e determinará sua política externa.

Naturalmente, outras questões em breve serão enxertadas na questão do divórcio, e a "grande" história logo assumirá, "recuperando" Ana Bolena, bem como fatos econômicos, sociais e culturais. Mas a origem de toda uma nova corrente religiosa está no remorso de consciência e na paixão de Henrique VIII. Se o soberano se torna o senhor de seu governo, isto se deve à mesma causa; doravante, o rei persegue uma finalidade.

ANA BOLENA, OS ESCRÚPULOS E A DIPLOMACIA DO REI

Foi provavelmente em 1525, o ano de Pavia, que Ana Bolena entrou na vida do soberano. Até então, a vida conjugal de Henrique tinha sido mais ou menos decente para um rei do século XVI, ou seja, os inevitáveis assuntos extraconjugais tinham permanecido dentro dos limites da conveniência. Já em 1514, fala-se de um caso vago com a irmã do duque de Buckingham, que teria provocado uma briga entre Henrique e Catarina. No mesmo ano, nas comemorações do Ano Novo, o rei havia notado uma das damas de honra da rainha, Elizabeth Blount, de quem terá um filho em 1519, o duque de Richmond, que desempenhará um papel significativo na história inglesa. A favorita se casará com um membro da família Talboys. Depois, em 1521, o rei tomou como sua amante Maria Bolena, filha de um conselheiro real, Thomas Bolena, esposa de William Carey, e neta pelo lado materno do duque de Norfolk. Provavelmente também tiveram um filho.

Finalmente, por volta de 1525, Maria deu lugar à sua irmã Ana, de 18 anos. Ela havia passado três anos na França, de 1519 a 1522, na comitiva da rainha Cláudia. Ela estava prometida em casamento para um chefe irlandês, *sir* James Butler, que estava em confronto com os Bolena pela posse do condado de Ormond. O plano falhou, e Anne foi apresentada à corte inglesa, onde logo atraiu a atenção de vários jovens, em particular do poeta Thomas

Wyatt, de Henrique Percy e do rei. A competição pode ter ajudado a inflamar ainda mais o soberano, tornando o flerte mais esportivo. Diz-se que ele teve uma discussão com Wyatt enquanto jogava petanca, que logo se transformou em insinuações sobre quem conquistaria o coração de Ana. Quanto a Henrique Percy, era o filho do conde de Northumberland e já noivo. A pedido do rei, Wolsey ordenou a seu pai que o retirasse da corte.

O mais surpreendente é que, de acordo com todos os relatos, Ana Bolena não era bonita. Embora seu retrato oficial a mostre com traços finos, pele branca e sedosa, a pintura, feita durante o reinado de sua filha Elizabeth, a idealiza. Segundo os contemporâneos, seus principais encantos eram seus longos cabelos pretos, seus lindos olhos e seu longo pescoço, mas outros falavam de seu rosto comprido, sua tez amarelada, um dente torto, um sexto dedo em sua mão direita e um cisto sob seu queixo. Estas são sem dúvida calúnias, mas é provável que Ana deva seu poder de sedução tanto à sua inteligência e personalidade quanto à sua aparência. Finalmente, e não menos importante, Ana Bolena se recusava a se entregar, o que só poderia exacerbar o desejo do rei, pouco habituado a enfrentar resistências. Esquecendo sua preguiça, ele lhe escreveu cartas inflamadas, cujos manuscritos estão hoje no Vaticano: "Minha querida, isto é para contar-lhe da grande solidão em que me encontro desde sua partida, pois lhe asseguro que sinto o tempo mais longo do que antes [...]. Creio que isto se deve à sua gentileza e ao fervor de meu amor, pois de outra forma eu nunca teria acreditado que seria possível sofrer tanto em tão pouco tempo. Mas agora que venho até você, minha dor está meio acalmada [...]. Anseio tanto encontrar-me uma noite nos braços de minha querida, cujos lindos seios logo beijarei. Escrito pela mão de alguém que foi, é e será, com toda a vontade, seu".

Aqui está um soberano apaixonado. Catarina podia ficar preocupada. Como mulher, é claro, mas especialmente como soberana. A esposa estava resignada. Seis anos mais velha que o rei, ela tinha agora 41 anos e um corpo envelhecido por seis gestações. Ela aparecia cada vez mais raramente em festivais. A devoção ocupava grande parte de seu tempo. Nos primeiros anos de um casamento tão ardentemente desejado por ela, seu marido tinha sido amoroso e carinhoso; nos torneios, ele carregava suas iniciais, assumia o apelido de "*sir* Coração Leal"; ele corria para ela para anunciar as boas notícias. Esses dias tinham acabado. Pobre Catarina, que, a julgar pelos retratos, não parecia muito graciosa e vivia cada vez mais retraída em seus aposentos. Sem dúvida, sua posição teria sido mais segura se ela tivesse tido a sorte de dar à luz um menino. Em contraste com a prática francesa, a monarquia inglesa permitia o reinado feminino, mas isto ainda era considerado apenas um último recurso. Desde Matilde, no século XII, nunca tinha havido uma soberana que herdasse a coroa em linha direta. Esse único precedente, que tinha levado a um reinado muito conturbado, não foi muito convincente. O medo de mais agitação no caso de domínio feminino, e a tradicional depreciação da mulher fraca, reforçou o preconceito em favor do domínio masculino. Para uma nova dinastia, recém-estabelecida, um governo forte e, portanto, masculino, parecia indispensável.

Ora, após dezesseis anos de casamento, o casal real teve apenas uma filha, Maria, nascida em 1516, que o rei já havia prometido a meia dúzia de soberanos estrangeiros. Duas vezes Catarina havia dado à luz natimortos; duas vezes ela havia dado à luz meninos, um viveu apenas algumas horas, o outro, sete semanas e meia; e uma vez teve um aborto espontâneo. Aos 41 anos, ela tinha poucas chances de conceber novamente, especialmente porque o rei não tinha mais muito contato com ela: no final de 1525, após uma breve aproximação, ele se deitou com ela pela última vez. Ao mesmo tempo, cumulava de honrarias seu filho ilegítimo, nascido de Elizabeth Blount: nomeou-o duque de Richmond e Somerset, grande almirante, diretor das marcas, lorde lugar-tenente da Irlanda: títulos que ele mesmo havia carregado e que sugeriam que Richmond poderia ser coroado. Em 1528, pensou-se mesmo por um momento em fazê-lo se casar com sua meia-irmã, Maria, a fim de aumentar ainda mais seus direitos ao trono.

Mas nada disso valia um filho legítimo, e claramente o rei não teria um de Catarina. Na corte, entre os embaixadores, no exterior, falava-se cada vez mais sobre isso. O rei era muito sensível a esse assunto; as insinuações de Buckingham sobre sua incapacidade de ter um filho pesaram muito em seu processo. Pouco a pouco, o piedoso rei, de tanto meditar, cismar e se preocupar, convenceu-se de que era vítima de um castigo divino. Deus o estava castigando por ter se casado com sua cunhada, privando-o de um filho. É claro que o papa havia autorizado o casamento por uma dispensa de afinidade. Mas poderia o papa permitir um ato que foi formalmente proibido pelas Escrituras, e, portanto, pela lei divina, em particular, em várias passagens do

Levítico? Aí estava a questão. Henrique conhecia esses textos; se uma dispensa tinha sido necessária, era porque havia uma proibição a ser quebrada: "Você não deve descobrir a nudez da esposa de seu irmão; é a própria nudez de seu irmão", dizia o Levítico,[1] e, ainda mais explicitamente:[2] "Quando um homem toma a esposa de seu irmão como esposa, é impureza; ele descobriu a nudez de seu irmão, eles serão privados de filhos". Isso dava o que pensar....

Os escrúpulos de Henrique certamente foram sinceros, pois ele os expressou a seu confessor John Longland por volta de 1522-1523, muito antes do aparecimento de Ana Bolena. Naquela época, ele não tinha nenhuma razão para querer a anulação de seu casamento, a não ser essa questão de consciência. Também é certo que essas dúvidas foram concebidas pelo próprio rei, ao contrário das afirmações de três cronistas, Nicolas Harpsfield, Polydore Vergil e William Tyndale. Segundo eles, foi Thomas Wolsey quem sugeriu ao confessor do rei que insinuasse ao seu penitente que seu casamento era inválido. Entretanto, além do fato de que Wolsey não tinha qualquer motivo para fazê-lo, as pessoas envolvidas declararam publicamente que essa versão era falsa. No julgamento do divórcio, em 1529, o cardeal pediu ao rei que dissesse a todos: "Se fui o principal inventor ou originador dessa causa para Vossa Majestade; pois sou fortemente suspeitado por todos". Ao que Henrique respondeu: "Senhor cardeal, eu o declaro totalmente insuspeito, pois foi contra meu plano de iniciar esse processo". Segundo Wolsey, foi somente em 1527 que o rei o advertiu de sua intenção, e o cardeal então tentou dissuadi-lo, suplicando de joelhos. A responsabilidade também foi por vezes atribuída aos embaixadores do rei francês, que tinha interesse em separar Henrique da Espanha. Mas é totalmente implausível que qualquer diplomata teria tido a audácia de abordar essa questão com o rei. Henrique VIII foi de fato o único autor de seus escrúpulos, com toda a sinceridade. Ele só se abriu sobre isso gradualmente, primeiro com seu confessor, depois com alguns teólogos.

Em 1525, seu honroso remorso de consciência foi reforçado por motivos menos confessáveis e, a partir de então, sua decisão de obter a anulação do casamento foi ao mesmo tempo mais forte, mais complexa e menos respeitável. Primeiro, há a entrada de Ana Bolena, que logo percebeu o quanto o rei

---

1 XVIII, 16.
2 XX, 21.

estava apaixonado por ela e se recusou a ceder a seus avanços, a menos que ele se casasse com ela. Por outro lado, Catarina de Aragão sempre favoreceu a aliança espanhola e imperial; como tia de Carlos V, era para este uma preciosa garantia da amizade inglesa. Entretanto, nos meses seguintes a Pavia, as relações com o imperador tornaram-se mais do que reservadas. O Habsburgo arruinava todos os projetos de Henrique VIII ao trono francês; Wolsey e o rei da Inglaterra se aproximavam de Luísa de Savoia. Catarina estava destinada a sofrer as consequências dessa mudança de opinião: sua situação prefigurava exatamente a mesma de Ana da Áustria um século depois. O cardeal a manteve sob vigilância; Tyndale nos diz que colocou espiões em sua comitiva; quando, no final de 1526, Mendoza, embaixador de Carlos V, foi para a Inglaterra, ficou impedido por meses de ver a rainha, e quando finalmente foi autorizado a encontrá-la, foi na presença de Wolsey. Segundo o próprio Mendoza, "a principal causa de [sua] desgraça é que ela está inteiramente identificada com os interesses do imperador". No entanto, já em 1514, quando Fernando havia mais ou menos traído Henrique VIII, este último havia sugerido que poderia muito bem, em retaliação, livrar-se de Catarina. Em 1525, a ameaça é ainda mais séria porque, dessa vez, a consciência, a paixão e a diplomacia estavam lado a lado.

OS ARGUMENTOS A FAVOR DA ANULAÇÃO DO CASAMENTO

No início de 1527, a decisão do rei estava tomada. O casamento deveria ser anulado. Mas apenas alguns homens sabiam do segredo: Wolsey, Warham, arcebispo de Canterbury, Richard Fox, bispo de Winchester, John Longland, confessor do rei, e alguns teólogos. A posição do cardeal era desconfortável. Ele nunca esteve em bons termos com Catarina, e seu relacionamento se deteriorou ainda mais desde 1525, a ponto de a rainha acreditar, durante muito tempo, que suas desgraças eram devidas a Wolsey. Wolsey se opunha ainda mais a Ana Bolena, que diziam ter simpatias luteranas. Acima de tudo, ele sentia estar diante de grandes problemas que iriam complicar ainda mais os assuntos internacionais; as relações com o papa e com o imperador não deixariam de ser afetadas pelo caso. Mas também sabia que sua posição estava em jogo. O rei não lhe perdoaria um fracasso.

Portanto, o motivo precisava ser bem preparado para torná-lo inatacável, o que estava longe de ser o caso. Para refinar os argumentos antes de lançar o debate na arena pública, uma extraordinária corte secreta foi realizada em Westminster, de 17 a 31 de maio de 1527, composta principalmente por teólogos. Catarina ignorava tudo. Em virtude de seus poderes como legatário, Wolsey convocou o rei perante essa corte e o caso lhe foi explicado: a dispensa papal, os dezoito anos de vida em comum, os escrúpulos e as dúvidas sobre a validade da dispensa. Henrique confirmou tudo, nomeou um procurador e um conselheiro, Richard Wolman, para defender seu caso, e se retirou. Logo se tornou evidente que o caso era ainda mais complicado do que se pensava, e os canonistas tiveram que ser chamados para ajudar.

É nossa vez de reabrir esse caso e entrar nas sutilezas teológicas, históricas e canônicas que ele contém a fim de tentar vê-lo mais claramente. Recordemos os fatos. Em 1509, para poder casar-se com a viúva de seu irmão mais velho, o que era proibido pelas leis da Igreja, Henrique havia obtido do papa Júlio II uma dispensa por afinidade. Ele agora acreditava que o papa não tinha poder para conceder tal dispensa, então ela tinha que ser anulada, tornando assim o casamento inválido e dando a liberdade ao soberano. Que argumentos poderiam ser usados para apoiar essa tese? Eles são de quatro tipos: bíblicos, teológicos, canônicos e históricos. Mas nenhum deles deixa de ter falhas.

Para o rei, o argumento bíblico deveria ser decisivo. Ela está nos dois versos do Levítico supramencionados, que proíbem ter relações sexuais com a cunhada e casar com ela. Infelizmente, Deuteronômio XXV, 5, diz exatamente o contrário: "Se irmãos viverem juntos e um deles morrer sem um filho, a esposa do falecido não pertencerá a um estranho fora da família; seu cunhado irá até ela, a tomará como esposa e cumprirá seu dever como cunhado". Aqui, não só é permitido casar com a viúva de um irmão, mas é até mesmo obrigatório. A contradição só pode ser resolvida por exegese. Portanto, os agentes do rei convocaram os maiores estudiosos da Bíblia, cristãos, judeus e gregos. Foram procurados argumentos em todas as obras de teologia escolástica e nos Pais da Igreja; todas as grandes bibliotecas monásticas e universitárias da Europa foram examinadas. Para apoiar o significado literal do Levítico, autoridades poderosas foram encontradas sem muita dificuldade: São Basílio, Santo Agostinho, São Gregório, o Grande, São Boaventura,

São Tomás de Aquino, Duns Scot, as decisões de uns quinze conselhos e de uma dúzia de papas, além de vários autores menos conhecidos.

O problema levantado pelo Deuteronômio era mais difícil. Tratava-se da prática do levirato, comum em muitas sociedades arcaicas: é preciso desposar a viúva de seu irmão se ela não tiver filhos. Como eliminar essa prescrição embaraçosa? Foram apresentados argumentos engenhosos: o termo *frater*, "irmão", usado indiferentemente em Levítico e no Deuteronômio na tradução da Bíblia por São Jerônimo, cobriria dois termos hebraicos distintos: em Levítico, significaria "irmão", no sentido estrito, e em Deuteronômio, "parente", no sentido amplo; essa interpretação apagaria a contradição e manteria a proibição de casar com a cunhada. Outra solução: o Deuteronômio tem um significado simbólico, sempre conveniente para justificar as mais diversas teses; o irmão falecido significa Cristo; o irmão vivo é todo eclesiástico que deve fazer a Palavra dar frutos. Ou, mais uma vez: a prática do levirato era válida para os hebreus, mas a vinda de Cristo e do Novo Pacto a tornava nula para os cristãos, assim como a circuncisão. Além disso, o Evangelho não diz que João Batista foi punido por Herodes, que o repreendeu por ter casado com a esposa de seu irmão Felipe? Poder-se-ia argumentar, como foi feito, que o caso era diferente porque Felipe ainda estava vivo. Os opositores do divórcio acrescentaram que, em outra passagem do Evangelho, os saduceus haviam submetido a Cristo o caso de uma mulher que havia casado com sete irmãos seguidos, perguntando-lhe qual deles seria seu marido no céu: essa hipótese mostrava que a prática do levirato existia na época de Cristo. A última possibilidade era a de que a proibição no Levítico era universal, por ser uma lei divina; para infringi-la, como no caso do Deuteronômio, era necessária uma dispensa divina, o que não havia sido o caso de Henrique; seu casamento era, portanto, inválido. A fraqueza do argumento estava no fato de que nenhum precedente poderia ser citado, seja nas Escrituras ou na história. Os argumentos bíblicos não eram convincentes.

Os agentes do rei, no entanto, argumentaram que quatro Pais da Igreja confirmaram sua versão do caso de Herodes. São Jerônimo e Tertuliano o condenaram por ter se casado com a esposa de seu irmão, mas presumiram, um que Felipe ainda estava vivo, e outro, que ele havia morrido deixando uma filha, o que não preenchia os requisitos do Deuteronômio. São Basílio, por sua vez, só condenou o casamento com a irmã da falecida esposa. São Gregório

Magno, em carta a Santo Agostinho de Canterbury, repetiu que era proibido casar com a esposa do irmão, mas todas as evidências sugerem que ele se referia ao irmão vivo, pois não se vê por que esse papa teria condenado a prática do levirato.

Os argumentos teológicos não ofereciam muita ajuda. No máximo, peneirando as centenas de volumes de teólogos medievais, se conseguia desenterrar cinco passagens de autores secundários ou desconhecidos, que estavam de acordo com a visão de Henrique: no século XII, Hildeberto de Tours havia escrito em uma carta que era proibido para uma jovem casar com o irmão de seu falecido noivo; com mais forte razão, era proscrito o casamento com o irmão do falecido marido. No século XIV, o dominicano Peter de la Palu, em seu comentário sobre as *Sentenças* de Pierre Lombard, declarava que o casamento com a viúva de um irmão era proibido pela lei divina e que o levirato previsto no Deuteronômio só poderia ser autorizado pela dispensa divina, e não pelo papa. Este foi exatamente o caso de Henrique. A mesma opinião foi defendida por outros três dominicanos nos séculos XIV, XV e XVI: Jacques de Lausanne, Santo Antônio de Florença e Silvestre Prierias. O único ponto fraco dessa tese é que nenhum exemplo poderia ser citado em apoio a ela. Era necessário admitir que, em cada caso de levirato encontrados nas Escrituras, o beneficiário tinha recebido uma dispensa divina, o que era impossível de provar. Além disso, esses cinco autores tinham contra eles a massa de teólogos escolásticos, incluindo os mais prestigiados.

No campo do direito canônico, os defensores de Henrique apelaram à autoridade de Torquemada e seu comentário sobre o decreto de Graciano, o *Commentaria super decreto*. Grande canonista, ele havia longamente abordado o caso dos graus de afinidade, citando dois exemplos que se pensava serem exploráveis: Luís XI havia pedido permissão a Eugênio IV para casar-se com a irmã de sua primeira esposa, já falecida; o conde de Armagnac havia pedido a Pio II o direito de casar-se com uma irmã natural. Em ambos os casos, o papa recusou formalmente. Mas este não era o ponto. Em outras passagens, Torquemada especificava que o *único* caso em que o impedimento por primeiro grau de afinidade não era válido era o do casamento com a viúva de um irmão falecido sem filhos, ou seja, o caso previsto no Deuteronômio, o caso de Henrique. Os agentes do rei poderiam amontoar dissertações canônicas sobre graus de afinidade, dispensas e proibições, mas elas só circulavam em torno do ponto central, sem nunca provarem nada decisivo. Seus argumentos se assemelhavam cada vez mais a tentativas de fugir da questão central e passar o essencial no fluxo do secundário.

Isso fica ainda mais evidente nos argumentos usados para provar que a bula de dispensa do papa Júlio II não era válida. De acordo com a lei canônica, para que uma bula de dispensa seja válida, deve apresentar no preâmbulo os fatos e os motivos que fornecem causa suficiente para a concessão da dispensa. Se algum dos fatos expostos for considerado impreciso, a bula é inválida. No documento de Júlio II, foi afirmado que o casamento entre Henrique e Catarina deveria fortalecer a paz entre a Inglaterra e a Espanha, entre Henrique VII e Fernando e Isabel. Essa razão é inválida por três razões, dizem os defensores de Henrique VIII: primeiro, na época, a Inglaterra e a Espanha *já eram* bons aliados, portanto o casamento não promoveria a paz; segundo, a razão dada é completamente insuficiente; e terceiro, na época do casamento, Henrique VII já havia morrido, portanto, não podia promover o entendimento entre ele e Fernando. A causa tinha que ser muito desesperada para precisar recorrer a tais sutilezas, que de qualquer forma não se sustentavam: a paz não é um objetivo insignificante, sempre pode ser fortalecida, e o casamento, mesmo que tivesse ocorrido sob Henrique VII, não teria sido invalidado por sua morte! Além disso, um breve pontifício da mesma data da bula foi descoberto na Espanha em 1528, que tinha sido enviado a Isabela como consolo. Esse breve afirmava que a dispensa foi concedida para promover a paz *e* por outras razões não especificadas: não era então possível dizer que o motivo da paz era insuficiente, pois ele não era o único.

Havia algo mais: em 1505, o príncipe Henrique havia protestado secretamente contra o projeto matrimonial e declarado que não se casaria com Catarina, como já vimos. Ao fazer isso, foi dito, ele renunciou antecipadamente a qualquer dispensa pontifícia. Mas só porque se renuncia a uma dispensa não significa que ela seja inválida; além disso, por que ele esperou dezoito anos antes de perceber isso? Quando o pedido de dispensa foi enviado a Roma, argumentaram os defensores do rei, Henrique tinha apenas 12 anos de idade e era jovem demais para expressar uma vontade arrazoada sobre esse assunto. Aqui, novamente, o argumento não se sustenta: canonicamente, a idade mínima para contrair matrimônio é a de 7 anos, e se um contrato é válido a partir dessa idade, também o é uma dispensa.

Quanto à história, ela só poderia fornecer a Henrique razões muito hipotéticas para esperar por um favor papal. Houve casos de complacência, mas em um contexto diferente. Assim, em 1437, Henrique IV de Castela havia sido autorizado, por não ter filhos, a se casar com uma segunda esposa, com permissão para retomar a primeira se o segundo casamento também fosse estéril; muito mais próximo de casa, Suffolk, o cunhado de Henrique, antes de se casar com Maria, havia obtido várias dispensas para casamentos anteriores, uma das quais era justificada pelo fato de que outra era inválida. A própria irmã de Henrique, Margarida, havia acabado de obter, em maio de 1527, a anulação de seu casamento com Angus por motivos especiais, devido à intervenção do duque de Albany, parente do papa por aliança. Se outros, menos importantes, haviam logrado o pedido por motivos duvidosos, por que Henrique VIII não poderia também conseguir?

OS ARGUMENTOS CONTRA A ANULAÇÃO DO CASAMENTO

Além dos desafios políticos e diplomáticos, que sem dúvida foram decisivos, as razões de princípio foram esmagadoramente desfavoráveis ao rei. Seus argumentos, como acabamos de ver, não eram sólidos. A parte contrária, por outro lado, tinha à sua disposição um arsenal muito mais poderoso, manejado pelos maiores teólogos da época, cujo renome, prestígio, estatura e autoridade ultrapassavam de longe os dos campeões da causa real. Diante de figuras tão mornas ou obscuras como Edward Lee, futuro arcebispo de York, Previdelli, autor em 1531 de um *Concilium pro Invictissimo Rege Angliae*, ou Thomas Cranmer, um jovem teólogo de Cambridge que escreveu um livro a favor do divórcio em 1529, encontramos homens como o Cardeal Cajetan, Vives e John Fisher. Cajetan, um líder dominicano, escreveu um livro em 1530 que arruinou todos os argumentos em favor do divórcio, *De coniugio regis Angliae cum relicta fratris suis*. Juan Luis Vives, ex-professor em Louvain, que lecionava em Oxford desde 1523, já havia dedicado uma obra a Henrique VIII, mas na disputa tomou o partido de Catarina, sua compatriota; devido ao fato de ter composto uma *Apologia sive confutatio* sobre o problema do divórcio em 1531, ele precisou se exilar. John Fisher, bispo de Rochester, pronunciou-se contra o divórcio já em 1527, e durante oito anos travou uma feroz batalha sobre o assunto, dedicando-lhe sete obras, sendo a principal delas *De causa matrimonii Serenissimi Regis Angliae*, em 1530. Mais de uma vez, ele reduziu a nada os argumentos dos agentes reais, através de seus escritos, seus sermões e suas intervenções na corte. Tal obstinação em frustrar a vontade do senhor por parte de um de seus súditos foi quase suicida, e de fato levou à sua morte. O que é mais surpreendente é que o rei tenha tolerado essa provocação por tanto tempo. Outros participaram da luta contra o divórcio, como Fernando de Loazes, bispo de Segóvia e cardeal de Osma, Bartolomeu de Spina, Ludovico Nozarola, Thomas Abel, Petropandus Caporella, Cochlaeus, Harpsfield, Montoya, todos eles escrevendo tratados sobre as leis canônicas do casamento. Em número e qualidade, os oponentes do divórcio superaram em muito os partidários. Um silêncio surpreendente nessa disputa, porém, foi o de Thomas More, cuja extrema discrição permanece um enigma.

Henrique VIII não tinha contra si apenas os melhores teólogos da época. Ele também tinha ilustres precedentes históricos, que seus oponentes não deixaram de explorar. No início do século XIII, o maior papa da Idade Média, Inocêncio III, numa época em que o cristianismo avançava para o leste, declarou, em carta ao clero de Livônia, que os pagãos que tinham casado com a viúva de seu falecido irmão sem filhos não deveriam ser separados de suas esposas quando se convertessem, mostrando assim que o papa tinha o direito de dispensar as prescrições do Levítico sobre esse assunto. Essa decisão papal tinha sido inserida no *corpus* do direito canônico. Havia um último recurso sobre esse ponto para os defensores de Henrique: examinar o texto completo da carta, que talvez contivesse um elemento particular que reduzisse o alcance da decisão. Para tanto, era preciso esmiuçar todos os registros pontificais. Isso foi feito. A carta foi encontrada e viu-se que Inocêncio III havia usado a expressão "nós concedemos", e não "nós dispensamos", o que não comporta o mesmo valor. O papa havia concedido a manutenção de uma situação existente, mas não havia dispensado da obediência ao Levítico para o futuro. Apesar de tudo, isso mostrava que a questão entrava no registro da lei da Igreja, e não naquele da lei divina.

Em tempos recentes, vários outros papas também haviam concedido dispensas para casos mais delicados do que o de Henrique. Mas quem pode fazer mais, pode fazer menos. Alexandre VI havia autorizado o rei português

Emanuel II a casar-se sucessivamente com duas irmãs, filhas de Fernando; havia autorizado o rei de Nápoles a casar-se com sua tia; Martinho V havia autorizado um homem a casar-se com sua cunhada, e o concílio de Constança havia declarado que ele poderia dispensar a obediência ao Levítico. Leão X permitiu que os agostinianos dispensassem o primeiro grau de afinidade. Clemente VII tinha permitido que dois homens se casassem com as irmãs de suas primeiras esposas. Luís XII teve seu primeiro casamento anulado e se casou com a viúva de seu predecessor, Ana da Bretanha. São muitas provas de que o papa permaneceu no controle das questões matrimoniais, dispensas e anulações, independentemente do grau de afinidade.

Teólogos e canonistas medievais haviam discutido longamente essas questões de afinidade. Entretanto, para a maioria e os mais eminentes, o primeiro grau colateral proibia qualquer casamento, por lei natural e divina, *exceto* no caso de casamento com a viúva de um irmão que morreu sem filhos, por causa justamente do Deuteronômio. Pedro de Blois, São Boaventura, São Tomás, Anthony de Rosellis, Torquemada e muitos outros concordavam sobre esse ponto. A questão já havia sido resolvida de fato por Santo Agostinho, que resolveu a aparente contradição entre o Levítico e o Deuteronômio da seguinte maneira: segundo ele, havia três possibilidades; ou o Levítico proibia o casamento apenas com a esposa de um irmão vivo, que se enquadrava na categoria mais geral de adultério e, portanto, a proibição desse caso particular não ajudava; ou o Levítico proibia o casamento com uma cunhada que havia sido legalmente repudiada por seu marido, noção que não aparecia em nenhum momento no texto em questão; ou então o Levítico proibia o casamento com sua cunhada em todos os casos, *exceto* no caso em que o irmão tivesse morrido sem filhos. Esta última foi a única solução possível, como muitos exemplos bíblicos comprovam: Judá, filho de Jacó, ordenou sucessivamente que três de seus filhos se casassem com Tamar; Rute atacou seu cunhado, que se recusou a se casar com ela quando ficou viúva; Jacó e Eli, irmãos gêmeos, casaram-se sucessivamente com a mesma mulher, que se tornou a mãe de São José. Neste último caso, é verdade que Santo Agostinho havia declarado que Jacó e Eli não eram irmãos, mas, como John Fisher mostrou, ele corrigiu essa opinião no capítulo VII do segundo livro do *Retractations*.

Todas as vias foram assim bloqueadas, principalmente porque o ponto de partida do argumento real estava errado. Ao optar por confiar apenas no texto do Levítico como verdade absoluta, Henrique VIII estava entrando em conflito com outro texto bíblico, o Deuteronômio, e não havia razão para lhe dar menos autoridade que ao primeiro. O terreno escolhido também foi muito desajeitado. O rei queria obter o reconhecimento do fato de que Júlio II não tinha o direito de conceder a dispensa para a união com Catarina, porque esse casamento era proibido pela lei divina. Isto significava forçar Clemente VII a reconhecer uma grave falha por parte do papado, que só poderia manchar ainda mais sua imagem, em meio à ascensão do luteranismo. Em setembro de 1525, Lutero já havia escrito uma carta com pedido de desculpas a Henrique VIII pelos insultos que lhe havia dirigido quando seu livro foi publicado. Mal informado, o monge acreditava agora que *A defesa dos sete sacramentos* era obra de Wolsey, e que este estava em desgraça; ele lançou toda a culpa sobre o chanceler, "aquela besta monstruosa, odiada pelo homem e por Deus [...], aquela peste perniciosa, desolação do reino de Vossa Majestade". Embora Lutero tenha sido logo informado de seu mal-entendido e tenha recebido outra carta insultuosa do rei em 1527, o contexto exigia mais do que nunca um bom entendimento entre o soberano e o papa. Exigir uma autocrítica do papado nessa época não era muito inteligente.

O TERCEIRO CAMINHO

Havia, porém, outro argumento possível, se não infalível, certamente mais sutil e mais aceitável para Roma. Wolsey tinha visto isso no início do caso, mas agora era tarde demais para acatar essa nova linha, que exigia um ponto de partida em contradição com aquele que havia sido escolhido. Era uma questão de indagar se o casamento entre Catarina e Artur havia sido consumado ou não. No caso de um casamento contraído, mas não consumado, havia impedimento de novas núpcias com o cunhado por simples causa de "honestidade pública"; no caso de casamento contraído e consumado, havia um grau suplementar de impedimento, a afinidade de primeiro grau. O direito canônico dos séculos XV e XVI distinguia claramente os dois e previa dispensas separadas para cada um dos casos. Entretanto, como o segundo caso englobava necessariamente o primeiro, uma dispensa válida por afinidade do primeiro também dispensava implicitamente por honestidade pública.

No caso de Henrique, no entanto, uma dispensa por afinidade de primeiro grau havia sido solicitada a Roma, pensando que isto cobriria todas as eventualidades. Mas se o casamento não tivesse sido consumado, tudo poderia ser posto em questão, porque a dispensa por honestidade pública era então a única necessária; ora, ela só era válida, implicitamente, em uma bula de dispensa por afinidade *válida*; se não tivesse havido consumação, a bula de dispensa por afinidade não tinha razão de existir, era inválida. Para que a bula fosse anulada, portanto, teria sido necessário afirmar que o casamento não havia sido consumado, mas desde o início Henrique VIII havia declarado que havia tido consumação, pois as palavras do Levítico, nas quais baseou seu argumento, exigiam essa condição.

O casamento entre Artur e Catarina tinha sido consumado? Somente Henrique e Catarina poderiam responder a essa pergunta. Quando o governo de Henrique VII pediu a bula de dispensa, afirmou, com base em mera plausibilidade, que ele havia sido consumado. Henrique VIII confirmou essa posição mais tarde, embora em particular ele às vezes teria admitido o contrário: Catarina dirá em outubro de 1529 e em junho de 1531 que seu marido admitiu várias vezes que ela era virgem quando se casou com ela; em abril de 1533, Henrique fará a mesma confissão a Chapuys, o embaixador imperial, porém mais tarde declarará que foi uma brincadeira. Nesse sentido, durante o julgamento os criados foram chamados para testemunhar, espalhando os mexericos das camareiras sobre a relação íntima de Artur com Catarina. Esta última, assim que Artur morreu, havia proclamado sua virgindade, primeiro em uma carta a seu pai, depois em declarações solenes e juramentos, confirmada por sua preceptora, dona Elvira. Ela nunca se afastaria dessa posição. Sem dúvida, são essas declarações contraditórias e incontroláveis que explicam o "talvez consumado" usado no texto da bula.

Esta era a única fraqueza real dos oponentes do divórcio. Mas, para explorá-la, Henrique VIII teria que sustentar o que talvez fosse a verdade, ou seja, a virgindade de Catarina no momento de seu casamento. Em vez disso, ele tinha entrado por um beco sem saída ao afirmar que Artur tinha consumado o casamento. Agora era tarde demais para recuar sem se ridicularizar.

Só Wolsey tinha razão. Já em junho de 1527, ele apresentou o raciocínio acima a Henrique VIII em uma carta. Pouco tempo depois, ele escreveu a seus agentes em Roma pedindo-lhes que perguntassem aos teólogos da

Cúria sobre os dois tipos de dispensa; ele mesmo pediu a Richard Fox, bispo de Winchester, para confirmar que o governo inglês da época havia de fato solicitado uma dispensa por afinidade. Esta era a direção que o cardeal pretendia seguir, com mais clarividência que seu senhor. Entretanto, nem por isso a vitória teria sido certa. Como provar a virgindade de Catarina em 1509? É claro que haveria a palavra da rainha, que poderia ter ido contra seus interesses; se o rei a tivesse confirmado, isso provavelmente teria sido suficiente para convencer os juízes. Mas havia outra maneira de dar a volta à situação. Em seu *Comentário das "Sentenças" de Peter Lombard*, São Tomás havia declarado que a afinidade não era contraída apenas por relações sexuais, mas também por *societas conjugalis*, ou seja, por viverem juntos como marido e mulher, mesmo sem relações físicas. Nesse caso, era necessária uma dispensa de afinidade, e a bula de Júlio II era válida. No entanto, essa visão não era universalmente aceita pelos teólogos, e poderia ter sido mais facilmente descartada, já que São Tomás não tinha então o prestígio de que mais tarde desfrutaria.

Por que, então, Henrique VIII não seguiu esse segundo curso sugerido a ele por Wolsey em junho de 1527? Porque já estava determinado, porque o argumento do Levítico lhe parecia o mais simples, o mais óbvio, o mais flagrante, e porque não imaginava então as dificuldades que ele iria suscitar. Por outro lado, há a questão de sua sinceridade. Se o rei realmente tem escrúpulos, remorsos de consciência, e se eles foram realmente gerados pela meditação sobre o Levítico, é porque ele está convencido de que Catarina não era virgem na época do casamento. Pois é somente com essa condição que as palavras do Levítico são válidas. Será que o Defensor da Fé, o feroz defensor do papado, teria ido até o ponto do cisma se não estivesse convencido de seu direito? Será que ele teria chegado ao ponto de romper com Roma sabendo que toda sua argumentação se baseava em uma mentira? Henrique VIII não é um modelo de virtude; ele sabe ser falso, cínico, impiedoso, enganador e cruel quando seus interesses pessoais e os de seu reino estão em jogo. No presente caso, o benefício esperado do divórcio valeria o risco de perder sua salvação eterna, dado que iria enfrentar a excomunhão? Para se casar com Ana Bolena? É difícil imaginar que seu domínio tenha sido assim tão poderoso e que o rei não pudesse finalmente ter vencido sua resistência sem precisar fundar uma nova religião. Ter um filho? Havia o duque de Richmond, e as honrarias que lhe foram concedidas em 1525 mostram que o soberano bem poderia fazer dele um herdeiro legítimo. Aliás, nada garantia que Ana Bolena, ou qualquer outra, poderia lhe dar um filho homem. Não, tudo leva a crer que os escrúpulos do rei eram sinceros. Quanto a saber se Catarina era virgem em 1509, o fato por vezes pode parecer menos evidente para algumas mulheres que para outras, sobretudo para quem não é médico. Seria assim tão inverossímil que um rapaz de 17 anos tivesse cometido tal equívoco a esse respeito?

Dessa forma, seguro de seus motivos, o rei estava determinado a seguir o caminho que considerava ser o melhor. Wolsey precisou assumir a delicada tarefa de obter a anulação da bula de dispensa com argumentos canônicos dos quais conhecia as fragilidades. Desde então, as chances de sucesso estavam mais na ação diplomática que na teologia. Era por isso que poderia esperar tirar proveito da situação de Clemente VII, fechado no castelo de Sant'Angelo desde o saque de Roma de 6 de maio de 1527.

– VII –

A LUTA PELO DIVÓRCIO E A QUEDA DE WOLSEY (1527-1529)

Foi um Wolsey preocupado que desembarcou em Boulogne em 22 de julho de 1527, à frente de uma magnífica escolta de mil cavaleiros. Ele estava a caminho para se encontrar com Francisco I, com quem se encontraria no dia 4 de agosto em Amiens. Essa viagem, que havia sido planejada por vários meses, tinha originalmente o objetivo de preparar uma segunda reunião entre os reis da França e da Inglaterra, a fim de fortalecer os laços e tomar providências contra Carlos V. Mas o contexto era agora mais pesado e mais complexo. O papa era um prisioneiro em Roma; Henrique queria, acima de tudo, que seu casamento fosse anulado. Wolsey tinha que encontrar uma solução, e rapidamente.

PLANOS DO REI E PLANOS DE WOLSEY PARA A ANULAÇÃO DO CASAMENTO

Enquanto o papa estivesse à mercê do imperador, ele não faria nada em detrimento dos interesses de Catarina de Aragão. O cardeal sabia disso, e assim ele elaborou um plano tão grandioso quanto astuto. Com Clemente VII preso no castelo de Sant'Angelo e não mais livre para agir, um governo interino da Igreja seria organizado em Avignon. Ali, os cardeais, sob a autoridade de Wolsey, exerceriam a plenitude dos poderes papais, enquanto aguardavam a libertação do papa. Seria possível aproveitar esse momento privilegiado para ratificar a dupla finalidade da política inglesa: a restauração da paz e a anulação do casamento.

No entanto, esse plano pressupunha três condições. Primeiro, que os cardeais concordassem em ir a Avignon. Wolsey os convocou, mas apenas quatro vieram. Em segundo lugar, Clemente VII teria que assinar uma delegação de poderes para o chanceler da Inglaterra. Este último tinha um texto redigido em nome do pontífice que concedia ao cardeal plenos poderes, mesmo o de "relaxar, limitar ou moderar a lei divina"; o papa prometia ratificar antecipadamente qualquer coisa feita em seu nome. A passagem sobre a lei divina indicava claramente o objetivo de Wolsey: invalidar o casamento e depois apresentar a Clemente VII como um fato consumado. O documento deveria ser levado discretamente ao castelo de Sant'Angelo para receber a assinatura do papa. A terceira condição era que o plano do rei fosse mantido em segredo para evitar uma contramanobra de Carlos V e para não despertar a desconfiança do papa.

O plano certamente era muito arriscado, pois seu sucesso supunha a conjunção de muitos fatores favoráveis. Talvez sua fraqueza mais séria fosse o fato de o próprio Henrique não estar ciente dos detalhes. Enquanto seu chanceler estava na França tramando seu esquema arriscado, o soberano estava na Inglaterra concebendo seu próprio plano para convencer o papa. Mas ele cometeu o erro de revelar a Catarina sua intenção de se separar dela, numa conversa patética, no final de junho. O caso estava, de qualquer forma, se tornando um segredo aberto. As reuniões de teólogos em Westminster não haviam passado despercebidas. O irmão de John Fisher havia informado o bispo de Rochester; Catarina havia sido avisada e procurara o conselho de

Fisher, mesmo antes que o rei lhe tivesse dado oficialmente a notícia. Wolsey, antes de partir para a França, tinha assegurado ao mesmo Fisher que a corte de Westminster pretendia apenas acalmar alguns dos escrúpulos do rei. Ninguém foi enganado.

Catarina enviou uma mensagem a seu sobrinho Carlos V, que estava na Espanha, através de um de seus costureiros, Felipez. Este último usou a doença de sua mãe como desculpa para sair. Henrique, desconfiado, deu ordens para interceptá-lo durante sua viagem, mas o alfaiate escapou da armadilha e encontrou o imperador em Valladolid no final de julho. Carlos escreveu imediatamente ao papa, pedindo-lhe que avocasse o caso em Roma. Em uma carta a Henrique, ele o exortou a abandonar seu plano; e em outra a Catarina, lhe garantiu seu apoio. Toda a Europa estava agora ciente disso.

Foi então que o rei da Inglaterra decidiu apressar as coisas, sem avisar seu chanceler, que, na França, tinha encontrado Francisco I e confirmado com ele o acordo franco-inglês. Desde o início de julho, Henrique estava cercado pelos inimigos do cardeal, os duques de Norfolk e Suffolk, e o clã Bolena, liderado pelo pai de Ana, o visconde de Rochford. Este último, é claro, estava pressionando por um divórcio e aproveitou a ausência de Wolsey para promover os interesses de sua filha. Não é impossível que ele tenha sido parcialmente responsável pela decisão real de enviar o secretário William Knight a Roma para pedir ao papa que assinasse uma bula permitindo que se casasse novamente, mesmo antes da anulação do casamento anterior. Henrique não receava as dificuldades e parecia imaginar que tudo lhe seria permitido. Teria ele consciência da enorme loucura que estava pedindo ao papa que endossasse? Esta poderia ser a razão pela qual ele estava agindo à revelia do cardeal, recomendando a William Knight que não lhe contasse o verdadeiro propósito de sua missão quando se encontrasse com ele em Compiègne, a caminho de Roma.

Mas Wolsey tinha seus informantes, que lhe contaram o plano do rei antes da chegada de Knight. O cardeal ficou, ao que parece, atordoado. Ele, que havia pensado manobrar todas as tirantes do poder, e que pensava ter sob controle um rei dócil, que não poderia agir sem ele, de repente descobria que o soberano podia tomar decisões independentes, sem pedir sua opinião. Repentinamente preocupado, talvez percebendo como sua ausência poderia ter sido prejudicial para si, ele escreveu uma carta grandiloquente para

Henrique, na qual protestava sobre a pureza de suas intenções e multiplicava as expressões de sua devoção.

O rei, por sua vez, soube que seu chanceler conhecia seu plano secreto. O caso inteiro estava se transformando em um melodrama. Ele escreveu outra carta para Knight, dizendo-lhe que, como "Monsenhor o cardeal está agora ciente da bula para a qual vos enviei", ele deve ser assegurado de que a ideia foi abandonada, e de que o único objetivo da viagem a Roma agora era promover o plano de Wolsey. Na verdade, o rei tinha preparado o texto de uma segunda bula, que também deveria ser assinada por Clemente VII e mantido em segredo. A ideia era apenas ligeiramente menos extravagante que a do primeiro documento: se o primeiro casamento do rei fosse anulado e ele fosse absolvido da excomunhão por ter vivido em adultério durante dezoito anos, poderia se casar novamente, mesmo com uma mulher à qual estivesse vinculado no primeiro grau de afinidade, por causa de relações sexuais ilegítimas, e mesmo se já tivesse tido relações com ela. Isto era consistente com o caso de Ana Bolena, irmã de uma antiga amante do rei, o que criava uma afinidade de primeiro grau; quanto ao relacionamento com Ana, provavelmente deve ser tomado aqui como uma antecipação. Esse projeto de bula é esclarecedor, em vários pontos de vista: sobre a inconsciência do rei, que ainda pensa que o papa pode subscrever todas as suas fantasias; sobre a elasticidade ou flexibilidade de sua consciência, pronto a rejeitar um casamento por impedimento de primeiro grau de afinidade e a contrair outro que se enquadre no mesmo grau de proibição; por fim, sobre a sua falta de lógica, já que reconhece aqui o poder do papa em dispensar o impedimento do primeiro grau de afinidade, enquanto ele lhe contesta esse mesmo poder no caso do primeiro casamento. De qualquer forma, isto não resolvia a anulação do casamento com Catarina, que era uma condição *sine qua non* para a realização de todos os outros projetos.

Era imperativo que Wolsey também não soubesse nada sobre essa segunda tentativa. Em sua carta a Knight, Henrique VIII deixava bem claro que aquele era um documento "que ninguém conhece, a não ser aqueles que estou certo de que não o divulgarão a nenhum ser vivo, por mais engenhosa que seja a habilidade do cardeal ou de um outro". Para completar essa duplicidade, o rei escreveu a Wolsey uma carta de louvor, apreciando sua ação e assegurando-lhe que não seria um senhor ingrato. Tal sigilo na verdade escondia a falta de confiança em si mesmo de Henrique VIII. Uma maneira infantil de ocultar uma tentativa pueril, à qual ele sabia que o grande ministro se oporia. O soberano tenta ser independente, encorajado pelos adversários do cardeal e pela família de Ana Bolena. Mas ainda não tem coragem de enfrentar abertamente seu mentor. Nem ainda confessou que quer casar com Ana Bolena, enquanto o cardeal já está considerando um novo casamento diplomático muito mais atraente com Renée, cunhada de Francisco I. Henrique ainda tem medo de revelar ao poderoso ministro o que poderia parecer uma fraqueza humana demais por parte de um monarca.

Ao seu redor, porém, as pessoas não cessam de excitar suas suspeitas contra Wolsey: o cardeal é bastante reservado quanto à questão do divórcio; ele está realmente procurando obter a anulação do casamento? Seu objetivo não é antes o de assegurar para si o governo da Igreja, a fim de satisfazer sua ambição sem limites? Esses rumores chegam aos ouvidos do cardeal, que em meados de setembro escreve ao rei para se justificar: "Nunca tive a intenção de enviar a referida comissão para promover minha própria autoridade, ambição, conveniência, lucro ou ganho privado, mas apenas para o avanço do caso secreto de Vossa Graça [...], suportando os trabalhos e dores de que padeço diariamente e a toda hora, sem qualquer consideração por minha vida ou saúde, que só pode ser preservada pela confiança garantida de vosso gracioso amor e de vosso favor". Foi um Wolsey amargo e preocupado que retornou à Inglaterra no final de setembro de 1527.

AS HESITAÇÕES DO PAPA

Enquanto isso, dois documentos extraordinários estavam a caminho de Roma. Um deles foi levado pelos enviados de Wolsey: Ghinucci, bispo de Worcester, Gambara, núncio papal na Inglaterra, e Gregory Casale, um italiano ligado à corte inglesa e fino conhecedor de Roma. Os três homens deveriam aproveitar a desordem que reinava na cidade para conseguir que Clemente VII assinasse a mensagem que tornaria o cardeal um verdadeiro vice-papa. Eles não deveriam dizer nada sobre o "caso secreto" do rei, que seria resolvido calmamente quando Wolsey tivesse obtido seus poderes. O outro documento era encaminhado pelo enviado do rei, William Knight, que deveria conseguir que o papa assinasse a autorização para o casamento com Ana Bolena. Knight chegou primeiro, no início de dezembro de 1527, e enviou uma carta a Clemente, que, em sua desconfortável situação, ficou muito feliz pela amizade do rei inglês e deu uma resposta encorajadora.

Três dias depois, o papa escapou do castelo de Sant'Angelo. Ele encontrou refúgio a 130 quilômetros ao norte de Roma, em outra cidade devastada, Orvieto, onde se estabeleceu nas ruínas do palácio episcopal, numa posição precária, mas livre. Por conseguinte, o plano de Wolsey colapsava; a Igreja não precisava mais de um vice-papa ou de um governo interino. O projeto da comissão teve que ser abandonado. Knight havia seguido o papa até Orvieto, e apresentou-lhe o esboço da bula preparada pelo rei. Clemente declarou que o documento, antes de receber sua aprovação, deveria ser examinado por um especialista, o grande penitenciário, o cardeal Lorenzo Pucci. Este último foi rápido em descobrir a trapaça: Henrique estava tentando passar a anulação do casamento, ao mesmo tempo que a dispensa para casar com Ana Bolena. Ele modificou o texto, e a bula que Knight enviou à Inglaterra no início de janeiro de 1528 permitia que o rei desposasse Ana, *sob a condição* de que o casamento com Catarina fosse dissolvido: nada estava resolvido. O episódio é um exemplo do que será a atitude constante do papa nesse caso. Gentil, indeciso, hesitante, cauteloso e obstinado, Clemente VII nada recusou, mas não concedeu o que lhe foi pedido; suas bulas nunca responderam exatamente à pergunta. Benevolente, amigável, ele evitou constantemente o problema, tergiversou, desviou as diligências e postergou o assunto; esse papa esquivo desgastou os nervos de Wolsey e levou a paciência do rei ao limite.

Em dezembro de 1527, o cardeal-chanceler, ao saber da fuga do pontífice, abandonou seu plano e aderiu àquele do rei. Ele imediatamente enviou a Casale novas instruções, que este recebeu pouco antes do Natal, em Orvieto. Ele deveria explicar o problema a Clemente, insistindo sobretudo na invalidade da bula de Júlio II, e tentar obter a criação de uma corte especial na Inglaterra, que julgaria o caso do casamento real. À frente dessa corte – e para que Wolsey não fosse acusado de parcialidade –, o papa nomearia um núncio, como Campeggio, o bispo absentista de Salisbury. Mas era absolutamente necessário que o tribunal fosse nomeado por uma comissão decretal, ou seja, uma comissão que portasse antecipadamente a sentença de invalidação. Os juízes examinariam os fatos e, se achassem que a bula de dispensa de Júlio II era defeituosa, o casamento seria invalidado, sem possibilidade de recurso, exceto em caso de suspeita contra um juiz. Casale tinha 10 mil ducados à sua disposição para apoiar seus argumentos com a Cúria. Wolsey havia elaborado o documento; tudo o que restava era assiná-lo.

A decepção foi grande quando a comissão foi recebida. O cardeal Pucci, recusando os 2 mil ducados que lhe foram oferecidos por Casale, tinha recomposto completamente o texto. A questão do casamento foi de fato confiada a um tribunal a ser realizado na Inglaterra, mas os juízes não tinham poder para decidir. Foi uma simples comissão, não uma comissão decretal. A decisão final caberia a Roma. Além disso, os círculos pontifícios acharam a pressa de Henrique desproposiada. Não havia assuntos mais urgentes e sérios a serem resolvidos de imediato do que o divórcio de um rei e seu novo casamento com sua amante? Pressionar dessa maneira, por uma simples questão matrimonial, um papa no exílio, ameaçado pelas tropas imperiais, tinha um toque de indecência. Não havia nenhum partido inglês na Cúria, e mais nenhuma representação permanente do rei. Ghinucci e Campeggio, que tinham uma diocese na Inglaterra, não desfrutavam de influência suficiente.

Entretanto, o contexto político era favorável. Clemente VII precisava de ajuda. As tropas imperiais ainda estavam circulando pela Itália. O papa tinha um forte ressentimento contra o imperador, e isto podia ser explorado: ele não precisava mais ser conciliador com Carlos V, protegendo sua tia Catarina. Além disso, em 21 de janeiro de 1528, a Inglaterra se associou mais estreitamente à liga de Cognac, declarando formalmente guerra ao imperador por meio do arauto Clarencieux em Burgos. Algumas semanas mais tarde, os franceses, liderados por Lautrec, realizaram uma brilhante campanha em Milão; Gênova os acompanhou; um desembarque no reino de Nápoles permitiu-lhes retomar Melfi e forçou os imperiais a deixar Roma. Nápoles estava sitiada.

Nessas circunstâncias, Wolsey decidiu fazer uma nova tentativa. Em fevereiro, enviou seu secretário, Stephen Gardiner, e um capelão real, Edward Fox, em uma embaixada junto ao papa. Os dois homens deveriam lembrar a Clemente o apego de Henrique à Santa Sé e suas numerosas ações em seu favor. Deveriam também sugerir, da maneira mais diplomática possível, que o rei, caso seus desejos não fossem satisfeitos, poderia ser levado a romper com Sua Santidade. Eles também exporiam as grandes qualidades de

Ana Bolena, e tudo isso com o objetivo de obter a famosa comissão decretal, em favor de um núncio, ou de Wolsey e de um outro cardeal.

Após uma árdua viagem, Gardiner e Fox chegaram a Orvieto em 21 de março. Durante quinze dias assediaram o papa em todas as horas do dia e da noite, sendo que algumas reuniões terminavam à uma da manhã. Às vezes sozinho, às vezes com o cardeal Pucci, às vezes com o reitor da Rota, Simonetta, ou com outros cardeais, Clemente os enfrentou. Gardiner e Fox foram apoiados por dois italianos que haviam ganho a causa do divórcio, Gambara e Stafileo. As discussões foram épicas. Gardiner chegou a recitar de cor o cânon *Veniens*, extraído dos *Decretais*, que era o texto que Henrique queria obter, assinado pelo papa. Este último, como era seu costume, se esquivava, alegando que não era costume da Cúria e da Chancelaria usá-lo dessa forma. Ele apresentou um primeiro esboço da bula, que Gardiner recusou; este foi solicitado a preparar um texto, que foi examinado pelos cardeais. Em 13 de abril, os documentos estavam finalmente prontos, mas os embaixadores ainda não estavam muito satisfeitos. Havia três bulas, nenhuma das quais satisfazia realmente as expectativas de Henrique. A primeira era simplesmente uma dispensa que lhe permitia casar-se com Ana Bolena. A segunda dava a Wolsey e a qualquer outro bispo inglês uma comissão geral, cujas decisões teriam que ser confirmadas por Roma. A terceira foi outra comissão, permitindo que Wolsey e qualquer outro núncio romano julgassem a questão do casamento, sem apelação. Mas havia omissões e ambiguidades que deixavam abertas as portas da saída. Um recurso era possível em caso de parcialidade dos juízes, e acima de tudo não foi dito em nenhum lugar que o papa confirmaria a sentença dos juízes. Na verdade, é como se cada uma das duas partes, não querendo assumir a responsabilidade de anular o casamento, quisesse que a questão fosse decidida pela outra. Por que outra razão haveria tanta delicadeza, tanta sutileza, tantas evasivas, tantas meias medidas? Tudo parece indicar que Roma ficaria satisfeita em ver Wolsey, em virtude de seus poderes de núncio *a latere*, tomar a decisão; sem dúvida Clemente VII deixaria isso acontecer, o que o libertaria de sua responsabilidade para com o imperador. Os textos ambíguos que ele enviou a Henrique foram talvez mais encorajadores do que obstáculos. O problema é que do lado inglês, ao contrário, eles queriam uma anulação solene e oficial, que não deixasse espaço para a menor dúvida e que tivesse a aprovação clara do pontífice.

Nova decepção. Somente as duas primeiras bulas foram expedidas de imediato, levadas por Fox para a Inglaterra, enquanto Gardiner fazia um desvio para Roma, a fim de buscar Campeggio, que seria o outro núncio na companhia de Wolsey. No início de maio, Fox entregava as bulas para o rei em Greenwich. Na primeira leitura, Henrique ficou satisfeito e contou a Ana a boa notícia. Wolsey estava em Londres. Recebendo o texto algumas horas após o soberano, no início ele teve a mesma reação de satisfação. Uma leitura mais atenta revelou o erro; não foi de modo algum uma comissão decretal. Mas Clemente VII estava lhe oferecendo uma chance de assumir um pequeno risco: decidir ele mesmo a anulação, em virtude de uma comissão geral. Wolsey não queria aceitar esse risco e decidiu que tudo tinha que ser refeito. Enfrentava assim um risco muito maior, pois Henrique VIII estava se tornando impaciente.

A MISSÃO DO CARDEAL CAMPEGGIO

Paralelamente, os assuntos europeus começavam a se deteriorar novamente. A declaração de guerra ao imperador, em janeiro de 1528, havia sido apenas um ato formal, uma pressão suplementar sobre Carlos V. Wolsey não tinha a intenção de participar da luta. Aliás, para tanto, seria preciso vencer as hostilidades dos ingleses; no sul, estavam surgindo distúrbios esporádicos; no Kent, havia ameaças de enfiar o cardeal em um barco furado. A guerra contra o imperador significava o fim do comércio vital com os Países Baixos. Era preciso concluir uma trégua com a regente Margarida, que governava essas regiões em nome de Carlos V. Em março, como resultado das vitórias francesas na Itália, o imperador parecia pronto para ceder. John Clerk foi enviado à França com um novo plano de paz, encorajando Francisco I a ser mais conciliador, enquanto Sylvester Darius, um coletor papal, foi enviado a Madri. "Até agora eu tinha poucas esperanças de alcançar a paz, [...] agora eu a considero certa", declarou Wolsey.

Mas quando Darius chegou à Espanha, a situação havia mudado novamente. A conduta dos franceses na Itália os tinha afastado do povo. Gênova e Andrea Doria tinham passado para o lado imperial. O verão foi desastroso, com a morte de Lautrec, em agosto, e a derrota de Aversa. Carlos V deixou o enviado inglês sem resposta, e Darius retornou à Inglaterra no início de novembro sem nada em mãos. Em meados de maio, novas instruções foram enviadas a Gardiner: ele deveria retornar a Orvieto para encontrar Clemente VII, e como este último não queria conceder uma comissão decretal pública, conseguir que ele enviasse uma secreta, que seria conhecida apenas pelo rei e por Wolsey, e que seria uma garantia para eles. Depois, tudo se tornou complicado e confuso. Campeggio, que deveria liderar com Wolsey o tribunal especial encarregado de examinar a questão do divórcio, não chega, confinado em Roma por um ataque de gota. Henrique perde a paciência; Casale e Gardiner são chamados de incompetentes. Além disso, há problemas com o correio: uma importante carta vinda de Orvieto se perde misteriosamente na travessia da França, e ninguém sabe o que ela contém. A busca foi em vão. O rei está furioso: e se fosse o famoso decretal? Para aumentar a confusão, Clemente VII se mudou novamente em junho; aproximando-se de Roma e estabelecendo-se em Viterbo.

Durante o verão de 1528, Henrique teve outros problemas, que o fizeram esquecer por um momento suas preocupações matrimoniais. Uma grave epidemia de doença do suor atingiu Londres e se espalhou até mesmo nas províncias. Houve vários casos na corte, e a própria Ana Bolena foi afetada. O rei não tentou ser um herói. Deixou imediatamente sua amante e pediu que ela não se encontrasse com ele até que estivesse completamente curada. Durante várias semanas ele viajou pelo oeste do país, especialmente na região de Cotswolds, onde o ar lhe parecia ser mais saudável. Todos os dias se confessava e ia a três missas, engolia muitos remédios, escrevia cartas a Wolsey dando conselhos médicos, recomendando pílulas "rasis", uma dieta leve, a ordenação de sua consciência, e sempre ordenando procissões para acabar com a epidemia. Suas cartas são surpreendentes; elas mostram um homem preocupado exclusivamente com sua saúde, perseguido pelo medo da morte, explicando a seus correspondentes suas dores de cabeça e de bexiga. Cercado por médicos, ele come sozinho, mantém afastados todos os que tiveram contato com os doentes, como o marquês de Exeter. Mais centrado que nunca sobre si mesmo, revela nesse período um egoísmo prodigioso e uma fragilidade psicológica infantil.

Em 9 de outubro, o cardeal Campeggio finalmente chegou a Londres, mais morto que vivo, depois de uma longa viagem numa mula, o que aumentou em dez vezes o sofrimento causado pela gota: havia levado um mês para viajar pelo vale do Ródano até Lyon, depois quinze dias para chegar a Paris, onde John Clerk o esperava, outros quinze dias para chegar a Calais, e depois dez dias para chegar à capital inglesa, onde nem sequer pôde comparecer à recepção preparada em sua honra. O núncio estava em tal estado que já se falava de sua morte iminente. O principal era que ele estava lá. Contra todas as probabilidades, tinha consigo a famosa comissão decretal, que Casale e Gardiner haviam arrancado de Clemente VII *in extremis*. É claro que ainda havia reservas: o documento deveria permanecer secreto, conhecido apenas por Henrique e Wolsey; além disso, o texto não dizia claramente se os dois núncios poderiam pronunciar uma sentença definitiva, e ainda seria necessário esperar que o papa enviasse uma promessa, por escrito, de não anular sua decisão. Portanto, era necessário agir diante do público confiando na comissão geral, e esperando não ter que usar a comissão decretal, uma vez que ela deveria permanecer secreta.

Apesar de tudo, as coisas tinham boas perspectivas. Henrique, que havia tomado a precaução, por conveniência, de afastar Ana Bolena, explicou seu caso a Campeggio, que ficou impressionado pela segurança do rei, seus escrúpulos, seu profundo conhecimento da Escritura e do direito canônico. Wolsey, por sua vez, apresentou os argumentos políticos e diplomáticos: se o divórcio não fosse concedido, o chanceler estaria perdido e a ruptura com Roma seria inevitável, pois o rei seria inflexível. Mas Campeggio, sem dúvida por sugestão do papa, teve outra ideia, que teria a vantagem, se bem-sucedida, de evitar um embaraçoso julgamento público: se Catarina decidisse entrar no convento, tudo seria resolvido sem agitação.

Para um bom número de teólogos e canonistas, a entrada para a religião de um dos dois cônjuges é equivalente a uma "morte espiritual" e deixa o outro livre para se casar novamente. Essa opinião, baseada na autoridade de São Boaventura, não era unânime, mas teria tido o apoio do papa. Isso também evitaria ofender Carlos V, já que não haveria repúdio à sua tia. Campeggio aproveitou a visita de Henrique para explicar seu plano. O rei, que tinha chegado muito animado, exigindo a iminente abertura do procedimento em uma voz tão alta que podia ser ouvida nas salas ao redor, ficou encantado com a ideia do núncio. A parte mais complicada permaneceu: convencer Catarina. No dia seguinte, Campeggio e Wolsey, durante uma entrevista com a rainha, imploraram-lhe que aceitasse; ela não respondeu. Campeggio tentou então convencer John Fisher, que até então se opunha ao divórcio. Então Henrique, irritado com o silêncio de sua esposa, mandou o núncio dizer-lhe que se ela não se retirasse voluntariamente para um convento, seria colocada lá pela força, o que também não fez efeito. Pouco tempo depois, Catarina pediu para ver Campeggio e confessou-se com ele: afirmou sua virgindade no momento de seu casamento com Henrique, declarou que nunca concordaria em entrar num convento e permitiu que o núncio revelasse o conteúdo de sua confissão. Wolsey e Campeggio, assim como uma delegação de bispos, novamente suplicaram a ela que cedesse, mas em vão. Seria preciso recorrer a um julgamento público diante da corte.

Gradualmente, o caso espalhou-se por todo o país. A opinião estava claramente desfavorável para o rei. Em Londres, as multidões aclamavam a rainha. Henrique decidiu informar a população pessoalmente, por meio dos notáveis, que ele reuniu no palácio Bridewell. Essa preocupação de convencer a opinião pública, de obter o apoio pelo menos das classes sociais mais altas, é uma característica notável da monarquia Tudor. Mesmo fora das sessões do Parlamento, há na Inglaterra uma certa ideia de um "consenso" necessário entre o rei e seus súditos. Por exemplo, é difícil para o soberano travar uma guerra que o povo desaprove. Da mesma forma, as questões matrimoniais e religiosas requerem uma aprovação geral da opinião pública, o que tornou possível as convulsões confessionais do século XVI. Henrique VIII, portanto, explicou a situação, seus escrúpulos e o propósito da missão de Campeggio para os notáveis, proclamando seu apego por Catarina, "tão boa dama e companheira amorosa". Se seu casamento fosse proibido pela lei divina, ele só se separaria dela com dor e em obediência à sua consciência. Caso contrário, "não haveria nada mais agradável e aceitável em toda minha vida", continuou, do que mantê-la como esposa, pois suas qualidades eram tais que ele estaria pronto para casar-se com ela novamente. E concluiu pateticamente: "Estas são as dores que me afligem a mente, os remorsos que me perturbam a consciência, e é para estes males que procuro um remédio". Comédia ou confissão sincera? É muito difícil saber. O cronista Hall, que estava presente no episódio, acrescenta que os notáveis ficaram impressionados. Embora não haja provas da sinceridade do rei, é certo que Henrique VIII tinha um bom senso de contato e de comunicação. Esta era talvez sua maior qualidade, ou melhor, sua maior habilidade. Ele compreendia que precisava do apoio popular nas decisões mais sérias, e sabia fazer vibrar as cordas sensíveis de seu povo.

Já o cardeal Campeggio não foi tão fácil de manipular, sobretudo porque havia recebido do papa a ordem suprema para ganhar tempo. Ele não hesitou em usar a lentidão das comunicações entre Londres e Roma, por exemplo. Não se pode abrir o processo até que todas as possibilidades de conciliação tenham sido esgotadas e sem ter enviado ao papa os relatórios completos sobre a situação e recebido as instruções, dizia ele, enquanto o rei ficava enfurecido. Clemente VII, que lamentou ter concedido uma comissão decretal, insistiu que ela não deveria ser utilizada durante o julgamento, e Campeggio, depois de mostrá-la ao rei, a fez desaparecer. Quanto à garantia escrita de não revogar a decisão da comissão, o papa somente a enviará na primavera de 1529, e ainda redigida de uma forma muito ambígua. Em 1º de novembro de 1528, Wolsey escreveu novamente a Casale, pedindo-lhe que conseguisse do papa um documento sem equívocos; fazia um quadro dramático da situação, imaginando o pior para a Igreja da Inglaterra em caso de recusa: "Fecho os olhos diante de tal horror", exclamava.

Em outubro, um novo elemento se juntou ao dossiê: Catarina mostrava a Campeggio a cópia do breve enviado por Júlio II para Isabel, do mesmo ano que a bula de dispensa. Esse breve, assim como a bula, suprimia o impedimento de casamento por afinidade do primeiro grau, mas em termos mais precisos e menos equívocos. A rainha havia obtido essa cópia por meio do embaixador Mendoza, e isso poderia fazer tudo mudar. De um lado, o texto não permitia mais jogar com hesitações como o "talvez consumado" e, por outro, a comissão concedida pelo papa tinha o poder de tratar da validade da bula, e não do breve, e havia o risco de precisar recomeçar tudo. A primeira coisa a fazer seria obter o original, a fim de verificar a autenticidade da cópia, mas ele estava em mãos dos espanhóis. Somente uma carta da rainha podia fazer Carlos V decidir enviá-la. Catarina foi pressionada e precisou abandonar o palácio de Greenwich, onde seus aposentos foram ocupados por Ana Bolena. Os membros do Conselho falaram-lhe sobre propósitos ameaçadores da parte do rei, reprovando-a por se mostrar muito em público, por cultivar sua popularidade, por detestar o rei e por fazê-lo sofrer com sua recusa de entrar para o convento. As visitas de sua filha, a princesa Maria, foram interrompidas.

No final de dezembro, Catarina aceitava escrever uma carta para seu sobrinho, declarando que somente o original do breve poderia servir no processo e proteger seus interesses. Contudo, a mensagem foi confiada a Thomas Abel, um fiel da rainha, que informou Carlos V sobre a situação e lhe recomendou que não se desfizesse do original do breve, e que exercesse pressão sobre o papa para impedir o julgamento do divórcio. Também aí se estava num impasse.

O NOVO PLANO DO REI

Henrique elaborou então um novo plano, tão utópico quanto os anteriores, para obter seu divórcio: quatro representantes, Knight, Bryan, Vannes e Benet iriam encontrar o papa, que havia retornado a Roma em outubro, e fariam a seguinte proposta: Henrique VIII e Francisco I enviariam 2 mil homens a Roma para servir de guarda ao pontífice e evitar uma repetição da pilhagem de maio de 1527. Em seguida, Clemente proclamaria uma trégua geral na Europa e prepararia uma conferência de paz em Avignon, sob sua presidência. Isto levaria a uma reconciliação geral; os filhos de Francisco I seriam libertados e Carlos V seria coroado imperador. Por trás desse sonho havia uma realidade menos confessável: a trégua tinha a intenção de arrastar as coisas e atrasar a reconciliação do papa e Carlos V, cujos primeiros sinais começavam a aparecer; os 2 mil homens, para os quais o rei da França ainda não havia sido consultado, estariam lá mais para monitorar o papa e não para protegê-lo; era, disse Wolsey aos embaixadores, um meio pelo qual "Sua Santidade o papa seria induzido a sentir tanto medo e respeito por Sua Majestade, o rei, quanto ele agora sente pelo imperador e, consequentemente, a ficar ainda mais desejoso de satisfazer os desejos do rei". Quanto à conferência de Avignon, sempre poderia ser arruinada se o papa se mostrasse recalcitrante.

A esse plano político se juntava uma avalanche de instruções diretamente relacionadas com o caso matrimonial. Sua simples enumeração é suficiente para mostrar o quanto Henrique queria alcançar seus objetivos por qualquer meio. Seus enviados poderiam propor várias soluções ao papa, cada uma mais extraordinária que as outras: que ele enviasse uma comissão decretal para que os núncios se pronunciassem sobre o breve; que ele mesmo declarasse o documento nulo e sem efeito; que pusesse fim às ambiguidades da comissão decretal trazida por Campeggio; que autorizasse o rei a se casar novamente se Catarina entrasse para um convento; que permitisse que Henrique renegasse sua promessa se por acaso a rainha só aceitasse entrar para o convento se o rei fizesse o mesmo; ou que ele permitisse que Henrique, em referência aos muitos exemplos bíblicos, tivesse duas esposas; que ele enviasse outra comissão decretal para esse fim. Os embaixadores deveriam fazer consultas aos melhores teólogos de Roma sobre todos esses assuntos. Eles também deveriam pesquisar nos registros para tentar encontrar o breve original e reunir provas que provassem que se tratava de uma falsificação: o selo de Júlio II, cópias da caligrafia do clérigo Sigismund, cuja assinatura estava na parte inferior do escrito. Naturalmente, tudo isso deveria ser feito com a máxima discrição para não levantar suspeitas.

Bryan e Vannes chegaram a Roma no final de janeiro de 1529. Knight e Benet, que iriam se juntar a eles naquela cidade, pararam primeiro em Paris para demandar a adesão de Francisco I aos planos de Henrique. Por fim, Stephen Gardiner foi enviado a Roma como um reforço. Toda a diplomacia inglesa se desdobrava, mas sem muita ordem, a serviço do divórcio. O plano quase falhou por causa da morte do papa, cuja notícia chegou à Inglaterra no início de fevereiro. A eleição de um partidário do imperador teria sido catastrófica, pois teria arruinado os planos de divórcio. Mais do que nunca, Henrique precisava de Wolsey. Instruções foram imediatamente enviadas aos embaixadores em Roma: que fizessem o que fosse necessário para promover a eleição do chanceler. Alguns dias depois a verdade apareceu: o papa não estava morto, mas isso não ajudava muito, pois uma febre inexplicada o impedia de trabalhar. Mais uma vez, não havia nada a fazer, a não ser esperar.

Casale e Vannes aproveitaram esse atraso para procurar nos arquivos do Vaticano qualquer vestígio desse famoso breve, mas nada encontraram. Também no final de março, assim que Clemente VII estava quase recuperado, Gardiner pediu-lhe que declarasse que o escrito era uma falsificação, ou que exigisse que Carlos V enviasse o original. Nada conseguiu. Wolsey, que não sabia mais o que fazer, sugeriu a Gardiner alguns subterfúgios surpreendentes: ir até o papa, dizer-lhe que a carta pela qual ele prometeu não ir contra o julgamento dos núncios havia chegado à Inglaterra em péssimo estado, propor a reescrita de memória diante dele, pedindo-lhe que assinasse, o que sem dúvida ele faria sem mesmo verificar o texto, que teria sido prévia e consideravelmente modificado. O cardeal devia estar muito desesperado para recorrer a métodos tão grosseiros.

O fracasso foi completo. A situação militar na Itália fortaleceu a determinação do papa em recusar. A cada mês, o imperador aumentava sua vantagem. Em Milão, os franceses, após o fracasso em Aversa, foram novamente derrotados em Landriano, e o condestável de Saint-Pol foi preso. "Decidi me aliar ao partido do imperador, e de nele viver e morrer", disse Clemente VII. Gardiner o importunou em vão, ameaçando-o, como Henrique VIII havia autorizado, com a perspectiva de que o decepcionado rei da Inglaterra poderia muito bem juntar-se à causa luterana. Nada adiantava. "O papa nada fará por Vossa Graça [...]. Não há um de nós que não tenha tentado meios honestos e desonestos, mas isso não serviu para nada", escreveu um dos embaixadores. Era preciso se render às evidências: Clemente não abriria mão de nada mais do que já havia concedido. Em abril, Gardiner e Bryan foram chamados de volta. Este último, que era primo de Ana Bolena, estava particularmente angustiado; ele não ousava mais escrever à sua parente para lhe dar a notícia.

Estava se tornando urgente aproveitar as vantagens adquiridas. No início de março, Clemente havia recebido uma carta de Catarina, pedindo-lhe que julgasse seu caso em Roma; em abril, os representantes de Carlos V lhe fizeram o mesmo pedido. Era agora uma questão de semanas. O assunto tinha que ser decidido na Inglaterra antes que Clemente revogasse os poderes dos núncios. Em 29 de maio, Henrique VIII ordenou aos cardeais que iniciassem o procedimento. No dia seguinte, estes nomearam oficiais de justiça para convocar formalmente o rei e a rainha para a sexta-feira, 18 de junho. Campeggio ficou muito constrangido. Por um lado, ele tinha ordens de Roma para não decidir nada e para temporizar; por outro lado, Catarina esperava que ele julgasse a seu favor; por fim, estava assediado por Henrique, que vinha encontrá-lo com pilhas de livros para convencê-lo no sentido do divórcio. Ainda sofrendo de gota, o italiano havia escrito recentemente ao papa implorando-lhe que avocasse o caso a Roma e o chamasse de volta, para tirá-lo daquela situação desconfortável.

OS DEBATES DE WESTMINSTER (JUNHO-JULHO DE 1529)

O dia 18 de junho chegou. O Tribunal Extraordinário reuniu-se no convento de Blackfriars, com os núncios presidindo. Henrique foi representado por um procurador, enquanto Catarina compareceu pessoalmente. Ela havia escolhido o arcebispo Warham para sua defesa, assim como os bispos e teólogos Fisher, Tunstall, Clerk, Vives e seu confessor espanhol, George de Athequa, que era bispo de Llandaff. No início ela contestou os poderes do tribunal e anunciou que estava apelando para Roma. Os juízes suspenderam a sessão para considerar esse pedido, que finalmente foi rejeitado. A segunda sessão foi realizada em 21 de junho. Ambos os cônjuges estavam presentes. Henrique fez um discurso no qual explicou novamente seus escrúpulos e seu desejo de justiça. Catarina atirou-se a seus pés, implorou-lhe que a poupasse e à sua filha Maria, repetiu que estava apelando para Roma e que não reconhecia de forma alguma os poderes desse tribunal. Depois ela se retirou, deixando sua defesa para John Fisher. Os debates começaram então, durante os quais, sessão após sessão, todos os argumentos supramencionados foram examinados, todas as testemunhas foram ouvidas, e todos os detalhes das Escrituras, teológicos, canônicos e fisiológicos relacionados ao casamento e à virgindade de Catarina em 1509 foram examinados. O defensor mais ardente da rainha foi John Fisher, que implicitamente comparou Henrique VIII a Herodes, declarando-se pronto para fazer o papel de João Batista. Gardiner o acusou de deslealdade e de arrogância.

Os debates foram acalorados, às vezes violentos, mas pouco progresso foi feito. O vigor e a clarividência de Fisher, a lentidão e a delicadeza de Campeggio prolongaram as discussões; ficaram atolados em detalhes. Henrique mal se continha. Em 27 de julho, Wolsey observou que se estava a uma semana do final do ano judicial: todos os tribunais teriam então que cessar suas atividades por dois meses, o que daria ao papa tempo para revogar os poderes dos núncios. Não foi preciso esperar por isso: Campeggio anunciou que, de acordo com o costume romano, entraria em férias em 31 de julho, adiando a corte até outubro. Henrique enviou os duques de Norfolk e de Suffolk para pedir-lhe que prosseguisse, mas eles foram recebidos com uma recusa categórica: "Pelos céus!", exclamou o duque de Suffolk, furioso, "agora vejo que o velho ditado é verdade, que nenhum cardeal ou núncio jamais fez nenhum bem na Inglaterra".

Como esperado, alguns dias depois, chegaram as cartas papais revogando os poderes dos núncios e atribuindo o caso a Roma. Clemente VII só havia tomado a decisão, após muita hesitação, em 13 de julho, cedendo à crescente pressão do partido imperial. Os representantes ingleses, Benet e Casale, fizeram o que puderam para ganhar tempo, dizendo ao papa que o tribunal não tinha se reunido na Inglaterra e que, em todo caso, este não tomaria nenhuma decisão. Haviam conseguido até mesmo interceptar cartas de Campeggio, que advertiam o papa sobre a verdadeira situação, mas não podiam esconder a verdade por muito mais tempo. Em 5 de julho, chegaram ao seu destino as cartas de Catarina, transmitidas por Bruxelas, apelando para Roma e recusando os poderes da corte. Benet e Casale escreveram a Wolsey, afirmando que não poderiam retardar o inevitável, e que, portanto, uma sentença deveria ser proferida imediatamente. A reconciliação entre Clemente VII e Carlos V era oficial desde 29 de junho, data da assinatura do tratado de Barcelona, e nos Países Baixos já estavam em andamento as conversações para restabelecer a paz entre o imperador e o rei francês. Clemente foi instado pelos espanhóis a julgar o caso de Catarina em Roma; o infeliz papa, tão hesitante como sempre, chorou e desejou a morte, bem ciente das consequências que sua decisão teria. Os delegados ingleses o haviam advertido várias vezes: corria-se o risco de um cisma. Ele finalmente cedeu; em 16 de julho, a revogação dos poderes do tribunal dos núncios foi pronunciada num consistório.

O que restava era levar o documento para a Inglaterra. Era preciso tomar precauções, pois havia algum tempo os desvios de correio e interceptações eram muito frequentes entre Roma e Londres. Como se sabia que os ingleses estavam prontos para tudo, uma dúzia de cópias foi enviada por seis rotas diferentes; ao menos uma delas conseguiria escapar dos agentes de Wolsey.

No momento, Henrique havia fracassado. O tribunal de núncios havia se separado sem tomar uma decisão. O caso foi agora avocado a Roma, um procedimento humilhante para o rei, e que excluía qualquer esperança de sucesso, dado que o papa havia voltado para o campo imperial. Sempre se poderia tentar fazê-lo reconsiderar sua decisão, mas não se tinha essa ilusão.

Dado que uma infelicidade nunca vem sozinha, em 5 de agosto de 1529, em Cambrai, foi assinada a paz das Damas, selando a reconciliação entre Francisco I e Carlos V, por intermédio da mãe do rei francês e da irmã do imperador. Francisco, Carlos e Clemente estavam assim unidos, deixando Henrique em total isolamento. Wolsey não havia levado suficientemente a sério as conversações de Cambrai, cuja importância os franceses lhe haviam cuidadosamente dissimulado. Ele estava convencido de que uma reconciliação geral só poderia ser alcançada sob sua égide, e com o envolvimento do rei da Inglaterra. Havia estado tão ocupado com o julgamento do divórcio em Blackfriars que não tinha tido tempo de lidar com assuntos continentais. Ora, o imperador, pressionado pelo problema protestante e turco, desapontado com uma aliança inglesa que não lhe tinha sido útil, tinha agora interesse em se reconciliar com Francisco I, derrotado na Itália e com falta de dinheiro; a Inglaterra não estava mais em posição de arbitragem; dado que não podia mais jogar com o antagonismo entre os dois grandes rivais, foi posta de lado, e seu isolamento diplomático soou como o toque de morte de qualquer esperança de divórcio.

A QUEDA DE WOLSEY (OUTUBRO-NOVEMBRO DE 1529)

O fracasso irrecuperável do verão de 1529 só poderia levar à queda do grande arquiteto de todos esses planos, o cardeal Wolsey. Que o rei fosse de fato o principal culpado não fazia diferença. A ideia do divórcio, a escolha do argumento errado, a brutalidade e a obstinação na condução do processo, tudo isso era atribuível a Henrique, e somente ele, que havia lançado a empreitada contra a opinião do chanceler. Wolsey se viu obrigado a defender uma causa que achava errada, com argumentos que ele achava ineficazes. Ele tinha feito o que podia, e seria punido por não ter conseguido o impossível. Henrique estava pronto para assumir o crédito pelos sucessos e para rejeitar a culpa pelos fracassos. Esta era uma das constantes de seu governo.

As relações entre o rei e o ministro haviam começado a se deteriorar em 1527. As negociações infrutíferas em Paris e as divergências na política externa haviam levantado suspeitas e causado confrontos epistolares, ocasionando muitas amarguras. Cada oportunidade foi explorada pelos grandes nobres da comitiva real, em particular pelos duques de Norfolk e Suffolk. Eles nunca haviam perdoado o filho do açougueiro por ter subido tão alto. Tudo nele os revoltava: sua pompa, seu luxo, sua arrogância, seus castelos. Eles o reprovavam por ter expulsado a nobreza dos grandes serviços do Estado e por tê-los substituído por homens insignificantes. Enquanto o ministro foi bem-sucedido, enquanto conseguiu satisfazer os desejos do senhor, nada tinha a temer. Ninguém era capaz de substituí-lo, de igualar sua fantástica capacidade de trabalho, sua competência universal. Mas precisava ter sucesso repetidamente, e o caso do divórcio deu a seus inimigos a oportunidade de arruinar seu prestígio na mente do rei. Mais grave, o clã de Bolena, que tinha o coração do rei, trabalhava contra ele; o visconde Rochford, pai de Ana, reprovava sua tibieza na causa do divórcio, e rapidamente aliou-se com Norfolk e Suffolk.

Os inimigos do chanceler tiveram muito tempo para prejudicá-lo na mente do rei, que pouco via seu ministro. Durante o verão, Henrique viajou, caçou e foi de uma residência para outra, enquanto Wolsey permaneceu em Westminster para conduzir os negócios sérios. Durante o resto do ano, aos domingos, o cardeal frequentemente jantava na casa do rei, mas durante a semana ficava em Hampton Court ou em York Place. Também viajava frequentemente ao exterior. Os dois homens trocavam ideias por carta, pelo menos quando o rei se dava ao trabalho de ditar uma. Como resultado, temos agora uma massa excepcional de documentos de grande importância. Não foi fácil servir a tal senhor, cuja conduta era totalmente imprevisível, cujo caráter era mutável, que ora deixava todas as decisões para o ministro, ora pretendia decidir tudo sozinho, perturbando todos os planos cuidadosamente elaborados. Talvez o maior mérito de Wolsey tenha sido conseguir manter seu posto por tanto tempo sob tais condições.

A deterioração da relação entre Henrique e Wolsey foi mostrada na primavera de 1528 pelo caso do priorado beneditino em Wilton, Wiltshire. A abadessa havia morrido e a comunidade havia encarregado o cardeal de sua substituição, o que ele fez. Mas o rei, nesse meio-tempo, havia nomeado a irmã do cunhado de Ana Bolena, que havia cometido pelo menos três adultérios, dois deles com padres. Quando soube de seu erro, Henrique nomeou outra abadessa, recusando-se a aceitar aquela nomeada por Wolsey. Este confirmou sua candidata, porém isso lhe valeu uma carta furiosa do rei, escrita de sua própria mão, um acontecimento raro. Ele o lembrou de quem era o senhor, e que havia muitos rumores sobre a honestidade do cardeal, a respeito da forma como havia construído alguns de seus prédios. Tal irritação sobre um assunto tão pequeno mostra como a posição de Wolsey estava se tornando frágil.

No país, a política do cardeal era impopular. Os pecuaristas e os comerciantes temiam que isso motivasse uma ruptura com os Países Baixos, o que teria causado a ruína de milhares de famílias e levado a uma catástrofe econômica. Em várias ocasiões, sua política fiscal havia provocado revoltas, que, embora pequenas, foram suficientes para forçar o ministro a abandonar seus planos. Sua maneira altiva de lidar com o Parlamento, o desrespeito pelas formas tradicionais e pelo direito de livre discussão na Câmara dos Comuns o afastaram do favor dos notáveis. As intromissões da corte da chancelaria nos tribunais de direito comum, sua constante interferência em nomeações eclesiásticas, o tornaram impopular em todos esses quadrantes.

Odiado universalmente, Wolsey era mantido apenas por um favor real. Mas isto dependia de seu sucesso na política externa e na questão do divórcio. Esta última foi um claro fracasso. Diplomaticamente, nem tudo era negativo. A aproximação com a França ajudou a restabelecer o equilíbrio europeu após Pavia e restaurou uma paz benéfica, tanto no sul quanto na Escócia, onde o partido anglófilo tinha agora uma grande vantagem. Mas Wolsey não havia levado a sério as tentativas de reconciliação entre Francisco I e Carlos V. Ele era a favor da paz no continente, desde que fosse o promotor, o sumo sacerdote, o inspirador. E agora essa paz foi alcançada sem ele, e de certa forma contra ele, pois significava que o divórcio não poderia ser concluído. A paz das Damas significava a queda de Wolsey a curto prazo.

Henrique deixou que os assuntos correntes continuassem a ser tratados durante o mês de agosto, para que pudesse caçar em paz com seus amigos Norfolk e Suffolk. Em junho, este último – que Wolsey havia protegido quando, em 1515, se casou com a irmã do rei um pouco precipitadamente – tinha enviado ao soberano uma carta venenosa contra o cardeal. Os sinais de desgraça multiplicavam-se. No final de agosto, o embaixador imperial Chapuys escrevia que Wolsey estava perdido; o acesso à corte lhe estava proibido; os embaixadores não podiam mais se dirigir a ele. O rei o informara, por meio de Gardiner, que se recusava a vê-lo.

Em setembro, Wolsey teve uma última chance de ter acesso ao soberano. Campeggio deveria tirar licença formalmente em uma cerimônia na corte antes de retornar a Roma. Ele obteve permissão para ser acompanhado pelo chanceler, que esperava restaurar seu crédito por uma conversa direta com Henrique. A reunião foi realizada em 19 de setembro. Ela foi contada pelo oficial de justiça do cardeal, George Cavendish. Campeggio e Wolsey chegaram a cavalo; antes de entrar na sala de audiência, deviam trocar de roupa. Então o italiano foi levado a um apartamento; Wolsey, que conhecia o lugar, dirigiu-se à sala habitual; foi-lhe dito que não haveria lugar para ele, e então usou o quarto de um amigo. Uma multidão de cortesãos esperava a chegada dos cardeais, acotovelando-se para ver qual seria a atitude do rei. Wolsey se ajoelhou diante de Henrique, que o levantou sorrindo e o conduziu para perto de uma janela. Seguiu-se uma intensa discussão entre os dois homens. O rei tirou uma carta, mostrou-a ao cardeal e disse: "O que é isto? Esta não é a sua escrita?". A natureza do papel não é conhecida, mas pode ter sido uma instrução de Wolsey a respeito do divórcio, da qual o rei não tinha sido informado. Henrique então se retirou para almoçar com Ana, que o censurou por sua longa conversa com um homem que lhe havia feito tanto mal. À tarde, o cardeal e o rei tiveram outra longa discussão na sala privada, e à noite Wolsey precisou se hospedar em Easton, a 5 quilômetros de distância.

No dia seguinte, quando se apresentou com Campeggio, o rei estava prestes a sair para visitar um novo terreno de caça, e como não deveria retornar até a noite, despediu-se dos dois cardeais. A ideia parece ter vindo de Ana Bolena, temerosa de que o chanceler acabasse recuperando sua ascendência sobre o rei. Foi ela quem sugeriu a excursão a fim de evitar outro encontro entre Henrique e seu ministro.

Wolsey então se retirou para sua residência em More, aguardando a decisão real. Em 22 de setembro, os inseparáveis Norfolk e Suffolk se apresentaram, exigindo a entrega do grande sinete. O cardeal solicitou um pedido por escrito. Depois de ter sido despojado do sinete, foi para Putney, no Tâmisa, a 8 quilômetros rio acima de Londres. No entanto, Henrique ainda hesitava a seu respeito. Wolsey o havia servido durante quinze anos, e ele não podia se decidir sobre sua queda completa e final. Enviou-lhe uma mensagem de conforto, afirmando que o estava afastando no momento para satisfazer a algumas pessoas, mas que continuava a estimá-lo, e anexou um anel, que era um sinal que usava para autenticar suas cartas mais confidenciais ao cardeal. Wolsey, que tinha ajoelhado na lama onde o mensageiro lhe havia dado a mensagem do rei, recuperou a esperança e foi morar em Esher, não muito longe de Hampton Court.

Mas em 9 de outubro foram instaurados procedimentos *praemunire* contra ele por usar seus poderes como núncio, apesar dos estatutos de *provisors* e *praemunire* que, desde o século XIV, proibiam a intervenção direta do papa e de seus representantes nos assuntos da Igreja da Inglaterra. Foi-lhe dada a escolha de comparecer ou diante da corte da bancada do rei, ou diante do Parlamento, que acabara de ser convocado e iria se reunir em 3 de novembro. Ele escolheu a primeira solução, arriscando a perda de todos os seus bens e títulos, pois sabia que não poderia esperar misericórdia do Parlamento, onde os nobres, bispos e comuns tinham muitas queixas contra si e poderiam desencadear um procedimento de *attainder* que lhe teria custado a vida. Em 30 de outubro, foi considerado culpado pela corte da bancada do rei e condenado ao confisco de seus bens.

THOMAS MORE, NOVO CHANCELER, E O FIM DE WOLSEY

O grande sinete e o título de chanceler foram dados a Thomas More. Filho de um jurista, nascido em 1478, que também se tornou juiz, era reconhecido como um dos maiores humanistas europeus. *Utopia*, publicado em 1516, tinha estabelecido sua reputação, que desde então foi confirmada por inúmeros trabalhos. Sua formação lhe permitiu adquirir uma ampla bagagem cultural, primeiramente na escola de Santo Antônio, de Threadneedle Street, a melhor escola de Londres, e depois na casa do arcebispo Morton, dos 12 aos 14 anos, em seguida na Universidade Oxford, onde estudou latim, grego e humanidades, e por fim nas escolas de direito, New Inn e Lincoln's Inn. Em 1501, aos 23 anos de idade, tornou-se advogado e logo estava lecionando direito no Furnivall's Inn. Mas Thomas More sempre se sentiu atraído pela teologia e pela carreira sacerdotal. Erasmo, cujo testemunho é confirmado pelos cronistas Roper e Harpsfield, nos conta que seu pai, que desaprovava esse projeto, retirou-o da universidade e o colocou nas escolas de direito.

Nos primeiros anos do século XVI, nós o vemos frequentando o convento cartucho de Londres, adotando John Colet como seu diretor espiritual, e dando palestras sobre Santo Agostinho na igreja de Saint Lawrence

Jewry. Ele também frequenta os círculos do humanismo cristão, do qual se tornará um dos principais representantes: "Passo meu tempo com Grocin, Linacre e nosso querido amigo Lily", escreveu ele a Colet em 1504. "O primeiro, como você sabe, é o guia de minha conduta durante sua ausência, o segundo é meu mestre nas letras, o terceiro é meu confidente e meu amigo mais íntimo." Ele escrevia poemas, epigramas, e traduzia obras gregas. Em 1505, ele se casou com Jane Colt e se estabeleceu no distrito de Bucklesbury, em Londres. Levando uma vida austera, mas feliz, criando seus filhos, escrevendo, ele se tornou um dos destaques da capital. Eleito para o Parlamento em 1504, lá fez discursos corajosos contra a tributação real. Em 1510 tornou-se subxerife da cidade de Londres, um trabalho importante, no qual suas competências jurídicas o tornaram valioso. Respeitado por sua integridade e conhecimento, logo participou de uma embaixada nos Países Baixos, cujo sucesso lhe valeu ser conhecido pelo rei. Em 1511, alguns meses após a morte de sua esposa, casou-se novamente com uma viúva, Alice Middleton, uma boa dona de casa, mas uma anfitriã pouco acolhedora, uma "harpia com um bico de gancho", como disse Erasmo, que nem por isso deixou de aproveitar a hospitalidade de seu amigo.

Mestre das petições, recebido na corte, faz parte da comitiva real no Campo do Pano de Ouro, torna-se cavaleiro em 1521, é eleito *speaker* da Câmara dos Comuns em 1523 e se opõe ao plano fiscal de Wolsey. Henrique valoriza sua habilidade, cultura e integridade. Ele também aprecia suas ideias erasmianas sobre a reforma da Igreja e da sociedade civil. Além disso, More é um leigo, profundamente apegado à fé católica, mas com uma visão crítica do mundo clerical. Sua autoridade moral pode ser um trunfo considerável para a realização dos planos do rei. Violentamente anti-herético, trocou insultos com Lutero, discutiu com William Tyndale, e sua ortodoxia era inquestionável. É verdade que suas opiniões sobre governo e organização social, como aparecem em *Utopia*, são bastante distantes da prática monárquica dos Tudor; é ainda verdade que, até então, More se recusara a se pronunciar sobre o tema do divórcio. Mas Henrique ainda podia esperar convencê-lo e, sobretudo, via no novo chanceler um escudo ideal, capaz de unir aos seus projetos o mundo do humanismo e de persuadir os círculos pontifícios. Um Wolsey desacreditado, impopular e sem prestígio moral seria sucedido por um Thomas More respeitado, admirado e de grande rigor moral. A causa do rei só poderia ganhar em eficácia... desde que o chanceler concordasse em cooperar.

Thomas More, que conhecia os riscos inerentes ao cargo, recusou no início. O rei precisou ficar zangado para que aceitasse; sobre o assunto do divórcio, ele prometeu que "nunca molestaria sua consciência sobre o assunto": o chanceler "deveria considerar Deus em primeiro lugar, e ele [o rei] em seguida". Alguns dias mais tarde, More abriu a sessão do Parlamento com um vigoroso discurso contra Wolsey.

Uma lista de 44 acusações foi elaborada pelos Comuns e pelos senhores temporais contra o cardeal. Assinada em 1º de dezembro, foi apresentada ao rei que, no entanto, decidiu não agir. Ainda hesitando entre a severidade e um resíduo de gratidão, ele permitiu que Wolsey se retirasse para Esher, que mantivesse o arcebispado de York, uma pensão de mil marcos da diocese de Winchester, e bens no valor de 6.374 libras, 3 *shillings* e 7 *pence*. O cardeal foi privado de seus outros benefícios, em particular da abadia de Saint-Albans e do bispado de Winchester, mas não tinha muito do que reclamar. Ele escapava da execução e da prisão, e mantinha um estilo de vida confortável. O rei até lhe remeteria anéis e pequenos presentes de vez em quando, e chegou mesmo a lhe enviar seus médicos, quando adoeceu em janeiro de 1530.

Apesar de praticar essa mistura de generosidade e mesquinhez, que não sabemos se foi voluntária ou inconsciente, Henrique VIII infligiu humilhações amargas a seu ministro deposto. A residência de Esher estava quase vazia; Wolsey, que adorava coisas bonitas, tinha uma magnífica galeria de madeira esculpida instalada no *hall*. O rei enviou operários para desmontá-la e instalá-la em seu palácio de Westminster; isto, diz Cavendish, foi "apenas para atormentá-lo". Naturalmente, Henrique tinha tomado imediatamente posse de Hampton Court, onde em 1529 mandou construir um salão de tênis, o mais antigo ainda em uso no mundo; o brasão do cardeal foi martelado, e foram feitos embelezamentos, especialmente na segunda torre de entrada, a "porta de Ana Bolena", dado que a amante logo se mudou para lá. As fundações universitárias do cardeal foram abolidas, como sua escola em Ipswich, ou ameaçadas, como sua faculdade em Oxford. Em Londres, os arcebispos de York possuíam um palácio às margens do Tâmisa, York Place, ao lado de Westminster. Henrique havia muito o cobiçava; ele enviou o juiz Shelley para pedir a Wolsey que, em nome dos arcebispos, entregasse o edifício ao rei. O cardeal recusou-se a concordar com essa espoliação de uma propriedade da Igreja. "Quando você lhe diz 'é a lei'", ele responde a Shelley, "você também deve dizer-lhe que, além da lei, é também a consciência, pois não é bom apresentar a um rei em conselho a lei sem a consciência." Cavendish, que relata essas palavras, acrescenta que Shelley então lhe apresentou a ordem formal do soberano. Wolsey teve que ceder, mas disse ao juiz: "Diga a Sua Majestade que desejo lembrá-lo, muito humildemente, de que existe um Céu e um Inferno". Não se sabe se a ameaça foi relatada ao rei. O que é certo é que ele tomou York Place, que se tornou Whitehall.

O cardeal ainda não havia perdido toda a esperança de um retorno à graça. Ainda em contato com o exterior, ele reclamou um aumento de pensão, e foi autorizado a se aproximar de Londres, estabelecendo-se em Richmond. Seus inimigos, entretanto, conseguiram que fosse enviado à sua sede arquiepiscopal de York. Ele foi para lá calmamente, dando sinais externos de uma mudança de vida, usando ocasionalmente uma camisa de fibra vegetal, lavando os pés dos pobres na abadia de Peterborough, na Quinta-Feira Santa de 1530. Mas Wolsey não nasceu para a ascese; viveu apenas para o poder. Quando chegou a York, convocou, sem permissão real, a assembleia eclesiástica de sua província, e preparou sua entronização solene. Continuando suas manobras com o exterior, nada obteve da França, mas o embaixador imperial Chapuys o ouvia favoravelmente, pois Catarina havia deixado de considerar o cardeal como seu inimigo. Foi pelo lado de Roma que Wolsey tentou a abordagem mais aventureira, por intermédio de seu médico, o veneziano Agostini. Ele pediu ao papa que emitisse uma proclamação, proibindo que o rei desposasse novamente até que o casamento fosse anulado. As cartas encriptadas foram apreendidas por agentes do rei; circularam os mais diversos rumores sobre movimentos de tropas em Yorkshire, sobre uma possível fuga de Wolsey para o exterior. O caso estava assumindo a aparência de uma traição. Henrique decidiu acabar com isso.

Em 4 de novembro de 1530, Wolsey foi preso pelo conde de Northumberland e por Walter Wash. Em pequenas etapas, ele foi conduzido a Londres. Doente, parou por uma quinzena no Sheffield Park, na propriedade do conde de Shrewsbury. No dia 22, o condestável da Torre, *sir* William Kingston, chegou com 24 guardas. Dessa vez era a prisão e provavelmente a execução que o esperavam.

A doença o poupou de ambas. Sofrendo dos intestinos, ele teve que parar na abadia de Leicester. "Se eu tivesse servido a Deus tão diligentemente quanto servi ao rei, Ele não me teria expulsado em minha velhice", lamentou, e suas últimas palavras foram uma censura à ingratidão real. Wolsey morreu na manhã de 29 de novembro de 1530, com 57 anos de idade, e foi enterrado na capela da Virgem; não muito longe, na mesma cidade, já repousava Ricardo III.

Com Wolsey, se encerra mais da metade do reinado. Uma grande página é virada, uma página de fastos, se não de sucesso. Os historiadores são, em geral, severos em relação ao cardeal, não sem razão. A ambição, o poder, a posse foram suas principais finalidades. Ele serviu bem ao rei, mas somente porque era a única maneira de ser o mestre. Incapaz de compreender as aspirações de seu tempo, desconhecendo as convulsões econômicas, culturais e religiosas que afetavam a sociedade europeia, vivendo sem sabê-lo no âmago da Renascença, não associou seu nome a nenhuma obra duradoura, a nenhuma reforma importante. Não entendia a importância das viagens de descoberta. Era alheio ao humanismo, à Reforma, às transformações agrárias do campo inglês. Vivendo na efemeridade, na extravagância, no *glamour*, ele dedicou toda sua energia à agitação superficial da vida diplomática, da política, grande e pequena. Entretanto, merece alguma indulgência, nem que seja por nos deixar Hampton Court. Suas fundações de Ipswich e Oxford mostram que ele não era totalmente indiferente às humanidades; mas sua extraordinária energia era absorvida pelo serviço de um rei que era particularmente difícil de satisfazer.

A comparação com a segunda metade do reinado advoga mais a seu favor. Wolsey é uma figura relativamente complacente comparado aos recém-chegados, os Cromwell e os Cranmer. Um período de relativa calma foi seguido por tempestades, execuções e exações; o cardeal-núncio acumulou bens, seus sucessores decapitaram cabeças; Wolsey era um realista, os que o substituíram eram cínicos. Em vez dos ministros, o rei passou a ser o responsável pelas ações do governo. É somente quando Wolsey cai que Henrique VIII se torna realmente o senhor; ele herda um poder eficaz, parcialmente forjado pelo cardeal, e adiciona o título real. Os tempos pacíficos terminaram, e muitos dos que não o apreciavam não demorarão a lamentar a perda de Thomas Wolsey. Em primeiro lugar, os membros do clero.

TERCEIRA PARTE

O CORAÇÃO DO REINO: DIVÓRCIO E SUPREMACIA (1530-1539)

– VIII –

HUMANISMO E RENASCENÇA
NA INGLATERRA DE HENRIQUE VIII

No outono de 1529, a monarquia e o Parlamento lançaram um ataque em grande escala contra a Igreja. Para compreendê-lo, é preciso lembrar o clima cultural e religioso na Inglaterra no primeiro terço do século XVI. Sem dúvida havia uma série de problemas e dificuldades, mas seria um exagero falar de uma situação de crise. As aspirações de reforma religiosa não estão ausentes, mas estão limitadas a pequenos círculos; o humanismo não tem raízes profundas; os abusos e as fraquezas morais do clero não pioraram desde o século XV e também são encontrados nos países vizinhos. As condições sociais, culturais e religiosas, por si sós, não podem explicar a maciça oscilação do país inteiro para o cisma. O fator decisivo foi o impulso real. Foi nessa área que Henrique VIII, cujas realizações, aliás, eram muito medíocres, assumiu uma dimensão histórica.

A ruptura com Roma foi um ato político, muito mais que um ato religioso, foi uma cisão, muito mais que uma heresia. A questão era disciplinar, administrativa, política, e não doutrinária ou dogmática. Os poucos empréstimos do luteranismo eram superficiais e relativamente secundários, meros pretextos para não obedecer mais a Roma. Henrique VIII hesitou até o final sobre o conteúdo a ser dado à sua religião. Fiel às crenças tradicionais, ele desconfia do protestantismo. Não agiu de acordo com crenças claramente definidas ou com um plano predeterminado. Ele reagiu, muito mais que dirigiu. Seu único dogma é que o rei da Inglaterra deve ter controle total sobre seu reino. A questão do divórcio será apenas um elemento na disputa com Roma, no máximo um catalisador, a causa imediata e superficial, que aproveitará a hostilidade de longa data em relação à Santa Sé. A reforma anglicana não é um movimento doutrinário. Ocorrerá de maneira lenta e caótica, por meio de uma sucessão de brutais avanços e de retrocessos repentinos, ao sabor das circunstâncias.

O anglicanismo será acima de tudo um assunto pessoal do rei. No entanto, o país seguirá, sem resistência, exceto em algumas poucas regiões tradicionalistas do norte. Seguirá, porque não se trata de uma mudança de religião, de crença, mas de disciplina. A autoridade real substituirá aquela do papa, e a transferência será ainda mais aceita, porque se baseará nos sentimentos anticlericais amplamente difundidos na população, sendo que o próprio clero tem pouca simpatia por Roma.

A MODESTA INFLUÊNCIA DO HUMANISMO NA INGLATERRA. THOMAS MORE

Esses sentimentos não são novos. Já no século XII, seu surgimento marcou a vida política e religiosa da Inglaterra: eles estiveram no centro do confronto entre Henrique II e Thomas Becket, da legislação antipontifícia do reinado de Henrique III no século XIII, do movimento de Wycliff no século XIV e dos *lollards* no século XV; permearam a literatura em língua inglesa, da qual os *Contos de Canterbury*, de Chaucer, foram o elemento mais representativo no século XIV. O anglicanismo foi o herdeiro dessas aspirações medievais, muito mais do que da Renascença e do humanismo, cuja influência foi fraca no início do século XVI.

A distância geográfica dos centros culturais italianos foi certamente uma das causas, mas não a única, numa época em que os intelectuais da época eram assíduos viajantes. A guerra civil e a escassez de mecenas também ajudaram a explicar a baixa penetração do humanismo, que não estava, no entanto, ausente. Sob Eduardo IV, vários estudiosos gregos vieram à Inglaterra: Demetrius Cantacuzeno, John Serbopoulos, Andronicus Callistus, George Hermonymos, Emmanuel de Constantinopla, protegidos e mantidos pelo arcebispo de York. Eles trouxeram obras em grego, fizeram traduções e contribuíram para o estudo do idioma em Oxford e Cambridge. Mais numerosos eram os italianos; frequentemente membros da administração papal, obtinham importantes benefícios na Inglaterra. Por exemplo, Adriano Castelli de Corneto, núncio na Escócia em 1488, depois coletor de dízimos de São Pedro na Inglaterra, que foi sucessivamente bispo de Hereford, de Bath e de Wells, e que depois retornou à Itália em 1511; Silvestre de Gigli foi bispo de Worcester, mestre de cerimônias na corte e depois agente de Wolsey em Roma; Polydore Vergil, originário de Urbino, foi à Inglaterra em 1501 ou 1502, como subcoletor dos dízimos de São Pedro, tornou-se arquidiácono de Wells e, exceto por breves viagens à Itália, permaneceu na ilha até 1551. Ele foi naturalizado inglês em 1510, e se comprometeu, a pedido de Henrique VII, a escrever uma grande *História da Inglaterra*. Andrea Ammonio, de Lucca, um coletor papal, tornou-se secretário de Henrique VIII para documentos em latim; seu parente, Pierre Vannes, também foi secretário de Wolsey, de Henrique VIII, e mais tarde de Eduardo VI. Pietro Griffo, que viveu na Inglaterra de 1506 a 1512, escreveu um livro sobre *O ofício de coletor no reino da Inglaterra*. Cornelio Vitelli, um toscano, ensinou grego em Oxford no final do século XV; Stefano Surigone, de Milão, lecionou latim em Oxford; Domenico Mancini, em 1483, testemunhou a tomada do poder por Ricardo III e deixou uma descrição útil do evento; e Pietro Carmeliano, de Brescia, lecionou em Oxford.

Na outra direção, os ingleses viajavam para a Itália e ajudaram a difundir ideias renascentistas. John Free frequentou a escola de Guarino de Verona, em Ferrara; William Sellyng, prior da Christ Church, em Canterbury, desenvolveu os estudos gregos naquela cidade. Na faculdade de Winchester, Thomas Chaundler e John Farley difundiam o movimento humanista. Contudo, reiteradamente, o estudo do latim estava ligado a finalidades utilitárias, por exemplo, com vistas a uma carreira diplomática.

Na virada dos séculos XV e XVI, quatro ingleses realmente deram ao humanismo insular suas cartas de nobreza, e estavam entre os maiores intelectuais da época: Thomas More, John Colet, William Grocin e Thomas Linacre. Se alguns eram de fato a favor da reforma interna da Igreja, todos estavam comprometidos com a fé tradicional e com a autoridade de Roma. Thomas More, o mais conhecido deles, deve muito do prestígio ao seu papel político; ele é também o único leigo entre os quatro. Já recordamos sua carreira. A essência de suas ideias está contida em *Utopia*, de 1516, um livro que é exemplar em vários aspectos. Protótipo de um gênero literário que floresceria no século XVI e, mais tarde ainda, anunciando Swift e Defoe, a obra é uma mistura hábil de ficção e realidade, uma crítica da prática política e social de sua época, e uma imagem de um mundo ideal, situado em uma ilha imaginária, tal como as descobertas da época podiam fazer passar por factível.

De fato, More enraíza sua descrição em circunstâncias históricas próprias para confundir o leitor: durante sua atividade na embaixada dos Países Baixos, Peter Gillis, um proeminente homem de Antuérpia, teria lhe apresentado um homem que tinha participado das viagens de Vespúcio à América do Sul e que, em sua viagem de retorno pelo leste, tinha feito escala na ilha de Utopia. Em 1511, havia sido publicada a tradução inglesa do relato de Vespúcio sobre suas quatro viagens, contando como 24 homens haviam sido deixados no Brasil. O interlocutor de More seria um deles, Raphael Hythloday. Um mapa da ilha, uma reprodução do alfabeto utópico, um emaranhado de ficção e episódios reais aumentaram a confusão. A presença de um louco permitiu a Thomas More fazer críticas sociais e econômicas ousadas à Inglaterra: em nenhum outro país do mundo, disse ele, há tantos ladrões e assaltantes, o que é sinal de uma organização social injusta. Os grandes latifundiários, incluindo bispos e abades, "cercam" suas terras e expandem a criação de ovelhas, contribuindo para o êxodo rural dos trabalhadores do campo, que vagueiam pelas estradas; os monopólios de lã e tecido impedem o livre empreendimento; os ricos gastam seu dinheiro em luxos improdutivos; as guerras sustentam a presença de vagabundos, que são meio mercenários, meio salteadores; o rei, que deveria viver de sua propriedade, pressiona seus súditos para satisfazer seus caprichos. Contudo, mais profundamente, a fonte do mal está na propriedade privada. Economicamente, a análise de Thomas More dificilmente é válida. Ignorando a origem monetária do aumento de preços, ele o atribui à ganância dos produtores e ao sistema das guildas; as cercas, que estão apenas em seu início, não têm apenas efeitos negativos. A modernização da agricultura inglesa foi devida, sem dúvida, a esse preço.

Então More chega à descrição de seu mundo ideal, um verdadeiro universo concentracionário, um pesadelo do qual somente certas tentativas dos regimes totalitários do século XX podem dar uma ideia. O país está dividido em 44 cidades, com 6 mil famílias cada uma. Cada família, encabeçada por um casal cuja formação é decidida segundo critérios eugênicos, compreende de dez a dezesseis pessoas, por transferência de filhos. O suicídio é recomendado para pessoas idosas, que não podem mais trabalhar. Cada cidade elege seus magistrados de acordo com um rigoroso sistema matemático, e estes escolhem o príncipe. Homens e mulheres trabalham seis horas por dia; todos estão vestidos exatamente da mesma maneira, sem distinção de sexo; as refeições são tomadas em comum, após um sermão, e preparadas de cada vez por uma família. Não há dinheiro; todos trazem o fruto de seu trabalho para um armazém, do qual levam o que precisam. Os mais instruídos são integrados por eleição a um grupo do qual são escolhidos o príncipe, os padres, os magistrados e os embaixadores. Se não gerarem satisfação, eles voltam para as fileiras da população comum. O trabalho pesado é feito por estrangeiros, por prisioneiros de guerra e pelos condenados de direito comum. Cada cidade compreende um povoado, com ruas de 6 metros de largura, e uma área rural. Se a população se tornar grande demais, a terra é apreendida de estrangeiros, com base no simples direito de "espaço vital". É necessário um exército para resistir a ataques estrangeiros. Homens e mulheres treinam regularmente, praticando até mesmo o nado de armadura! Entretanto, é preferível empregar mercenários estrangeiros, os Zapoletas, ou, melhor ainda, mandar assassinar o rei dos inimigos, o que permite evitar a guerra. Em caso de necessidade, há também armas secretas.

As únicas crenças religiosas exigidas de todos são a existência de uma providência onipotente e a imortalidade da alma; aqueles que não podem aderir a essas duas verdades são excluídos de seu cargo, e são proibidos de espalhar suas ideias entre o povo. Os milagres são aceitos como sinais de divindade. Alguns se converteram ao cristianismo, mas um deles foi exilado por falar ofensivamente sobre outras religiões. Existem cerimônias religiosas, mas o principal é praticar a virtude, que consiste em viver de acordo com as leis da natureza e não se privar de prazeres que não interfiram com o trabalho. Alguns escolhem o celibato e são vegetarianos; há padres e sacerdotisas, todos levando uma vida exemplar.

A vida em Utopia devia ser muito morna. Thomas More é realmente sério quando apresenta essa caserna adocicada como um ideal? Talvez a característica mais marcante seja a abundância, o fato de que todos podem satisfazer às necessidades essenciais de alimentação, vestuário e moradia. Em Utopia não há mendigos, não há pobres. O livro de Thomas More expressa as aspirações de uma sociedade em estado de escassez. O mundo utópico pode parecer odioso para nós hoje, mas para um pequeno camponês inglês do século XVI, parecia mais um paraíso terrestre. Apesar da atmosfera pagã do livro, a preocupação que o inspira é a de um cristão que sofre ao ver a injustiça e a miséria ao seu redor, e gostaria que todos pudessem levar uma vida decente. A *Utopia* vai além dos antecedentes platônicos da *República* e das *Leis*; mais do que um sonho político, é um sonho econômico. Ele lembra mais seriamente a Terra do leite e do mel e se baseia nas descrições de Marco Polo e nas viagens de Vespúcio. De um ponto de vista político, Thomas More condena as práticas da *Realpolitik* que triunfaram em sua época. Ele concorda com as ideias já expressas por Edmund Dudley em *A árvore da Commonwealth* e se faz o apóstolo do governo pela sabedoria e pela virtude.

Finalmente, o espaço da religião é surpreendentemente reduzido. Trata-se de uma religião interna, com um mínimo de cerimônias e um clero limitado a treze sacerdotes por cidade. Respeitar todos os credos mostra uma tolerância escandalosa para a época: é por essa característica, mais do que por seus sonhos igualitários, que More está à frente de seu tempo. No entanto, em seu comportamento, permaneceu um homem da Idade Média: a violência de suas divergências com Lutero e sua severidade em relação aos hereges contrastam cruelmente com as relações irenistas entre as várias religiões, como ele as descreve na *Utopia*. More escrevia numa época em que ainda acreditava na possibilidade de reformar a Igreja a partir de dentro; o fracasso desse movimento o empurraria de volta para uma defesa feroz da fé romana.

A contradição entre a *Utopia* e o comportamento persecutório de Thomas More como chanceler é extremamente perturbadora e certamente reflete um drama interior. Alguns historiadores, como *sir* George Clark, sugeriram que a violência de More contra hereges se devia, em parte, a seu remorso: o chanceler, temendo ter encorajado o desenvolvimento de correntes heterodoxas por sua defesa da tolerância, teria se sentido culpado diante de Deus e procurado reparar a situação, suprimindo a heresia. O Thomas More de 1529 não é mais o homem otimista dos primeiros tempos do reinado, que acreditava na capacidade da Igreja de se transformar, e que não media até que ponto o movimento luterano cresceria. Já em 1528, no *Diálogo sobre heresias*, e em 1529, na *Súplica das almas*, ele atacou Lutero e Tyndale com violência. Os hereges, diz ele, estão "condenados ao fogo, primeiro aqui, e depois no inferno"; sua execução na fogueira "é legal, necessária e salutar". A heresia é o pior dos crimes; os suspeitos devem ser denunciados, julgados sem saber o nome de seu acusador, e queimados no interesse público. Seria este o mesmo homem que tolerou todas as crenças em *Utopia*?

Tyndale acusou More de abrir mão de seus princípios por dinheiro. Quando ele deixou suas funções, o clero ofereceu ao chanceler 4 mil libras como recompensa por sua luta contra a heresia. Embora seu cargo não lhe tenha dado o poder de julgar pessoalmente os hereges, ele examinou os casos, e tanto sua correspondência quanto o testemunho de Stephen Vaughan mostram que estava ativamente envolvido no processo; a assimilação da heresia com a sedição também lhe permitiu tomar conhecimento dos casos. Em todos esses episódios, More mostra um orgulho intelectual notável, o orgulho do humanista que nega *a priori* aos crentes incultos a possibilidade de possuir a menor parcela da verdade. A esse respeito novamente, Thomas More é um homem da Idade Média; somente a hierarquia da Igreja pode guiar os fiéis, por meio da Tradição e da Autoridade! Os simples não podem ter acesso às Escrituras, cujas traduções em linguagem vulgar são condenáveis, aquela de Tyndale em particular, que ele rejeita, sem exame, como sendo a obra de um herege.

Thomas More não empregou esse zelo nem por dinheiro – pois recusou as 4 mil libras oferecidas pelo clero –, nem pelo poder. Como todos os perseguidores religiosos, agiu para o bem das almas e estava pronto a dar sua vida pela fé. No entanto, a execução de Thomas More e sua canonização tardia, em 1935, não deve ocultar os episódios sombrios de seu tempo na chancelaria. Mais do que qualquer outro, ele simboliza os limites do humanismo inglês no início do século XVI, um humanismo mais profundamente enraizado na Idade Média do que nas novas ideias.

COLET, GROCIN, LINACRE E ERASMO

John Colet, cujo destino foi menos trágico, fazia parte da mesma tendência de More. Filho de um prefeito de Londres, estudou na Universidade de Oxford e passou um tempo em Paris, Orleans, Bolonha e Florença. Tendo tido contato direto com as escolas do Pico della Mirandola e Marsilio Ficino, ele era, no entanto, mais aberto do que o chanceler ao humanismo italiano. Entrou nas ordens e dedicou toda sua vida ao estudo das Escrituras, cuja interpretação ajudou a renovar. A partir de 1496 ou 1497, ele lecionou em Oxford sobre as epístolas de São Paulo; em 1505, tornou-se reitor da catedral de Saint-Paul e pregou por palavras e exemplos. Seu grego era pobre, então trabalhou no texto latino da Vulgata. Seus comentários ainda são marcados pelas regras de interpretação simbólica e mística do final da Idade Média, mas introduz elementos originais inconfundíveis. Restaura o caráter histórico das Epístolas e as coloca em seu contexto, argumentando contra a possibilidade de encontrar significados diferentes para elas. Mostra que os textos das Escrituras foram adaptados aos ouvintes e leitores da época em que foram escritos, usando um estilo metafórico para melhor transmitir seu significado mais profundo. Para ele, a história da criação no Gênesis é apenas uma ficção poética. Tais declarações, ataques aos abusos da Igreja e uma tendência a reduzir o conteúdo da fé somente aos artigos do símbolo dos apóstolos lhe renderam severas acusações, e quase foi classificado como herege. Essa suspeita era totalmente injustificada.

Na realidade, John Colet, apesar de suas ousadas interpretações da Bíblia, continuava desconfiado do uso de autores pagãos. "Não se tornem leitores dos filósofos, que são companheiros dos demônios", escreveu ele. O uso de literatura antiga é permitido somente com o propósito de melhor compreender as Escrituras, nas quais "tudo o que diz respeito à verdade está contido". A sabedoria e o conhecimento não são nada, comparados à fé e ao amor. "Não é o conhecimento que leva à vida eterna, mas o amor. Aquele que ama Deus é conhecido por ele. O amor ignorante é mil vezes mais poderoso do que a sabedoria fria", escreveu ele. Erasmo admirava seu zelo pela Escritura: "Ele valorizava muito as Epístolas Apostólicas, mas tinha tal reverência pela maravilhosa majestade de Cristo que os escritos dos apóstolos empalideciam ao lado dos seus". John Colet aceitou a Tradição, a autoridade do papa, a hierarquia, os sete sacramentos, a presença real na eucaristia. Nunca desafiou o dogma católico, e, no final de sua vida, se retirou para o mosteiro cartuxo de Sheen. Uma fé baseada na Escritura, cuidadosamente explicada, estava no cerne de seu ensino, que ele procurou ampliar, criando uma escola em 1509, ao lado do cemitério da catedral.

Essa escola, com três professores e 153 alunos, era dirigida por outro humanista inglês, o leigo William Lily. Ele tinha adquirido uma ampla cultura em Oxford e depois na Itália; tinha estado em Jerusalém e aprendido grego em Rhodes. De 1512 a 1523, dirigiu a escola de Saint-Paul, para a qual compôs, com a ajuda de Erasmo, um livro gramatical adaptado para crianças pequenas. Essa escola foi a primeira na Inglaterra a ensinar grego regularmente. John Rightwise sucedeu Lily em 1523. Ele foi um autor renomado, e dentre suas obras está *A tragédia de Dido*, encenada em Greenwich diante do rei, em 1527. A fundação de Colet foi também uma escola de virtude, como mostram as regras que ele preparou. Para esse homem com paixão pela verdade, a doutrina e a ação devem estar de acordo; a conduta deve refletir a retidão das ideias. Para ele, o homem e sua obra são inseparáveis; nesse aspecto, talvez seja maior que Thomas More ou mesmo Erasmo, cuja amplitude de ideias, no entanto, não alcançou. Como estes, criticou os abusos na Igreja, mas permaneceu fielmente submetido a Roma e à Tradição.

William Grocin, outro padre, formado em Winchester e Oxford, também visitou a Itália, onde frequentou Policiano e Aldo Manucio. Amigo de Colet e de More, foi um dos principais promotores do ensino do grego na Inglaterra, em seus cursos na Universidade de Oxford, nos últimos anos do século XV. Titular da cúria de Saint-Lawrence Jewry, perto de Saint-Paul, de 1496 a 1517, seu conhecimento do grego lhe permitiu provar que os escritos atribuídos a Dionísio Areopagita eram, de fato, obras anônimas posteriores. Grocin, antes de tudo um estudioso e erudito, não parece ter sentido a necessidade de uma reforma eclesiástica.

O mesmo se deu com Thomas Linacre, que também viajou para a Itália em 1485-1486, particularmente interessado na medicina grega, e que ao mesmo tempo adquiriu um sólido conhecimento literário e linguístico. Ele ensinou grego em Oxford em 1492; em 1501 foi escolhido como tutor do príncipe de Gales e mais tarde desempenhará o mesmo papel com a princesa Maria. Traduziu Galeno para o latim, compôs uma gramática latina elementar para a escola de John Colet, tornou-se médico de Henrique VIII, estabeleceu a Faculdade de Medicina em 1518 e fundou duas cátedras para o ensino dessa disciplina em Oxford e Cambridge, pouco antes de 1524. Ordenado sacerdote em 1520, foi acima de tudo um homem de ciência.

Esses quatro humanistas ingleses tinham um amigo em comum, Erasmo. Em sua primeira viagem, de junho de 1499 a janeiro de 1500, Erasmo ficou agradavelmente surpreso com o nível de estudos na Inglaterra. Foi a convite de um de seus admiradores, William Blount, lorde Mountjoy, que esteve nesse país, com o objetivo inicial de ganhar algum dinheiro ensinando, a fim de poder pagar a tradicional viagem humanista à Itália. Seduzido pela vida inglesa, pelos lares agradáveis da aristocracia, pela atmosfera estudiosa das faculdades, teve a oportunidade de conhecer o príncipe Henrique. De Greenwich e Londres, foi para Oxford, onde se hospedou no Saint Mary's College, que estava sob sua ordem, a dos agostinianos, e era dirigido por Richard Charnock.

"A atmosfera alegre teria agradado a Epicuro; as conversas de mesa teriam agradado a Pitágoras; os hóspedes poderiam ter povoado uma academia", escreve ele, encantado. Embora naquele momento tenha recusado a oferta de Colet para se juntar à luta pela restauração da teologia, argumentando que precisava aprofundar seus conhecimentos, ele admirava a gnose de seus amigos ingleses: "Quando ouço Colet, acho que estou ouvindo o próprio Platão. Em Grocin, quem não se maravilha com uma ciência tão perfeita? Pode alguém ser mais exato, profundo e delicado que um julgamento de Linacre? O que a natureza criou que seja mais agradável, mais doce, mais feliz do que o gênio de Thomas More?". Erasmo, que tinha 33 anos e estava encantado por ser recebido em todos os lugares como um mestre, não se cansava de fazer elogios à Inglaterra. Experimentou sua primeira desilusão em janeiro de 1500, quando de sua partida: em aplicação da lei que proibia as exportações em dinheiro, foram-lhe confiscadas 18 das 20 libras esterlinas que havia economizado.

Cinco anos mais tarde, em abril de 1505, depois de procurar em vão um patrocínio no continente, ele desembarcou na ilha novamente, ainda procurando um mecenas ou um emprego acadêmico bem remunerado. Seu amigo lorde Mountjoy era agora conselheiro do rei e podia ajudá-lo; outros lhe haviam prometido, disse ele, "montanhas de ouro". Ele procurou as boas graças do bispo Fox, a quem dedicou a tradução do *Toxaris*, de Luciano, e do arcebispo Warham, a quem ofereceu a tradução de *Hécuba*. Não obteve a ajuda que esperava, mas ficou encantado em encontrar seus amigos humanistas: "Há cinco ou seis homens em Londres que são estudiosos de ambas as línguas, como a própria Itália não possui atualmente", observa ele. Sua amizade com Thomas More é fortalecida: "Se ele me mandasse dançar *la matelote*,[1] eu o faria imediatamente". Dessa vez ele estudou em Cambridge, desfrutou da doçura do modo de vida, apreciou os modos, especialmente os beijos, dos quais as charmosas mulheres inglesas eram tão pródigas, e escreveu a um amigo: "Se você conhecesse as bênçãos da Grã-Bretanha, colocaria asas em seus pés e correria para cá". Em maio ou junho de 1506, foi para a Itália como tutor dos filhos de João Batista Boerio, um genovês que era médico do rei.

Erasmo estava de regresso à Inglaterra em julho de 1509. O que o trouxe de volta foi uma entusiasmada carta de lorde Mountjoy, anunciando a ascensão de Henrique VIII, que ele apresentou, com um otimismo um tanto prematuro, como o início do reinado do humanismo, sob a liderança de um rei mecenas cultivado. Ele lhe deu a esperança de que depois do mesquinho Henrique VII, o novo governante seria um mestre generoso. Erasmo estava ainda mais inclinado a acreditar nisso porque o próprio príncipe de Gales lhe havia escrito em janeiro de 1507. Além disso, Mountjoy lhe prometeu o apoio de Warham, que enviou 5 libras para suas despesas de viagem. O holandês abandonou assim a Itália, onde estava prestes a obter patrocínios interessantes, para retomar o caminho da Inglaterra.

O desapontamento de Erasmo foi grande. Primeiro ficou com Thomas More, onde esteve acamado por várias semanas, com lumbago. Depois, organizou as anotações que havia feito durante sua viagem, e com elas escreveu sua obra mais famosa, o *Moriae Encomium*, ou *O elogio da loucura*, cujo título grego é, ao mesmo tempo, uma homenagem a seu amigo. A obra só será publicada em 1511, em Paris. Esse ataque ácido a todas as instituições e categorias sociais fez o papa rir e divertiu o rei da França. Mas deixou Henrique VIII frio, e ele não apreciou as passagens em que Erasmo descreveu os reis que se entregavam à loucura, passando seu tempo fazendo guerra, aumentando impostos, vendendo cargos e criando cavalos, ao passo que, se estivessem fazendo seu trabalho corretamente, mal teriam tempo para comer e dormir.

---

1 Dança que tem origem entre os marinheiros franceses. (N. T.)

Além disso, os ataques de Erasmo ao papa não podiam agradar a um rei que então apoiava fortemente Roma. O humanista recebeu apenas boas palavras em vez das pensões esperadas.

Foi-lhe oferecida uma cátedra de grego na Universidade de Cambrige, onde lecionou a partir de 1511, mas obteve pouca satisfação com o trabalho. Seu salário de 20 libras por ano, considerado excessivo pela universidade, não era suficiente; suas aulas eram pouco frequentadas; o nível dos professores e dos alunos lhe parecia muito baixo: "Que universidade! É impossível encontrar nela alguém que saiba até mesmo escrever corretamente". Seus alojamentos são indignos; os criados roubam seu vinho, e ele é obrigado a beber uma abominável cerveja que lhe dá cálculos; Colet o deixou à própria sorte para se defender contra os scotistas;[2] Fisher não estava interessado em seu projeto de traduzir o livro de São Basílio sobre Isaías. Agora a Inglaterra lhe é odiosa; é um país de ladrões, de pessoas sujas e sem boas maneiras, insalubres e inóspitas. Ao mesmo tempo, Erasmo teve dificuldade para obter a dispensa de usar o hábito eclesiástico, para residir em um convento e para receber os benefícios. Na primavera de 1512, Warham lhe concedeu uma pensão de 20 libras, advindas da cúria de Aldington, no Kent. Mas isto não foi suficiente para ele, e reclamou que estava levando "a vida de um caracol em Cambridge". Depois de tentativas finais infrutíferas – a dedicatória de uma tradução de Plutarco para o rei e de uma obra para Wolsey –, ele deixou a Inglaterra em julho de 1514. Só retornará para breves estadias em 1515, 1516 e 1517, ainda em busca de pensões.

As relações de Erasmo com a Inglaterra marcam os limites do humanismo naquele país. Londres, Oxford e Cambridge são importantes centros culturais, onde a renovação dos estudos está longe de ser insignificante. Teologia, letras latinas e até mesmo gregas recebem um impulso notável, sob a direção de alguns grandes mestres, aos quais podemos acrescentar John Fisher, William Latimer – que ajudou Erasmo em sua tradução do Novo Testamento –, Thomas Langton, bispo de Winchester, Cuthbert Tunstall, do Trinity College, Cambridge, que frequentou a Universidade de Pádua; Richard Pace, do Queen's College, Cambridge, professor de grego, reitor de Saint-Paul,

---

2 Scotistas: seguidores do teólogo escocês Duns Scotus (1266-1308), que critica o aristotelismo, insistindo nos limites da razão humana.

que também estudou em Pádua, Ferrara e Bolonha, e a quem Henrique VIII frequentemente confiou missões diplomáticas. A presença de Erasmo, a despeito de suas queixas, contribuiu para o desenvolvimento dos estudos, especialmente das Escrituras. Foi em Cambridge, onde ele trabalhou na tradução de São Jerônimo e do Novo Testamento, que o movimento de Reforma na Inglaterra começou; foi também em Cambridge que Thomas Bilney, Robert Barnes, Richard Croke e Thomas Cranmer estudaram.

No entanto, na Inglaterra, as novas ideias interessavam apenas aos círculos da Igreja. Todos os humanistas, com exceção de More, eram eclesiásticos, e para eles o pensamento antigo era apenas um meio de aprofundar o estudo dos textos sagrados. A cultura ainda era essencialmente medieval. As prensas de Caxton, instaladas em 1476, só produziam trabalhos tradicionais. A escolástica ainda reinava nos colégios, com suas interpretações alegóricas, morais, analógicas e místicas da Bíblia. O neoplatonismo foi aceito apenas por suas analogias com o pensamento cristão, e Aristóteles continuava a ser "o filósofo". Apesar dos contatos italianos, as conquistas da arte e da literatura profanas conservavam um espírito muito medieval.

O PROBLEMA DA EDUCAÇÃO E DA IMPRESSÃO

No campo da mente, o reinado de Henrique VIII está realmente mais próximo da Idade Média do que da apoteose shakespeariana. O nível de educação é medíocre e a elite é pouco inspirada. Há muitas escolas, tanto para meninos como para meninas, mas sua situação material se deteriora. Saint Anthony, em Londres, a mais renomada até aquele momento, está mal conservada e prestes a dar lugar à Saint-Paul, criada por Colet. Os debates acadêmicos entre professores, que tradicionalmente ocorriam no Cemitério de São Bartolomeu, cessaram. O Parlamento está mais interessado nos sacos de lã que nas salas de aula. As fundações são raras. A disciplina é feroz, e os professores são mais hábeis em manejar a vara do que a aritmética. As crianças da aristocracia frequentemente recebem sua primeira educação na casa senhorial de um vizinho, onde um tutor lhes ensina os rudimentos.

O latim continua a ser a base dos programas escolares. Para facilitar o aprendizado, a primeira *Vulgaria*, um glossário de expressões correntes latim-inglês, foi publicada em 1519. O autor foi John Stanbridge, um professor do Magdalen College, que havia emprestado a maioria de suas frases de Terence. Uma coleção mais elaborada, obra de outro egresso do Magdalen College, Robert Whittinton, foi publicada em 1520. William Horman, de Eton, produziu outra na mesma época, e logo o método se generalizou, apesar das críticas feitas por Roger Ascham a Whittinton, por sua escolha de textos. O ensino de grego chegou até a aparecer, mas ainda havia poucas escolas onde era praticado: além da escola de John Colet, em Saint-Paul, é relatado em Eton, a partir do final do século XV, em Winchester, quando Horman era diretor, e em Westminster, em 1543, sob Alexander Nowel. Tratados sobre pedagogia e planos de reforma educacional surgiram em meados do reinado: o *De ratione studii puerilis*, de Vives, em 1523, *O livro chamado Governador*, de Thomas Elyot, em 1531, e *O mestre-escola*, de Roger Asham, que só foi publicado em 1570. Esses trabalhos mostram um interesse definido na educação, mas as realizações concretas não se seguiam.

As universidades sofriam de suas doenças crônicas e, pode-se pensar, inerentes à sua natureza: falta de recursos financeiros e esclerose do ensino. As faculdades universitárias viviam do produto de suas fundações de origem, que frequentemente se tornavam insuficientes. Quando os mosteiros foram abolidos, os colégios ligados a eles desapareceram, como Gloucester, Durham, Canterbury, Saint-Bernard e Saint-Mary em Oxford. O número de estudantes pobres diminuiu em favor dos jovens elegantes, poucos dos quais continuavam seus estudos até o segundo grau. Em janeiro de 1547, no final do reinado, uma comissão constatou que a maioria dos colégios de Cambridge não podia mais arcar com suas despesas. Em dezembro do mesmo ano foi fundado o Trinity College, dotado com os restos das fundações de várias instituições medievais. Foi a única fundação universitária do soberano, e foi feita *in extremis*, um mês antes de sua morte. Pelo menos o tamanho é respeitável: Trinity é a maior faculdade de Cambridge, reagrupando o local do King's Hall (1337) e Michaelhouse (1324). Seu Grande Portão de 1535 e a Torre do Relógio de 1432 não podem, entretanto, disfarçar a indigência geral dessas instituições sob Henrique VIII.

Esse reinado, assim como o anterior, viu surgirem muitas criações de prestígio, devidas principalmente a prelados: em Oxford, Brasenose College, em 1509, fundada pelo bispo de Lincoln, William Smyth; Corpus Christi

College, em 1517, fundada pelo bispo de Winchester, Fox; Cardinal College, em 1525, fundada por Wolsey, com proporções desmedidas, como tudo o mais que o núncio havia construído. Quando ele caiu, o colégio passou para as mãos do rei, que o renomeou King Henrique VIII's College; anexado à nova sede episcopal de Oxford, tomou então o nome de Christ Church College, em 1546. Tornou-se uma das faculdades mais prestigiosas da universidade, de onde sairão John Locke, William Penn, Robert Peele, Gladstone, duque de Shaftesbury, lorde Halifax, visconde Bolingbroke, John Wesley, Eduardo VII, *sir* Alec Douglas-Home, e muitos outros.

A Universidade de Cambridge, por sua vez, ainda estava crescendo: Jesus College, em 1496, fundado pelo bispo de Ely, John Alcock; Christ College, em 1505, fundado por Margarida Beaufort, mãe de Henrique VII; Saint John's College, em 1511, fundado por sugestão de John Fisher, chanceler da universidade, pelos executores do testamento dessa mesma senhora; Magdalen College, fundado em 1542 por lorde Audley, então chanceler de Henrique VIII, para substituir o Buckingham College. Finalmente, em 1546, o rei acrescentou o Trinity College. Ele tentará até mesmo imitar o "Collège Royal", criado por Francisco I. Em 1536, em troca da isenção do pagamento de "primícias e décimos", ele exigiu que as faculdades mantivessem "uma pessoa discreta e instruída para dar cursos abertos ao público, [...] que serão perpetuamente chamados de cursos do rei Henrique VIII". Em 1540, estabeleceu cinco desses cursos em Cambridge, ensinando direito civil, teologia, física, hebraico e grego. Cada professor receberia um salário muito confortável de 40 libras por ano. Em 1546, foram criadas cátedras equivalentes (a medicina substituiu a física) em Oxford, três delas ao encargo do Christ Church College.

Com exceção dessas últimas criações, o ensino permaneceu por muito tempo resistente a novas ideias, suspeitas de heresia. Em Oxford, onde as ordens mendicantes estavam fortemente estabelecidas, a oposição ao grego, o cavalo de Troia dos humanistas, foi liderada pelos "troianos", ou conservadores. Foi necessária a intervenção real, estimulada por More e Pace, para impor esse ensino. Wolsey também fez muito por sua divulgação, ao criar uma cátedra de grego em 1520, e ao instituir, em 1527, quando mudou a constituição do Cardinal College, conferências públicas à moda humanista. Sua faculdade reuniu homens como Vives, que se interessava particularmente pela pedagogia, Edward Wotton e John Clement, que praticavam a medicina, Nicolas Kratzer, que ensinava astronomia. A tradição, ainda muito poderosa, foi representada por Richard Reynolds, Nicolas Harpsfield, George Etherege, Richard Taverner, John Frith, William Wittingham e Alexander Nowell. Oxford teve alguns bons helenistas, notadamente William Tyndale, Thomas Starkey, Richard Morison e John Stokesley.

Cambridge também teve suas celebridades dos novos conhecimentos. Aproveitando a influência de Erasmo e depois a de sua memória, ela produziu vários humanistas, começando por John Lupset, um discípulo direto do holandês. Em 1518, Richard Croke, do King's College, inaugurou a cátedra de grego, anunciando sua intenção de competir com Oxford nesse campo. No Saint John's College ensinaram George Day, John Cheke, que ensinou grego ao príncipe Eduardo, John Redman e Roger Ascham. Stephen Gardiner, Thomas Cranmer, Nicholas Ridley, Richard Cox, John Frith, John Dee; todos esses homens, ligados à reforma religiosa de Henrique VIII, vieram de outras universidades.

As universidades passavam então por um período difícil e sua independência era uma vã palavra durante o reinado de Henrique VIII. O monarca e seus conselheiros usaram Oxford e Cambridge como instrumentos de sua política religiosa. A submissão das universidades ao poder real consome grande parte de sua energia, dirige seu ensino, provoca reviravoltas ligadas às flutuações na atitude do rei e são acompanhadas de verdadeiros expurgos. Isso começa com o caso do divórcio: os professores são convidados a pesquisar argumentos favoráveis e alguns são mesmo enviados ao exterior com essa finalidade. Em seguida, foram arrastados para as questões da Supremacia; nessas batalhas, o direito canônico acabou cedendo lugar ao direito civil. A sucessão dos chanceleres – Warham, Longland, Cox e Pole para Oxford, Fisher, Cromwell, Gardiner, Somerset e Pole para Cambridge – reflete a sucessão de políticas. O ensino da teologia é ditado pelo governo, com o *Livro dos bispos*, de 1537, de inspiração reformada, seguido pelos Seis Artigos, que se aproximaram do catolicismo, antes de retornar aos princípios mais claramente protestantes. Assim, os doutores devem orientar seus cursos de acordo com a tendência predominante no Conselho do rei.

O relativo atraso da impressão inglesa nesse momento reflete as dificuldades da vida cultural. Desde a primeira obra impressa por William Caxton, em 1477, as oficinas se multiplicaram em Londres: na primeira metade do século XVI, havia 91 "livreiros, encadernadores e papeleiros" (*stationers*), a maioria deles localizados na área do cemitério de Saint-Paul; havia também prensas em Oxford, Cambridge e Saint-Albans, mas a profissão foi durante muito tempo dominada por estrangeiros. O próprio Caxton tinha aprendido seu ofício nos Países Baixos; muitos de seus aprendizes e sucessores não eram ingleses; em 1487, ele mandou imprimir o missal de Sarum no continente, porque uma lei de 1484 facilitava a importação de livros. É significativo que *Utopia* tenha sido impressa em Louvain, *O elogio da loucura* em Paris, o *Novo Testamento*, a *Instituição* de Erasmo na Basileia, o *Novo Testamento* de Tyndale em Worms, e suas outras obras em Antuérpia. A *Anglica Historia*, de Polydore Vergil, também veio do continente. Os livreiros do rei foram, de 1485 a 1501, o savoiano Pierre Actors, de 1501 a 1508, o normando William Faques, de 1508 a 1530, um outro normando, Richard Pynson, que foi sucedido por Thomas Berthelet. Nenhuma obra humanista importante foi impressa na Inglaterra antes de 1535. Os editores ingleses continuam se dedicando aos clássicos latinos, Virgílio e Cícero em particular, aos livros religiosos, aos manuais escolares, como a *Vulgaria*, e às obras medievais inglesas, como Chaucer, Gower e o ciclo arturiano, ou aos textos oficiais e livros de direito. A propaganda e as polêmicas relacionadas com os casos do divórcio e da Supremacia proporcionarão algumas boas ocasiões. Mas as grandes novidades da época vieram das prensas holandesas, italianas ou francesas.

MEDIOCRIDADE DA PRODUÇÃO LITERÁRIA

A qualidade medíocre da produção literária inglesa na primeira metade do século XVI é inseparável da fraqueza da tipografia. A poesia ainda ignora a contribuição da Renascença e se entrega às alegorias convolutas do final da Idade Média. Dois nomes emergem, que gozaram de certa celebridade na época, mas que logo desaparecerão das antologias: Alexander Barclay e John Skelton, dois clérigos, bons latinistas, que, como observa o professor Mackie, "não são notáveis nem pela boa forma, nem pela felicidade do pensamento". Sua melhor produção são as invectivas com que se injuriam mutuamente, um sendo de origem escocesa, o outro um puro inglês. Alexander Barclay traduziu Salústio e éclogas latinas. Seu trabalho mais importante foi outra tradução, a de *A nau dos insensatos*, de Sebastian Brandt, a partir de uma tradução em latim, que ele apresentou de forma muito livre em inglês, acrescentando "dedicatórias" próprias, que explicitavam a moral a ser extraída de cada episódio. O livro condenava as novas ideias, os blasfemos, os que não respeitam os dias santos, os clérigos de má vida, deplorava "a ruína, o declínio e a decadência da santa fé católica", e proclamava a necessidade de uma cruzada contra os turcos. Um trabalho bastante monótono e acadêmico, sua tradução foi, no entanto, popular, e Barclay foi encarregado de compor os versos que enfeitaram as instalações do Campo do Pano de Ouro.

John Skelton tinha sido tutor do príncipe Henrique e, portanto, era bem relacionado na corte. Poeta satírico, antes de tudo, atacou a moral dos cortesãos com severidade afetada; em seu *Colyn Cloute*, de 1519, culpou o clero por todos os males do país, mas em 1523 foi além dos limites do tolerável em um ataque violento contra Wolsey, *Por que não vens ao tribunal?* Ele teve que fugir e procurar refúgio na abadia de Westminster. Suas outras obras são medíocres, como sua peça, *Magnificência*, em que apresenta qualidades personificadas recitando tiradas enfadonhas.

A melhor poesia veio de dois amadores, dois aristocratas que participaram ativamente da vida política de seu tempo e de suas vicissitudes: *sir* Thomas Wyatt, que esteve preso na Torre em 1541, e Henrique Howard, conde de Surrey, que foi executado em 1547. Foi por meio desses dois homens que as formas italianas começaram a influenciar timidamente a poesia inglesa. Wyatt imita o estilo de Petrarca em seus sonetos, epigramas e sátiras, nos quais entram sentimentos pessoais, em contraste com a artificialidade dos escritores anteriores. Suas canções de amor são sinceras, e a alegria em retornar à sua terra natal, após uma estadia na Espanha, faz lembrar os versos de Du Bellay:

Busco meu rei, meu país, por quem vivo;
que os ventos, ó Júpiter, me levem até ele.

Disse, ao deixar o Tejo pelo Tâmisa.

O conde de Surrey, que traduziu a *Eneida*, também usou formas italianas. Seu trabalho, mais espontâneo, faz lembrar aquele do duque de Orléans, outra figura familiar nas prisões. Antes de seu trágico fim, Surrey foi uma boa testemunha da vida na corte e de suas diversões:

Danças curtas, longas e deliciosas conversas,
Com palavras e olhares de enternecer os tigres,
Onde cada um de nós defendia o direito do outro.
Na quadra onde, felizes com o tênis, olhos fascinados
Pelo fogo do amor, perdíamos a bola
Por vislumbrar nossa dama, para captar seus olhares,
Que permaneciam mestres do campo.

Ele lamentará, em 1542, a morte de Thomas Wyatt:

Para nos castigar, perdemos esta joia;
Os céus possuem sua alma, e a terra seus ossos.

Ainda mais do que a poesia, o teatro, durante o reinado de Henrique VIII, continuava a ser de natureza exclusivamente medieval. Os "milagres", que retratam a vida dos santos, ainda são sua forma mais comum e popular. As apresentações são, acima de tudo, festas populares; os grandes momentos do ano litúrgico, as visitas de soberanos, núncios ou embaixadores, são a ocasião para uma extraordinária exibição de pompa (*pageantry*), da qual os cronistas, deslumbrados por esses brilhos cintilantes, não nos poupam nenhum detalhe: chuvas de rosas, uniformes multicoloridos, fontes de vinho, lençóis dourados, veludos, escudos e brasões, cavalos emplumados. O teatro – em qualquer uma de suas vertentes – está integrado nessas festas, assim como os torneios e as justas. O cenário, os figurinos e os efeitos especiais superam claramente a trama, que é quase inexistente. A ação é relativamente secundária, e o diálogo é muitas vezes improvisado. O próprio Thomas More, quando era membro da casa do cardeal Morton, apreciava desempenhar certos papéis, nos quais deixava sua inspiração correr solta. A maioria dessas peças era cômica, ridicularizando o diabo, assim como certos defeitos ou vícios. Com a adoção de ideias da Reforma, porém, os milagres foram substituídos por moralidades, peças alegóricas tediosas, nas quais os personagens encarnavam vícios e virtudes. Citamos a *Magnificência*, de John Skelton, nessa linha; nesse mesmo registro está a *Natureza dos quatro elementos,* de John Rastell, cunhado de Thomas More, que também esteve envolvido nas inscrições para o Campo do Pano de Ouro. Nada disso permite pressagiar Shakespeare.

Os reinados de Henrique VII e Henrique VIII viram surgir tratados de boas maneiras, um sinal de que os costumes domésticos da *gentry* e da grande nobreza estavam se tornando mais polidos. Entretanto, esses trabalhos recomendando a prática do autocontrole estão mais próximos dos códigos medievais do que de Baltasar Castiglione. Este é o caso do *Livro de falcoaria, caça e heráldica,* de 1486, do *Livro de cortesia,* de 1478 e de 1491, do *Espelho de boas maneiras,* de Barclay (1523). Sobre o tema da função real, Edmund Dudley escreveu *A árvore da Commonwealth,* no início do reinado, em 1509-1510. Ele redigiu esse trabalho na Torre, onde Henrique VIII tinha acabado de prendê-lo como um dos responsáveis pelas exações fiscais de seu pai. Existe um fosso entre o trabalho de Dudley e o de Maquiavel, escrito três anos depois, em circunstâncias similares. *A árvore da Commonwealth* e *O príncipe* pertencem a dois mundos diferentes e simbolizam a lacuna que existia na época entre o pensamento político dos governantes italianos e o dos conselheiros dos reis ingleses; os primeiros viviam havia muito tempo na nova mentalidade da Renascença, enquanto os segundos ainda se inspiravam nos princípios medievais, tanto na forma quanto no conteúdo.

A raiz primária do Estado, para Dudley, é o amor de Deus, e as raízes secundárias são a justiça, a verdade, a concórdia e a paz. Essas raízes, plantadas em um solo que é o soberano, produzem como seu principal fruto a honra de Deus. O autor condena os abusos de poder, como o despotismo administrativo, a extensão das prerrogativas do conselho privado, o uso de eclesiásticos em tarefas temporais, a não residência do clero. O ideal continuava sendo o da monarquia cristã. Entretanto, se a teoria permanece medieval, a prática, como vimos, não tinha nada a invejar do realismo dos italianos. O próprio Dudley tinha mostrado uma eficiência pouco evangélica para abarrotar os cofres de Henrique VII, e seu livro é, acima de tudo, uma tentativa de reabilitação. A combinação da tradição, no campo da formalidade, e do espírito mais moderno, no campo da ação, é uma das características permanentes do caráter inglês.

Os livros de pedagogia dão maior destaque ao treinamento físico do que no continente. É assim que *O livro chamado Governador,* de *sir* Thomas Elyot

(1531), contém uma verdadeira filosofia do esporte; recomenda a natação, a luta livre, a caça, a equitação, e proscreve a popular petanca, que é muito silenciosa para exercitar o corpo, e o futebol, que é apenas uma "fúria bestial". A dança pode desenvolver qualidades de circunspecção, prudência e moralidade. O arco e flecha é o melhor esporte; combinando habilidade e força, ele pode ser praticado sozinho e ensina como defender o próprio país. Entre os jogos, os dados são nefastos, as cartas podem treinar a mente, mas o mais útil é o xadrez. Elyot se mostra muito menos exigente que Rabelais nas disciplinas intelectuais, nas quais se contenta com um nível honesto, insistindo na música, pintura e escultura. Seu livro, cheio de citações de autores clássicos e dos Pais da Igreja, destina-se à formação de um filho de cavalheiro, educado por um tutor, cujas qualidades ele também enumera. Como tradutor de obras latinas e gregas, e das *Regras da vida cristã*, de Pico della Mirandola, Elyot era mais humanista do que a maioria de seus contemporâneos. Roger Ascham retomará a essência de suas ideias em *Toxophilus* (1545), obra na qual insiste particularmente nas virtudes morais e físicas do arco e flecha, um verdadeiro esporte nacional inglês daquela época.

A área mais frutífera da literatura inglesa no reinado de Henrique VIII foi, sem dúvida, a história. Principalmente sob a forma de crônicas, o período produziu obras que eram pouco originais e sem reflexão, mas de grande riqueza de detalhes valiosos para o historiador moderno. Além de várias crônicas anônimas, uma das mais notáveis é a de Eduardo Hall, um advogado que morreu em 1547 e era um grande admirador de Henrique VIII e das festividades da época. Seu livro traça mais de um século de história inglesa, desde o início do século XV, como seu título indica: *A união das duas nobres e ilustres famílias de Lancaster e York, começando no tempo de Henrique IV, e assim procedendo sucessivamente até o reinado do distinto e poderoso príncipe, o rei Henrique VIII*. Escrevendo em inglês claro e usando para a última parte suas lembranças pessoais, Hall segue passo a passo os eventos do reinado. Mais ampla é a *História da Inglaterra*, em latim, de Polydore Vergil, um inglês por adoção, impresso em 1534, e que vai até 1509. Em 1516, as *Novas crônicas da Inglaterra e da França*, de Thomas Fabyan, xerife de Londres, foram impressas; a obra original findava em 1485, mas posteriormente foi prolongada por um desconhecido até 1509, na reedição de 1533. Muitas outras crônicas, como as de Charles Wriothesley, *A crônica de Calais* e a *Crônica da rainha Jane*, só foram impressas no século XIX.

O próprio Thomas More escreveu uma *História do rei Ricardo III*, que foi uma das principais fontes da tragédia de Shakespeare. Escrito por volta de 1513, esse livro, que às vezes lembra as *Memórias* de Commynes em suas reflexões sobre o significado da história, tem uma intenção moral muito mais acentuada, e sua exatidão histórica é agora muito controversa.

O reinado de Henrique VIII não foi, portanto, marcado por nenhuma obra importante, e a atmosfera permaneceu essencialmente medieval, apesar de o Renascimento literário da Itália já ter começado a surgir em algumas obras. Os anos 1509-1547 foram mais a conclusão de uma Idade Média tardia do que o alvorecer de uma nova era. A literatura parece recuperar seu fôlego; a grande inspiração medieval se cala e produz apenas obras secundárias. Seria apropriado acrescentar os muitos panfletos e livros de controvérsia publicados na segunda metade do reinado, livros sem pretensões literárias, mas notáveis pelo vigor de suas ideias e invectivas. Entre Chaucer e Shakespeare, a primeira metade do século XVI inglês parece ter sido o ponto baixo da onda cultural, antes da grande renovação do reinado de Elizabeth.

UMA ARQUITETURA ORIGINAL, POUCO AFETADA PELA RENASCENÇA

Assim como as produções da mente, o cenário monumental permanece medieval. Mas enquanto a literatura é insignificante, a arte do final da Idade Média inglesa brilha ainda de forma notável e produz obras-primas simultaneamente tradicionais e originais. O estilo perpendicular produz realizações de tirar o fôlego, com abóbadas em leque de refinamento inigualável. Os arcos abatidos se tornam quase planos, mostrando extraordinária habilidade técnica. Tudo isso é mais tipicamente inglês do que em qualquer outro momento da história; provavelmente não é coincidência que os neogóticos vitorianos se refiram, acima de tudo, aos modelos dos reinados de Henrique VII e Henrique VIII, por suas imitações medievais. O que poderia ser mais britânico do que Hampton Court ou a capela do King's College? O que poderia ser mais inglês do que os nomes dos artistas, os mestres de obras Robert Jenins, James Betts, John Lebons, Robert Vertue, Nicolas Towneley, John Eastawe, os escultores Thomas Drawswerd, Lawrence Imbert, o vidraceiro Bernard Flower? Os pintores, carpinteiros e marceneiros eram todos anglo-saxões.

A influência estrangeira é reduzida a um mínimo. Alguns holandeses e alemães, como os escultores em madeira Derek Van Grove e Giles Van Castel; quanto aos italianos, Wolsey empregou alguns deles para a decoração da Hampton Court: Giovanni di Majano, que fez os medalhões e bustos dos imperadores, e Antonio Cavallari, que deveria construir o túmulo do chanceler. Na abadia de Westminster, Pietro Torregiano esculpiu a estátua jacente da capela de Henrique VII, de 1512 a 1518, bem como o túmulo de Margarida Beaufort; ele iniciou o altar, que foi concluído em 1526 por Benedetto di Tovezzano. Girolamo Trevisano era o arquiteto da corte, e a ele é atribuída a construção da torre de Layer Marney, em Essex. Mas numa época em que a arte francesa se abria à influência italiana, a Inglaterra só lhe concedeu alguns detalhes secundários.

A arquitetura religiosa é exclusivamente inglesa. O estilo perpendicular triunfa em uma série de grandes projetos de execução bem medieval, notadamente as grandes torres quadradas, tão típicas das igrejas anglo-normandas: a torre central da catedral de Canterbury, a da abadia de Fountains, no Yorkshire, a da igreja Evesham, a do priorado de Bolton, a do Magdalen College, em Oxford. As capelas privadas das grandes catedrais, as estalas, como as do King's College, as abóbadas em leque, como as da abadia de Bath, todas essas rendas de pedra ou de madeira são provas de uma destreza sem igual. As universidades se dotam de capelas e salas de aula que ainda hoje lhes dão seu charme: em Oxford, o salão da escola de teologia, por William Orchard, e os edifícios da Christ Church; em Cambridge, os do Saint John's College. O reinado de Henrique VIII viu a conclusão gradual da capela iniciada por seu pai, no prolongamento da abadia de Westminster, que pode ser considerada o auge do estilo perpendicular e uma joia única no mundo.

A arquitetura civil permanece igualmente medieval e inglesa. É claro que o castelo fortificado é gradualmente abandonado, mas as casas senhoriais e as casas de campo da *gentry* conservam as características essenciais da casa feudal. O coração da casa ainda é o grande *hall*, de vastas proporções, ocupando toda a altura e a largura do edifício, encimado por uma imponente estrutura exposta. De um lado, abre-se para a cozinha e seus anexos, e do outro lado para a "sala", composta pelos apartamentos senhoriais, com cômodos cada vez mais diferenciados; os do primeiro andar, por vezes se abrem para o salão através de uma janela interior. O teto de gesso, que esconde a estrutura e reduz a altura do *hall*, ainda é uma inovação muito incomum; exemplos podem ser encontrados na Great Chalfield Manor (Wiltshire) e no Gifford's Hall (Suffolk). Na maioria das vezes, o edifício continua a ser organizado em torno de um pátio interno quadrado; o fosso é conservado, assim como as ameias, mas uma série de chaminés elaboradas emerge dos telhados.

O tijolo substitui cada vez mais a pedra, que é preservada nos contornos das janelas. Esquecido desde a época romana, esse material, que não era utilizado em edifícios religiosos, foi um dos elementos da originalidade das casas senhoriais do final do século XV. Uma das primeiras construções de tijolos foi Ockwells Manor, em Berkshire, casa de *sir* John Norrey, escudeiro de Eduardo IV. Sob Henrique VIII, a moda se espalhou, resultando em alguns magníficos sucessos. East Barsham Manor (Norfolk), construída nos anos 1520, é uma verdadeira obra-prima, combinando ameias, torres, chaminés poligonais, grandes janelas de cinco vãos e decoração de brasões e animais heráldicos em terracota; Sutton Place (Surrey), do mesmo período, brinca com diferentes tons de tijolo para decorar uma fachada com janelas trifoliadas. De 1523 a 1538, o arquiteto John Eastawe dirigiu a construção do Hengrave Hall (Suffolk), um edifício quadrado, ao redor de um pátio central, cuja entrada foi encimada por uma janela saliente trilobada. Em 1536, o tesoureiro do rei, *sir* John Cutte, construiu o sóbrio Horeham Hall (Essex), que tinha um salão com um enorme vão envidraçado. Uma das mais pitorescas dessas mansões de tijolos é Compton Wynyates (Warwickshire); construída no côncavo de um gramado verde entre pequenas elevações, essa edificação altamente irregular deve seu encanto aos inúmeros desvios, às torres e janelas salientes, às diferenças nos níveis dos telhados denteados, à variedade das chaminés, aos contrastes entre o tijolo vermelho e o amarelo, às pedras brancas do enquadramento e aos esplêndidos gramados.

De fato, tem sido dito que havia um verdadeiro "culto do jardim" nessa primeira época Tudor. Além da tradicional vinha, horta e pomar, no início do século XVI foi criado um jardim formal e geométrico, com canteiros de rosas e gramados. Wolsey fará Hampton Court ser rodeada de canteiros e de aleias retilíneas. Henrique VIII povoou esses jardins com estátuas de bestas heráldicas e construiu um outeiro artificial, com um pavilhão. As casas senhoriais e seus arredores, embora não sejam tão grandiosas quanto as realizações elizabetanas, testemunham uma arte de viver que, embora ainda medieval, não tem nada a invejar da Itália, exceto o sol.

Há grandes janelas salientes, com múltiplas travessas e pequenos vidros coloridos, que se abrem para o exterior. Elas iluminam o trabalho em madeira escura, finamente esculpida, imitando as dobras dos drapeados. O piso azulejado é às vezes coberto com tapetes, mas no salão a palha e os juncos são sempre a regra. As tapeçarias, particularmente as de Arras, são cada vez mais comuns. O mobiliário se desenvolve e os inventários mencionam os bufês, as cristaleiras, as cadeiras esculpidas, os grandes leitos com baldaquins, as arcas esculpidas, das quais inúmeros espécimes ainda subsistem nos castelos e museus.

A venda dos bens monásticos proporcionou a muitos senhores locais a oportunidade de adquirir propriedades em condições favoráveis e de construir grandes mansões para si. Foi assim que *sir* William Petre, doutor em Direito, tutor do irmão de Ana Bolena, leal a Thomas Cromwell, chanceler em 1544, e conselheiro particular do rei, comprou a propriedade de Ingatestone (Essex), anteriormente propriedade da abadia de Barking. Ele fez construir a Ingatestone Hall, uma mansão de tijolos com três pátios. A longa galeria, os painéis esculpidos com medalhões, os brasões e o lema da família – "*Sans Dieu rien*" (em francês) –, os vitrais heráldicos das janelas com travessas, os jardins tranquilos, fazem dela uma das mais belas mansões do reinado. Outros compradores de propriedades monásticas se contentaram em converter as construções dos mosteiros, transformando o claustro em um pátio interno, como foi feito na abadia de Netley. Em Tichfield, *sir* Thomas Wriothesley converteu o refeitório em um salão, e a nave da igreja em uma monumental torre de entrada. Em Layer Marney (Essex), um esplêndido edifício de tijolos – torres de oito andares, em torno de uma seção central com dois grandes vãos – testemunha os planos grandiosos do proprietário: esse verdadeiro castelo, datado de 1520, seria apenas a porta de entrada para um monumento que nunca foi concluído.

Nas áreas urbanas, a prosperidade de certas guildas contribuiu para a construção de paços (*guildhall*), de inspiração medieval, na maioria das vezes ainda em madeira e tijolo, como em Lavenham, Essex (1528-1529), e mais raramente em pedra, em estilo perpendicular, como em Cirencester.

Embora não tenha anexado seu nome a nenhuma grande realização completa ou original que tivesse simbolizado seu reinado, como Chambord, Fontainebleau ou El Escorial, Henrique VIII foi, no entanto, um construtor significativo. Mas suas obras estão espalhadas por uma multiplicidade de residências, muitas das quais foram adquiridas por confisco. Ele as mandou ampliar, embelezar, modificar e reparar, de acordo com seus gostos pessoais, que eram muito mais medievais do que italianos.

Seus edifícios londrinos mudaram significativamente a face da capital. O primeiro deles foi o antigo palácio real em Bridewell, no oeste da cidade, nas margens do Tâmisa; foi completamente reconstruído entre 1515 e 1522, e Carlos V permaneceu lá durante sua visita nesse último ano. O conjunto custou mais de 20 mil libras, mas logo será abandonado, tornando-se mais tarde um reformatório para vagabundos. Um pouco mais ao oeste, em Westminster, em 1529, Henrique VIII confiscou a residência dos arcebispos de York, York Place, que ele visitou imediatamente. Começou instalando a galeria de madeira esculpida, retirada da residência de Wolsey, em Esher. Depois, comprando um terreno ao norte e outro ao sul, ampliou os prédios, colocou um pomar, um campo de justas, uma quadra de tênis com uma magnífica galeria para os espectadores, e duas torres de entrada. O palácio foi chamado de Whitehall, e será a residência londrina preferida do rei. É nela que ele morrerá.

Algumas centenas de metros mais a oeste, Henrique construiu o palácio de tijolos de Saint James, de 1532 a 1540, num terreno doado pelo Eton College, onde antes havia um hospital para leprosos. Talvez esse novo palácio se destinasse a abrigar seus filhos. Ao sul de Whitehall, ficava o antigo palácio de Westminster, que estava se tornando cada vez mais abandonado e não mais adequado às exigências da época. Ao norte, o rei adquiriu grandes áreas de terra pertencentes às abadias de Westminster, Abingdon e ao hospital de Burton Saint Lazare. Este foi também o local de sua falcoaria, o Royal Mews, para onde seus estábulos foram transferidos em 1537, após o incêndio que destruiu os de Bloomsbury. Por fim, no leste da cidade, a Torre foi reparada em 1532. Londres estava firmemente enquadrada pelos edifícios reais.

Na vizinhança imediata, Henrique ampliou seus palácios em Greenwich, Windsor, Richmond, Woking, Eltham, New Hall e Leeds (Kent). Em Hampton Court, que assumiu em outubro de 1629, o rei mandou construir o grande salão, com 35 metros de comprimento e 20 metros de altura, onde

O CORAÇÃO DO REINO: DIVÓRCIO E SUPREMACIA   235

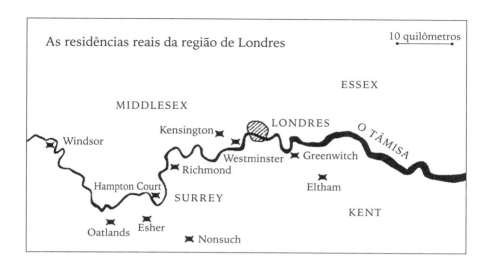

os operários trabalhavam dia e noite à luz de velas, de tão ávido que estava de se mudar, a sala da guarda, o magnífico teto da capela, a grande cozinha, a quadra de tênis e os apartamentos. Em 1538, ele mandou construir o palácio de Oatlands, a montante de Hampton Court, e adquiriu o de Brooklands. Penshurst, confiscado do duque de Buckingham, foi ampliado.

Mas Henrique VIII também queria ter seu próprio Chambord, um palácio grandioso, único, que testemunhasse o esplendor de seu reinado, que fosse uma verdadeira criação, e não uma simples extensão de um castelo preexistente. Para esse fim, adquiriu uma propriedade de 450 hectares em Surrey, a 10 quilômetros a sudeste de Hampton Court, na qual ficava o vilarejo de Cuddington. Ele mandou destruí-lo inteiramente para construir o palácio de Sem Igual (*Nonsuch*), a partir de abril de 1538. Com sua fachada de 70 metros, suas torres octogonais de 25 metros de altura e seus três pátios, o edifício superou tudo o que existia na Inglaterra até aquele momento. Centenas de trabalhadores labutaram nele até o final do reinado, e o rei gastou mais de 25 mil libras no projeto, que nunca viu concluído. Desse gigantesco palácio desaparecido, apenas algumas gravuras subsistem, em particular um desenho de Joris Hoefnagel, que se encontra no Museu Britânico. Como em Chambord, o plano base permanece medieval, com pátios, torres de ângulo e ameias. Entretanto, a influência da Renascença italiana e francesa, muito mais clara do que nos outros edifícios de Henrique VIII, pode ser vista nos baixos-relevos, pilastras, estátuas e medalhões. Artistas holandeses e franceses trabalharam nele; os jardins, incluindo um labirinto e um pomar de duzentas pereiras, foram projetados pelos franceses, que também fizeram o grande relógio. No entanto, o uso de tijolos, telhas e as vastas estruturas, os campanários em forma de bulbo, dão ao conjunto um caráter tipicamente inglês.

Henrique VIII foi muito mais rápido em adotar inovações no campo das construções militares, em que tinha competências inegáveis. Ele próprio contribuiu para os planos de modernização das fortificações de Calais e Berwick-upon-Tweed, adotando a nova moda do bastião avançado, com casamatas e protetores de canhões (*orillon*). Ele trouxe engenheiros italianos e alemães, como Stefan Van Haschenperg, que dirigiu os trabalhos em Hull, Pendennis e Saint Mawes a partir de 1537. Em resposta à ameaça de invasão em 1539, Henrique mandou construir ainda uma série de fortes notáveis, com formas predominantemente circulares, em Deal, Walmer, Dover, Sandgate, na ilha de Wight, no estuário do Tâmisa. No norte, de 1539 a 1542, e novamente em 1544-1545, ele redesenhou as defesas de Berwick.

MÚSICA E PINTURA. HOLBEIN E OS RETRATOS DO REI

Para o rei, como para toda a nobreza, a música ocupa uma parte essencial da existência. Mencionamos os talentos do rei nessa área, como intérprete, cantor e compositor. Hall nos conta que Henrique treinava diariamente, "cantando, dançando, tocando a flauta doce, a grande flauta, a virginal, compondo canções e baladas", e que cuidou da educação musical de seus filhos. A *gentry* compartilhava esses gostos. Toda grande família tinha seus músicos. Ter uma boa voz era considerado um mérito quase tão grande quanto o valor guerreiro, e os maiores não se faziam de rogados para cantar árias na corte ou na sociedade. Erasmo testemunhou, em *Elogio à loucura*, essa paixão particular dos ingleses pela música. Todas as cerimônias públicas eram acompanhadas por trombetas, que eram muito apreciadas pelo povo. Em 1530, surgiu o primeiro livro de música impresso na Inglaterra, o *Livro de canções*, de Wynkyn de Worde, que incluiu muitos trabalhos em contraponto, tirados de canções populares.

A música religiosa atingiu um nível notável sob Henrique VIII. Ela atravessa então um período de transição. A capela real, criada no início do século XV, havia produzido alguns grandes compositores de missas e motetes, entre os quais John Dunstable, que morreu em 1453. No final do século, a técnica do contraponto era de uso comum, como mostra o manuscrito do Eton College, composto entre 1490 e 1504. A influência flamenga, ela própria resultado do trabalho de Dunstable, enriquece o registro inglês nas obras de William Cornyshe, Robert Fairfax, Richard Sampson, John Taverner, durante o reinado de Henrique VIII. A transição para a Reforma introduziu exigências de despojamento e simplicidade, que Christopher Tye, maestro do coro da catedral de Ely, e seu genro, Robert Whyte, aproveitaram ao máximo. Muito mais do que na literatura, a música do segundo período Tudor foi uma preparação direta para a apoteose elizabetana. Thomas Tallis, nascido em 1505, será a testemunha e o ator principal dessa passagem.

O único gênero pictórico da época é o retrato, uma continuação da miniatura medieval, que não desaparecera completamente. Os rostos dos atores dos dois primeiros reinados Tudor são bem conhecidos, graças às obras realistas de muitos pintores, muitos dos quais permanecem anônimos. A maioria dos nomes que chegaram até nós são flamengos ou holandeses, às vezes alemães, nunca italianos. Nesse campo, dificilmente se pode falar de uma escola inglesa. Os pintores titulares do rei, John Browne, até 1532, depois Andrew Wright, de 1532 a 1543, passaram mais tempo decorando navios e compondo decorações para festas do que fazendo pinturas. Os principais artistas eram membros de uma família de Gand, os Hornebolt, assim como o artista de Bruges, Jean Raf, que pintou os retratos de Fox e de Mary Tudor em 1532. Os retratos de Henrique VII, Margarida Beaufort, Margarida Tudor, Catarina de Aragão, de Perkin Warbeck, são provavelmente também obras estrangeiras, assim como as cenas da batalha das Esporas e do Campo do Pano de Ouro.

A pintura do reinado de Henrique VIII é, naturalmente, dominada por Hans Holbein. Nascido em Augsburg em 1497, ele chegou à Inglaterra no inverno de 1526-1527 por meio de Erasmo, de quem pintou vários retratos. Hospedado inicialmente por Thomas More, pintou-o, primeiro sozinho e depois cercado por sua família, em um retrato de grupo que é uma das primeiras obras-primas do gênero, porque revela a comunhão espiritual que existia entre as figuras. Também datam dessa primeira estadia os retratos de William Warham, John Fisher, Henrique Guilford e sua esposa, Thomas Godsalve, Henry Wyatt, e de Thomas Elyot. Ele partiu para Basileia em 1528 e retornou à Inglaterra no verão de 1532. Como More havia caído em desgraça, ele se liga aos comerciantes hanseáticos germânicos, estabelecidos na Steelyard de Londres, que lhe fornecem uma série de temas. Os cortesãos lhe fazem encomendas, e de 1536 a 1543 ele trabalha a serviço do rei. Suas obras ilustram todos os grandes nomes da corte. A cada vez que o rei queria se casar novamente, enviava esse artista ao continente para pintar retratos de todas as belezas elegíveis, o que às vezes lhe causou surpresas desagradáveis: quando Henrique viu a chegada de Ana de Clèves, pensou em estripar o pintor, pois ele havia feito um retrato encantador dela, diante do qual o rei sonhava havia seis meses. Mais do que qualquer outro, Holbein contribuiu para tornar o reinado de Henrique VIII vivo e colorido aos olhos da posteridade. Ao dar um rosto aos nomes de todos os atores, ele os aproximou de nós, e se temos a falsa impressão de que não pertencem mais à Idade Média, é bem a ele que o devemos.

Holbein se sobressaiu ao destacar o temperamento de seus temas: o retrato de Thomas Cromwell, por exemplo, exala competência e autoridade. Da mesma forma, a primeira imagem do rei que ainda hoje nos vem à mente é, sem dúvida, o retrato pintado por volta de 1542, que imortaliza um Henrique VIII de 50 anos de idade, inchado, emergindo de um enorme casaco com gola de peles, cheio de joias, segurando um par de luvas em sua mão direita e mantendo à esquerda o bastão que ajuda as pernas ruins a sustentar seu enorme corpo. O rosto é gordo, com bochechas caindo, a barba curta e grisalha, os olhos pequenos e o olhar penetrante, com o gorro liso escondendo uma vasta cabeça careca. Para a posteridade, Henrique VIII, desde sua ascensão até sua morte, será sempre esse imutável homem gordo, imobilizado como uma imagem medieval, olhando para nós, arrogante, autoconfiante, dominador, imperioso, alegre e inquietante. Muitas variações desse retrato foram feitas pelo mestre e sua escola. Apenas as cores de seu casaco variam. A expressão, no entanto, persiste, assombrando. O caráter inquietante do personagem é ainda mais aparente no desenho de Holbein conservado no museu de arte gráfica de Munique: a boca pequena, os olhos selvagens de felino, o bigode fino e a barba em desordem sugerem duplicidade, malevolência e animalidade. "Ninguém em seu entorno se sentia seguro", dizia-se.

Holbein deixou outras representações do rei, o que nos permite ver, por comparação, a crescente corpulência do soberano. Um esboço na National Portrait Gallery o mostra, em 1536, numa representação fictícia ao lado de seu pai, cuja fragilidade física é ainda mais aparente ao lado desse filho colossal, cuja envergadura fica aumentada por um amplo casaco. Outro retrato, quinze anos antes do anterior, uma vez erroneamente atribuído a Holbein, mas provavelmente obra de um alemão anônimo, retrata o rei aos 30 anos de idade, ainda magro, com maçãs do rosto proeminentes, fisicamente mais atraente, mas já falso e impiedoso. A série termina com uma gravura de Quentin Matsys, conservada no British Museum, mostrando o rei alguns meses antes de sua morte. Os olhos minúsculos estão quase cobertos pela carne; a pequena boca esboça um sorriso, e o rosto horrível e inchado é, ao mesmo tempo, dissimulado e perverso. Realismo ou caricatura? Há algo de irreal e quase diabólico no desenho. O estilo da Matsys provavelmente tem muito a ver com isso. Mas o que sabemos do velho Henrique VIII não está longe dessa visão sinistra.

Apesar da presença de Erasmo e de Holbein, a cultura inglesa na primeira metade do século XVI permanece essencialmente medieval e insular. O tempo dos Plantagenetas e da monarquia anglo-normanda já se foi há muito tempo. Desde o final da Guerra dos Cem Anos, a Inglaterra parece ter rompido seus laços com o continente, onde tem apenas um ancoradouro, Calais. Já se foram os dias em que as pessoas atravessavam o canal da Mancha como se transpunha o Tâmisa, quando os senhores tinham propriedades em ambos os lados do braço de mar, quando se falava francês na corte. Redobrada sobre si mesma durante a Guerra das Duas Rosas, a ilha se tornou verdadeiramente inglesa. As intervenções no continente são agora impopulares; Wolsey experimentou isso. A diplomacia ainda está interessada nos grandes assuntos europeus, mas como árbitro, e não mais como atriz. Os ingleses viram as costas para a Europa, para se concentrarem em sua agricultura e em seu comércio.

Foi sob os Tudor que a Inglaterra adquiriu o sentimento de sua originalidade. É claro que recebeu estrangeiros, mas eles vieram para admirar, em vez de impor suas modas, como Erasmo, e isso acabou anglicizando aqueles que ficaram tempo demais, como Holbein. Foi nessa época que o *british way of life* se firmou, seguro de si; a chávena de chá e o *cricket* ainda não faziam parte dele, mas a cerveja e o arco e flecha o prefiguram. Hampton Court, Whitehall, os jardins de rosas, a música popular: o reinado de Henrique VIII marcou uma etapa no cultivo de uma civilização britânica, cujos méritos Shakespeare logo cantaria:

Este outro Éden, este semiparaíso,
Esta fortaleza construída pela natureza
Para defender-se contra a invasão e a guerra,
Esta feliz raça de homens, este pequeno universo,
Esta pedra preciosa, engastada num mar de prata
Que a defende como uma muralha,
Ou como o fosso protetor de um castelo
Contra a inveja de terras menos afortunadas,
Este lugar abençoado, esta terra, este império, esta Inglaterra...

Tal consciência da originalidade e da superioridade nacional, da singularidade da civilização inglesa, só foi possível sob Elizabeth, como resultado das convulsões religiosas empreendidas por seu pai, Henrique VIII. A autonomia religiosa que o rei dará a seu país, e que é sua obra essencial, só foi possível porque, desde o século XIII, havia uma forte corrente contra Roma, complicada pelo anticlericalismo. O anglicanismo, um elemento essencial da originalidade inglesa, foi o resultado de uma longa hostilidade contra as exigências papais.

– IX –

A OFENSIVA CONTRA ROMA E O CLERO INGLÊS (1529-1532)

Em 3 de novembro de 1529, o Parlamento, que seria o mais longo, famoso e frutífero do reinado, se reuniu: o Parlamento da Reforma (1529-1536). Foi confiando no prestígio e na autoridade dessa instituição que Henrique VIII foi rompendo gradualmente com Roma, atacando em duas frentes paralelas: o caso do divórcio e as prerrogativas da Igreja na Inglaterra. Os dois pontos de vista são ao mesmo tempo distintos e inseparáveis. O fracasso das tentativas do rei em obter o divórcio atuará como catalisador dos sentimentos antirromanos e anticlericais, desenvolvendo ao extremo tendências preexistentes, e é provável que mesmo que não tivesse havido divórcio, o *status* da Igreja na Inglaterra teria sido alterado, embora provavelmente menos radicalmente, sob a forma de uma concordata do tipo daquela ocorrida em 1516.

Tudo, na época, estava empurrando nessa direção. A ascensão do absolutismo, combinada com o impulso do luteranismo, criava na Europa uma atmosfera que favorecia a emancipação dos governantes em relação a Roma. A Igreja estava sendo contestada em todos os lugares, e cada vez mais reduzida ao estado de uma instituição humana decadente. A reforma da disciplina e dos costumes havia sido adiada por muito tempo; as estruturas, a teologia oficial e a espiritualidade já não respondiam às exigências de um mundo que se abria por meio das viagens, dos negócios e do humanismo. O luxo dos prelados e do papa, os abusos de todo tipo, as desigualdades no clero alimentavam uma literatura cada vez mais hostil. É claro que, em Roma, estava-se consciente do problema, mas as reformas tentadas um século antes foram tímidas demais para retificar a situação. Como seria o caso no final do Antigo Regime, os hábitos, os interesses adquiridos, os privilégios, paralisaram qualquer reconsideração, imediatamente rotulada de herege. Papas mais preocupados com arte, política e diplomacia do que com religião, temendo concílios como se fossem a peste, desde Constança e Basileia, procuraram limitar as perdas e conter as crescentes demandas das monarquias, assinando acordos que restringiam seriamente seus poderes: a Sanção Pragmática de Bruges (1438), a de Mainz (1439), a Concordata de Bolonha (1516). Tudo isso foi meramente paliativo. As raízes do mal permaneciam; a explosão luterana revelava sua extensão e proporcionava a todos os soberanos a oportunidade de tirar proveito da situação.

Era uma oportunidade muito boa para enfraquecer os laços com um papado obstrutor, cujas exigências fiscais e judiciais, e as intervenções por parte dos núncios nos assuntos internos dos Estados, eram havia muito contestadas. Sem sequer mencionar a atração causada pelos bens eclesiásticos, aos quais muitos príncipes alemães sucumbiram e soberanos tão católicos como Carlos V e Francisco I não deixaram de hesitar no início. Henrique VIII, por mais Defensor da Fé que fosse, encontrava então um contexto favorável para aumentar seus poderes sobre o clero inglês. Ele também podia se apoiar na antiga tradição anticlerical e antirromana do reino da Inglaterra.

ANTICLERICALISMO E OPOSIÇÃO A ROMA NA INGLATERRA

Em 1529, o rei leu um panfleto muito violento contra o clero, tanto regular quanto secular. O livro, de um advogado da Gray's Inn, Simon Fish, se intitulava *Uma súplica para os mendigos* (*A Supplication for the Beggars*). Segundo algumas fontes, foi dado a Henrique por Ana Bolena; segundo outras, foi-lhe trazido e lido em particular por dois comerciantes, aos quais ele teria declarado: "Se um homem quer derrubar uma velha parede de pedra e começa pela parte de baixo, a parte do alto pode cair sobre sua cabeça". Isto significava que era necessário começar por se livrar da tutela de Roma antes de se voltar contra o clero inglês. O que parece certo é que ao menos ele estava ciente desse escrito que circulava em Londres, e que, longe de procurar punir o autor, mostrava-lhe sinais de aprovação.

Ora, a arenga era extremamente virulenta, especialmente contra a ganância dos clérigos: "No tempo de seus nobres predecessores", disse Simon Fish,

> [...] foi habilmente insinuada em seu reino outra espécie de santos e ociosos mendigos e vagabundos, não miseráveis, mas fortes, poderosos e hipócritas [...]. Bispos, abades, priores, diáconos, arcebispos, sufragâneos, sacerdotes, monges, cônegos, frades, vendedores de indulgências e portadores de intimações. E quem pode recensear essas pessoas inúteis e ruinosas, que, descartando todo trabalho, mendigaram de maneira tão importuna que se apropriaram de mais de um terço de seu reino? As melhores propriedades, domínios senhoriais, terras e territórios pertencem a eles. Além disso, demandam um décimo do trigo, dos prados, das pastagens, do capim, da lã, dos vitelos, potros, ovelhas, porcos, gansos e galinhas [...]. Esses indivíduos zelam por seus lucros com tanto cuidado que as pobres mulheres lhes devem cada décimo de ovo; se eles não receberem seu devido pagamento na Páscoa, elas serão acusadas de heresia [...]. Quanto dinheiro os portadores de intimações extorquem em um ano, citando as pessoas diante do tribunal eclesiástico, e depois renunciando à sua atitude por dinheiro? [...]. Que mulher trabalharia com as mãos para ganhar 3 *pence* por dia, quando pode conseguir pelo menos 20 *pence* por dia para dividir a cama com um frade, um monge ou um padre por uma hora?

Em conclusão, Simon Fish pedia ao rei que confiscasse os bens da Igreja, que permitisse que os clérigos se casassem e que "amarrasse esses santos ladrões às charretes para serem chicoteados [...] até que começassem a trabalhar".

A súplica refletia a opinião de uma grande parte da população inglesa, tanto entre a população comum como entre os notáveis. Em ambos, o pensamento de Wycliff havia deixado marcas profundas, e as ideias do professor de Oxford voltavam a ganhar vigor no clima reformista de então. Mais do que nunca, ele aparecia como o grande precursor. Os temas essenciais de seu pensamento encontravam toda a sua atualidade: a verdadeira Igreja é invisível e composta pelos predestinados à salvação; a hierarquia da Igreja visível, corrompida pelo pecado, é inapta a possuir propriedade; o clero deve viver na pobreza; somente aqueles em estado de graça têm direito moral à propriedade; o poder secular pode confiscar os bens da Igreja adquiridos injustamente. Dogmaticamente, Wycliff se opunha à transubstanciação e negava a presença real na eucaristia. Após a condenação de suas doutrinas pelo concílio de Londres, em 1382, ele escreveu várias obras contra o papado, o sacerdócio, as ordens religiosas e a devoção aos santos; pregando um cristianismo primitivo, bíblico, em linguagem violenta, ele desfrutou da proteção real suficiente para escapar da fogueira. Retomando todas as críticas populares da instituição eclesiástica, seu pensamento fazia parte da tendência mais ampla da busca da idade de ouro, da simplicidade primitiva e da igualdade, que marcaram as sublevações camponesas, desde a grande revolta de 1381.

Essas reivindicações foram retomadas ao longo do século XV pelo movimento difuso dos *lollards*. Mais que uma seita, esses crentes, adeptos de um retorno às origens míticas, formaram comunidades com contornos indeterminados, sem estrutura ou instituições, e especialmente difíceis de discernir. O lollardismo é mais um estado de espírito do que uma organização. Apresentando-se como "homens da Bíblia", os *lollards* afirmam que somente os preceitos morais encontrados nas Escrituras são divinos, que todo cristão é capaz de discernir o significado da palavra de Deus, que os clérigos não têm o direito de impor sua interpretação; rejeitam o culto dos santos e das relíquias, assim como as peregrinações, a penitência, a excomunhão e os principais aspectos da Igreja institucional. Adeptos de uma vida austera, que prenuncia o puritanismo, contavam com muitos padres do campo e provocaram várias revoltas na primeira metade do século XV, particularmente nos anos 1413-1417. A repressão dessas revoltas fez desaparecer as comunidades, mas o estado de espírito sobreviveu em muitas regiões durante um século. O luteranismo lhe deu uma nova força, pois a semelhança de ideias era grande.

Qualquer coisa que se opusesse ao sacerdócio e aos sacramentos encontrava terreno favorável na Inglaterra. Embora os radicais prontos para agir fossem apenas uma pequena minoria, em muitos ingleses um anticlericalismo latente acolhia de bom grado qualquer coisa que fosse contra os privilégios do clero. Esse anticlericalismo era composto por elementos heteróclitos: hostilidade contra o dízimo, os tribunais eclesiásticos, os abusos da excomunhão, a riqueza dos abades e bispos; entre os notáveis laicos, dos quais Thomas Cromwell era um bom representante, a hostilidade contra o clero era mais sistemática e muito bem argumentada: os clérigos são um fardo para a sociedade, um desperdício de recursos humanos, verdadeiros parasitas que acumulam e esterilizam as riquezas, são obstáculos à unificação do direito por meio de seus tribunais especiais; dependentes do poder estrangeiro, não são cidadãos de pleno direito; enfraquecem a economia, pagando impostos a Roma. Seus membros devem ser reduzidos e ser utilizados para tarefas sociais e educacionais. Esse era um ponto de vista exclusivamente secular, mas não deixava de contemplar os aspectos da *Utopia* e do *Elogio da loucura*. Essas ideias foram difundidas por um corpo crescente de escritos violentos, como *Rede Me and Be nott Wrothe* (*Leia-me e não se irrite*), de Jerome Barlow e William Roy, dois monges de Greenwich que se refugiaram em Estrasburgo; seu livro, escrito em 1528 em forma de diálogo, foi tanto um ataque contra a missa quanto a Wolsey. Em 1530, *The Dialogue between a Gentleman and a Husbandman* (*O diálogo entre um cavalheiro e um camponês*) foi impresso em Marburg, atacando a Igreja e o clero.

A situação da Igreja da Inglaterra não é pior no início do século XVI do que no período anterior. Mas sua grande fraqueza reside na crescente secularização de seu estado de espírito. Longe de apresentar uma frente unida contra os ataques, o próprio clero desenvolve as críticas mais virulentas; desde Wycliff e os chefes *lollards,* até Roy e Barlow, são padres e monges que condenam seu próprio estado. No campo, a maioria dos padres vivia em simbiose com os laicos, compartilhando seu modo de vida e suas preocupações; muitos serviam como administradores e confidentes dos *squires*. Os bispos, verdadeiros funcionários reais, foram muito mais solidários com a nobreza do que com o clero. Corroída por dentro pelas ideias predominantes, a Igreja da Inglaterra não poderia oferecer resistência aos ataques reais.

Adicione-se a isso o fato de que o clero também compartilhava a hostilidade geral contra Roma e suas exigências. As taxas papais, algumas das quais, como o denário de São Pedro, eram particulares à Inglaterra e a alguns outros países, a interferência dos núncios nos assuntos internos do reino, a comenda de certas dioceses por bispos italianos absentistas – Campeggio era bispo de Salisbury, Ghinucci bispo de Worcester – alimentavam um ressentimento tenaz para com o papa. Desde o século XII, a história inglesa tinha sido marcada por sérias disputas entre a jurisdição real e a eclesiástica: o assassinato de Thomas Becket, a excomunhão e a humilhação de João Sem-Terra, as constituições de Clarendon, os estatutos da *Praemunire* e de *Provisors*, limitando os direitos de Roma sobre a propriedade do clero inglês, a supressão dos priorados estrangeiros em 1414. Esses eventos foram outro aspecto da conscientização da originalidade e da independência do reino insular. O isolacionismo institucional e jurisdicional anunciava o isolacionismo espiritual. Se, no início do século XVI, os laços com Roma foram importantes, eles se tornaram puramente formais, frios e administrativos. O papado, cada vez mais percebido como uma instituição puramente humana, não despertava nenhuma simpatia nem entre clérigos, nem entre laicos. O apego sentimental era à monarquia, e não ao papa.

HENRIQUE VIII E AS IDEIAS DE REFORMA RELIGIOSA

Um homem desempenhou um papel importante na evolução que levou ao reconhecimento do rei como líder religioso: William Tyndale. Esse galês, educado em Magdalen Hall, Oxford, e depois na atmosfera erasmiana de Cambridge, concebeu o projeto de traduzir o Novo Testamento para o inglês. Este foi um empreendimento revolucionário, numa época em que a Igreja se opunha ferozmente à publicação da Bíblia em língua vulgar, o que a entregaria à leitura e à interpretação de qualquer laico, abrindo a porta para as teorias mais desenfreadas. Todas as tentativas anteriores haviam sido condenadas e Tyndale, por sua vez, encontra a oposição dos bispos quando anuncia suas intenções em 1523. Ele foi obrigado a deixar a Inglaterra, com a ajuda de um rico comerciante de tecidos, Humphrey Monmouth. Sob o nome de William Hutchins, retornou a Wittemberg, onde completou sua tradução em 1524. Ainda era preciso imprimi-la. Após um fracasso em Colônia, em 1525, por causa dos excessos de seu companheiro William Roy, a impressão foi feita em Worms, em 1526. O trabalho de Tyndale se baseava na Vulgata, nas traduções de Erasmo, nas traduções de Lutero e no texto grego. Ele empregava expressões que reduziam a importância das obras na obtenção da salvação, atenuavam o papel da tradição e lançavam dúvidas sobre os sacramentos.

O Novo Testamento entrou na Inglaterra em 1526, por meio da Associação dos Irmãos Cristãos, para o grande escândalo de Wolsey e dos bispos. O cardeal, já em 1521, tinha mandado destruir publicamente vários livros luteranos em Saint-Paul, e, em 1525, tinha ordenado a expulsão de comerciantes hanseáticos que possuíam livros proibidos. Ele organizou um auto-de-fé no domingo antes da Quaresma, quando várias centenas de exemplares do Novo Testamento foram queimados. Presidiu outro em outubro, e enviou John Hacket aos Países Baixos, para que destruísse as cópias que lá estavam. O clero inglês foi solicitado a contribuir financeiramente para a compra dos livros a serem queimados. Isto foi tão ineficaz quanto as prisões que começaram a castigar os propagadores de novas ideias: um teólogo de Cambridge, Robert Barnes, foi forçado a renegar a heresia em 1526; no ano seguinte, Thomas Bilney foi mandado à Torre, de onde só escapou por um ato de submissão; vários professores e estudantes de Oxford sofreram o mesmo destino. Entre eles estava Robert Ferrar, futuro bispo de Saint--David's. Mas a repressão estava moderada no momento; John Frith, do Christ Church College, que havia trabalhado com Tyndale, foi libertado; Thomas Garrard, do Magdalen College, não foi nem mesmo incomodado. Somente John Clark, da Christ Church, morreria na prisão.

Enquanto isso, em Antuérpia, Tyndale publicava comentários sobre seu Novo Testamento e sobre obras de controvérsia: *A parábola do destestável Mammon*, *A prática dos prelados*, *A obediência do homem cristão*. Este último trabalho, publicado em 1528, foi trazido a Henrique VIII pela própria Ana Bolena. "Aqui está um livro cuja leitura me convém, assim como a todos os reis", declarou o soberano. Tyndale, de fato, baseado em seu livro sobre o Antigo Testamento e o início da História da Igreja, fazia uma verdadeira apologia ao cesaropapismo; os súditos, dizia ele, devem estar submetidos, de corpo e alma, a seu soberano, que é o guardião da fé.

Nos anos 1528-1529, independentemente do caso do divórcio, várias circunstâncias empurraram Henrique para a reforma religiosa. Novas ideias se desenvolviam em Cambridge. Numerosos escritos encorajavam o rei a assumir a liderança do clero, que aliás parecia se dispor ao jogo. Os príncipes alemães que haviam abraçado o luteranismo estavam dando o exemplo. O crescente desacordo com Wolsey, núncio e defensor da tradição, e a influência de Norfolk, Suffolk e Ana Bolena, só podiam trabalhar no mesmo sentido, enquanto, diante dele, uma coalizão foi formada por uma hierarquia eclesiástica desacreditada e sem força, um papa hesitante e uma esposa detestada. A situação diplomática era favorável. Carlos V, o principal apoiador do papa, tinha muitas outras preocupações na época: a paz das Damas não punha fim à ameaça francesa; Francisco I precisava ser observado de perto; a situação na Itália era precária; na Alemanha, a luta armada contra os luteranos da Liga de Smalkalde começa em 1530; no leste, os turcos lançam um ataque contra Viena em 1529; no Mediterrâneo, Barba Ruiva ameaça as costas italianas. Nesse aspecto, Henrique tinha as mãos livres por vários anos.

Quais eram suas intenções no outono de 1529? Além do desejo de divorciar-se e casar-se com Ana Bolena, ele não tinha planos predeterminados. No entanto, duas coisas devem ser enfatizadas. Em primeiro lugar, o rei estava agora totalmente no controle de suas ações; a morte de Wolsey marcou o início de seu reinado pessoal, e as decisões importantes foram realmente suas. A política religiosa agora seguirá os meandros de sua consciência e de sua fé. Ora, esta última, a julgar por todas as suas manifestações durante o reinado, é muito convencional, externa; não superficial, mas formal, não muito interiorizada. Uma fé intelectual e fria, alimentada exclusivamente pelo desempenho dos ritos. Henrique pode assistir a várias missas por dia, faz peregrinação, especialmente a Walsingham, reza para obter satisfações temporais, e não é desprovido de superstição. Ele está interessado na teologia, mas de forma abstrata. Centrados em sua própria pessoa, seus sentimentos religiosos não têm calor, nem paixão e, desse ponto de vista, são de uma natureza totalmente diferente daqueles de Lutero. Henrique herdou sua fé como alguém herda seu temperamento; ele não pensa em questioná-la, nem em internalizá-la; nele não há lugar para dúvidas e, portanto, nem para aprofundamentos.

Mas, acima de tudo, Henrique é rei, e tem uma ideia simples e forte de sua posição: o reino da Inglaterra é seu reino, do qual é o único senhor, e todos os seus súditos lhe devem obediência exclusiva, incluindo os eclesiásticos. Já em 1515, ele havia declarado perante uma assembleia de bispos e juízes que, "no passado, os reis da Inglaterra não tiveram nenhum outro superior além de Deus". As intervenções de Roma irritam-no cada vez mais; admite com dificuldade a vinda de um núncio, a menos que seja inglês; manda examinar as bulas antes de autorizar sua publicação; então, precisar se submeter à boa vontade do papa para obter o divórcio é uma humilhação intolerável, que pesa muito nas decisões futuras, mesmo que não seja a única razão para a ruptura. A obediência a Roma não é uma questão de fé, mas apenas de direito, de disciplina. Como o papado é apenas uma criação humana – é o que se repete cada vez mais na época –, não há nenhuma contradição entre ser um bom cristão e não se submeter ao papa. A supremacia real sobre a Igreja da Inglaterra está de acordo com a lógica monárquica e a fé primitiva, portanto, autêntica. Henrique está cada vez mais convencido disso, especialmente porque, com a queda do cardeal-núncio, Roma havia perdido seu último apoio na corte. Os Bolena tinham simpatias luteranas; os conselheiros laicos eram ferozmente antipontifícios. O rei estava, de boa-fé, maduro para o cesaropapismo, embora ainda não soubesse como afirmar isso.

O outro evento importante no outono de 1529 foi a "conversão" de Henrique à ideia de uma reforma clerical. O novo chanceler, um laico, era um semierasmiano, conhecido pelos escritos que exigiam uma reordenação radical do mundo clerical. Em 28 de outubro, o rei teve uma longa conversa com o novo embaixador imperial, Eustáquio Chapuys, e lhe confiou sua intenção de atacar o cerne da questão: os escândalos e abusos do clero, disse ele, haviam durado tempo suficiente. Quantas heresias e desastres teriam sido evitados no passado se o papa e os cardeais tivessem vivido de acordo com os preceitos evangélicos da pobreza! Certamente Lutero estava certo em atacar o luxo do clero, e se ele não tivesse atacado os sacramentos ao mesmo tempo, o rei o teria apoiado. Era, além disso, dever do imperador remediar os abusos do clero; quanto a Henrique, ia começar a trabalhar esses quesitos em seu próprio território. Se ele não tinha agido antes, foi porque, continuou, "aqueles que tinham as rédeas do governo me enganaram; muitas coisas têm sido feitas à minha revelia, mas isso não acontecerá novamente".

Ao condenar novamente Wolsey, Henrique VIII parecia assim determinado a recomeçar em duas direções paralelas: afirmar a supremacia religiosa do rei e reformar o clero inglês. Mas nenhuma medida específica foi prevista. Para tal, o soberano aguardava a reunião de seu Parlamento, convocada para o início de novembro. O fato ilustra a natureza da monarquia

Tudor: nenhuma reforma importante e duradoura pode ser feita sem a concordância dos Lordes e dos Comuns. Henrique sabe disso, e quaisquer que fossem suas tendências pessoais ao despotismo, não tenta agir sozinho: as grandes decisões seriam o trabalho do "rei no Parlamento", e isso é também o que constituirá sua força. Se a grande obra dos anos 1530 e 1540 ainda está viva quatro séculos e meio depois, é porque foi o resultado de uma estreita cooperação entre o soberano e os representantes do reino. O Parlamento nem sempre foi convocado pelos reis da Inglaterra de bom ânimo. O de 1529 é uma exceção. Henrique tinha grandes expectativas em relação a isso e sabia que os desejos dos representantes eleitos coincidiam com os seus, no que diz respeito ao anticlericalismo. Na verdade, esse Parlamento foi de grande utilidade para ele, pois traduziria as orientações gerais ainda confusas do governo em medidas precisas; o rei forneceria a ideia inicial, o Parlamento tomaria as iniciativas e a responsabilidade pelas decisões concretas, tirando o soberano de embaraços, fornecendo soluções, enquanto deixava Henrique como juiz final.

É claro que as eleições parlamentares nada tinham de democráticas, como já vimos. Eles concerniam apenas os notáveis e não excluíam as pressões. Os membros eleitos incluíam muitos juízes de paz, conselheiros e titulares de cargos de vários tipos. As eleições parciais, realizadas entre 1529 e 1536 para preencher os postos após as mortes dos membros, deram origem a manobras por parte de Cromwell, de modo que em 1536 os rebeldes do norte acreditavam poder afirmar que "o velho costume era que nenhum homem do rei deveria sentar-se na Câmara dos Comuns; no entanto, a maior parte dessa Câmara é composta por homens do rei". Este é um falatório muito exagerado. De fato, o Parlamento de 1529-1536 manifestou sua independência várias vezes, mas em questões financeiras, nas quais seus interesses não coincidiam com os do rei: em 1529, João Pequeno, eleito de Londres, se opôs ao projeto de anulação do reembolso dos empréstimos forçados do rei; em 1534, o subsídio concedido à monarquia ficou muito aquém da quantia solicitada; em 1532, dois membros do Parlamento até pediram a Henrique que aceitasse de volta Catarina como sua legítima esposa.

Os Comuns não podem, portanto, ser descritos como uma mera câmara de registro. Se o acordo entre eles e o rei é tão harmonioso, é porque, por um lado, eles compartilham suas convicções monárquicas e, por outro lado,

Henrique VIII é bastante hábil para compreender as aspirações de seus súditos e usá-las para seus próprios fins. A esse respeito, ele foi até mesmo chamado de "o primeiro verdadeiro primeiro-ministro da Inglaterra" (professor Mackie), devido à sua capacidade de dirigir debates, de canalizar o descontentamento, as divisões e as esperanças. Quanto aos Lordes, não constituíam um problema. Dos dezenove bispos, treze morreram ou foram depostos durante a sessão do Parlamento, permitindo que fossem substituídos por homens favoráveis; dois eram nonagenários, dois eram pró-divórcio e um deles nem sequer falava inglês, o espanhol George de Athequa. Os lordes temporais, por outro lado, não estavam descontentes em ver a redução dos poderes da Igreja.

Entre Henrique VIII e seu Parlamento de 1529, havia um sentimento de cumplicidade, cujo cimento era o anticlericalismo. O rei convocou a assembleia com a finalidade de demonstrar o apoio popular à sua causa, diante do papa e diante do clero. Ao contrário do habitual, não era apenas uma questão de finanças, mas de um grande acerto de contas com a Igreja.

OS PRIMEIROS ATAQUES (1529-1530)

O tom foi definido desde as primeiras sessões. No dia 3 de novembro, acontecia a abertura solene, inaugurada pelo discurso do novo chanceler, More, e uma missa real em Blackfriars; o soberano recebeu o *speaker* dos Comuns, Thomas Audley, representando o Essex, um homem inteligente, que "entendia bem os negócios e melhor ainda os homens". Em seguida, o trabalho começou. Imediatamente, os Comuns dirigiram uma petição a Henrique VIII, atacando os abusos do clero: acumulação, absentismo, dispensas, prática do comércio, arrendamento de bens e uso de ofícios seculares. Não havia evidências de que tenha havido qualquer acordo prévio entre o rei e os deputados para a redação desse texto, mas é certo que Henrique VIII o recebeu com benevolência.

Essa explosão de anticlericalismo foi uma advertência suplementar ao papa, deixando pressagiar, no contexto de então, um futuro trágico, se Roma permanecesse intratável. Foram elaborados projetos de lei para frear os abusos denunciados. Eles encontraram uma resistência feroz por parte dos Lordes, especialmente os espirituais. Para os bispos e abades, essa foi uma usurpação inadmissível no domínio da Convocação. Mais uma vez, John Fisher foi o porta-voz do clero num vigoroso discurso, no qual insinuou a semelhança entre os Comuns e os hereges hussitas. A câmara baixa enviou uma delegação ao rei, que exigiu uma explicação de Fisher. Este último se saiu como pôde, explicando que nunca havia duvidado da fé dos Comuns. Diante da resistência dos Lordes espirituais, o rei precisou convocar um comitê de oito membros de cada câmara para discutir projetos de lei sobre abusos eclesiásticos. Após acaloradas discussões, os bispos capitularam: acumulação, absentismo, comércio e arrendamento de bens pelos clérigos deveriam ser julgados pelo tribunal do tesouro, e os denunciantes receberiam a metade da multa imposta. Estava aberta uma brecha nos privilégios da jurisdição eclesiástica; a Convocação foi despojada de uma parte significativa da disciplina clerical. Além disso, foi previsto que não seria aceita nenhuma autorização pontifical por mais de quatro benefícios, e que aqueles que pedissem tal dispensa seriam multados em 20 libras; os direitos sucessórios foram reduzidos; o exercício do direito de asilo para assassinos e criminosos foi severamente regulamentado.

Henrique tinha seguido o procedimento com satisfação indisfarçada; a cumplicidade tácita entre a coroa e os Comuns era completa. Para a primeira, foi uma oportunidade de dar uma severa bofetada em Roma; para os eleitos, foi uma oportunidade de ajustar velhas contas com o odiado clero. Em todo o país, inúmeros processos foram imediatamente abertos contra sacerdotes não residentes e traficantes. A implementação da nova legislação provavelmente iria dificultar a vida do clero inglês. Em 17 de dezembro, o Parlamento foi suspenso. O trabalho realizado em dois meses precisava ser assimilado antes de poder ser retomado.

No entanto, o ano de 1530 veria desenvolver-se a ofensiva real, mesmo no plano teológico. Em maio, Henrique convocou em Westminster os arcebispos, vários bispos e representantes das universidades. O objetivo da reunião era condenar oficialmente como hereges uma série de obras religiosas, impressas no exterior, compreendendo várias traduções inglesas das Escrituras, incluindo a de Tyndale. O movimento demonstrava o desejo real de se apresentar como o defensor da ortodoxia e o responsável pela salvação de seus súditos. Pregadores foram enviados por todo o país e ao continente, pedindo aos que possuíam os livros em questão que se livrassem deles, e proclamando a preocupação do rei com a salvação das almas inglesas. Henrique poderia até ter desejado ir mais longe e mandado redigir uma tradução oficial do Novo Testamento. Diante da relutância dos bispos, ele não insistiu, mas como sua declaração subentendia, tratava-se apenas de uma questão de adiamento. De fato, o rei anunciou que o Novo Testamento seria "fiel e puramente traduzido para a língua inglesa por homens cultos, para que ele pudesse tê-lo à sua disposição para oferecê-lo ao seu povo quando visse que seus modos e conduta os faziam aptos e dispostos a recebê-lo". Os pregadores enviados para destruir as obras condenadas deviam espalhar essa promessa, que não deixou os bispos indiferentes: o bispo de Norwich, Richard Nix, reclamou que os fiéis de sua diocese estavam se permitindo defender propósitos muito ousados contra o clero, dizendo que o rei os apoiava.

Henrique parecia levar cada vez mais a sério seu papel de líder espiritual e Defensor da Fé. Até teve a coragem de ler e corrigir com suas próprias mãos as três primeiras páginas do volumoso código de reformas que a Convocação de Canterbury redigiu em 1529 e 1530! Alarmada pela ofensiva real, a assembleia do clero se comprometeu a legislar, ela mesma, para reformar os abusos de seus membros. O rei exigiu ver o texto dos decretos antes de serem promulgados. Embora logo se cansasse de lê-lo, a intenção não era menos clara, e se suas correções foram apenas de detalhes, elas, no entanto, mostravam seu desejo de ser reconhecido como o cabeça do clero: quando os bispos se referiam ao baixo clero como seus "súditos", por exemplo, o rei corrigiu isso e escreveu "inferiores"; quando os prelados pediram a todos os clérigos que obedecessem às constituições da Igreja, o rei especificou "que foram legalmente recebidas e aprovadas pelo uso e costumes do reino".

Essas disposições serviram a dois propósitos paralelos: alinhar o clero e intimidar o papa para que concedesse o divórcio, pois nessa área as coisas iam de mal a pior. No início de 1530, uma brilhante embaixada inglesa, liderada pelo irmão de Ana Bolena, lorde Rochford, tinha ido a Bolonha para felicitar Carlos V e Clemente, que estavam totalmente reconciliados, o último coroando oficialmente o primeiro. Rochford invocou o caso de sua irmã em vão. Será que ele poderia seriamente esperar que o papa consentisse agora em humilhar a tia de seu amigo, o imperador? Em junho, o rei teve outra ideia: ele convocou a Londres as principais figuras do reino, laicas e eclesiásticas, pedindo a cada uma que trouxesse seu sinete. No dia 12, apresentou à augusta assembleia uma longa carta para o papa, na qual o pontífice era solicitado a acelerar o processo de divórcio, sob a ameaça de represálias contra a Igreja na Inglaterra. Foi solicitado a todos que assinassem o documento. Surpresos e assustados com a violência do tom, muitos bispos e nobres se esquivaram. Era necessário transigir. Um segundo documento, mais moderado, foi redigido alguns dias depois, e dessa vez foi assinado. Com o lastro de 85 sinetes, incluindo os dos dois arcebispos, de quatro bispos, de 25 abades e de dois duques, a carta foi enviada a Roma. "Que Vossa Santidade declare, por sua autoridade", dizia ela, "o que tantos homens cultos proclamam", se não..., ela sugeria discreta e misteriosamente. Se não o quê?

Henrique ainda não estava pronto para o grande salto do cisma; em várias ocasiões ele havia testado o terreno, mas, diante da relutância de sua comitiva, dos grandes nobres e dos bispos, havia recuado. Suas ameaças veladas eram, portanto, vazias por enquanto. De fato, Clemente, ao receber a impressionante carta, poderia se perguntar sobre as verdadeiras intenções do Tudor, pois, enquanto o texto lhe implorava para acelerar o processo, os representantes ingleses tentavam atrasar o curso do julgamento, que acabara de começar perante o Tribunal da Rota: Ghinucci, o procurador do rei, embarcava em bizantinas querelas processuais, o que prolongou os debates até as férias de verão. Henrique realmente precisava de mais alguns meses para executar o novo plano, sugerido a ele por um ex-aluno de Cambridge.

Thomas Cranmer, que entra aqui fortuitamente na história, tinha 40 anos de idade e muitas ideias. Tendo deixado o Jesus College após seu casamento, em agosto de 1529 era tutor em Waltham, quando a corte passou por lá. Dois dos conselheiros do rei, Edward Fox e Stephen Gardiner, foram alojados na mesma casa que Cranmer. Durante uma longa conversa casual, o divórcio foi discutido, e Thomas fez a sugestão que decidiu sua carreira: por que o rei não apelaria para as universidades, para todos os centros de cultura e de saber na Europa, para apoiar sua causa? A sugestão foi relatada a Henrique, que a achou uma excelente ideia e convocou Cranmer. O homem agradou-lhe: instruído e sério, como mostra seu belo retrato feito por Gerhard Flicke, comprometido com as ideias de reforma e de supremacia real, e cheio de recursos. Com sua ajuda, o rei preparou uma campanha gigantesca para coletar documentos e opiniões favoráveis em toda a Europa.

Os enviados do rei deveriam visitar todas as bibliotecas, coletar textos que pudessem justificar o divórcio, organizar debates nas universidades, convencer as personalidades mais importantes e obter sua opinião por escrito, a fim de influenciar o julgamento do papa.

A partir do início de 1530, o pequeno mundo universitário europeu foi virado de cabeça para baixo pelos agentes do rei inglês, com resultados variáveis. Em Paris, Reginaldo Pole conseguiu obter uma resolução favorável a Henrique, apesar dos esforços dos imperialistas. Angers, Bourges, Orléans e Toulouse seguiram o exemplo. Pressão política, distribuição de presentes e de dinheiro, nada foi poupado. Na Itália do Norte, Richard Croke e Ghinucci amealharam a opinião das influentes universidades de Ferrara, Pádua e Bolonha. Agindo de maneira disfarçada, às vezes usando um pseudônimo – Richard Croke se fazia chamar de Jean de Flandre –, alegavam querer se informar por pura curiosidade, mas seus verdadeiros motivos foram logo descobertos.

Os agentes papais e imperiais contra-atacaram. Veneza recusou-se a se pronunciar. Alguns daqueles que haviam, por dinheiro, inicialmente endossado a causa do rei, retrataram-se por medo de incorrer na ira do imperador ou do papa. A busca de assinaturas às vezes se transformou em comédia: em Vicenza, o núncio conseguiu arrancar das mãos de um monge, que era agente de Croke, uma lista de apoiadores e atirou-a ao fogo. Por um lado, Cranmer escreveu um livro em favor do rei, do qual circularam cópias manuscritas; por outro, foi publicada a retratação de um cônego de Pádua, Raphael Coma, que inicialmente havia dado seu apoio a Henrique. Em meio a esse tumulto, dois judeus, em Bolonha e Roma, casaram-se com suas cunhadas viúvas sem filhos: essa infeliz aplicação do levirato, no exato momento em que os agentes de Henrique VIII tentavam provar que esse costume havia desaparecido desde a queda de Jerusalém, era nefasta. A publicidade dada a esses dois casamentos pelo partido imperial teve efeitos desastrosos para a causa inglesa, cujos representantes, Croke e Casale, debatiam. As universidades espanholas se pronunciavam, naturalmente, a favor de Catarina, enquanto as universidades alemãs estavam mais divididas. Na própria Inglaterra, não foi sem dificuldade que o assentimento de Oxford e Cambridge foi obtido. Na primeira, o próprio confessor do rei, John Longland, foi atacado por um grupo de mulheres; um enviado do rei foi traiçoeiramente apedrejado, enquanto se aliviava, como todos os outros, ao longo das muralhas da cidade. Dois estudiosos hebreus, recentemente convertidos ao cristianismo, foram trazidos da Itália e se ofereceram para apoiar a causa do divórcio.

Entretanto, apesar da aprovação de oito universidades e de um conjunto heteróclito de abades, teólogos e vários personagens, a formidável campanha desencadeada pela ideia de Cranmer não produziu os resultados desejados. No outono de 1530, Henrique tomou uma linha de defesa diferente, que o levaria ao cisma: enquanto até então havia aceitado que somente o papa tinha o poder de anular seu casamento, doravante afirmaria que esse era um assunto puramente nacional, e que só poderia ser decidido pelo clero inglês, com o consentimento do soberano.

Só gradualmente, e após muitos tateamentos, essa afirmação se tornará um princípio claramente desenvolvido. Em carta a seus representantes em Roma, Benet e Carne, no final de agosto, Henrique VIII ordenou-lhes que argumentassem perante o papa que, de acordo com os costumes e privilégios do reino da Inglaterra, nenhum inglês poderia ser julgado por um tribunal estrangeiro, o do papa ou qualquer outro. A tática era nova e muito ousada. O soberano não deu nenhum detalhe sobre a origem desse suposto direito, mas indicou que, se o papa fosse recalcitrante, a ameaça de um recurso ao concílio deveria ser levantada, o nascimento ilegítimo do pontífice aludido, a menção de que sua eleição havia sido simoníaca e o apontamento de que ele poderia muito bem ser julgado por isso e deposto. Era como se estivéssemos de volta aos dias de Filipe, o Belo, e Bonifácio VIII.

Os embaixadores, assustados com a perspectiva de ter que apresentar esses insultos, tentaram ganhar tempo. Consultaram especialistas jurídicos sobre os privilégios judiciais dos ingleses. Ninguém tinha ouvido falar neles. Em dezembro, tiveram que admitir que ainda não haviam apresentado a Clemente o novo argumento real. Henrique ficou furioso e reiterou sua ordem. Então Carne e Benet foram perante o papa, que não ficou nem um pouco impressionado com sua declaração, que não era apoiada por nenhuma evidência sólida. Entretanto, alguns dias depois, eles voltaram à carga, dando mais um passo na escalada do desafio. Como o rei ordenara, declararam que o privilégio dos ingleses de não serem julgados fora de seu próprio país era tão sólido e bem fundamentado quanto o poder papal. Dessa vez, o gentil Clemente ergueu o tom. Ele falou da indulgência que até então havia tido com Henrique; declarou que poderia justificar seu poder muito mais facilmente do que o rei poderia provar a origem do seu, e lembrou que os decretos de direito canônico mostravam que no passado os papas haviam julgado as causas matrimoniais dos soberanos ingleses; além disso, acrescentou, Catarina havia apelado para Roma, e como ela era a acusada, não podia ser julgada no reino do acusador. Nessas circunstâncias, concluiu, ele se recusava a conceder nova audiência aos embaixadores ingleses.

OS ARGUMENTOS A FAVOR DA SUPREMACIA

Assim, um passo importante havia sido dado em direção à ruptura entre Roma e Westminster, e esse passo, Henrique VIII havia dado sozinho. Na Inglaterra, houve uma desaprovação generalizada de sua atitude, como ficou demonstrado, no início de outubro, numa assembleia de legisladores e de clérigos que, reunidos a pedido do rei, deixaram clara sua hostilidade. À pergunta se o arcebispo de Canterbury poderia julgar a causa do divórcio, ela respondeu de forma negativa. Nem por isso o rei desistiu. Em várias ocasiões, ele fez um longo discurso ao núncio papal sobre os privilégios judiciais dos ingleses, dizendo que Roma não tinha mais direitos jurídicos do que Moisés, e que ele, o rei, poderia escrever um tratado contra o papado. Quanto às verdadeiras provas do alegado privilégio, não eram convincentes. Na realidade, o rei só podia confiar no texto das constituições de Clarendon e Northampton que, três séculos antes, havia afirmado que um soberano tinha o direito de proibir recursos a Roma, que podia supervisionar os cursos eclesiásticos, e que as sentenças de excomunhão tinham que ser aprovadas por ele antes que pudessem ser promulgadas no reino. Tudo isso era bem vago, questionável e de pouca relevância para o presente caso. Na verdade, Henrique estava determinado a criar esse privilégio, mas deveria apresentar sua ação como a restauração de um direito antigo.

Não lhe faltou imaginação para se justificar. No final de 1530, apresentará três outros argumentos. O primeiro é tirado das próprias leis canônicas: para o rei e seus conselheiros, as leis da Igreja, confirmadas por vários papas e concílios, estabelecem que uma causa eclesiástica deve ser sempre julgada em sua província de origem, por um conselho regional ou por um bispo metropolitano. Para apoiar essa tese, Croke, Casale, Stokesley, Benet, Carne e outros foram novamente enviados às bibliotecas universitárias e monásticas para reunir todos os textos patrísticos, decretos conciliares e bulas papais que sustentavam essa visão.

Os agentes ingleses, cuja paciência e erudição devem ser admiradas, voltaram à caça de manuscritos, não sem sucesso. Foram encontrados decretos dos conselhos de Niceia, Constantinopla, Calcedônia, Cartago VII e Antioquia, declarando que todas as causas deveriam ser julgadas em última instância pelo metropolitano; os concílios de Calcedônia e Antioquia haviam até mesmo previsto a realização de sessões bienais para esse fim. Uma carta dos bispos africanos a Celestino I pedia que os apelos dos clérigos e laicos fossem julgados em última instância pelo metropolitano ou por um conselho provincial, nos casos mais importantes. Uma carta de Inocêncio I pedia aos bispos que julgassem as causas de sua diocese. Finalmente, três bulas de Inocêncio III deveriam conter argumentos decisivos para a causa real: as bulas *Cum olim*, *Inter divinas* e *Gaudemus in Domino*. Foi difícil encontrá-las: Croke primeiro as procurou em vão em Veneza. Então soube que a coleção completa estava em Bolonha, onde chegou tarde demais: o prior dos frades servos de Maria, que tinha retomado a causa de Catarina, tinha ido antes dele e feito desaparecer as cartas. Benet e Carne finalmente as encontraram na biblioteca do Vaticano. O conteúdo foi bastante decepcionante: houve casos de causas eclesiásticas julgadas localmente, e até mesmo uma causa matrimonial inglesa julgada na Inglaterra por três juízes ingleses, mas estes últimos tinham apenas um poder delegado pelo papa, que, portanto, permanecia o senhor do último recurso.

Entretanto, a propaganda real aproveitou ao máximo esses documentos, que foram apresentados como provas irrefutáveis por pequenos tratados espalhados pela Inglaterra em 1532 e 1533, como: um *Pequeno tratado contra os murmúrios de certos papistas nas paragens*, *Artigos decididos pelo consentimento unânime do Conselho do rei*, *Um espelho da verdade*. Finalmente, para completar a campanha, os agentes ingleses tentaram novamente obter opiniões ou resoluções de universidades europeias, declarando que a causa do rei da Inglaterra deveria ser julgada em seu próprio reino e não em Roma. Os resultados foram fracos: apenas Paris e Orléans, graças à atitude favorável do rei da França, responderam positivamente.

Ao mesmo tempo, Henrique VIII desenvolvia um segundo argumento, talvez sugerido a ele pelo duque de Suffolk e pelo irmão de Ana Bolena.

No final de setembro de 1530, esses dois personagens disseram ao núncio que o rei não se importava com as decisões do papa, mesmo que este tivesse sido o próprio São Pedro, porque "o rei é imperador absoluto e papa em seu reino". Ser imperador em seu reino é uma fórmula também usada pelo rei da França; ela expressa a pretensão de total independência por parte dos soberanos, que rejeitam a teórica autoridade do imperador sobre toda a cristandade. Desde Carlos Magno, antes do aparecimento dos reinos nacionais, imperador é o título supremo na Europa cristã. Essa pretensão de supremacia era uma realidade na época do grande carolíngio, mas desde então passou por muitas mudanças, particularmente durante as grandes disputas entre o sacerdócio e o Império, e havia se tornado um princípio vazio. Mas a teoria permaneceu: o imperador, o governante supremo, é também o juiz supremo, cujas decisões não têm apelação. Os reis da França há muito contestavam a superioridade do imperador do Sacro Império e proclamavam sua total independência em relação a ele, usando a fórmula: "O rei é imperador em seu reino". A reivindicação é agora assumida por Henrique VIII a fim de afirmar sua posição como juiz supremo, que não pode ser julgado por ninguém. Não somos "apenas príncipe e rei", escreveu ele a Benet em outubro de 1530, "mas nos fixamos em um pináculo de dignidade tal que não conhecemos nenhum superior sobre a terra". E encarregou seu representante de contar essa notícia ao papa.

Para mostrar que não estava inventando nada, ele precisava de textos precedentes, extraídos não dos arquivos ingleses, mas daqueles do próprio papado. É por isso que, em carta de setembro, ele instrui seus embaixadores em Roma, Benet e Carne, a procurarem na biblioteca do Vaticano e transcreverem todos os documentos que provassem que o rei da Inglaterra gozava de autoridade imperial; também deveriam verificar se, na história, os papas já tinham exercido qualquer autoridade sobre seus antecessores em outros assuntos que não a heresia; se a jurisdição do papa em matéria matrimonial era recente ou antiga, e como ela era exercida sobre os reis. Claramente Henrique não tinha ideia da magnitude da tarefa: seus enviados tinham que pesquisar todos os registros papais, desde os primórdios, disse ele.

Para qualquer pessoa familiarizada com arquivos, o aspecto utópico das ordens reais será óbvio; teriam sido necessários dezenas de pesquisadores, durante anos, para consultar as centenas de metros de manuscritos amontoados na biblioteca do Vaticano. O trabalho se tornou ainda mais impossível pelo fato de que o bibliotecário, Alexandre, agiu para multiplicar os obstáculos. A assiduidade dos ingleses em seus arquivos o havia deixado desconfiado, apesar das precauções tomadas por Benet e Carne, que afirmavam vir para suas próprias pesquisas e para tomar apenas breves notas. Uma tal paixão pela leitura dos empoeirados e indigestos registros papais medievais era suspeita. Alexandre subtraiu tantos quantos pôde, explicando sua ausência por vários pretextos: alguns haviam sido deixados em Avignon, outros estavam em algum lugar no castelo Sant'Angelo, muitos haviam sido destruídos ou perdidos durante o saque a Roma três anos antes. Quando trazia um registro para os ingleses, ele os proibia de fazer uma cópia completa, e, assim que o devolviam, o estudava cuidadosamente para ver o que eles podiam ter visto.

Na verdade, a colheita foi mais do que escassa. O que Benet e Carne conseguiram encontrar foi contra as reivindicações "imperiais" do soberano. Em várias ocasiões, eles escreveram a Henrique, os papas julgaram casos envolvendo reis e imperadores, e em assuntos não limitados à heresia. Não tinham encontrado nada sobre as origens da jurisdição matrimonial dos papas, mas, de acordo com as opiniões mais competentes, ela remontava às próprias origens do papado. Não havia nenhum elemento positivo para apoiar a argumentação do rei.

O rei, inquebrantável, contudo, apresentava uma terceira justificativa para a independência judicial dos reis da Inglaterra. "Por várias histórias e crônicas antigas e autênticas, é manifestamente declarado e expresso que este reino da Inglaterra é um império." A alusão, que é feita no preâmbulo da Lei de Apelação de 1533, se refere ao passado distante da ilha da Bretanha, tal como era contado pelo velho poeta Nennius e pelo cronista Geoffrey de Monmouth no século XII. A monarquia inglesa remontaria a Brutus, neto de Enéas de Troia. Este teria fundado uma prestigiosa dinastia, que teria se tornado senhora da Grã-Bretanha, da Gália e da Itália, conquistada pelo célebre Brennus. O imperador Constantino, cuja mãe era bretã, associou a realeza inglesa ao Império; posteriormente, a descendência de Brutus, ilustrada por Artur, teria desaparecido com o rei Cadwalader, mas a profecia de Merlin predisse o retorno e o triunfo final dos bretões, do javali armoricano, que restauraria a antiga monarquia em todas as suas prerrogativas. Para Henrique VIII, era muito tentador apresentar seu pai, o galês Henrique Tudor, que tinha vindo conquistar a Inglaterra a partir da península armoricana, com tropas bretãs, como o javali anunciado por Merlin.

As histórias celtas do ciclo arturiano ainda estavam muito na moda na Inglaterra no início do século XVI. Não havia Henrique VII batizado seu filho mais velho de Artur? Em 1520, uma estátua de Artur na Távola Redonda fazia parte da decoração elaborada para a recepção de Carlos V, em Calais; em 1522, durante a visita do mesmo Carlos V, uma efígie de Artur foi novamente vista, usando mesmo uma coroa imperial; a famosa Távola Redonda foi mostrada ao imperador em Winchester; em uma conversa em janeiro de 1531, o duque de Norfolk insistiu com o embaixador Chapuys sobre o passado glorioso da dinastia de Brutus, e lhe falou de um sinete do rei Artur, no qual estava escrito: "Artur, imperador da Bretanha, Gália, Alemanha e Dinamarca". As histórias de Brutus, de Brennus, de Constantino e de sua mãe bretã indicavam que os reis bretões gozavam de plena soberania muito antes de haver um papa. Já em 1513, dois navios ingleses receberam os nomes de *Henrique Imperial* e de *Mary Imperial*, e em 1525 um grande sinete mostrava o rei usando uma coroa imperial. A propaganda real, entretanto, não poderia dar-se ao luxo de enfatizar demais os supostos direitos de Henrique ao título imperial. Com o progresso da pesquisa histórica, as histórias de Geoffrey de Monmouth começaram a parecer o que eram, ou seja, lendas folclóricas; historiadores sérios, como Polydore Vergil, já nem sequer as mencionavam. Brutus, Artur e Merlin poderiam, na melhor das hipóteses, fornecer uma vaga auréola de prestígio para o cenário da monarquia Tudor.

No final de 1530, a posição de Henrique começa a ficar mais precisa. Suas pretensões de independência e de soberania espirituais se afirmam cada vez mais claramente. Com a ajuda do Parlamento, ele começa a colocar a Igreja da Inglaterra em ordem, invadindo o campo da Convocação, e já assumindo o ar de cabeça do clero. Pouco progresso foi feito sobre a questão do casamento. Mas o rei agora procura claramente despojar o papa da causa, afirmando sua total soberania jurídica, com base tanto nas leis da Igreja, quanto nos privilégios da monarquia inglesa. Nas duas áreas, os objetivos de Henrique são complementares: em ambos os casos, trata-se de dar ao rei da Inglaterra a supremacia espiritual; como chefe do clero e juiz supremo das causas eclesiásticas, o soberano seria papa em seu reino.

Como o rei chegou a isso? Até então, ele não conseguira fornecer nenhuma prova convincente de sua supremacia, apesar das imensas pesquisas realizadas em universidades e bibliotecas. Na própria Inglaterra, havia uma forte corrente de oposição às suas reivindicações; todas as assembleias de teólogos por ele convocadas resistiram às suas demandas, julgando irem longe demais. É essa oposição que ainda o obriga a compor, a mostrar uma certa prudência. Como pode estar tão seguro de seu direito, sem provas, diante da tradição e da opinião da grande maioria? Quão sinceras são suas reivindicações? É impossível penetrar na consciência de Henrique. O que sabemos sugere apenas que os aborrecimentos do caso do divórcio, misturados à extensão do luteranismo, aos abusos clericais, à fraqueza papal e às opiniões de alguns conselheiros, desencadearam nele um lento processo de autopersuasão, ainda mais eficaz devido à sua posição como soberano temido, que limitava a expressão de sentimentos opostos em seu séquito.

THOMAS CROMWELL

A comitiva do rei incluía várias pessoas inteligentes, que alimentavam seus sonhos de supremacia e às quais não faltavam expedientes para realizá-los. Mencionamos Thomas Cranmer. Do mesmo calibre, e ainda mais eficaz, era Thomas Cromwell. Verdadeiro sucessor de Wolsey, a quem serviu por dez anos, é, como ele, um *self-made man*, de origem extremamente humilde. Filho de um faz-tudo bêbado e desonesto, nasceu em 1485 no vilarejo de Putney, a poucos quilômetros de Londres. Aos 18 anos, começou uma vida errante, da qual tirou uma sólida experiência: soldado no exército francês na Itália, banqueiro em Florença, homem de negócios nos Países Baixos, mostrou uma desenvoltura notável, adaptando-se sem qualquer formação a todas as situações. Com um mínimo de princípios e uma mente prática, ele não se importava nada com o papa ou com os bispos. Voltando para casa após dez anos de viagem, ele se casa com uma herdeira interessante e embarca em uma ampla gama de "negócios", desde empréstimos com juros até assessoria jurídica. Por volta de 1520, entra no serviço de Wolsey, que encontra nele um temperamento igual ao seu. Nunca lhe faltando recursos ou ideias, ele prova ser inigualável nas diversas tarefas que lhe são confiadas. Resolve facilmente os espinhosos problemas colocados pela supressão de 21 casas religiosas, cujos lucros seriam usados para fundar as faculdades do cardeal em Ipswich e Oxford. Alguns anos mais tarde, deveria repetir a operação na escala do reino.

Quando Wolsey caiu, Thomas Cromwell foi capaz de mudar suavemente para o serviço do rei. Simulando lealdade ao cardeal, um sentimento louvável que não podia deixar de amolecer seu futuro chefe, ele ajudou Norfolk e os inimigos de Wolsey a dividir seus despojos. Esse modelo de *Realpolitik* lhe valeu o reconhecimento dos novos senhores. Eleito membro do Parlamento da cidade de Taunton, no sudoeste da Inglaterra, ele desempenha um papel importante no Parlamento da Reforma. A data precisa de sua entrada ao serviço do rei é desconhecida.

Os cronistas dizem que ele se tornou um conselheiro particular após uma conversa com Henrique nos jardins de Westminster, que podemos situar no ano de 1531. A partir de então, conhece uma rápida ascensão: chefe das joias do rei em abril de 1532; guardião do cálice da chancelaria em julho; chanceler do Tesouro em abril de 1533; secretário principal um ano depois; *master of the Rolls* (espécie de secretário do Estado na justiça) em outubro de 1534; lorde do sinete privado em julho de 1536. A partir de 1533, torna-se o verdadeiro primeiro-ministro.

O retrato que Holbein revela o personagem: bastante corpulento, severamente vestido de preto, com um olhar de águia, frio e calculista, que vai direto ao ponto, uma boca fina, lábios apertados, um maxilar inferior forte e determinado; algumas folhas sobre a mesa; um bilhete na mão: o protótipo mesmo (o anacronismo nos será perdoado) do tecnocrata. Um "administrador genial", segundo a expressão de J. J. Scarisbrick, pode-se adivinhar nele precisão, previdência, o espírito de decisão, preocupação com a eficiência e inflexibilidade desumana; esse homem calcula, descobre imediatamente o que é importante e se preocupa apenas com a eficácia. Não há nele espaço nem para sonhos, nem para sentimentos.

Maravilhoso instrumento para o rei, cujas decisões implementará sem falha, Thomas Cromwell supervisionará em particular a enorme operação de confisco de bens monásticos. Ele deixará uma marca profunda na administração do reino: dirigirá o trabalho parlamentar, destruirá os privilégios locais e os resquícios do feudalismo, acelerará a integração do País de Gales e lançará as bases para duas novas administrações, a Corte dos Aumentos e

Primeiros Frutos, e a dos Guardiães e Inspetores (*Wards and Surveyors*), destinada a melhorar a exploração das propriedades reais. O novo chanceler, como seu antigo mestre Wolsey, lembra Richelieu, ao reforçar a centralização em todos os lugares e fazer uso maciço da imprensa a serviço da propaganda real. Mas aqui, novamente, a comparação não pode ser levada longe demais. Por seu passado, Cromwell herdou certo relativismo religioso; preferencialmente, é um adepto das ideias erasmianas, e não tem convicções muito fortes nesse campo, então seguirá a direção real. Ao contrário de Wolsey, tem pouco envolvimento na política externa, e seu realismo está essencialmente a serviço da administração. Por fim, Cromwell é apenas um executor perfeito, é antes um grande funcionário do Estado, em vez de um verdadeiro primeiro-ministro moderno. Para terminar com o jogo de comparação, digamos que ele foi mais um Colbert que um Richelieu.

O período Wolsey realmente já se fora havia muito tempo. Se Henrique VIII se mostra ainda tão refratário às tarefas administrativas, preguiçoso em seu trabalho com arquivos e negligente em sua leitura e escrita, ele tinha, por outro lado, se tornado o mestre indiscutível de sua política. As grandes decisões, assim como as grandes orientações, são sem dúvida suas, e ele as impõe com uma teimosia que, apesar de nem sempre esclarecida, revela ao menos uma vontade notável. Convencido, a despeito de todos, de seu legítimo direito, construiu gradualmente uma lógica pessoal, que aplicou cada vez mais sistematicamente, sem se deixar desencorajar pelos obstáculos. O raciocínio que o levou a afirmar a supremacia real sobre a Igreja da Inglaterra tinha apenas uma fraqueza: sua falta de justificação histórica, teológica e citada nas Escrituras. Henrique não se importa com isso; a partir de novas premissas e axiomas, dos quais tira as consequências, ele se estabeleceu em seu próprio sistema, e, a partir daí, o diálogo com os partidários do sistema tradicional se tornou impossível. Característico a esse respeito é um incidente ocorrido na corte, em abril de 1531: um pregador explicava em seu sermão como o imperador Constantino havia se recusado a julgar um caso entre dois bispos, porque não queria invadir o domínio espiritual; o rei o interrompeu, acusando-o de mentir. O clérigo protestou, começou a provar a autenticidade do fato, e Henrique saiu imediatamente, muito zangado.

A Igreja confiava em textos, na história, na tradição; Henrique se baseava nos fatos do presente, na realidade e na relação de forças de sua época. O papa tirava do passado a conclusão de sua autoridade espiritual suprema; o rei tirava do presente a prova de sua total independência em relação a Roma. É claro que ele teria que vestir sua convicção com as roupas da história, de alguns textos e precedentes de prestígio. Mas estes eram apenas ornamentos para o uso perante a opinião pública. O fato essencial era este: o rei era imperador em seu reino e não poderia ser julgado por ninguém. Ele reconhecia de bom grado o primado honorário do papa e um certo poder de decisão em matéria de heresia. Ainda no início de 1522, Henrique reconhecia que o sumo pontífice era "em toda a congregação de cristãos o chefe e principal membro", mas também constatava que o sucessor de São Pedro havia "alcançado e forjado para si mesmo um trono e um poder tais que eram uma blasfêmia para Cristo e sua Igreja". O rei era a favor de Igrejas nacionais autônomas, dirigidas pelos soberanos, tendo em seu ápice um pontífice puramente decorativo. No início de 1531, como várias conversas com Chapuys atestam, Henrique VIII já tinha sem dúvida adquirido essa visão. Se foi somente em 1534 que ela se tornou oficial e legal, com o Ato de Supremacia, foi porque o rei teve que levar em conta as múltiplas resistências oferecidas pela Igreja tradicional e até mesmo por uma parte da opinião pública. Sua política, de 1531 a 1534, foi composta por golpes de força e de recuos, de ousadias e de compromissos, e tornada ainda mais obscura pelas negociações do divórcio. Mas a marcha em direção à supremacia é, por trás desses subterfúgios, óbvia. Thomas Cromwell foi o arquiteto mais eficaz dessa política, da qual o rei foi o instigador.

AS MANOBRAS REAIS DE 1531

Em 16 de janeiro de 1531, após uma interrupção de mais de um ano, o Parlamento se reuniu novamente. O rei imediatamente lançou um ataque surpreendente e sério contra o clero, a quem acusou de exercer ilegalmente a justiça, em virtude do estatuto de *praemunire*. A carga permanece incompreensível. Durante séculos, os tribunais eclesiásticos haviam feito parte do sistema judicial ordinário de todos os reinos cristãos. É verdade que havia disputas frequentes sobre os limites de sua jurisdição, pois a justiça real se tornara mais intrusiva. Mas, até então, ninguém jamais havia contestado o direito da Igreja de exercer a justiça em seu domínio próprio. Na verdade, o objeto do ataque e seu caráter, imparcial ou não, pouco importava para o rei. Era uma questão de desferir golpes contra o clero, de pressioná-lo, de manter a vantagem multiplicando ofensivas contínuas, de intimidar a hierarquia e o papa, de manter a iniciativa mostrando quem era o verdadeiro senhor. Tinha havido as decisões do outono de 1529, limitando os abusos eclesiásticos; houve também, em outubro de 1530, outra acusação de *praemunire* contra quinze membros da hierarquia católica inglesa: oito bispos, incluindo John Fisher e John Clerk, três abades e quatro outros clérigos, a maioria amigos de Catarina, tinham sido acusados de ligações com Wolsey. A acusação tinha sido abandonada, em favor do presente ataque, muito mais grave.

O clero, esmagado, não tenta nem sequer se justificar. Ele implora o perdão do rei, que lhe foi concedido em troca do pagamento de 100 mil libras pela Convocação de Canterbury e 18.440 libras por aquela da província de York. O mais surpreendente é que o perdão real, aprovado no Parlamento, restabelecia plenamente os direitos da justiça eclesiástica, que haviam sido declarados ilegais alguns dias antes. Sem dúvida, o rei, satisfeito por ter humilhado o clero e afirmado sua autoridade, não ousou ir mais longe naquele momento.

O descanso foi de curta duração. Menos de um mês depois, em fevereiro, Henrique atacava novamente, dessa vez revelando mais claramente suas intenções. Primeiro, numa demonstração de má vontade, ordenava que as somas recentemente votadas fossem pagas mais cedo do que o esperado; depois, recusava-se a confirmar os privilégios do clero e a aliviar as sanções previstas em 1529 contra os abusos eclesiásticos. Por último, mas não menos importante, convocou o velho arcebispo de Canterbury, William Warham, e exigiu que o texto pelo qual o clero da província do Sul concordava em pagar 100 mil libras incluísse frases que o tornassem o verdadeiro chefe da Igreja da Inglaterra: "Protetor e única cabeça suprema da Igreja inglesa"; era preciso afirmar no documento que o rei tinha recebido "a cura de almas", que somente as leis da Igreja que não contradiziam as leis do reino eram aceitáveis, e que o tom deveria ser mais humilde do que aquele que estava sendo usado.

O clero reagiu a essas afirmações de cesaropapismo. O texto que foi elaborado, mesmo retomando as expressões reais, anulava seu conteúdo, graças a uma hábil formulação. Se o título de "cabeça da Igreja" foi concedido a Henrique, a precisão "até onde a lei de Cristo permite" foi acrescentada; "a cura das almas" tornou-se a simples solicitude para a salvação dos súditos, cujas almas estavam a cargo do clero. Além disso, alguns clérigos ousaram enviar protestos ao rei, condenando suas pretensões. Conhecemos seu conteúdo graças à correspondência do embaixador imperial Chapuys. Um dos documentos era do clero de York e de Durham, o outro era assinado por dezessete clérigos da Convocação de Canterbury. Estes últimos negaram que seu pedido de perdão ao rei tivesse a intenção de alterar a ordem tradicional da Igreja, enfraquecer a autoridade do papa ou criar um cisma. Eles anunciaram antecipadamente, e isto mostra como estavam agora conscientes dos objetivos do rei, que qualquer coisa que pudessem dizer no futuro contra a supremacia de Roma e a integridade da Igreja seria obra do diabo ou de sua própria fraqueza.

Henrique se sentiu desmascarado e lançou uma acusação de *praemunire* contra quatro dos signatários; apenas um deles, Peter Ligham, um amigo de Fisher, tentou se defender. Os outros se retrataram. Poucos clérigos ingleses, na época, tinham vocação para o martírio. Apenas um bispo teve a coragem de chamar o soberano à ordem. Em maio de 1531, Cuthbert Tunstall, bispo de Durham, escreveu uma longa carta a Henrique, na qual reiterava a teoria tradicional: a soberania do rei sobre a Igreja era puramente temporal e não podia, de forma alguma, estender-se a assuntos espirituais. A tradição e a lei de Cristo assim o pretendiam, e o desrespeito a essa lei levaria ao cisma.

Dessa vez, Henrique se deu ao trabalho de se explicar. Num longo documento inspirado por ele, tranquiliza o bispo e, por meio dele, a Igreja da Inglaterra. O tom é moderado, didático, paternal, e até mesmo condescendente, sendo às vezes irônico. Vós julgastes mal nossas intenções, diz o rei, em substância; não queremos, de modo algum, perturbar a ordem estabelecida; o sentido de nossas metáforas foi mal compreendido. Sejais razoável, vamos vos explicar o texto. Por "cabeça da Igreja" não queremos dizer a Igreja universal, corpo místico de Cristo, mas simplesmente a Igreja da Inglaterra, e nisso entendemos o clero do reino. É claro que não queremos invadir o campo espiritual: a predicação e a administração dos sacramentos são do território exclusivo do clero. Mas para o resto, o clero é nosso súdito, e nos é submisso, em particular em três campos: damos nosso acordo para a eleição dos bispos e abades que, uma vez eleitos, são enquanto tais nossos súditos;

todos os bens eclesiásticos estão sob nosso controle; os tribunais eclesiásticos são apenas uma delegação de nossa justiça.

Sob o pretexto de uma interpretação inofensiva e tradicional da expressão "cabeça da Igreja", o rei reduziu o domínio espiritual do clero ao mínimo estrito – sacramentos e pregações –, transferindo tudo o que dizia respeito à administração e à disciplina para o domínio temporal. Além disso, passava em silêncio sobre o lugar do papa em tal igreja. Se o soberano é a "cabeça da Igreja" em um sentido tão amplo, que poderes permanecerão em Roma? Um vago primado da honra, sem dúvida, mas certamente nenhum poder jurisdicional sobre o rei e seus súditos.

Ao mesmo tempo, o caso do divórcio estava ocorrendo, inseparável da atitude de Henrique para com o clero inglês. Este último ainda é utilizado como refém, como moeda de troca, como meio de pressão. É muito difícil distinguir na atitude do rei, em 1531-1532, entre manobras para obter o divórcio, por um lado, e grandes projetos de supremacia religiosa, por outro. Até que ponto a reivindicação do título de "chefe da Igreja", com todas as suas implicações, é uma tentativa de intimidar o papa e forçar o resultado do processo de anulação? Em 1531, Henrique, enquanto maltratava seu clero, tentava não romper os laços com Roma. As provisões papais são devidamente solicitadas e concedidas quando novos bispos são nomeados: Edward Lee, em York, e Stephen Gardiner, em Winchester. Henrique lança mão das palavras mais cordiais para o núncio: "Posso assegurar-lhe que nunca houve nenhuma medida que pudesse afetar Sua Santidade", disse-lhe ele em fevereiro. "Sempre apoiei a autoridade da Igreja em meu reino e pretendo continuar a fazê-lo no futuro"; nada será tentado contra a autoridade papal, afirmou ele em outra ocasião, "desde que Sua Santidade tenha para comigo a consideração a que tenho direito". A restrição é clara. E é de fato chantagem: se o divórcio não for concedido, ele se tornará "cabeça da Igreja". Ao jogar esse jogo, o rei gradualmente se convence de que ele é realmente o cabeça da Igreja da Inglaterra.

Quanto ao divórcio, se ele o quer mesmo, parece que ainda não sabe como obtê-lo. Por um julgamento do papa? Por um julgamento dos delegados do papa na Inglaterra? Por juízes ingleses na Inglaterra? O rei ainda hesita. Ao longo de 1531, ele prolonga os debates em Roma, levantando múltiplas questões processuais: "Queremos obrigatoriamente que todos os meios e procedimentos sejam usados para atrasar os procedimentos o máximo possível, e pelo menos até o dia de São Miguel", ele escreveu em abril de 1531 a seus agentes, os incansáveis William Benet e Edward Carne. Ambos os homens eram capazes, mas sua falta de prestígio tornava a tarefa difícil. Que influência poderia ter um arquidiácono de Dorset e um mero doutor em direito canônico? É claro que Ghinucci, o bispo de Worcester, e Gregory Casale, assim como representantes franceses, às vezes vinham para apoiá-los, mas o partido inglês em Roma não tinha muito peso diante dos impérios, e parece que o próprio Benet tenha procurado os favores de Catarina.

Ela tinha, então, apelado ao tribunal da Rota, e enviado seu procurador a Roma. Para que o julgamento pudesse começar, Henrique teria que enviar o seu. Este foi o pretexto para um primeiro atraso: inicialmente, Carne foi instruído a dizer que a causa era de tal importância que o rei desejava vir se defender pessoalmente; mas, como a situação atual do reino exigia sua presença, ele só poderia vir depois. A desculpa foi rejeitada, porque Carne não tinha autoridade para apresentá-la. Estava-se encaminhando para um caso de contumácia. Mas Carne apelou contra a decisão do tribunal, que se recusava a ouvi-lo; o recurso foi rejeitado e o caso foi discutido no consistório. Assim, as férias de verão foram alcançadas sem dificuldades. Foi só em novembro que a Rota decidiu definitivamente... que Carne não podia apresentar as desculpas de Henrique para não vir pessoalmente. Os ingleses então atacaram a decisão da Rota como sendo inválida, e pediram que especialistas de ambos os lados fossem recrutados para discuti-la de forma consistente, ou seja, na assembleia de cardeais, na qual o partido imperial era menos poderoso, e onde a corrupção poderia pesar tanto quanto a lei e a teologia. O pedido foi aceito pelo papa, e ainda levou mais dois meses para reunir especialistas e dossiês. Benet e Carne procuraram convocar os melhores juristas de Bolonha e Pádua; os imperiais tentaram detê-los. Os ingleses pediram então que fosse aberto um processo para ver se a obstrução dos imperiais era legal.

Foi somente no final de fevereiro de 1532 que se começou a discutir em consistório se Carne poderia ser autorizado a apresentar a desculpa de Henrique. O delegado inglês apresentou 25 razões justificando sua posição, cada uma das quais deveria ser considerada separadamente. Os imperiais protestaram contra essa obstrução flagrante e pediram que as razões fossem examinadas em bloco. Após muitas intervenções, o papa decidiu que elas seriam examinadas três a três, o que, no entanto, manteve a diversão até junho. Nessa época, segundo o testemunho de um cardeal, os membros do consistório estavam à beira da histeria, de tanto que a argumentação, os bizantinismos e os discursos intermináveis dos ingleses haviam arrastado as coisas. Finalmente, foi decidido que Carne não poderia apresentar o pedido de desculpas real; Henrique deveria enviar um procurador antes de outubro, sob pena de ser julgado por contumácia. Os ingleses haviam conseguido adiar o resultado por um ano e meio, sem nenhum motivo válido, apenas levantando pontos de procedimento.

Durante esse tempo, o rei havia tentado vários subterfúgios. Havia proposto que o julgamento fosse feito em terreno neutro e por juízes neutros, mas sua concepção de neutralidade era bastante peculiar: sugeriu como lugar Calais, uma possessão inglesa, e como juízes um representante do imperador, um representante do rei da França, que lhe era favorável, outro a quem ele mesmo nomearia, e um representante do papa, que não seria outro senão o arcebispo de Canterbury, o que lhe daria três votos contra um. O plano foi, naturalmente, rejeitado por Roma e pelo imperador.

Henrique também tentou, em vão, persuadir Catarina a abandonar seu apelo ao papa. Ele usou tanto a gentileza quanto as ameaças para forçar Clemente a ceder, ordenando a seus agentes que usassem palavras lisonjeiras e, às vezes, como no início de 1532, avisos contundentes. Diga-lhe bem, escreveu a Carne, "que sua atitude é condenada pela lei divina, pelas leis da natureza e da razão natural, pelas leis dos imperadores, pelos decretos dos santos concílios, pelas constituições e cânones, e finalmente pelo consentimento unânime dos santos e dos estudiosos". Henrique ameaçava também o papa, se o julgasse por contumácia, de apelar para um concílio geral. Ele só concorda em ir a Roma sob três condições: que o papa prove a validade de sua citação para o comparecimento; que seu representante não possa apresentar suas desculpas; e que Roma seja uma cidade segura para ele – e só aceitaria como prova a opinião unânime das universidades (que sabia ser impossível de obter). Por fim, sobre a questão específica do divórcio, o rei recorreu ao argumento de Wolsey: se o primeiro casamento de Catarina não tivesse sido consumado, a dispensa de afinidade não valia nada, pois se baseava em uma ficção; apenas uma dispensa por honestidade pública teria sido válida. Henrique entendeu tarde demais a força desse argumento, talvez sugerido por

Cromwell, que o teria herdado de Wolsey. O assunto tinha crescido além da questão estrita da validade do casamento entre Catarina e Henrique. O que agora estava em jogo era a supremacia da jurisdição entre o papa e o rei, e os argumentos sobre o casamento real não eram mais relevantes.

Então, por que a procrastinação? Por que ainda tentar ganhar tempo, para atrasar a sentença em Roma? Por que não decidir imediatamente e ter o casamento invalidado pelo arcebispo de Canterbury? Durante 1531, Henrique VIII constrói gradualmente a convicção de que é o chefe da Igreja da Inglaterra, e em virtude disso pode simplesmente tirar o caso das mãos do papa. Mas a oposição ainda é muito forte no reino, especialmente entre o clero. O rei recua diante do cisma, o que ele sabe ser inevitável se for adiante com suas ideias. Primeiramente, a Igreja nacional deve ser completamente subjugada. Portanto, ele continuará sua ofensiva contra ela em 1532. Mas, enquanto isso, Henrique precisa impedir que a sentença seja proferida em Roma, porque tem que atacar primeiro. Para manter a iniciativa, ele precisa de um pouco mais de tempo.

A OFENSIVA DE 1532 CONTRA O CLERO

Em 1532, os ataques contra o clero inglês e contra Roma foram retomados conjuntamente, com a cumplicidade da câmara dos Comuns. O Parlamento, que havia sido suspenso mais uma vez em 30 de março de 1531, reuniu-se novamente no início de 1532, e o novo conselheiro, Thomas Cromwell, se mostra muito ativo na promoção dos planos de seu senhor. O ano começa, no entanto, com uma ofensiva extraparlamentar contra algumas das principais figuras eclesiásticas: em 8 de fevereiro, o arcebispo de Canterbury, o bispo de Bangor, os abades de Saint-Alban, Bruton, Eynsham, Walden, Glastonbury, dois priores, os diretores de All Souls, Oxford, Queen's, Cambridge, e Saint Mary, Winchester, quatro cônegos de Saint-Paul, e seis laicos foram levados ao tribunal da bancada do rei pelo exercício ilegal de certas jurisdições menores. Mais uma vez, esta foi uma manobra intimidante, pois as acusações eram insignificantes.

Muito mais grave foi o ataque lançado em 18 de março. Naquele dia, os Comuns dirigiram ao rei um longo documento intitulado *Supplique contre les ordinaires* (Súplica contra os ordinários), que condenava sistematicamente os tribunais eclesiásticos, seu custo excessivo, sua parcialidade, seus abusos de excomunhões e o poder legislativo do clero, que permitia que a Convocação fizesse leis sem o consentimento do rei. A petição era obra do governo; vários rascunhos com as correções manuscritas de Thomas Cromwell sobreviveram, mas não há dúvida de que ela teve a cumplicidade da maioria da câmara dos Comuns, que era muito anticlerical. Em 12 de abril, o rei enviava a petição à Convocação, que respondia no final do mês, recordando todos os serviços prestados pelo clero à monarquia e propondo algumas reformas. No dia 30, Henrique entregava a resposta da Convocação ao *speaker* dos Comuns, especificando que ele a considerava muito insuficiente. Tal era mesmo a opinião dos Comuns, que elaboraram uma lista de exigências, com os conselhos esclarecidos de Cromwell. Dessa lista, o rei extraiu três artigos, que enviou à Convocação em 10 de maio: o rei exigia que no futuro o clero não fizesse constituições, ordenanças ou cânones sem sua permissão; ordenava que todas as leis eclesiásticas existentes fossem examinadas por uma comissão de dezesseis laicos e dezesseis clérigos, todos por ele nomeados, que selecionariam aquelas leis que estivessem de acordo com os estatutos do reino, e que deveriam então ser aprovadas por ele mesmo. Tratava-se de proibir a Igreja de fazer suas próprias regras, de lhe retirar todo o poder legislativo e de assim colocá-la sob o controle total da monarquia.

A Convocação, liderada por William Warham, ficou indignada. O arcebispo de Canterbury estava travando sua última batalha. Aos 82 anos de idade, primaz da Igreja da Inglaterra durante trinta anos, ele havia testemunhado todas as convulsões do reinado, provavelmente de um modo passivo demais. Moderado e culto, ele havia se retraído na época de Wolsey, não intervindo no caso do divórcio, nem contra os ataques anticlericais. Talvez agora entendesse os verdadeiros objetivos do rei e sua própria responsabilidade. Esse velho, cujos traços cansados e desiludidos Holbein pintou, estava tentando se recompor. Sua posição de destaque entre o clero inglês dava particular importância à sua postura. Muitos reis tiveram que curvar a cabeça nos conflitos que periodicamente os colocavam contra os arcebispos. Por trás de Warham pairavam as sombras de Lanfranc, Thomas Becket, Stephen Langton, Robert Kilwardby. Um arcebispo enérgico e intransigente poderia colocar o soberano em apuros. Por isso Henrique se propunha a intimidar o velho homem, levando-o à corte da bancada do rei por ninharias, e ameaçando-o com uma acusação de *praemunire* por ter consagrado o bispo de Saint-Asaph, catorze anos antes, sem permissão real. Warham estava agora denunciando a política real, entrando em conflito com Latimer e Gardiner, os protegidos do rei. Sob sua liderança, a Convocação recusou-se categoricamente a concordar com as exigências reais.

Em 11 de maio, Henrique saiu-se com uma nova arma. Tendo convocado uma delegação do Parlamento, ele mostrou o texto do juramento que os bispos fizeram ao papa no dia de sua consagração. Como se de repente ele tivesse descoberto, nessas fórmulas, que sempre foram conhecidas por todos, uma prova de traição, declarou aos parlamentares: "Meus amados súditos, pensávamos que os eclesiásticos de nosso reino eram inteiramente nossos súditos, mas agora vemos que eles são apenas em parte nossos súditos, sim, de fato, quase não nossos súditos". E, dando-lhes uma cópia do texto, recomendou que pensassem em maneiras de remediar essa situação. De 13 a 15 de maio, a Convocação foi várias vezes instada a se submeter às exigências reais. O duque de Norfolk, acompanhado por membros do clã Bolena, veio pessoalmente pressionar os prelados, que resistiram até a noite do dia 15. Eles defenderam seu poder legislativo com base nas Escrituras, e ofereceram compromissos que lhes deixariam a legislação em matéria de fé, moral e correção de pecados. Então, percebendo que o rei seria inflexível, eles cederam, e a câmara alta da Convocação assinou a *Submissão do clero*. Esse texto retomou a vontade real: o clero não poderia mais legislar, e todas as leis existentes seriam examinadas por um comitê de 32 membros, sendo que aquelas que fossem conservadas deveriam receber a aprovação do soberano. No entanto, a submissão só foi alcançada com dificuldade, pois oito bispos, incluindo Fisher, estavam ausentes, e vários, incluindo o próprio confessor do rei, John Longland, bispo de Lincoln, assinaram apenas com reservas. Warham, por sua vez, havia capitulado; ele deveria morrer três meses depois.

A Igreja da Inglaterra dependia agora, de fato, do rei. O Ato de Supremacia de 1534 foi a consequência lógica e formal dos acontecimentos de 15 de maio de 1532. Embora a decisão tenha sido conseguida por pouco, não se pode dizer, entretanto, que a resistência do clero tenha sido encarniçada. O único bispo capaz de fazer frente ao rei, John Fisher, então doente, estava ausente. Com essa exceção, os prelados ingleses de 1532 são homens fracos, maleáveis e, ouso dizer, medíocres, à imagem do conjunto do clero, cujo último exercício judicial tinha sido o processo contra um cadáver por heresia. Esses clérigos, embora muitos deles sejam cultos, parecem estar apegados acima de tudo aos seus benefícios, e satisfeitos com a rotina da vida litúrgica e paroquial. Mais ou menos indiferentes aos grandes problemas, não são demasiadamente zelosos nem para sua assembleia representativa, a Convocação, nem para a hierarquia, nem para o papa; amadurecidos para a "nacionalização", prosseguem com suas tarefas cotidianas. Um laico, entretanto, estima honestamente que não podia mais servir a um soberano que havia violado a tradição e as leis da Igreja: em 16 de maio de 1532, Thomas More renunciou ao cargo de chanceler e devolveu o sinete ao rei, que imediatamente o confiou a Thomas Audley.

O ataque ao clero foi outra vez realizado de frente, com uma nova ofensiva contra Roma, e então o terreno escolhido foram os "anatas". No final de fevereiro, os Comuns elaboraram um projeto de lei que punha fim ao pagamento da taxa que os bispos recém-nomeados deviam pagar para Roma; essa taxa, chamada anata, podia chegar a um ano da renda da diocese. Essencial para as finanças pontifícias, era muito impopular para o clero e para as monarquias, pois resultava numa fuga de metais preciosos para a Itália. A única vítima da lei seria, portanto, o papado. O acordo entre o rei e seus súditos estava aqui completo. O texto do projeto previa que o valor da anuidade fosse fixado em 5% da renda anual das dioceses; se o papa se recusasse a consagrar o novo bispo por falta de pagamento, a consagração seria feita pelo arcebispo, e uma possível excomunhão de Roma seria ignorada; a consagração de um arcebispo poderia ser feita por dois bispos nomeados pelo rei. Isto era praticamente uma declaração de independência.

Na verdade, era uma nova forma de chantagem, destinada a pressionar o papa no caso do divórcio. A nova lei só entraria em vigor dentro de um ano, e somente se o rei decidisse fazê-lo por carta-patente. Era desnecessário dizer que um acordo com Roma a respeito de Catarina ainda poderia salvar a anata. Mas, naquela cidade, a situação não era muito favorável aos ingleses, pois não tinham representantes de prestígio. Não havia mais um único cardeal britânico, e todas as manobras para que a púrpura fosse concedida a Gregory ou John Baptist Casale, a Giberti, a Ghinucci, a Stephen Gardiner, se chocaram com a oposição imperial.

Restava a possibilidade de utilizar a boa vontade dos franceses. Sempre prontos para desagradar Carlos V, desde 1530 eles tinham dois novos cardeais, François de Tournon e Gabriel de Grammont, que poderiam favorecer a causa real na Cúria. Mas a maneira mais eficaz seria sem dúvida pedir a intervenção de Francisco I, que, em bons termos com Clemente VII, talvez pudesse levar este último a sentimentos mais razoáveis. Para isso, nada melhor que um encontro pessoal entre os dois soberanos, um segundo Campo do Pano de Ouro, que mostraria sua amizade. Inicialmente relutante quando os enviados ingleses lhe sugeriram isso, ele acabou concordando em meados do verão de 1532.

Foi combinado que se encontrariam no final de outubro e, como doze anos antes, começaram os preparativos: transporte de móveis, construção de cenários, programação de festividades, torneios, banquetes de 24 pratos, preparação de montanhas de comida, lençóis dourados e roupas suntuosas. Antes de partir, Henrique VIII fez questão de mostrar a todos o *status* excepcional de Ana Bolena: em 1º de setembro, em Windsor, ele lhe conferiu o título de "marquês de Pembroke", com terras que tinham renda de mil libras anuais. Ele lhe entregou o manto e a coroa, e então o bispo de Winchester leu o Ato de Criação (Ana se tornou marquês, no sentido masculino, pois ela detinha o título diretamente, de seu pleno direito). De Windsor, foram comemorar o evento em Greenwich, e em seguida se dirigiram a Dover. Henrique levava um séquito de 2 mil cortesãos e, claro, Ana Bolena, que usava as joias de Catarina, enquanto esta se encontrava em prisão domiciliar em Bugden. Em 11 de outubro navegaram para Calais, e no dia 20 aconteceu o segundo encontro com Francisco, a meio caminho entre Boulogne e Calais, segundo um protocolo tão meticuloso quanto o da primeira vez.

Os dois reis estavam agora com seus 40 anos; as adversidades os tinham amadurecido, e depois de tantos banquetes, tinham se tornado mais gordos, especialmente Henrique. Sempre alertas, participaram de justas e de festas por mais dez dias, cinco em Boulogne e cinco em Calais. Conforme sempre fazia, Henrique jogava o dinheiro dos contribuintes pela janela, perdendo 157 libras de uma só vez no tênis (o equivalente a vinte anos de salário para um trabalhador qualificado, se nos for permitida essa comparação incongruente); Francisco, que não queria ficar para trás, teve que pedir dinheiro emprestado para poder desperdiçar tanto quanto seu colega. Em suma, as tradições foram mantidas. Houve também conversações, e Henrique obteve garantias sobre o ponto que lhe era mais caro: os cardeais franceses Grammont e Tournon iriam a Roma para defender a causa do divórcio, insistindo na amizade indefectível dos dois reis. Ficou entendido que o casamento projetado entre o segundo filho de Francisco e a sobrinha do papa, Catarina de Médici, só seria celebrado depois que o papa tivesse cedido às exigências de Henrique. Por fim, seria combinado um encontro entre Clemente e Francisco em Nice, ao qual Henrique poderia assistir. Essas resoluções podiam confortar o rei da Inglaterra e dar-lhe confiança quanto ao resultado de seu julgamento. Assim, foi um soberano seguro de si que retornou a Londres no início de novembro, organizando mais festividades e serviços de ação de graças na catedral de Saint-Paul.

Entretanto, as esperanças de Henrique eram frágeis. Elas agora dependiam da boa vontade francesa, o que era questionável. Francisco I estava perseguindo seus próprios objetivos em primeiro lugar. Ele só estava disposto a ajudar Henrique na medida em que isso lhe fosse útil na luta contra Carlos V, e certamente não iria a ponto de comprometer seus interesses com o papa, caso este se mostrasse recalcitrante, a fim de obter o divórcio de seu vizinho. Portanto, nada foi decidido até o final do ano de 1532, mas Henrique VIII havia esgotado todos os meios de ação tradicionais à sua disposição. Ele também tinha reduzido o clero inglês ao seu pleno arbítrio. Se o papa não cedesse, o cisma era inevitável e não seria mais um problema: o rei havia preparado o terreno por dois anos, assegurando sua supremacia de fato sobre a Igreja da Inglaterra.

– X –

O REI, CHEFE SUPREMO DA IGREJA DA INGLATERRA (1533-1535)

Os anos 1533-1535 foram sem dúvida os mais importantes do reinado. Eles viram o súbito desenrolar da crise matrimonial e da crise religiosa, levadas ao seu auge. As decisões tomadas nessas duas áreas determinaram o futuro religioso da Inglaterra até os dias atuais, e os eventos do fim do reinado serão apenas a consequência desse período decisivo. O divórcio e a supremacia espiritual do rei, causa e consequência um do outro, estão tão estreitamente interligados, que não é possível determinar qual dos dois elementos é a força motriz. Como foi o caso até 1532, cada aspecto assume, por sua vez, um papel central. A incapacidade de Henrique de ter seu casamento invalidado pelos canais comuns o conduz, com amargura e retaliação, a tornar-se cada vez mais exigente com o clero inglês, a ponto de se considerar seu único mestre. Por outro lado, a convicção de sua supremacia espiritual o leva a acreditar que pode dispensar o papa para que seu casamento seja invalidado; e uma vez que a invalidação seja pronunciada pelo arcebispo de Canterbury, serve como mais uma prova da independência espiritual do rei em relação a Roma. Henrique está agora envolvido nessa inelutável dialética, arrastado por essa espiral da qual ele é o autor e o instrumento. O ano de 1533 será, sobretudo, o dos casos matrimoniais; 1534 será o da ruptura com Roma, e o de 1535, aquele da eliminação dos que se opõem ao novo estado de fato e de direito.

A ANULAÇÃO DO CASAMENTO (MAIO DE 1533)

A partir de janeiro de 1533, os acontecimentos se precipitam e as manobras antirromanas se configuram. O resultado foi tornado ainda mais urgente pelo fato de que em meados de janeiro ficou claro que Ana Bolena estava grávida. É impossível saber por que ela havia finalmente cedido ao rei em meados de dezembro. Mas o resultado estava lá, o que exigia uma ação rápida: se por acaso a criança fosse o menino há muito esperado, ela tinha que ser legítima e, portanto, filho da rainha. Em 25 de janeiro, Henrique deu o passo e se casou secretamente com Ana Bolena. O irreparável tinha acontecido: ele era agora um bígamo. Era importante invalidar imediatamente o casamento com Catarina.

Uma circunstância favorável se apresentou: no dia 22 de agosto precedente, o velho arcebispo de Canterbury, William Warham, havia morrido. Desde então, o rei vinha hesitando sobre a escolha de seu substituto, entre Stephen Gardiner, bispo de Winchester, Edward Lee, arcebispo de York, Edward Fox, capelão real, John Stokesley, bispo de Londres, e Thomas Cranmer, um simples arquidiácono e, além disso, casado com a sobrinha de Osiandro de Nuremberg.

Dado o papel crucial que o novo arcebispo teria que desempenhar na questão do divórcio, era mais importante do que nunca escolher o homem mais fiel às teorias reais e menos ligado a Roma. Gardiner poderia ter sido esse homem, mas ele se opunha a qualquer reforma doutrinária, e tinha acabado de incorrer em uma desgraça temporária, em 1532. Lee, Fox e Stokesley eram muito timoratos para essas circunstâncias excepcionais.

Cranmer, por outro lado, era o homem certo para a situação. Cheio de recursos, havia demonstrado seu apego ao rei ao sugerir um apelo às universidades. Desde então, Henrique o havia empregado em missões diplomáticas, e ele acabava de retornar, em meados de janeiro de 1533, de uma viagem ao Sacro Império Romano, durante a qual havia tentado ganhar apoio para o divórcio. Lá, também apoiou posições próximas ao luteranismo sobre a eucaristia e a doutrina da justificação. A ruptura com o papa não lhe representaria um problema de consciência. Em meados de janeiro, Henrique o nomeia arcebispo de Canterbury.

Tudo o que restava era obter as bulas de investidura de Clemente VII. Era de se esperar resistência: fazer de um arquidiácono de 43 anos de idade, meio herético e inteiramente dedicado ao rei, o primaz da Igreja da Inglaterra, poderia colocar em perigo os interesses de Roma no reino. Henrique foi o mais complacente possível para que sua escolha fosse aceita: apesar da recente lei sobre as anatas, ele prometeu pagar, de seu próprio bolso, se necessário, todos os impostos habituais devidos na nomeação de um novo arcebispo, que totalizavam cerca de 10 mil marcos. Contra todas as expectativas, Clemente não colocou nenhuma dificuldade; de 21 de fevereiro a 2 de março, as onze bulas necessárias foram despachadas, e Cranmer foi consagrado em 30 de março, fazendo o juramento habitual de obediência ao papa. Ele acrescentou, entretanto, que não faria nada contra as leis do rei, do reino e das prerrogativas inglesas. Sem dúvida, Clemente VII foi levado a essa aceitação fatal, tanto pela pressão francesa quanto pelo desejo de não envenenar ainda mais as relações com o rei inglês.

Nesse caso, a fraqueza do papa também mostrou sua falta de previsão, pois, ao agir assim, ele fortaleceu a máquina antipontifícia em Londres. Como uma serpente marinha, o Parlamento, suspenso mais uma vez em 14 de maio de 1532, reapareceu em fevereiro de 1533, e imediatamente aprovou um texto crucial, preparado pelo diligente Thomas Cromwell, a Lei de Restrição de Apelações (*Act in Restraint of Appeals*), que formalizava a teoria real desenvolvida durante os últimos dois anos. "Este reino da Inglaterra é um império", declarava o texto, o que significa que goza de plena autonomia jurisdicional. À sua cabeça está um rei que é a cabeça suprema e a quem todo o corpo político deve obediência. O rei tem plenos poderes para administrar a justiça, sem limites por parte de soberanos estrangeiros; nenhum recurso é permitido contra uma decisão do soberano, exceto em matéria de heresia. Se surgir um problema no reino espiritual ou na lei canônica, ele será resolvido pela Igreja da Inglaterra, em acordo com o rei. O Ato não se debruçou sobre as justificativas para essa teoria, contentando-se com uma vaga alusão a "várias histórias e crônicas antigas e autênticas", que evidentemente declararam e expressaram que "este reino da Inglaterra é um império". Em outras palavras, negligenciando as Escrituras, a teologia e a história eclesiástica, satisfazia-se com as velhas lendas de Brutus e Artur, apregoadas por Geoffrey de Monmouth, às quais as pessoas sérias já não atribuíam mais credibilidade. Essa petulância foi assinada por Cromwell, para quem o estado de fato era mais importante que os direitos adquiridos.

Assim, o julgamento inapelável do divórcio real foi preparado com antecedência. No entanto, havia uma lacuna: o apelo de Catarina a Roma datava de 1529; a Lei de Restrição de Recursos era retroativa e, portanto, dizia respeito a esse caso em particular? O Parlamento e a Convocação consideraram o problema e concluíram pela negativa, mas imediatamente acrescentaram que, em qualquer caso, o recurso havia sido proibido pelas decisões dos Conselhos de Cartago e de Toledo. Com todas as saídas agora fechadas, tudo o que restava era concluir.

Isso foi feito de acordo com um procedimento que respeitava a nova ordem das coisas. O arcebispo Thomas Cranmer escreveu ao rei implorando-lhe que o deixasse examinar e decidir se seu casamento com Catarina era válido. Mas como o rei era o juiz supremo e não podia ser julgado por ninguém, muito menos por um de seus próprios súditos, Henrique fez uma resposta muito elaborada. Ele deixou claro que, embora Cranmer fosse apenas um súdito, um arcebispo somente pela graça de Deus e do rei (o papa foi esquecido), que só fosse um juiz de causas espirituais porque o rei tolerava isso, ele lhe dava permissão para julgar seu caso, porque ele era "o ministro chefe de nossa jurisdição espiritual sobre o reino". Clemente não era mais uma questão. Em uma conversa que teve em meados de março com o embaixador Chapuys, Henrique voltou a se lançar contra o papado, dizendo que este procurava apenas humilhar os príncipes, a depor imperadores, e que considerava os reis como seus vassalos. Jurou vingar os insultos que haviam sido infligidos a seus antepassados, Henrique II e João Sem-Terra.

Em 5 de abril, a Convocação da província de Canterbury declarava que o casamento de Henrique e Catarina era contrário à lei divina e que nenhum papa poderia conceder uma dispensa para tal caso. A decisão só foi tomada sob a pressão real, pois Henrique exigia uma resposta rápida e favorável, mal deixando aos bispos o tempo para comer, diz Chapuys. Vinte e cinco clérigos, entretanto, tiveram a coragem de se opor à conclusão; à sua frente estava John Fisher, que foi preso já no dia seguinte e colocado sob vigilância. Na Convocação da província de York, também houve um forte protesto, e quatro membros, incluindo o bispo Tunstall, votaram contra a decisão. Apesar de tudo, o ato final ainda poderia ser tentado.

Com a aprovação de ambas as assembleias eclesiásticas, no dia 10 de maio Cranmer abria tranquilamente o julgamento no pacato e pequeno priorado agostiniano de Dunstable, a cerca de 60 quilômetros ao norte de Londres, longe da agitação da capital. Os procedimentos foram concluídos em treze dias. A recusa de Catarina em comparecer facilitou as coisas, permitindo que ela fosse declarada contumaz. Antes que alguém percebesse o que estava acontecendo, Cranmer declarava, em 23 de maio, que o casamento de Henrique e Catarina era nulo e inválido. Em 28 de maio, ele formalizava o casamento secreto com Ana Bolena, que assim se tornava rainha da Inglaterra. As notícias não suscitaram muito entusiasmo no reino. Em Londres, quando um celebrante pediu para rezar pela nova rainha, metade da congregação deixou a igreja, e Henrique VIII, furioso, advertiu o lorde prefeito de que não toleraria tais insolências.

As festividades da coroação iriam tornar tudo melhor, pois as pessoas, versáteis, esqueciam seus maus humores nas diversões e no espetáculo das pompas reais. Ana chegou à Torre pelo rio, acompanhada por trezentas barcaças decoradas. Em 31 de maio, ela foi num cortejo para Westminster, e, no dia seguinte, foi coroada por Thomas Cranmer. De acordo com alguns relatos, no entanto, gritos hostis foram ouvidos enquanto ela passava. Quanto a Catarina, voltava a ser uma mera princesa, viúva do príncipe de Gales, Artur; suas armas foram retiradas de todos os lugares oficiais, e seus recursos foram reduzidos em acordo com seu novo *status*.

A RUPTURA COM ROMA (JULHO-NOVEMBRO DE 1533)

Restava esperar a reação de Roma, onde as notícias chegaram no decorrer de junho. Curiosamente, Henrique VIII ainda esperava poder se reconciliar com o papa, e até o último momento tentou explorar as possibilidades de entendimento. A grande entrevista entre Clemente VII e Francisco I devia acontecer no verão. No final de maio, quando Cranmer já havia cancelado o casamento com Catarina e estavam sendo feitos os preparativos para a coroação de Ana, o rei enviou o duque de Norfolk à França, para representá-lo na reunião de Nice, na sequência do acordo alcançado em Boulogne. Com o apoio do rei da França, e contando com a fraqueza de Clemente, ele pensou que ainda era possível evitar uma ruptura. As instruções dadas a Norfolk eram as mesmas que os agentes ingleses em Roma vinham recebendo havia anos, mas no novo contexto elas poderiam parecer bastante anacrônicas: o papa devia admitir que Carne lhe apresentasse as desculpas do rei por não poder vir defender sua causa pessoalmente, e desistir de julgar a questão do casamento, para remetê-la aos juízes ingleses, já que tudo havia sido resolvido. Norfolk deveria advertir Francisco I contra manobras imperiais e papais, e mostrar-lhe que, de fato, os soberanos estavam solidários contra uma Roma devoradora, que estava constantemente corroendo suas prerrogativas. Essas instruções, dadas num momento em que a ruptura estava de fato consumada do lado inglês, são decididamente estranhas. Desenvoltura? Ingenuidade? Duplicidade? As reações de Henrique, na sequência dos acontecimentos, mostram que certamente ele era sincero nessa última tentativa, superestimando o zelo e a influência dos franceses. O duque de Norfolk, portanto, juntou-se à corte francesa, estabelecida perto de Lyon, em junho.

Ao mesmo tempo, Roma tomava conhecimento do que havia acontecido na Inglaterra. Dessa vez, Clemente devia reagir. O papado estava sendo desrespeitado e o partido imperial exigia sanções. Entretanto, estas foram moderadas, em comparação com a gravidade do insulto. Em 11 de julho, o papa condenava solenemente o julgamento de Cranmer e o casamento com Ana, e anunciava que, se Henrique VIII não aceitasse de volta sua legítima esposa antes de setembro, pronunciaria a grande excomunhão contra ele. A temida palavra tinha sido lançada. Naturalmente, a excomunhão não era mais o que tinha sido nos primeiros séculos da Idade Média, uma arma absoluta contra os dissidentes da fé. O uso abusivo dessa sentença tinha diminuído muito seus efeitos e quase todas as paróquias tinham um contingente permanente de excomungados, sem que suas vidas fossem minimamente perturbadas. Mas, para um soberano, o fato era mais grave: para os personagens que iam à missa todos os dias, que estavam cercados por bispos, e cujo ritual diário inteiro estava entrelaçado com atos religiosos, a excomunhão ainda podia ter efeitos devastadores, sem mencionar o impacto na consciência e o medo de morrer em pecado mortal. Dois elementos, no entanto, poderiam ter tranquilizado o rei: foi-lhe dado todo o verão para refletir; além disso, nada havia sido decidido sobre o mérito do caso: o casamento com Catarina ainda poderia ser invalidado em Roma, embora isso agora fosse altamente improvável. Em todo caso, a sentença se referia apenas às ações tomadas na Inglaterra para realizar ilegalmente o casamento.

O rei não se limitou a essas considerações. Soube da sentença papal no final do mês, em Guilford, no Surrey, para onde se retirou durante uma nova epidemia de febre de suores. Foi George Bolena, irmão de Ana, enviado de Lyon pelo perturbado duque de Norfolk, que lhe contou os acontecimentos. A reação foi imediata e violenta: George foi enviado de volta a Lyon para chamar toda a embaixada inglesa, que, portanto, não participaria da reunião entre Clemente e Francisco; ao mesmo tempo, o rei revogou a comissão de seus agentes em Roma. Todas as pontes foram quebradas.

Era ainda mais difícil voltar atrás, agora que a gravidez de Ana estava chegando ao fim e ela poderia finalmente dar à luz a um príncipe de Gales. Os médicos e astrólogos tinham certeza: seria um menino; a única coisa que faltava decidir era o nome: Eduardo ou Henrique. No início de setembro, o rei e a rainha mudaram-se para Greenwich. As festas foram planejadas com antecedência. Na tarde de 7 de setembro, Ana deu à luz, e foi uma nova decepção: a criança era apenas uma menina, a quem chamaram de Elizabeth. Como as celebrações estavam prontas, aconteceram de qualquer maneira, mas o coração não estava nelas. Pelo relato de Hall, parece que Henrique nem participou do batizado, que ocorreu no dia 10 de setembro, na capela dos franciscanos em Greenwich. Thomas Cranmer foi o padrinho da futura soberana.

Um mês depois, em 13 de outubro, Francisco I e Clemente VII se encontraram em Marselha, que havia sido preferida a Nice. Esta foi uma reunião muito amigável, durante a qual foi decidido o casamento entre o filho de Francisco e a sobrinha de Clemente. Havia também, é claro, a questão de Henrique. Segundo fontes francesas, parece que Francisco I trabalhou efetivamente para defender a causa do rei da Inglaterra, sempre batendo na tecla da ameaça imperial. Ele obteve um adiamento de dois meses na excomunhão. É até possível que o papa estivesse disposto a ceder sobre o mérito, se Henrique concordasse em enviar um procurador a Roma no processo em recurso contra Catarina.

Essa negociação paciente e promissora foi desfeita pela brutalidade do rei da Inglaterra e de seus representantes. De fato, enquanto o duque de Norfolk e toda a embaixada haviam sido chamados, Henrique tinha enviado a Marselha seu embaixador na França, Stephen Gardiner, e havia nomeado um adjunto, Edmund Bonner, o futuro bispo de Londres, que acabara de voltar de Roma. A esses dois homens, ele havia dado instruções que pareciam um grande desafio. No início de julho, o Ato de Restrição de Recursos já havia sido posto em vigor. Agora Henrique ameaçava o papa, se o excomungasse, com um apelo a um concílio geral, que no mínimo teria por consequência provocar uma gigantesca desordem na cristandade, no momento em que os progressos do luteranismo requeriam mais que nunca a união em torno de Roma. Era essa a mensagem que Bonner devia transmitir ao soberano pontífice. A entrevista, contada pelo próprio embaixador inglês, aconteceu em 7 de novembro. Bonner foi introduzido, não sem dificuldade, nos aposentos do papa, e começou sua arenga. Clemente o ouviu, de pé ao lado da janela, enrolando e desenrolando nervosamente seu lenço. Após alguns momentos, Francisco I chegou e, desconhecendo o que estava acontecendo, pediu uma audiência com o papa, o que cortou todos os efeitos de Bonner. A reunião só pôde ser retomada uma hora depois e, ao final, o irreparável estava feito.

A reação de Henrique VIII o levou à desavença com Francisco I. Este disse, com razão, a Gardiner: "Enquanto eu trabalho para ganhar o papa, você trabalha para perdê-lo. Sim, você arruinou tudo". A conduta rude dos ingleses foi insultuosa para o rei da França: ele era o anfitrião, oferecera seus bons ofícios, e, quase diante de seus olhos, Bonner viera para insultar seu convidado, o papa. Podemos compreender seu mau humor. O de Henrique, por outro lado, é menos justificado. Quando recebeu a notícia do que havia acontecido em Marselha, deixou sua raiva explodir, amassou a carta, jogou-a no chão, chamou Francisco de traidor e de ingrato, e derramou sua bílis sobre o embaixador francês.

A VIRGEM DE KENT

A sensação de isolamento de Henrique estava ainda mais acentuada, nessa época, pela atmosfera de agitação que se instalava na Inglaterra, causada pelo tumulto de acontecimentos recentes. Ele já havia constatado a impopularidade de Ana Bolena; a população dos condados do sul estava agora perturbada pelo caso da "Virgem de Kent" (*Maid of Kent*). Havia vários anos, Elizabeth Barton, uma epilética de uma aldeia do sudeste do país, alegava ter visões e proferia profecias. Vivendo uma vida irrepreensível, ela logo ganhou reputação de santa e de inspirada, e peregrinações atraíram os fiéis para si. O fato é banal nesse início do século XVI. Uma aparente cura, uma profecia acidentalmente realizada, bastara para fazer a reputação de Elizabeth Barton. Seu pároco, Richard Masters, informou ao arcebispo, que mencionou o fato ao rei e a Thomas More. Elizabeth é então colocada no convento do Santo Sepulcro, em Canterbury. Lá, em 1527, ela começa a falar sobre o casamento real, argumentando, segundo seus pareceres celestiais, contra sua invalidação. Henrique a faz vir à corte; ela o adverte contra o divórcio e ameaça o papa com sanções divinas se ele cedesse ao rei. Os próprios Warham e Wolsey ficaram impressionados com isso. Mais tarde, ela predisse que Henrique perderia o trono dentro de um mês após o casamento com Ana Bolena, e que ele teria uma morte miserável.

De fato, a "Virgem de Kent", como era então conhecida, que afirmava ter recebido uma carta de Maria Madalena, havia se tornado um instrumento nas mãos do partido contra o divórcio. Edward Bocking, seu diretor espiritual, um monge de Christ Church, Canterbury, tinha visto imediatamente os benefícios a serem obtidos com os oráculos e profecias de Elizabeth. Os principais partidários de Catarina vinham vê-la: os embaixadores papais, as religiosas de Salisbury e de Exeter, que também incluíam membros da família York, os franciscanos da Observância, os cartuxos de Londres, e até mesmo Thomas More e John Fisher. Ela se tornava o centro de um círculo oposto a Ana Bolena. Sua popularidade entre o povo comum a tornava ainda mais perigosa. Diante dos graves acontecimentos do verão e do outono de 1533, o rei decidiu pôr fim a essa comédia perturbadora.

A Virgem e alguns de seus cúmplices foram presos e trancados na Torre para serem cuidadosamente interrogados, usando-se os métodos da época. Todos os escritos relativos à sua vida e profecias foram apreendidos e destruídos. Durante três dias o Conselho do rei discutiu o destino de Elizabeth. Henrique queria que ela fosse queimada como herege, mas, no final, decidiu-se por uma solução mais hábil; as más lembranças da Virgem de Orléans podem ter tido algo a ver com isso. Em 23 de novembro, Elizabeth Barton e seis cúmplices confessaram publicamente sua impostura na Saint Paul's Cross, enquanto o abade de Hyde, John Salcot, denunciava o crime que cometeram em um sermão; ridicularizados e humilhados, eles foram devolvidos à prisão e enforcados em abril de 1534, em Tyburn, por alta traição. Evitava-se, assim, torná-los mártires.

O rei pretendia explorar o caso para se livrar de dois grandes oponentes de sua política, cujo prestígio os tornava extremamente problemáticos: Thomas More e John Fisher. Ambos haviam tido contato com Elizabeth e foram acusados de cumplicidade na traição, juntamente com vários outros, num processo de *attainder* apresentado aos Lordes em 21 de fevereiro de 1534. Thomas More nunca havia dado qualquer crédito às reivindicações de Elizabeth, que tinha qualificado de "mulher perversa" e "freira impudica". Não lhe foi permitido apresentar sua defesa, mas tinha muitos admiradores na câmara, e as acusações eram muito fracas para que se condenasse um ex-chanceler e um dos maiores humanistas da Europa. Para grande despeito de Henrique, Thomas More teve que ser retirado da lista de acusados, pois de outra forma a incriminação teria sido rejeitada. John Fisher foi multado em 300 libras. Contudo, esta foi apenas uma prorrogação temporária para os dois homens, de quem Henrique havia jurado se vingar.

AS LEIS DE 1534

O ano de 1534 marca a ruptura definitiva entre Roma e Londres, pelo voto de uma série de grandes leis que constituem o fundamento do que será chamado de *Ecclesia Anglicana*, a Igreja Anglicana. Essas leis foram votadas sem resistência pelo Parlamento, entre duas sessões.

O Ato de Submissão do Clero dava força de lei à submissão feita pela Convocação em 1532. Ela também previa que os apelos do tribunal do arcebispo doravante iriam para a corte da chancelaria, onde seriam julgados por uma comissão nomeada pelo rei.

O Ato de Absoluta Restrição das Anatas aboliu completamente o pagamento desse imposto a Roma. Quando um bispado ficava vago, o rei, como descendente do fundador de todas as dioceses, enviava à assembleia eclesiástica uma autorização de eleição especificando o nome da pessoa a ser escolhida como novo bispo, com "toda velocidade e celeridade", sob pena de acusação de *praemunire*. A eleição dos abades seria feita da mesma forma.

O Ato de Dispensas previa que todas as dispensas eclesiásticas (por exemplo, dispensas por motivo de idade, de qualidade, de parentesco) seriam concedidas pelo arcebispo de Canterbury, sob o controle do rei e do Parlamento. O soberano receberia dois terços dos impostos cobrados para a concessão dessas dispensas. Foi especificado, entretanto, que esse poder não seria usado em casos contrários às Escrituras e às leis divinas. A visita de mosteiros isentos de autoridade episcopal seria feita pela coroa.

O Ato de Sucessão confirmava o casamento com Ana e a legitimidade dos filhos nascidos desse casamento. Foram previstas penalidades severas para aqueles que se opusessem, e o rei poderia exigir de seus súditos, a qualquer momento, um juramento de lealdade a essa lei.

O Ato de Heresia declarava que não era herético negar a primazia do papa.

O Ato de Supremacia, aprovado na segunda sessão de 1534, resumia e proclamava solenemente a nova posição do rei como o chefe supremo de toda a Igreja da Inglaterra, ou Igreja Anglicana, e possuindo todas as prerrogativas ligadas a essa dignidade: o direito de visitar, de modificar, de corrigir, de reparar todos os erros, heresias e abusos. Ele tinha o poder, juntamente com o Parlamento, de definir a fé, esclarecer a doutrina, prender e punir os hereges. O clero estava sujeito às suas ordens, e os bispos, aos seus enviados. A Inglaterra era um Estado espiritualmente independente, governado pelo rei no Parlamento.

O Ato dos Primeiros Frutos e do Décimo concedia à coroa os primeiros frutos de todos os novos benefícios recém-dotados, o que equivalia a transferir ao rei o recebimento das anatas. Foi criado um imposto de um décimo da renda de todos os lucros para o benefício do soberano. Os comissários reais deveriam avaliar o valor desses encargos, após dedução dos custos administrativos, esmolas e despesas diversas suportadas pelos beneficiários.

Por fim, o Ato de Traição proporcionava um meio eficaz de fazer cumprir a nova legislação. De fato, foi uma extensão do antigo estatuto de traição de 1352, que dizia respeito a atos específicos e exigia duas testemunhas. Com a nova lei, não eram mais apenas os atos que eram puníveis, mas o mero desejo, a vontade, o anseio de ver o rei ou a rainha perder seu título, assim como as palavras e os escritos que chamassem o rei de herege, de cismático, de infiel, de usurpador, de tirano. Tal medida tornava possíveis as execuções mais arbitrárias e permitia que o rei se livrasse de quem ele quisesse. Ela explica a submissão do país à nova ordem espiritual e à nova ordem de sucessão dinástica. Fisher e More serão as primeiras vítimas.

As novas leis eram essencialmente obra de Thomas Cromwell, cuja mão pode ser vista em todos os lugares. Foi ele quem elaborou os detalhes e sutilezas que fazem de tudo isso um bloco coerente, de cuja lógica não há escapatória. O Ato de Traição, por exemplo, mostra o cuidado que ele dava à formulação: nada menos que cinco rascunhos dessa lei sobreviveram, corrigidos e anotados por sua mão. Sua preocupação com a precisão é notavelmente marcada. As ideias que ele aplicou foram as do rei, cujos pensamentos compreendeu e adivinhou. Cromwell era apenas o executor, mas seu gênio organizacional trouxe uma clareza simplificadora, que tornou possível transformar as ideias confusas, e às vezes contraditórias, de Henrique VIII, nos fundamentos de uma nova e duradoura ordem espiritual.

A TEORIA DE HENRIQUE

A única convicção clara do rei é a ideia de sua supremacia, temporal e espiritual, jamais admitindo qualquer julgamento superior ao seu, em qualquer campo que seja. Henrique sempre teve pretensões teológicas e, como Justiniano, acreditava ser capaz de discernir o verdadeiro e o falso, o ortodoxo e o herético, em assuntos da doutrina. Não contente em ter escrito um tratado sobre teologia em sua juventude, que agora desejava nunca ter escrito, ele terá, até o final de seu reinado, o desejo de ser um legislador canônico. Em várias ocasiões, começa a ler e a corrigir textos religiosos. Nunca chega muito longe; sua preguiça intelectual é ainda maior do que seu orgulho de mestre espiritual: algumas anotações sobre o texto dos Dez Artigos de 1536; parcimoniosos *bene* e *nota bene* na margem dos documentos relacionados a uma embaixada luterana em 1538; uma lista de objeções a uma obra sobre a confirmação; observações sobre uma carta de Latimer sobre o purgatório, uma resposta ao bispo Tunstall sobre a confissão em 1539; objeções a um texto episcopal sobre os sacramentos em 1540; cerca de cinquenta correções ao *King's Book* de 1543. Pouca coisa, em suma, para alguém que afirma ser a fonte doutrinária de sua Igreja.

Muito reveladora é a atitude do rei em relação ao livro fundamental para a nova religião, o *Bishop's Book* (*O livro dos bispos*), publicado em 1537. O livro foi concluído, em forma manuscrita, no dia 20 de julho. Edward Fox escreveu para pedir a opinião do rei sobre a impressão, e se ela deveria ser publicada sob o nome do soberano ou o dos bispos. Não houve resposta. Outra carta foi enviada quatro dias depois, com um pedido de Latimer, que suplicava ao rei que examinasse o livro. Mas o chefe supremo tinha outras preocupações. O prefácio, adicionado pelos bispos consternados à frente da primeira edição, diz: "Reconhecemos e confessamos", disseram os bispos temerosamente, "que não temos o direito nem de nos reunirmos sob qualquer pretexto ou razão, nem de publicar qualquer coisa decidida e compilada por nós"; os bispos imploraram ao rei que corrigisse seu texto, prometendo se conformar às suas observações, "como é nosso dever mais sagrado para com Deus e Vossa Grandeza". Seguindo essas precauções, a resposta de Henrique foi impressa: não tinha tido tempo de examinar o livro, disse ele, estando "ocupado com outras coisas", mas tinha folheado o livro. Foi a preocupação com o iminente parto de Jane Seymour que o havia distraído de seu dever? Em todo caso, é perturbador que o chefe espiritual da Igreja da Inglaterra permita que um importante corpo doutrinário, destinado a regular a fé, seja impresso dessa forma, sem mesmo saber qual é o seu conteúdo. Quando finalmente encontrou tempo para ler o *Bishop's Book*, no final de 1537, ele de fato encontrou muitas coisas que não estavam de acordo com seus desejos, e enviou suas críticas a Cranmer. A correção foi dolorosa, e o conteúdo o desanimou várias vezes.

Das várias observações escritas pelo rei ou relatadas por seus próximos, pode-se ter uma ideia de suas convicções doutrinárias. Elas nem sempre são muito claras ou lógicas, formando uma mistura original e surpreendente de conservadorismo e de audácia. A primeira observação é que Henrique VIII não compartilha a fé luterana. Em várias ocasiões, a partir de 1532, ele se aproxima do reformador e de seus seguidores, mas sempre por razões táticas e políticas, em seu duelo com Roma. Nunca considera seriamente um credo comum com os luteranos.

Henrique VIII e Lutero já tinham tido sérias diferenças, como vimos, durante o tempo em que o rei defendia o papado. Em 1531, o rei havia enviado Robert Barnes para pedir a opinião do antigo monge sobre seu casamento. Curiosamente, a resposta de Lutero foi a mesma do papa: Catarina era a legítima rainha da Inglaterra e, segundo ele, não havia motivo para invalidar o casamento; o argumento do Levítico dizia respeito apenas à esposa de um irmão vivo. A única solução era a bigamia: Davi, Salomão e os outros não tinham dado o exemplo? Enquanto Calvino, Zwinglio e Oekolampad tomam o partido do rei, o único luterano a apoiar Henrique é Osiander, cuja sobrinha se casara com Thomas Cranmer. Isto não augurava um bom entendimento entre a Igreja da Inglaterra e o luteranismo.

Entretanto, muitos acreditavam que essa fusão era inevitável, e não se pensava em uma terceira via entre Roma e Wittenberg. Nos anos 1530, os reformadores ingleses estavam esperançosos e confiantes: os Dez Artigos, o *Bishop's Book*, o *King's Book*, tinham muito em comum com a *Confissão de Augsburgo* e os catecismos de Lutero. Muitas obras protestantes foram impressas na Inglaterra nessa época: obras de Becon, Barnes, Coverdale, Taverner, Tracy; as obras de Erasmo e Lutero foram traduzidas para o inglês, assim como numerosas orações; o culto às relíquias, peregrinações, mosteiros e várias "superstições" foram condenados. Em suma, a deriva parecia óbvia; com as amarras com Roma cortadas, as correntes de ideias não podiam deixar de empurrar a Inglaterra em direção à fé luterana.

Mas Henrique VIII não se havia arrancado dos braços do papa de Roma para cair nos braços do papa de Wittenberg. Ele tinha sua própria visão pessoal e a intuição da originalidade inglesa em assuntos espirituais e políticos. As negociações com os luteranos foram, no entanto, intensas. De 1532 a 1534, elas se concentraram principalmente nos aspectos políticos, e numerosas embaixadas foram trocadas. No verão de 1534, os enviados de Lübeck e de Hamburgo ofereceram a Henrique não apenas sua fé, mas também o recém-vacante trono da Dinamarca. Mais interessado no último do que na primeira, o rei preparou uma expedição e enviou Bonner e Cavendish com dinheiro suficiente para preparar o terreno. No entanto, o duque de Holstein foi mais rápido, e Henrique não insistiu.

No final de 1535, o rei, atravessando uma de suas fases mais "protestantes", enviou Nicolas Heath e Edward Fox para fazer uma aliança com os príncipes da Liga de Smalkalde e para negociar com Lutero e Melâncton. Após algumas semanas, chegou-se a um acordo sobre um texto de Melâncton, os Artigos de Wittenberg, que deveriam servir como base para a discussão de um credo comum. Parecia que estavam caminhando para um acordo definitivo, mas, por várias razões, a embaixada luterana com quem deveriam discutir só chegou dois anos depois, em maio de 1538. Ela trazia treze artigos para discussão. Mas as condições e o humor do rei tinham mudado. Cinco meses de negociações não chegaram a nada; uma outra embaixada, de abril de 1539 a julho de 1540, não teve melhores resultados, e o contato cessou por cinco anos.

As profundas convicções de Henrique VIII estavam de fato muito distantes dos princípios do luteranismo, e nenhum acordo sobre pontos fundamentais foi possível. Henrique VIII não era de modo algum protestante, nem luterano, e ainda menos calvinista. A *Ecclesia Anglicana* sempre reivindicará sua diferença em relação à Reforma. As correções feitas pelo rei ao *Bishop's Book*, quando ele encontrou tempo para lê-lo, são reveladoras. Henrique ataca o dogma fundamental de Lutero: a justificação apenas pela fé. Ele insiste, ainda mais do que os jesuítas fariam mais tarde, na necessidade de obras. Seus aditamentos são inequívocos. Por exemplo, ao acrescentar duas palavras (aqui em itálico), ele muda completamente o significado de uma frase sobre a salvação, e a faz soar bastante católica: "O penitente deve ter uma fé e uma esperança seguras de que Deus perdoará seus pecados e o considerará justificado [...] não *somente* pelo valor de algum mérito ou obra feita pelo penitente, mas *primeiramente* pelos méritos do sangue e da paixão de nosso salvador, Cristo...". Em outra ocasião, à afirmação de que "minha fé me salvará", ele acrescenta, "se eu cumprir meu dever"; em outra passagem semelhante, ele diz, "enquanto eu continuar nos preceitos e leis de Deus"; onde o livro afirma que o crente será ressuscitado, ele diz, "se ele continuar a levar uma vida cristã"; em outra ocasião, ele reescreve toda a passagem.

Essas mudanças irritaram muito o arcebispo Cranmer, que achava que o rei estava muito próximo do catolicismo. Em várias ocasiões, ele mesmo modificou sem rodeios as correções de Henrique; onde o soberano havia acrescentado "somente" e "primeiramente", ele escreveu de modo abrupto:

"Estas duas palavras não devem de forma alguma ser colocadas ali". Em sua correspondência, ele envia repetidamente sermões ao rei sobre a fé que salva e que é obtida somente pela graça de Deus, e em nenhum caso por nossos méritos. Essa profunda divergência entre o rei e o arcebispo mostra pelo menos que Henrique tinha convicções religiosas pessoais e originais, e que nesse ponto podem ser descritas como semipelagianas. Totalmente alheio a qualquer espírito místico, orientado unicamente para a ação e a prática, ele mal compreende a natureza profunda da graça e da fé, como concebidas pelos protestantes. Habituado a decidir, a comandar, ele insiste sobre a autonomia do comportamento humano, sobre o livre-arbítrio, sobre a responsabilidade pessoal das ações. O mérito das boas ações, segundo ele, pertence ao homem que as realiza e que pode assim, por sua própria força humana, alcançar sua salvação. Em seu sistema, a graça tem apenas um papel vago e muito geral, e sua eficácia é reduzida. Sobre esse ponto fundamental, ele está nos antípodas do protestantismo, indo mesmo além da doutrina católica quanto ao valor a ser dado às obras, para unir-se à velha heresia do século V divulgada pelo monge Pelágio: o homem faz sua salvação por sua própria força. Em todas as coisas, Henrique pretende ser dono de seu destino e reivindica plenos poderes na luta contra o mal. Seu pensamento não é, a esse respeito, desprovido de grandeza.

Suas ideias são mais matizadas em relação a outro ponto essencial no debate entre católicos e protestantes: os sacramentos. Mais uma vez, sua opinião é muito pessoal e mudou consideravelmente desde seu trabalho de 1521, a *Defesa dos sete sacramentos*, no qual foi um apologista ardente da doutrina católica. É verdade que, ao contrário dos protestantes, ele conservou os sete sacramentos: enquanto uma declaração oficial em 1536 os reduziu a três, batismo, penitência e eucaristia, os outros quatro reapareceram em 1537 no *Bishop's Book*. Mas eles estão divididos em dois grupos: os sacramentos maiores, claramente instituídos por Cristo, e os outros, menos importantes. Aliás, Henrique não concorda inteiramente com seu clero sobre a divisão.

Menos importante é a confirmação, cujo valor agregado em relação ao batismo não é claro. Enquanto em 1521 o rei, defendendo a teoria ortodoxa, afirmava que esse sacramento, ao trazer a plenitude das graças do Espírito Santo, armava o cristão adulto para as lutas da vida e completava a obra do batismo, ele se contenta, na correção do *Bishop's Book*, em declarar que a confirmação "restaura" os dons dos sacramentos já recebidos: "É uma restauração e nova iluminação das graças conferidas pelos outros quatro sacramentos; uma nova restauração e restituição das graças conferidas por Cristo nos quatro sacramentos instituídos por ele". A fórmula minimizava o significado dado à confirmação pelos bispos, que lhe atribuíam o poder de aumentar, e não apenas restaurar, os dons dos outros sacramentos. Em 1540, em uma pesquisa com os bispos sobre o tema dos sacramentos, o rei expressava reservas sobre a origem bíblica da confirmação: "Essa resposta", escrevia Henrique à margem das justificativas dadas pelos prelados, "não é direta, e não prova que nenhum dos dois pontos seja fundamentado nas Escrituras". Sobre a questão da imposição das mãos, ele comentava: "Dado que a imposição das mãos é uma cerimônia antiga dos judeus, dificilmente é uma prova de confirmação". Em resumo, esse sacramento o embaraça, e não vê dele nem a origem, nem a utilidade. Ele o conserva mais por hábito que por convicção.

A extrema-unção também é considerada um sacramento menor. Na pesquisa de 1540, os bispos declaravam: "A unção dos enfermos, acompanhada de orações, é fundada na Escritura". Henrique escreve na margem: "Então me mostre onde". No *Bishop's Book*, ele anota a passagem sobre esse sacramento, contestando o poder da unção para perdoar os pecados. Cranmer ficou muito infeliz com esses comentários.

O sacramento da ordenação foi fortemente desvalorizado pelo *Bishop's Book*, que sobre esse ponto tem uma forte consonância protestante. As funções do ministro do culto são reduzidas à pregação e à administração dos sacramentos; em vez da missa, cujo termo é usado incidentalmente apenas duas vezes, afirma-se que o ministro tem o poder "de consagrar o santo corpo de Cristo no sacramento do altar". Em nenhum lugar diz que a ordem confere um caráter indelével àquele que a recebe. Quanto à hierarquia sacerdotal, ela é contestada em seu princípio: não há diferença de natureza entre um padre e um bispo. O ministério criado por Cristo era conferido "somente a certas pessoas, isto é, a padres ou bispos que eles elegiam". Ao longo do texto, os termos "padre" e "bispo" são usados como absolutamente semelhantes. O questionário de 1540 voltava longamente a essas questões, indagando se os bispos e os padres "não eram duas coisas, mas um único ofício no início da religião cristã". Ao que Cranmer respondia afirmativamente, acrescentando inclusive que a ordenação de um sacerdote ou a nomeação de um bispo não era mais divina do que a nomeação de um funcionário.

Relendo esse conjunto, Henrique VIII manifesta sua aprovação: o clero está lá para pregar, ensinar a Palavra e conferir os sacramentos (ele usa aqui o verbo errado de "consagrar" os sacramentos, que Cranmer logo corrigiu); os bispos são meramente "superintendentes" ou "inspetores", cuja ordem não é diferente daquela dos padres. Tendo assim reduzido o papel do clero, ele procura fortalecer sua dependência da monarquia, insinuando que o soberano também pode lhes conferir o poder espiritual. Onde o *Bishop's Book* afirma que Cristo deu poder a seus apóstolos para eleger seus sucessores, Henrique escreveu à margem: "Note-se que eles não viviam sob a autoridade de reis cristãos". Em seu exame das respostas ao inquérito de 1540, ele foi ainda mais explícito. Os prelados declararam que a nomeação de um bispo consistia em duas etapas: a "eleição", antes feita pelos apóstolos e agora pelos príncipes, e a ordenação, que lhes confere poder espiritual, reservada aos outros bispos. "Onde foi encontrada essa distinção?", escreveu o rei. Dado que aceitam que os apóstolos cumpriam a função que admitem pertencer agora aos príncipes, como podem provar que a ordenação é reservada a vocês, bispos? Se os apóstolos cumpriam ambas as funções, por que estão separadas hoje? Por que o príncipe não poderia ordenar, assim como nomear? Os bispos retrucaram: quando os apóstolos ordenavam, seguiam as regras impostas pelo Espírito Santo, impondo as mãos, orando e jejuando. "Onde vocês encontraram isso?", observou Henrique. Na mesma linha, duas outras perguntas tendiam a mostrar que, se todo o clero do país morresse, ou se o rei se visse sem sacerdotes entre os infiéis, ele poderia ordenar sacerdotes e bispos, pregar e ensinar a Palavra.

A dependência do clero para com o soberano foi afirmada em muitas outras passagens. O *Bishop's Book* exigia que os clérigos pregassem ao povo "comprometidos com seu encargo espiritual". Henrique corrigiu isso para "comprometidos conosco e com seu encargo espiritual". O livro dizia que o governo da Igreja era confiado aos reis, aos príncipes e "a certos outros ministros e oficiais"; Henrique eliminou a palavra "outros", que parecia colocar reis e ministros em pé de igualdade. Onde "ordens sagradas" eram mencionadas, Henrique eliminou o qualificador. Quando o texto atribuía a regulamentação dos ritos e festas de obrigação à "jurisdição dos sacerdotes e bispos", o rei substituiu a fórmula, dizendo que é meramente necessário que o clero atenda a essas coisas. Quando, ao detalhar o quinto mandamento, o livro reviu todas as categorias sociais que devem ser honradas pelos fiéis, o rei removeu a referência ao clero e reduziu a lista aos pais e aos soberanos.

É sem dúvida na linha desse profundo anticlericalismo que devemos entender sua insistência, que de outra forma é surpreendente, sobre o celibato eclesiástico. Esse ponto será mesmo uma das principais causas do fracasso das negociações com os protestantes, e o rei jamais abrirá mão de suas ideias nessa área. Nos Seis Artigos de 1539 ele deixará claro que o casamento de sacerdotes é proibido, não apenas por uma questão de disciplina eclesiástica, mas "pela própria lei divina". Na obra que lhe foi enviada pelo protestante suíço Bullinger, em 1538, ele contesta apenas os argumentos contra o celibato eclesiástico. Se não se pode excluir de sua atitude o desejo de mortificar um clero que ele odeia, o próprio rei deu em 1541 outra explicação: se os clérigos tivessem filhos, eles rapidamente se tornariam perigosos, transmitindo benefícios de forma hereditária, construindo poderosas dinastias e alianças matrimoniais com as maiores famílias.

Não menos surpreendente na declaração de Henrique VIII é o lugar do sacramento do matrimônio, que ele considera ser o mais importante de todos. Mais uma vez, ele discorda de seus bispos e permanece fiel a esse ponto de vista. Como especialista altamente qualificado no assunto, ao qual dedicou tanto tempo e energia, teve ampla oportunidade para refletir sobre esse sacramento, suas implicações, seu significado e suas sutilezas. Certamente a psicanálise poderia nos fornecer elementos de explicação para a fixação do soberano em uma instituição que ele parece considerar altamente sagrada e, no entanto, trata tão levianamente.

O batismo, por outro lado, não representa nenhum problema. Henrique compartilha com católicos e protestantes o maior respeito por esse indiscutível sacramento, praticado desde o tempo de Cristo, que apaga o pecado original e nos oferece a graça divina.

A penitência é mais questionável. Foi tema de longos debates entre os bispos conservadores, Tunstall e Gardiner, e os bispos radicais, próximos aos protestantes, Cranmer e Latimer. O rei ficou do lado destes últimos, e a fórmula usada nos Seis Artigos reflete a ambiguidade da posição "anglicana" sobre esse sacramento: "A confissão auricular (isto é, a confissão pessoal e secreta dos próprios pecados a um sacerdote) é útil, e é necessário preservá-la e continuá-la, usá-la e frequentá-la na Igreja de Deus". É "útil", mas não indispensável; em nenhum lugar é dito que ela é imposta pela lei divina. Tunstall escreveu uma carta ao rei sobre esse assunto, reclamando a proclamação da origem divina do sacramento. Henrique deu uma resposta muito afiada, que refutou seus argumentos, extraídos de São João Crisóstomo, São Cipriano e Orígenes. Para o rei, a confissão é obviamente apenas um acessório, útil sem dúvida, especialmente para os fiéis comuns, mas que não se baseia nem na razão, nem na lei divina.

Não menos vaga é sua concepção da eucaristia, que é difícil de entender e sem dúvida se encontra em constante evolução. Por um lado, Henrique VIII permanece fiel à doutrina católica da transubstanciação: sobre o altar, o pão e o vinho, consagrados pelo sacerdote, mesmo mantendo sua "forma", sua aparência externa, mudam de "substância" e se tornam realmente o corpo e o sangue de Cristo. Ele fala várias vezes da missa como sendo a renovação do "sacrifício" de Cristo: ambos os aspectos essenciais ao catolicismo são preservados. Aliás, o rei assiste a várias missas por dia, e encomenda milhares delas para o repouso da alma de Jane Seymour. Inquestionavelmente, a missa tem um caráter sagrado para ele. Mas, por outro lado, como explicar sua falta de reação ao silêncio do *Bishop's Book* sobre esse assunto? Como podemos explicar as tíbias definições que ele permite nos Seis Artigos, bem como no *King's Book*? Nos primeiros, simplesmente se afirma que "os bons cristãos recebem bons e divinos benefícios" ao assistir a uma missa privada; no segundo, a eucaristia é reduzida à "consagração e oferta dos santos corpo e sangue de Cristo no sacramento do altar". Esse termo substituiu definitivamente o de missa, e em 1546 o rei chegou a ponto de propor aos embaixadores franceses a supressão pura e simples desse sacramento. Isto teria sido o resultado de uma séria reflexão, ou foi apenas um ato retórico? A pergunta permanece sem resposta.

As intervenções teológicas de Henrique VIII muitas vezes causaram desespero entre seus bispos. Estes, mais clássicos, estavam divididos em dois campos: os conservadores, ou "catolicistas", e os radicais, ou "luteranistas". O rei não pode ser classificado em nenhum dos dois grupos; então suas concepções são desnorteantes para os prelados. Henrique compõe sua própria mistura, elabora sua religião pessoal, a religião "henriquista", que ele imporá ao país e se tornará a base do anglicanismo. Fora dos assuntos sacramentais, ele demonstra um conservadorismo que desagrada a Cranmer. Apegado à ideia do purgatório, à intercessão dos santos, ao respeito aos votos de castidade e viuvez, ao culto do Santíssimo Sacramento, ao uso do pão e da água benta, ao respeito externo da hierarquia e das pompas eclesiásticas, ele manda enforcar um homem que tinha comido carne na Quaresma. Por outro lado, recusa-se a condenar a astrologia, e modifica a passagem do *Bishop's Book* que condenava várias superstições, como a crença nos dias de sorte, nos amuletos de boa sorte e na adivinhação. Ele mesmo manteve um astrólogo na corte, como todos os seus colegas europeus.

Ao mesmo tempo, ele é extraordinariamente ousado e desenvolto, chegando a mudar o equilíbrio da Trindade em favor do Filho Encarnado, que tem sua preferência. Sugere mudar o primeiro mandamento para "Não terás outro Deus, ou deuses, a não ser eu, Jesus Cristo". Ele implica, em suas correções do *Bishop's Book*, que só se pode rezar a Cristo, e não a Deus Pai; deseja expurgar o *Pai-Nosso*, removendo o "livrai-nos do mal", pois este último é obra do homem, e não de Deus. Na mesma ótica pelagiana, ele também muda uma fórmula no *Bishop's Book*, que dizia que os fiéis deveriam atribuir suas desgraças a Deus e não ao diabo ou aos perversos, escrevendo: "Quando a adversidade nos toca, faça-nos atribuir isso aos nossos próprios méritos".

A religião, como ele a concebe, nada tem de austero e não proíbe o gozo dos prazeres da vida: outro ponto que o distancia do protestantismo. Onde o *Bishop's Book* condenava "as palavras sujas e licenciosas, as histórias, canções, olhares, toques, roupas loucas e impudicas, e trajes lascivos", ele reduz a lista a olhares e palavras, permitindo assim, implicitamente, os atos. Enquanto os bispos proibiam "a gula, a preguiça, o ócio e o sono imoderado", ele só deixa subsistir o ócio. Sua religião nada tem de igualitário, e onde os bispos lembravam que aos olhos de Deus todos os homens, ricos e pobres, escravos e homens livres, eram iguais, o rei explicita: somente "no que diz respeito à alma". Quando lhe foi pedido que os ricos ajudassem os pobres, ele escreveu: "Há muitas pessoas que preferem viver no ócio e na mendicidade", acrescentando que "deveriam ser de alguma forma forçadas a servir à comunidade com seu trabalho físico". Quanto às obrigações do soberano para com seus súditos, Henrique as reduz ao mínimo e simplesmente apaga a sentença na qual os bispos afirmavam ser um dever do príncipe cuidar do bem-estar do povo, "para que haja abundância de todas as coisas necessárias". Seus direitos, por outro lado, são ilimitados. O texto dizia que o rei podia coagir e matar seus súditos, mas somente de acordo com a lei; Henrique mudou a fórmula, de modo que o respeito à lei foi imposto somente aos "governantes inferiores", ou seja, oficiais e ministros.

A RELIGIÃO HENRIQUISTA COMO AGENTE DO DESPOTISMO

As últimas passagens são esclarecedoras. A religião henriquista deve servir ao despotismo real. A palavra não parece muito forte quando se considera as implicações da teoria da supremacia. Mais que de absolutismo, trata-se de despotismo; o primeiro não é limitado por um Parlamento, mas pelos costumes e pelas leis da Igreja; o segundo usa o Parlamento para rejeitar os costumes e as leis da Igreja: aí reside a diferença entre Francisco I, rei absoluto, e Henrique VIII, rei despótico. Talvez a maior habilidade do Tudor tenha sido esta: enquanto seus antecessores e sucessores encontraram no Parlamento um adversário que limitava seu poder, ele usou essa assembleia para remover o obstáculo essencial à sua vontade, a Igreja. Tendo estabelecido, graças ao Parlamento, uma nova religião, da qual é o Chefe Supremo, ele se encontra com tais poderes que nenhuma autoridade, espiritual ou política, pode se opor a ele. Henrique VIII está mais próximo, pela natureza de seu poder, de um imperador bizantino do que de um rei da França.

Entre as justificativas dadas para a teoria da supremacia real, há um forte apelo ao passado romano. Desde o início da Roma pagã, dizem os defensores da nova ordem, São Paulo exigia a submissão ao soberano, e ele mesmo apelava ao imperador; Cristo havia demandado que se desse a César o que lhe pertencia, e havia proclamado que seu reino não era deste mundo. Depois disso, os primeiros imperadores cristãos sempre agiram como líderes religiosos: Constantino presidia os conselhos, Justiniano decidia sobre a Santíssima Trindade nos debates teológicos, e naquela época o bispo de Roma não tinha autoridade; ele foi até mesmo molestado várias vezes pelos imperadores. A autoridade espiritual dos imperadores foi então transmitida aos reis, que são seus sucessores, seus herdeiros. A monarquia inglesa é uma monarquia imperial, como já vimos, e tem todas as prerrogativas dos antigos imperadores. Se, como resultado de circunstâncias históricas, os papas da Idade Média usurparam a herança imperial, é apropriado restaurar agora a antiga ordem.

Como sempre nessa época, as revoluções mais radicais foram realizadas sob o pretexto de um retorno às origens, única forma capaz de justificar a perturbação da ordem estabelecida. A ideia de uma "Renascença" pode realmente ser aplicada em muitas áreas; ela faz parte das utopias dos séculos XV e XVI. O ideal está no início e a história do mundo é a de uma lenta degradação da ordem estabelecida por Deus. As únicas reformas aceitáveis são aquelas que visam a restaurar o velho estado de coisas, a idade de ouro perdida. Esse culto do passado é também a origem da reforma henriquista; o modelo é Davi, um sacerdote-rei, sagrado, que comanda o clero, assim como o resto do povo.

Os católicos também procuraram justificar o poder papal no passado, mas seus argumentos foram rejeitados: Pedro, se realmente tivesse estado em Roma, o que ainda era duvidoso na época, nunca teria recebido nenhuma primazia ligada àquela cidade; se ele era o chefe dos apóstolos, tratava-se apenas de uma autoridade pessoal, que nada permitia ligar ao título de bispo de Roma. Este último, residente na capital do Império, desfrutava assim de um prestígio adicional, talvez um primado de honra, mas seus poderes não eram, de forma alguma, superiores aos dos outros bispos. Nem os Pais da Igreja, nem os imperadores, nem os concílios os consideravam como líderes da cristandade. Somente circunstâncias puramente humanas explicam sua atual preeminência, totalmente usurpada.

A Igreja da Inglaterra recupera assim sua autonomia, mas, para Henrique e seus bispos, isto não foi de forma alguma um cisma, uma ruptura da cristandade: a Igreja da Inglaterra é *uma* das Igrejas *católicas*, ou, como escreveu o rei, "uma parte do conjunto da Igreja Católica". Até hoje, a hierarquia da Igreja Anglicana insiste no termo católico e, portanto, universal, de uma forma talvez paradoxal. A unidade fundamental da cristandade é fortemente afirmada. A Igreja universal é, em certo sentido, uma federação de igrejas nacionais, cada uma encabeçada por seu soberano. Como diz o *Bishop's Book*, todas as igrejas "estão ligadas e unidas para fazer e constituir um só corpo ou Igreja Católica". Se esse corpo precisa de uma cabeça, será o concílio geral, representando o povo cristão, mas convocado e dirigido pelos príncipes, e não pelo papa.

Entretanto, a autoridade desse concílio não foi definida e causou inegável embaraço a Henrique e à hierarquia de sua Igreja. Seriam os decretos de tal concílio superiores aos do príncipe? A questão foi muito debatida, e nunca resolvida. O *King's Book* de 1543 declarava: "Todos nós devemos submeter-nos humildemente ao julgamento da Igreja inteira". O rei, estimando que a fórmula era muito limitativa de seu próprio poder, substituiu-a por uma frase complicada, aberta a diferentes interpretações: "Deve-se pensar e estimar que toda a Igreja reunida, como deve ser, isto é, pelo completo acordo dos príncipes e governantes do mundo cristão, tem um julgamento mais profundo e deve ser mais universalmente obedecida que a opinião de cada Igreja particular a respeito da ordenação católica desta última". Esta foi uma solução muito diplomática, que permitia fazer absolutamente qualquer coisa e que deixava intacta a autoridade do príncipe. De toda forma, nenhum concílio desse tipo será reunido, e a fórmula do rei não será retida na edição definitiva.

Em 1538, segundo Chapuys, Henrique VIII disse: "Nunca quis fazer de mim um Deus separado do corpo da cristandade, o que, além do escândalo, me faria muito mal". Mas, se não um rei-deus à maneira faraônica, o Tudor criou um tipo de rei-padre, à maneira de Saul. Como chefe supremo e único do reino, ele é mestre tanto do clero quanto dos laicos. O clero é *seu* clero, cujo poder deriva do seu; é do rei que ele recebe seu poder jurisdicional; todos os bispos nomeados por Roma devem vir e trocar sua bula por cartas patentes reais. O rei escolhe os titulares, que são *seus* vigários, *seus* servidores, como os textos oficiais repetem insaciavelmente. Cabe ao rei – ou aos seus delegados – "visitar", reprimir, retificar, reformar, ordenar, corrigir, restringir e melhorar" as casas religiosas, as igrejas e as catedrais, como determina o Ato de Supremacia. Seu representante nessa tarefa tem o título de "vigário geral", e essa pessoa também preside a Convocação, que é convocada somente por ordem do rei. Os tribunais eclesiásticos são agora apenas um ramo do judiciário real, e os recursos vão para a corte da chancelaria. As isenções são concedidas por Canterbury ou, para as mais importantes, pelo Conselho do rei.

O *corpus* do direito canônico foi completamente revisto pelo rei e seus homens, e doravante é o soberano que "declara" a doutrina, determina o que é herético, e decreta as crenças. Assim, nos últimos anos do reinado serão realizadas reformas, por ordem do rei, tais como a destruição dos santuários de peregrinação, a proibição de numerosos costumes e festas populares, descritos como "observâncias supersticiosas e infantis", a modificação do breviário, do missal e dos livros de oração em língua inglesa, as *Primers*, a alteração da liturgia, em particular o desaparecimento gradual das orações aos santos. Henrique VIII é mesmo, de fato, um rei-sacerdote e, como resultado, seu poder geral sobre o reino fica consideravelmente aumentado, a ponto de ofuscar o tradicional Parlamento.

Entretanto, a ambiguidade sobre a questão da supremacia não foi dissipada, e o Parlamento recuperou seu verdadeiro papel em reinados posteriores. Henrique foi proclamado Chefe Supremo, sim; mas por quem, se não pelo Parlamento? A supremacia real vem de uma lei, o Ato de Supremacia, e na Inglaterra a lei é a obra do "rei no Parlamento". A autoridade real, temporal e espiritual, reside no conjunto do corpo político, expressa pelo acordo do rei e da assembleia. Todas as principais decisões tomadas durante o reinado sobre a reforma religiosa foram na forma de estatutos, expressando de maneira tradicional o consentimento de toda a comunidade nacional. Para Henrique VIII, no entanto, essas leis simplesmente "declaram" uma realidade que, até então, estava escondida por causa da usurpação papal. A supremacia, ele acredita, é uma questão pessoal, conferida diretamente por Deus ao soberano, e a lei se limita a reconhecer esse fato. O rei, portanto, exerce sozinho a supremacia religiosa, e o Parlamento apenas ratifica suas decisões, às quais não deve poder se opor. Esta era também a opinião de Stephen Gardiner e da maioria dos "conservadores".

Por outro lado, havia uma forte corrente protestante a favor da supremacia exercida pelo estatuto, mas se baseando no conjunto do corpo político. Essa ideia estava mais alinhada com o ideal luterano, fundamentado na autonomia das comunidades cristãs, que se auto-organizam e escolhem seus ministros; o príncipe está presente para servir à religião e não para lhe impor suas decisões. Os luteranos jamais concordaram com a ideia de supremacia pessoal. Essa opinião foi expressa em muitos tratados anônimos, como o *Tratado provando pelas leis do rei que os bispos de Roma nunca tiveram direito à supremacia neste reino*, publicado em 1534, ou nos trabalhos de alguns juristas, como Christopher Saint Germain. Parece que o próprio Thomas Cromwell compartilhou essa visão, mas acabou por ter de admitir a formulação de supremacia pessoal no Ato de Supremacia de 1534. Entretanto, até o final do reinado, a questão não estava resolvida. Numerosas correções, modificações, acréscimos e exclusões nos projetos de leis relativas a esse ponto mostram quão hesitantes foram os bispos e assessores. No final, Henrique VIII deixou a seus sucessores um compromisso ambíguo, repleto de conflitos futuros, que irromperiam durante o reinado de sua filha Elizabeth e no início do século XVII.

Para muitos, a reforma religiosa henriquista teve um sabor de incompletude e improvisação. O movimento em direção ao luteranismo, que começou em 1529, parou na metade do caminho. Houve até mesmo alguns passos para trás, algumas negações. Os Seis Artigos, em 1539, iniciariam um recuo em relação às proclamações mais avançadas dos anos precedentes. A religião henriquista é apenas um esboço, que varia de acordo com circunstâncias políticas e diplomáticas, casamentos, as preocupações do rei e as relações de poder entre seus conselheiros, divididos esquematicamente entre conservadores, próximos ao catolicismo, e radicais, próximos ao protestantismo. Nem todas as ideias e correções do rei se tornaram leis, e seus sucessores terão muito trabalho para definir as novas crenças; o henriquismo ainda era suficientemente vago para levar ao calvinismo de Eduardo VI, ao catolicismo de Maria Tudor, ou ao anglicanismo de Elizabeth. Nenhuma saída estava ainda fechada por ocasião da morte de Henrique VIII, exceto talvez a que levava a Roma. O único resultado indiscutível dessa convulsão era a supremacia religiosa do rei. Quanto ao resto, era a maior confusão. "Nosso rei não tem nenhum respeito pela religião e pelo Evangelho", dizia o procurador Robert Barnes. Lutero se indignava com o "título horrível" de Chefe Supremo; Melâncton falava da hipocrisia de Henrique. No entanto, Henrique escreveu a Bucer, dizendo que era amigo dos reformados e que libertara quinhentos luteranos que haviam protestado contra os Seis Artigos. Nada era definitivo na frente religiosa. Somente o poder real foi consolidado.

OS INGLESES E A SUPREMACIA REAL.
EXECUÇÃO DE FISHER E DE MORE

As perturbações religiosas provocadas pelas grandes leis de 1534 destruíram um edifício multissecular e profundamente ancorado nas mentalidades.

Um dos temas surpreendentes para o historiador é a ausência de reações da população, se excetuarmos o episódio limitado da "Peregrinação da Graça" de 1536, sobre o qual voltaremos adiante. Sabemos a que excessos as reformas e tentativas de reforma levaram no continente: trinta anos de guerras civis na França, um povo dividido em dois na Alemanha, e uma repressão impiedosa na Europa mediterrânea. Do outro lado do canal da Mancha, um povo inteiro parece mudar de religião ao simples comando do soberano, sem a necessidade de usar a força. As explicações são agora conhecidas.

Primeiramente, a administração Tudor foi uma das primeiras a saber praticar a manipulação da opinião de uma forma moderna. Henrique VIII e Cromwell tinham consciência da necessidade de "explicar" sua política, o que é a mesma coisa que usar a propaganda. Para esse fim, fizeram uso maciço não apenas da nova e formidável arma oferecida pela prensa, mas também de todos os meios tradicionais de comunicação, expressão e doutrinação. A amplitude da campanha de "informação", que começou em 1534, é espantosa por sua diversidade, habilidade e eficácia. A máquina governamental e administrativa inglesa demonstrou assim a superioridade de sua organização no campo das relações públicas, em comparação com os métodos rudimentares de outras monarquias. Pois é de fato uma "revolução cultural" que está sendo empreendida aqui, e uma revolução bem-sucedida.

Cromwell, um gênio da administração, reuniu ao seu redor uma grande equipe de escritores e panfletários encarregados de difundir novas ideias e crenças. Os textos oficiais são incansavelmente distribuídos e afixados no reino; um fluxo de livros de todos os tamanhos e níveis repetem os argumentos que justificam a supremacia real e o divórcio, e respondem às objeções. Um bom exemplo dessa literatura de inspiração oficial é a obra intitulada *Artigos decididos pelo consentimento unânime do Conselho do rei*, publicado já no final de 1533. Nela é exposto todo o arsenal de justificações históricas em favor da autonomia jurisdicional da coroa inglesa, a teoria da superioridade do concílio geral sobre o bispo de Roma, que é reduzido à posição de qualquer outro prelado. Após os ataques gerais ao papado vieram as calúnias contra Clemente VII, bastardo, simoníaco e herege. Por fim, para um bom contraponto, apresentavam-se todos os sinais de bênção divina para provar que o rei tinha razão: bom tempo, boas colheitas, ausência de epidemias, paz geral na Europa, o parto sem problemas de Ana Bolena.

Para aqueles que não sabiam ler ou não conseguiam seguir os argumentos teológicos complexos, foram usadas peças populares, mímicas e representações com fantasias, para ridicularizar o papa e glorificar o Chefe Supremo. O clero, naturalmente, desempenhou um papel importante na campanha antipontifícia. Enquanto os grandes oradores pregavam na Saint Paul's Cross, que havia se tornado o fórum da Roma inglesa, em cada paróquia o pároco tinha que fazer um sermão, pelo menos quatro vezes ao ano, mostrando aos fiéis como eles haviam sido libertados pelo rei da tirania do papa. Qualquer menção ao papa, obviamente, desaparecia da liturgia. Os membros da administração real precisaram fazer um juramento, reconhecendo Henrique como o Chefe Supremo da Igreja da Inglaterra.

Os adversários da reforma henriquista não deixaram de usar contra o rei seus próprios argumentos, extraídos de sua obra de 1521, a *Defesa dos sete sacramentos*, na qual havia defendido fortemente a supremacia papal. Em 1533, o núncio cita um longo excerto do livro real para embaraçar Henrique; o bispo Tunstall, um dos líderes dos conservadores, por sua vez, lembrou ao soberano que uma vez ele havia entrado em guerra contra Luís XII porque este último não respeitava o papa e queria criar um cisma. O rei foi traído por seu passado. Ele tentou se eximir culpando Wolsey por seu trabalho e dizendo que, afinal, era apenas um pecado da juventude: "Naquela época", escreveu a Tunstall, "éramos jovens e tínhamos pouca experiência das realidades do mundo"; a experiência, acrescentou ele, o ensinou a reconhecer a verdade. Henrique sentiu a necessidade de explicar sua mudança para o país, o que fez em 1538, em um opúsculo intitulado *Protesto feito pelo mais poderoso e temido rei da Inglaterra*. O rei admite ter se enganado, o que tem o mérito da sinceridade, mas não é próprio para reforçar a confiança em relação ao Chefe Supremo: "Nós lhes demos [aos papas] a primazia, é verdade", acrescenta ele, "se, enganados por uma interpretação voluntariamente errônea da Escritura, nós demos a vocês aquilo que lhes deveria ter sido recusado, por que não poderíamos, uma vez que nosso erro foi reconhecido e a enganação descoberta, retirar nossa afirmação?".

A docilidade da população também pode ser explicada pelo fato de que a maioria dos ingleses não se deu conta, na época, do significado das mudanças feitas. Para muitos, foi simplesmente uma ruptura temporária com o papa, como havia acontecido frequentemente na história nacional, e o baixo prestígio do papado facilitou a acomodação com a nova situação.

A mescla da questão do divórcio com a da supremacia real e as mudanças doutrinárias tornaram o problema confuso. As alterações teológicas passaram na esteira dos debates disciplinares. Para o povo comum, além disso, pouco havia mudado: a vida paroquial tradicional continuava, e a liturgia praticamente não foi alterada; os padres permaneciam celibatários; a hierarquia canônica, episcopal e arquiepiscopal, e os tribunais da Igreja, foram mantidos como tais. Que os atos religiosos fossem feitos em nome do rei, e não em nome do papa era, em geral, uma questão menor. Quanto às desgraças do clero, a população estava pouco inclinada a sentir pena dele, como já vimos. A atmosfera anticlerical e a indiferença em relação ao papa trabalharam a favor da reforma henriquista. A passividade e o medo se acrescentaram a esses sentimentos, abafando quaisquer escrúpulos que alguns pudessem ter tido.

Para aqueles que pensavam com mais cuidado, as teorias de Henrique poderiam até parecer convincentes. Havia meio século, estava-se em plena mutação: ciência, tecnologia, cultura, tudo se renovava; a imprensa, o Novo Mundo, a redescoberta da Antiguidade. Não poderia um conhecimento mais profundo de línguas e história antigas justificar um retorno à organização primitiva da Igreja? O orgulho nacional levava para a mesma direção. Na época, muitos, mesmo entre os mais instruídos, não mediram a profundidade da mudança; quando o fizeram, era tarde demais. O abade de Woburn e o bispo de Londres, John Stokesley, expressariam seus arrependimentos por não terem seguido o exemplo de More e Fisher; e Bonner confessaria: "O medo nos forçava a nos submeter, pois de outra forma haveria apenas uma solução".

Ao lado dessas submissões passivas, deve-se levar em conta também a cumplicidade ativa da classe média, o mais forte apoio do rei. Tanto na burguesia como entre os *yeomen* do campo, os pequenos senhores, surgia uma marcada simpatia pelas ideias da Reforma. Esses círculos, que mais tarde deram origem aos puritanos, aspiravam a uma religião purificada e internalizada, liberta da supervisão pouco iluminada do clero. Qualquer coisa que parecesse tender para a direção do luteranismo tinha sua aprovação.

Se as coisas correram assim tão facilmente, foi também por causa da fraqueza das reações romanas. Clemente VII nunca acreditou que o rei estivesse considerando uma ruptura definitiva, e se contentou com manobras, hesitações e meias-medidas, que apenas encorajaram Henrique. O clero inglês, tão maltratado pelo soberano, nunca recebeu o apoio que poderia esperar do papa. O núncio, Antonio de Pulleo del Burgo, era um incapaz; desde a queda de Wolsey, não havia nenhum intermediário de qualidade entre Roma e Londres. Além disso, em defesa do fraco Clemente, ao mesmo tempo o Sacro Império trazia problemas ainda mais graves para o papado. Sem dúvida, o soberano pontífice não poderia se dar ao luxo de perder a aliança de um rei da Inglaterra, por mais recalcitrante que ele fosse. Daí os atrasos na sentença de excomunhão; daí também a ausência de uma sentença, ainda que em 24 de março de 1534, após seis meses de discussões, sob a pressão contraditória dos franceses e dos imperiais, o Consistório tenha finalmente decidido a questão do divórcio a favor de Catarina, cuja união com o rei foi declarada válida. De toda forma, a decisão não podia mudar nada; já fazia um ano que Ana Bolena era rainha. Até sua morte, ocorrida em 25 de setembro de 1534, o papa esperava a reconciliação com Henrique VIII.

A morte de Clemente VII ofereceu uma nova oportunidade para colocar um homem favorável no trono de Pedro, não para desafiar a supremacia – era tarde demais para isso –, mas para tentar chegar a um acordo amigável, se possível. Desde a morte de Wolsey, não havia mais um candidato inglês apresentável, mas, a rigor, podiam-se aceitar alguns italianos de mente aberta. Assim, após apenas dois dias de conclave, foi eleito um homem que convinha a Henrique: Alexander Farnese, 66 anos, culto e amante da arte, cardeal desde os 25 anos, pai de vários bastardos, quatro dos quais legitimados, e fervoroso apoiador de cruzadas. Ele praticou o nepotismo em grande escala, conferindo a púrpura a três de seus sobrinhos menores de 18 anos, e fazendo de seu filho mais velho, Pier Luigi, um homem pouco recomendável, um gonfaloneiro da Igreja. Isso não impediu que Paulo III – o nome que ele adotou – convocasse o Concílio de Trento para realizar a tão esperada reforma da Igreja.

Henrique pensava que o novo papa estaria mais aberto à discussão. No início de 1535, ele escrevia, sobre a questão do divórcio, "percebemos por cartas de lá [Roma] que, segundo homens bem informados, o papa teria a mesma opinião que nós, e que também haveria uma disposição semelhante do próprio bispo de Roma". Mesmo antes de ser eleito, o cardeal Farnese já se havia mostrado favorável à causa do rei, e em outubro de 1534 havia perguntado a Casale o que poderia fazer para agradar a seu querido filho Henrique.

Em junho de 1535, ele parecia disposto a reabrir o processo de divórcio, diante de um tribunal mais favorável.

Essas boas intenções não devem iludir. Mesmo que tivessem resultado na invalidação do casamento com Catarina, agora o essencial não estava mais presente: Henrique havia afirmado sua supremacia sobre o clero da Inglaterra, e nada no mundo o faria voltar atrás nessa decisão, que nenhum papa, nem mesmo Paulo III, poderia aceitar. A execução de Fisher e More, que ampliará a distância entre o rei e o papa, não foi, portanto, responsável pela ruptura.

Isto nos leva à última razão do sucesso da reforma henriquista: a atitude da hierarquia da Igreja da Inglaterra. Seria errado acreditar que o clero inglês se submeteu sem lutar. De fato, até 1533, a forte oposição das duas câmaras da Convocação forçou o rei a temporizar. Muitos clérigos assinaram o protesto de 1531, que repudiava antecipadamente qualquer coisa que eles pudessem ser obrigados a fazer contra sua consciência no futuro. Um pequeno grupo de bispos se mostrava particularmente ardente ao defender os direitos da Igreja: o arcebispo Warham, em seus últimos meses, Fisher, Clerck, Tunstall, Nix, Standish, respectivamente bispos de Rochester, Bath e Wells, Durham, Norwich e Saint-Asaph. Mas seu isolamento os tornava impotentes. A falta de apoio popular, de franca aprovação por parte de Roma, e a tibieza de muitos de seus confrades, fizeram que constituíssem pouco perigo diante de uma administração determinada. A morte de Warham e sua substituição por Cranmer os deixou sem um líder, e o rei pôde forçá-los individualmente à submissão pela intimidação: Richard Nix foi ameaçado com uma acusação de *praemunire* e uma multa de 10 mil libras por ter notificado o prefeito de Thetford diante de sua corte, uma ofensa benigna que, sob a lei existente, era punível com apenas 6 *shillings* e 8 *pence*. Nix, velho e cego, capitulou. Tunstall era amigo do rei, por isso este mostra alguma paciência com ele, e se dá ao trabalho de explicar seus intentos em longas cartas. Mas, no início de 1534, o bispo de Durham foi convocado a Londres e intimado a escolher; enquanto isso, suas residências foram saqueadas em busca de eventuais provas de traição. Tunstall se submeteu.

Apenas um bispo permaneceu firme até o final, John Fisher, de Rochester. Desde o início da questão do divórcio, ele sempre se opôs ao rei, tanto em seus escritos, quanto em seus sermões. Várias tentativas haviam sido feitas para silenciá-lo, por meio de advertências, duas acusações de traição, duas tentativas de assassinato, prisão, tendo por único efeito torná-lo cada vez mais ousado, chegando até mesmo a lançar um apelo secreto ao imperador, em 1533, para que efetuasse uma intervenção militar. Em abril de 1534 ele foi convocado ao palácio de Lambeth para prestar juramento de manter o Ato de Sucessão, que fazia de Maria, filha de Catarina, uma filha ilegítima, e de Elisabeth, filha de Ana Bolena, a herdeira do reino. Previsivelmente, ele recusou, e assim foi enviado para a Torre.

Lá já estava Thomas More, vítima do mesmo procedimento alguns dias antes: em 23 de março, ainda em Lambeth, ele havia se recusado a fazer o juramento na forma a ele apresentada. Henrique se via na posição clássica do déspota, forçado a prender celebridades do mundo espiritual e intelectual, devido à sua oposição. Ambos os homens eram conhecidos em toda a Europa; Thomas More, ex-chanceler, amigo dos maiores humanistas, continuava a escrever na prisão: o *Diálogo de consolação* e o *Tratado sobre a paixão* estão entre suas melhores obras, cheias de doçura e firmeza, defendendo a liberdade de consciência, que ele mesmo havia rejeitado na *Utopia*. Sua oposição ao rei nunca foi muito firme; sem condenar, ele se recusava a aprovar, tendo, em termos intelectuais, uma visão mais complexa das coisas, experimentando dúvidas e remorsos. Agora que seu destino estava selado, que não havia mais escolha a ser feita, ele encontrava a serenidade. Seus companheiros humanistas europeus o abandonaram à sua sorte; a solidariedade da comunidade literária ainda não era uma realidade.

John Fisher recebeu pelo menos um sinal de estima do papa: em maio de 1535, Paulo III fez dele um cardeal. Henrique agora tinha um membro da cúria em suas prisões. Essa humilhação desencadeou sua cólera e precipitou o destino dos prisioneiros. O arcebispo Cranmer teria desejado salvá-los, e defendeu esses casos, pedindo ao rei que os isentasse do juramento de supremacia. Segundo a legislação anterior, eles eram culpados apenas de traição menor (*misprison of treason*), o que os tornava passíveis de simples prisão por tempo indeterminado, à decisão do rei. Mas o Ato de Traição aprovado no final de 1534 punia com a morte a recusa "ruim" (*malicious*) de reconhecer o título de Chefe Supremo do rei. More e Fisher se defenderam, dizendo que como não havia "malícia" em sua recusa, eles não podiam ser enquadrados nessa lei. Henrique não estava disposto a escutar tais sutilezas. Uma comissão especial decidiu que o termo *malicious* era irrelevante. A sentença de morte foi proferida. Em Tower Hill, fora da Torre, o cardeal John Fisher foi decapitado em 22 de junho de 1535, e o ex-chanceler Thomas More, em 6 de julho.

O aviso era claro: o rei não toleraria qualquer contestação ao seu título de Chefe Supremo da Igreja da Inglaterra por ninguém, por mais alto que estivesse. O déspota se tornava sanguinário. Dois meses antes, cinco clérigos haviam sofrido a mesma punição, pelo mesmo motivo; três cartuxos foram acrescentados à lista no final de junho. Cerca de 45 execuções foram devidas à aplicação do Ato de Traição: desgastes mínimos para a implementação de uma reforma religiosa. Todas as comparações possíveis foram feitas com o registro da Inquisição, das guerras de religião na França e das batalhas entre o imperador e a Liga de Smalkalde. O resultado é que, em termos do número de vítimas, o despotismo religioso do Tudor foi relativamente benigno. Além do ridículo dessa aritmética das execuções, o fato é que, no início do verão de 1535, Henrique VIII havia dado mais um passo na afirmação de seu desejo de poder: o esmagamento impiedoso e indiscriminado dos oponentes.

Impor a supremacia religiosa do rei inglês na Irlanda foi um assunto mais delicado, como se pode imaginar. Somente a parte oriental da ilha era concernida, o English Pale, nos arredores de Dublin, onde a presença inglesa estava suficientemente estabelecida para impor as decisões de Londres. Mas, mesmo nessa região, onde a situação estava confusa havia séculos, o equilíbrio era precário e frequentemente rompido. Por falta de meios, o governo inglês se via reduzido a jogar com as rivalidades ancestrais das grandes famílias irlandesas, dando apoio a algumas delas, em troca de sua colaboração contra seus inimigos. O deputado do rei, seja inglês ou irlandês, estava sempre à mercê de uma reconciliação temporária dos adversários, que então seriam capazes de lançar ao mar as magras forças inglesas, que mal ultrapassavam trezentos homens.

Henrique VIII nunca se interessou muito pela Irlanda. Ele se contentava em mudar seu representante, quando este se tornava ineficaz, mas nunca lhe deu os meios para implementar suas políticas. O poder, a princípio investido no chefe da família Butler, passou para o de Fitzgerald, conde de Kildare, que o usou principalmente para acertar suas contas com os Butler, enquanto Carlos V fazia intrigas para incitar todos à revolta. O conde de Kildare foi feito refém de 1526 a 1529 em Londres, reconquistou seu cargo de lorde tenente em 1532, e foi preso na Torre em 1533. Seu filho mais velho, lorde Thomas, tomou então o poder, e em 1º de junho de 1534 rejeitou a vassalagem à Inglaterra, pedindo ajuda ao papa e a Carlos V; Dublin, sitiada, era a última posição inglesa. Teve que ser reconquistada, contando com a ajuda dos Butler. Isto foi feito na primavera de 1535. Lorde Thomas, que havia se tornado conde de Kildare pela morte de seu pai na Torre, entregou-se a *sir* Leonard Grey, que era um parente seu e lhe prometeu salvar a vida. No entanto, ele foi executado, junto com cinco de seus tios, em Tyburn, em 3 de fevereiro de 1537.

Leonard Grey, que havia se tornado o deputado do rei, teve a difícil tarefa de fazer que os irlandeses aceitassem a reforma religiosa. Ele reuniu um parlamento e, usando uma combinação de força e negociação, forçou-o, a duras penas, a aceitar as leis de supremacia inglesa. Para isso, teve de se mostrar tão conciliante com os Fitzgerald que desagradou aos Butler, e sua complacência para com os irlandeses foi considerada tão excessiva que ele foi enviado à Torre em 1540 e executado por alta traição em junho de 1541. Seu sucessor, *sir* Anthony Saint Léger, pacificou temporariamente os ânimos, usando suborno: distribuições de terras monásticas e títulos de pares destacaram os principais nobres da causa papal por algum tempo; Henrique VIII foi até mesmo proclamado rei da Irlanda por um estatuto do Parlamento Irlandês, no verão de 1541. Mas as submissões eram apenas superficiais; assim que não coincidiam mais com os interesses familiares, eram rejeitadas. Em 1544-1545, as primeiras missões jesuítas apareceram e logo lembraram os irlandeses de seus deveres. Henrique VIII legou a seus sucessores uma situação explosiva na Ilha dos Santos.

Em meados de 1535, a reforma henriquista já estava a caminho do triunfo. A oposição na Inglaterra estava reduzida a pouca coisa. Os parcos protestos, feitos pelo Parlamento em 1531 e 1532, foram esquecidos. A nova ordem de sucessão da monarquia estava estabelecida; a autoridade do papa, totalmente rejeitada; a supremacia religiosa do rei, reconhecida; os raros adversários, executados; a Irlanda, reconquistada. Tudo isso foi conseguido com um mínimo de danos diplomáticos. A excomunhão ainda não é oficial; o rei da França está favorável; o imperador não pode se dar ao luxo de se separar; o rei da Escócia, Jaime V, sobrinho de Henrique VIII, havia assinado a paz em maio de 1534, e o Tudor se esforça para atraí-lo, mostrando-lhe a riqueza das terras monásticas.

O movimento ainda não se encontra completo. O principal está feito, que é a reforma doutrinária e disciplinar, que faz da "religião inglesa" a propriedade do rei: um compromisso completamente original, bastante heterogêneo e ainda mal definido entre o catolicismo e o luteranismo. Mas a relativa facilidade desse sucesso levará Henrique e Cromwell a ir mais longe, apoderando-se da riqueza do clero regular.

QUARTA PARTE

O DÉSPOTA E SEU REINO
(1540-1547)

– XI –

A PRIMEIRA QUEDA DOS MONASTÉRIOS E AS RESISTÊNCIAS À POLÍTICA REAL (1535-1539)

O clero regular do reino não tinha aparecido até então, como se estivesse tentando ser esquecido. Foi em 1535, de fato, que Cromwell lhe dirigiu um inquietante olhar de cobiça. O vigário-geral, como é chamado agora o antigo aventureiro, está preocupado com a situação financeira. Os recursos são escassos: a França não paga mais suas pensões; as receitas alfandegárias sobre a exportação de lã estão rendendo cada vez menos; o Parlamento está mais disposto a votar as leis de reforma religiosa do que os impostos. Embora não haja guerra, não faltam despesas extraordinárias: fortificações de Dover e Calais; 38 mil libras para reconquistar a Irlanda em 1534; 25 mil libras pelos trabalhos na fronteira escocesa em 1533; em breve, a Peregrinação da Graça custará 50 mil libras, e a paz europeia provavelmente não será eterna. Um aumento dos recursos seria, portanto, bem-vindo para encher os cofres reais e atender a todas as eventualidades.

OS MOSTEIROS SEGUNDO A INVESTIGAÇÃO DE 1535

Os bens da Igreja eram uma presa perfeita para tal fim. Como o clero agora era do rei, foi apenas um pequeno passo para concluir que seus bens estavam à disposição do soberano. Henrique parece ter pensado nisso já em março de 1533, quando declarou a Chapuys que queria "reunir à coroa os bens que os eclesiásticos detinham dela, o que seus antecessores não haviam podido fazer, em seu detrimento, e que era obrigado a fazê-lo agora pelo juramento que havia feito em sua coroação". A alusão era profética, mas seu significado começou a ser compreendido quando, em 1534, foi aprovado o Ato dos Primeiros Frutos e do Décimo: a cada ano, os portadores de benefícios teriam que pagar um décimo de sua renda ao rei, e a de um ano inteiro quando tomassem posse do domínio. Um projeto fixava a renda de cada diocese em mil marcos por ano, e em 2 mil marcos e mil libras a dos dois arcebispados, o que correspondia a uma redução significativa; a totalidade dos bens dos arquidiaconados, metade dos bens das igrejas colegiadas e das catedrais, seria confiscada. A ideia de uma secularização geral dos bens da Igreja estava no ar.

No final de 1534, foi decidida a realização de uma grande pesquisa exaustiva, no espírito do *Domesday Book*, destinada a fazer um balanço da riqueza do clero, secular e regular. Comissários temerosamente eficientes, devidamente estimulados por Cromwell, se lançaram sobre catedrais, cantarias, decanatos, igrejas paroquiais, conventos, mosteiros e abadias, avaliando edifícios, prataria, ourivesaria, terras, rebanhos, colheitas, móveis e vestiários, descrevendo meticulosamente e alinhando as cifras... A operação prefigura, em seus métodos, brutalidade e malevolência, os inventários franceses de 1906. Cromwell assina as comissões em 30 de janeiro de 1535; os comissários, presididos em cada condado pelo bispo, tinham até 30 de maio para apresentar seus relatórios, ou seja, quatro meses para fazer uma lista detalhada, que chegava até a menor faca, dos bens e do valor dos benefícios, deduzindo os encargos que pesavam sobre eles. O trabalho só foi realmente concluído em setembro. Este constituiu um feito e tanto, dadas as dificuldades encontradas e a natureza colossal do empreendimento. Os resultados constituem o *Valor ecclesiasticus*, uma fonte inestimável de informações sobre a situação material da Igreja da Inglaterra naquela época. Algumas das lacunas podem ser preenchidas pelo *Liber valorum*, que é menos preciso, mas foi compilado pouco antes, para avaliar a renda dos benefícios, com o objetivo de arrecadar um décimo dela.

Essas investigações foram um mau presságio para o clero, cujos bens estavam claramente sob ameaça. Já havia meio século, confiscações e secularizações ocasionais haviam sido realizadas, por diferentes autoridades, e geralmente para a fundação de escolas: em 1497, o bispo de Ely suprimia o mosteiro de Sainte-Radegonde, em Cambridge, e financiava o Jesus College com suas receitas; John Fisher havia fechado dois conventos femininos, devido à má conduta das religiosas, para fundar o Saint John College; em 1518, Wolsey, que havia sido autorizado pelo papa para reformar os mosteiros, suprimiu 21 deles, cuja renda foi usada para fundar seus colégios em Ipswich e Oxford; em 1532, o rei ordenou o fechamento da casa dos cônegos agostinianos de Christchurch, em Aldgate; em 1534, as sete casas dos frades da Observância foram confiscadas. Falava-se cada vez mais de um plano de secularização geral, do qual Cromwell era o mais forte defensor.

De fato, o vigário-geral considerou o novo imposto sobre os bens da Igreja muito inadequado: cerca de 30 mil libras por ano para o décimo, e 17 mil libras para os primeiros frutos; no entanto, isto representou um aumento de quase 50% na receita real, que havia então caído para 100 mil libras. Mas Cromwell vivia com medo de uma retomada da guerra, o que exigiria somas muito maiores. Além disso, a distribuição e venda de terras da Igreja à nobreza e à burguesia teria a vantagem de vincular firmemente essas classes à causa da reforma religiosa; seu interesse as levaria a lutar contra qualquer volta ao passado.

A ameaça era, portanto, óbvia; a única incerteza era a extensão do confisco: afetaria o conjunto de todos os bens ou somente as posses do clero regular? Se Cromwell ainda hesitava sobre esse ponto, a forma como conduziu o inquérito de 1535 revela que o princípio já havia sido estabelecido: os comissários, além do valor dos benefícios e das casas religiosas, deveriam procurar por abusos, escândalos e casos de má conduta; quase todos eles homens da lei, deveriam investigar tanto os aspectos morais quanto os financeiros, a fim de montar um dossiê condenatório que tornasse possível justificar o confisco futuro. Muitas vezes homens notáveis – como os doutores London, Bedyll, Tregonwell, John Ap Rice – procediam com celeridade e competência, mas muitas vezes também com malevolência. Visitando a grande abadia de Bury St. Edmunds, em Suffolk, Ap Rice e o doutor Leigh, ao não encontrar nada de imoral para reprovar nos monges, simplesmente concluíram que devia ter havido uma conspiração de silêncio antes de sua chegada. O doutor Thomas Leigh torna-se notório por sua arrogância, "atitude despótica" e autoritária, e visão estreita; ao mesmo tempo, é suspeito de ter recebido subornos em troca de indulgências. O doutor Richard Layton, que foi muito eficaz na caça aos abusos, gabou-se de que ele e seu colega estavam tão familiarizados com as casas religiosas do norte que, disse ele, "nem uma única velhacaria pode nos escapar nessa região".

Os resultados da investigação nos permitem apreciar a situação do clero regular inglês em 1535. Como em outros lugares da Europa, havia muito ele havia perdido seu impulso inicial, e durante séculos os monges foram objeto de zombarias, de ciúmes e de ódios, dos quais há na literatura muitos traços, como nos *Canterbury Tales*, de Chaucer. Entretanto, o conjunto permaneceu imponente: 563 casas religiosas, contendo 7 mil monges, 2 mil freiras e 35 mil laicos ou irmãos leigos. O declínio nas vocações é óbvio, mas não deve ser exagerado. Desde 1400, apenas oito novos mosteiros haviam sido criados, e para preencher esses vastos estabelecimentos, muitos recrutas medíocres, sem vocação, foram aceitos, filhos de famílias pobres, nobres ou camponesas, que encontravam no convento a segurança do emprego e da alimentação, e filhas de famílias grandes, para as quais era difícil encontrar casamento. As magras comunidades só ocupavam uma parte das gigantescas construções medievais que outrora formigavam de religiosos; na grande abadia cisterciense de Rievaulx, no Yorkshire – onde no século XII, na época de São Ailred, viviam 140 monges e 500 irmãos leigos –, subsistiam 22 monges, sob a direção do abade Richard Blyton. Nas casas vizinhas, os números eram comparáveis: 20 agostinianos no priorado de Kirkham, 25 cistercienses na abadia de Byland; os beneditinos no mosteiro gigante de Bury St. Edmunds eram 45, sendo que no passado haviam sido mais de 200.

As ruínas imponentes desses mosteiros ainda nos permitem apreciar o poder e a riqueza dessas casas nos séculos XII e XIII, e imaginar como eram desproporcionais o tamanho dos edifícios e das comunidades que eles abrigavam em 1535. Os 22 cistercienses de Rievaulx perambulavam por um edifício de 10 mil metros quadrados, realizavam cultos em sua igreja de 100 metros de comprimento e tomavam suas refeições em um refeitório de mais de 30 metros de comprimento; Bury St. Edmunds poderia ser comparada a Cluny em seu esplendor: um muro de um quilômetro e meio, uma igreja de 154 metros, maior que qualquer catedral, o palácio e os jardins do abade, e uma multidão de construções que a tornavam uma verdadeira cidade. Talvez ainda mais extraordinária seja a abadia cisterciense de Fountains, no Yorkshire, hoje a mais impressionante massa de ruínas monásticas da cristandade, dominada pela torre de 60 metros da igreja, e contendo um extraordinário celeiro ou refeitório para os irmãos leigos, medindo 1.100 metros quadrados. Globalmente, pode-se estimar que, entre 1200 e 1500, o número de monges na Inglaterra caiu de 15 mil para 7 mil.

A riqueza dessas pequenas comunidades era ainda mais marcante. O tamanho do terreno é difícil de estimar, pois a maior parte das terras foi arrendada e subarrendada; as estimativas variam de um sexto a um terço da superfície do reino, o que, em todo caso, é considerável. A conduta dos monges para com seus arrendatários não diferia muito daquela dos proprietários laicos: apesar de prontos para receber os aluguéis e as receitas, e para despejar inquilinos, eles parecem ter sido menos rápidos na conversão de suas terras de cultivo para a finalidade de pasto, ao contrário do que Thomas More lhes reprovava. O rumor popular, que pode ser encontrado em muitos panfletos, os acusava de serem senhores impiedosos: "Como as abadias são pagas?", perguntava um desses folhetos de 1527. "Elas inventaram um novo caminho. Dão uma dúzia de fazendas para que sejam subalugadas para os inquilinos de uma só, e que são um ou dois ricos proprietários livres, que ficam com todo o lucro, usando os braços de dúzias de homens. Quando uma fazenda era avaliada em 20 libras, eles não a alugariam por menos de 30." A maioria das propriedades monásticas eram exploradas por laicos, e seus laços com a nobreza local eram muito estreitos: enquanto as abadias às vezes serviam como bancos para a *gentry*, os nobres eram empregados pelo abade como agentes, protetores, homens da lei, administradores, intendentes. Os senhores locais controlavam parcialmente a riqueza monástica. A secularização quase sempre deixará no lugar essa rede laica que já serviu de intermediária entre os monges e a população.

As receitas dessas casas religiosas haviam diminuído muito, como resultado da má administração, de gastos abusivos com edifícios, alienações de bens e usurpações da nobreza e da coroa. Após a dedução das despesas, a renda anual total é estimada em 300 mil libras, mas esse valor, naturalmente, cobre situações muito desiguais. Em Essex, de 45 comunidades de origem medieval, cinco haviam desaparecido até 1500; o priorado de Bicknacre fora fechado em 1507 por causa de sua pobreza; o priorado de Latton havia sido abandonado em 1534; Wolsey tinha dissolvido seis outras, e, das sobreviventes, apenas sete grandes casas tinham renda superior a 200 libras, incluindo a importante abadia de Waltham; o pequeno priorado de Prittlewell totalizava apenas 156 libras. Mesmo os grandes mosteiros de Yorkshire tinham perdido sua opulência. De acordo com a investigação de 1535, se os rendimentos dos capelães agostinianos em Gisborough ainda se elevavam a 628 libras de renda, os dos beneditinos em Whitby eram de apenas 437 libras, os de Riebery 351 libras, os dos cartuxos do Mount Grace 323 libras, os dos cistercienses de Byland 295 libras, os dos agostinianos de Kirham 269 libras. Fountains mantinha um rebanho de 2.350 bovinos e 1.326 ovelhas, números muito inferiores aos do século XIII. Em Bury St. Edmunds, a renda bruta ainda era de 2.336 libras, 16 *shillings* e 11 *pence*, mas, depois de deduzidas as despesas, era de apenas 1.656 libras, 7 *shillings* e 3,5 *pence*. Grande parte da riqueza foi acumulada na forma de baixelas sagradas de ouro e prata. Apenas em 1538, os agentes do rei levaram-nas de Bury, por um valor de 5 mil marcos, sem contar ainda as cruzes ornadas com pedras preciosas.

O papel social das abadias continuava importante. Fidalgos rurais idosos e viúvas ricas ali vinham passar sua aposentadoria na piedade, em troca de uma renda confortável. Os viajantes nelas encontravam hospedagem e alimentação, na medida em que algumas casas, especialmente no norte, se tornavam verdadeiras pousadas. Elas empregavam um grande número de criados, provavelmente mais de 10 mil no total; não apreciados por sua falta de modos, esses criados, descritos por um panfleto como "vadios grosseirões de abadias, imprestáveis, exceto para comer e beber", encontravam nelas um emprego estável e, no geral, não muito cansativo. Por fim, os mosteiros mantinham um grande número de mendigos, com distribuições regulares de alimentos e esmolas. Distinguiam-se duas categorias de beneficiários: por um lado, os pobres transitórios, uma massa irregular que recebe assistência ocasional, e, por outro, um número fixo de pobres habituais, mantidos regularmente. Distribuições excepcionais eram feitas em dias de festas. Em Bury St. Edmunds, a assistência representava 400 libras de despesas por ano, ou entre 15% e 20% da renda bruta, mas, para os mosteiros como um todo, a caridade não representava mais do que 5% da renda. O resultado líquido dessas distribuições institucionais foi, como de costume, perpetuar a pobreza, em vez de solucioná-la.

Se o papel econômico e social dos mosteiros era contestado, seu papel cultural havia se tornado inexistente. As escolas agora mantinham apenas um pequeno número de noviços. A cópia dos manuscritos foi tornada obsoleta pela imprensa gráfica. O nível de educação dos monges era medíocre, e pouquíssimos haviam frequentado a universidade. A literatura tinha definitivamente deixado os conventos; estudiosos e humanistas eram laicos ou secularistas. Restava a função que era a razão de ser dos monges: a oração e a celebração do culto divino. No geral, a regra foi respeitada, especialmente nas casas mais importantes, mas o zelo dos primeiros tempos tinha desaparecido havia muito tempo: se a moral não era tão depravada como às vezes tem sido afirmado, a investigação, no entanto, relata uma vasta colheita de casos de indisciplina, negligência, simonia e desrespeito à castidade. Os comissários podem ter pintado um quadro sombrio, mas outras fontes confirmam que o nível geral era mesmo medíocre.

DISSOLUÇÃO DE MOSTEIROS DE MENOS DE 200 LIBRAS (1536)

Em setembro de 1535, Henrique VIII e Cromwell estavam de posse dos resultados da investigação, o que lhes forneceu a situação precisa do clero regular no reino. No entanto, a dissolução dos mosteiros será realizada de forma prudente e gradual, por razões práticas. Em março de 1536, um projeto de lei foi apresentado ao Parlamento, prevendo a supressão das casas religiosas com uma renda anual inferior a 200 libras. Sua propriedade, transferida para a coroa, deveria ser "convertida para melhores usos". Os "grandes e solenes mosteiros, nos quais, graças a Deus, a religião é bem guardada e observada", foram poupados. O pretexto para o ataque foi, portanto, um laxismo moral; mas será que uma renda de mais de 200 libras era uma garantia de virtude? Ninguém se enganava. Tratava-se de uma medida fiscal, e se começava com os pequenos por razões de conveniência. O projeto foi adotado sem dificuldade. A má reputação dos monges, a satisfação de ver os cofres reais cheios sem ter que pagar impostos, e a esperança de se beneficiar da venda de terras e doações, explicam a mobilização dos laicos. Algumas vantagens concedidas aos bispos e aos grandes abades superaram facilmente seus escrúpulos.

Um total de 399 mosteiros iria desaparecer. A lei foi imediatamente aplicada, mas sem brutalidades desnecessárias, e os incidentes foram raros. Os abades e priores receberam pensões confortáveis para garantir sua velhice. Thomas de Norwich, prior de Prittelwell em Essex, recebeu uma anuidade de 20 libras. Monges que desejavam fazê-lo se juntaram aos mosteiros maiores; outros foram integrados ao clero secular. Uma Corte dos Aumentos de Rendimentos da Coroa realizou um novo inventário das propriedades, que produziu melhores resultados do que a comissão de 1535, permitindo o máximo lucro com a venda dessas propriedades. Em abril, o pessoal do rei chegou aos mosteiros dissolvidos, apreendeu o metal precioso e os ornamentos; os sinos foram colocados de lado para serem vendidos; o chumbo dos telhados foi fundido; todos os objetos de valor foram tirados: em breve os edifícios não passavam de carcaças vazias. A venda de colheitas e gado para pagar as dívidas dos monges foi então realizada; a venda de terras, geralmente adquiridas pelos homens do rei ou por agricultores que já as cultivavam, também foi realizada. Algumas propriedades, especialmente no início, foram adquiridas em condições muito favoráveis, mas logo os administradores reais exigiram somas maiores, e as doações foram poucas: apenas um quadragésimo das vendas. Em Prittelwell, Thomas Audley comprou os prédios do priorado por 400 libras. No total, nos dois anos e meio, até o dia de São Miguel de 1538, o rei vendeu 30 mil libras em terras e 7 mil libras em bens móveis; também recebeu 27 mil em anuidades sobre as terras ainda não vendidas. O ganho, por mais apreciável que fosse, permaneceu relativamente modesto. Esperava-se muito mais da venda dos grandes mosteiros.

EXECUÇÃO DE ANA BOLENA E NOVO CASAMENTO COM JANE SEYMOUR (1536)

A dissolução dos grandes mosteiros foi, entretanto, atrasada pelos acontecimentos de 1536-1538. A situação matrimonial de Henrique se complicava mais uma vez. O ano de 1536 foi turbulento a esse respeito. Tudo tinha começado bem: em janeiro, a infeliz Catarina de Aragão morreu em Kimbolton, consumida pelo câncer. Ela tinha 50 anos de idade. Ao ouvir a notícia, o rei exultou, mostrando uma alegria feroz; ordenou festividades, um banquete, um baile, uma missa e um torneio. Essa mulher odiada, que frustrou todos os seus planos, nunca havia cedido às suas perseguições, a mais cruel das quais foi sem dúvida a proibição, cinco anos antes, de ver sua filha Maria. Ele não a havia poupado nem de insultos, nem de solidão. Finalmente, a morte removeu esse espinho de seu pé, liberando-o dessa cruz. Raramente o rei Henrique apareceu sob uma luz mais odiosa. Como sempre, só ele contava e, finalmente, estava livre. Tudo se tornava possível novamente.

Em relação a Roma, sua situação havia mudado. Paulo III, é verdade, ainda não havia cometido nada irreparável. Em agosto de 1535, após a execução de Fisher e More, ele havia preparado uma segunda bula de excomunhão, e outra liberando os ingleses de toda a lealdade a Henrique, cujo trono se tornava vago. Mas os documentos ainda não haviam sido enviados, pois o papa precisava do apoio ativo das potências europeias para que a sentença fosse aplicada. Carlos V estava na Tunísia, caçando corsários muçulmanos, e não tinha interesse em brigar com o rei da Inglaterra. Francisco I, por sua vez, não tinha a menor intenção de liderar uma cruzada contra seu aliado na época. Então, estava-se em um jogo de espera. Com a morte de Catarina, metade do problema desaparecia: a questão do divórcio não se colocava mais. Em abril de 1536, ele enviava uma embaixada ao imperador, que havia acabado de voltar da África, com o objetivo de renovar sua amizade passada. Carlos acolheu muito bem esse avanço.

Se Catarina havia desaparecido, Ana ainda estava lá. O rei estava, portanto, vivendo em concubinato aos olhos da Igreja. O escândalo, no entanto, estava para terminar em breve. Em 29 de janeiro de 1536, Ana Bolena abortou um menino aos três meses e meio da gravidez. Até agora ela só tinha produzido uma filha, a pequena Elizabeth, e, depois desse segundo fracasso, tornou-se provável que também falhasse naquela que é a missão essencial de uma rainha: dar herdeiros ao rei. É claro que não era tarde demais para tentar novamente: Ana mal tinha feito 30 anos e estava em boa saúde. Mas o rei agora tinha um vago sentimento de que a legalidade duvidosa de seu casamento impediria, por alguma punição imanente, que este desse frutos. Além disso, o próprio Henrique estava tendo alertas de saúde mais frequentes.

Certamente a constituição do rei era robusta, mas ele não estava imune a acidentes, especialmente por causa da prática de esportes violentos. Em março de 1524, ele quase foi morto pelo duque de Suffolk numa disputa, exatamente da mesma forma que Henrique II da França: tendo simplesmente esquecido de baixar a viseira de seu capacete, foi atingido pela lança de seu oponente, que se quebrou, e ele recebeu várias lascas no rosto. Os espectadores horrorizados tinham visto o golpe chegar, mas ele escapou sem grandes danos, deu uma boa risada e enfrentou mais seis adversários. Em 1525, enquanto caçava com um falcão, ele tentou saltar de vara sobre uma vala; a vara quebrou, e Henrique caiu de cabeça na lama espessa, onde teria sufocado, não fosse o rápido socorro prestado por um de seus valetes. Em 21 de janeiro de 1536, oito dias antes do aborto de Ana, Henrique sofreu um grave acidente em Greenwich. Agora um homem gordo de 42 anos, que havia perdido a flexibilidade, caiu de seu cavalo durante uma justa, e sua montaria, totalmente protegida por armaduras, caiu sobre ele. Preso em sua própria armadura pesada, ele ficou inanimado por duas horas. Alguns contemporâneos, seguidos por historiadores modernos, pensaram que o acidente tinha causado danos cerebrais, mas não se notou nenhuma diferença fundamental em seu comportamento nos anos seguintes. No entanto, fortemente chocado, Henrique colocou um fim às suas atividades esportivas. É certo que esse acidente, no qual quase morreu, seguido pelo aborto da rainha, o fez refletir sobre o futuro da dinastia, que ainda repousava sobre os ombros de uma menininha de 2 anos e meio, e de legitimidade contestada.

É possível que os dois eventos estivessem ligados: Ana Bolena explicou seu aborto pelo choque da notícia da queda do rei. Este último também sofria de uma ulceração dolorosa na perna desde 1528, agravada pelo tratamento inadequado infligido por seus médicos. Periodicamente, suas veias adoecidas, cheias de varizes, causavam-lhe dores excruciantes, deteriorando ainda mais seu caráter horrível. Recentemente, *sir* Arthur MacNalty sugeriu que a origem da dor na perna do rei poderia residir numa infecção crônica do osso da coxa, danificado durante um torneio, causando osteomielite, com descarga periódica de pus e de fragmentos de osso. Henrique suportará esse mal até sua morte, assim como dores de cabeça frequentes e uma doença brônquica que o obrigava a cuspir continuamente. A partir dos 40 anos, o físico do rei tornou-se cada vez mais repugnante, e os tecidos suntuosos ocultavam a gordura e as enfermidades.

No final de janeiro, Henrique se convence da urgência de um novo casamento que finalmente lhe traria um filho de legitimidade indiscutível. Nas festas do Carnaval e durante a Quaresma, se evidencia a desgraça da rainha e da família Bolena, e em abril o rei nomeia uma comissão para encontrar os fundamentos de uma separação: Cromwell, o bispo de Londres, Stokesley, assim como alguns nobres, tentaram primeiro encontrar uma forma de anular o casamento, que tinha sido tão difícil de justificar. Vários motivos de invalidação foram apresentados, em particular o fato de Ana ter sido prometida ao filho do conde de Northumberland antes de se casar com o rei. O argumento não era suficientemente sólido. Assim, voltaram-se para outra direção: se o casamento não pudesse ser anulado, talvez pudesse ser encerrado com a execução da rainha, sob algum pretexto de traição. Ana não era tia de um imperador, portanto, podia ser descartada mais facilmente. Ela sempre foi um dos centros de atração na corte, entregando-se aos jogos corteses e aos flertes desse elegante mundo de ricos ociosos. Ela havia despertado a paixão do poeta Thomas Wyatt; demonstrara uma marcada familiaridade com o músico Mark Smeaton, com o antigo favorito do rei Norris, com o cortesão Francis Weston, dançando com eles com mais frequência do que deveria, trocando suspiros e sorrisos cúmplices, poemas galantes, deixando-se cortejar e buscando seduzir. Alegre, gostando de ser cortejada, de ouvir elogios, provavelmente lhe faltou um pouco de reserva com os homens, brincando com eles como se fossem seu irmão, Thomas Bolena. Ela gostava da companhia desses jovens cortesãos, que certamente eram mais atraentes do que o rei; esses jogos não iam mais longe. Ana não era tão imprudente a ponto de correr o risco de adultério.

Para a comissão, no entanto, as aparências foram mais do que suficientes. Um dossiê das infidelidades da rainha foi elaborado, contendo todas as evidências de seu desprendimento do marido – será que ela não havia zombado uma vez do traje dele? – e toda a fofoca da corte: dizia-se que ela teria tido a intenção de matar o rei e depois se casar com um de seus amantes. No dia 1º de maio, durante as justas, o rei se enfureceu publicamente contra ela, acusando-a de ter seduzido um de seus apaixonados, e imediatamente manda um dos supostos amantes, Henry Norris, para a Torre. No dia seguinte, a própria rainha foi presa. A acusação a considerou culpada de adultério com meia dúzia de cortesãos, incluindo seu próprio irmão, e, através de sutilezas legais, equiparou essas acusações à traição. Ao final, Ana negará sua culpa, assim como seus "amantes", exceto o músico Smeaton, que, torturado um pouco mais do que os outros, fez uma confissão completa. Em 15 de maio, ela compareceu perante um tribunal presidido por seu tio, o duque de Norfolk, na qualidade de *High Steward*. Depois de alguns debates rápidos a portas fechadas, ela foi unanimemente declarada culpada, e decapitada em 19 de maio na Torre, pelo carrasco de Calais, um artista conhecido por sua habilidade na execução.

Ao mesmo tempo, e por mais segurança, uma corte presidida por Cranmer declarava nulo o casamento de Henrique e Ana Bolena, dado que o rei havia sido um dia o amante da irmã mais velha de Ana. Henrique parecia gostar dessas histórias incestuosas: não só tinha acusado a rainha de dormir com seu irmão, o que não era necessário para condená-la, mas agora estava trazendo à tona a velha história do caso com sua cunhada. Além disso, um dos "amantes" da rainha, Henry Norris, estava envolvido com Margaret Shelton, com quem o rei tivera um caso. O próprio rei espalhou essas histórias caluniosas e perturbadoras; ele disse que Ana provavelmente havia dormido com mais de cem homens, e escreveu uma tragédia sobre isso, mostrando-a aos seus próximos.

A nova rainha foi encontrada. Henrique estava flertando com Jane Seymour desde 1534; ele celebrou seu noivado no dia seguinte à execução de Ana, e o casamento aconteceu dez dias depois, privadamente, no York Place, em 30 de maio. Jane, aos 27 anos, era filha de um simples cavaleiro de Wiltshire, mas descendente de Eduardo I. Holbein, é claro, pintou seu retrato: um rosto sério, na falta de não ser muito bonito; uma mulher reservada, de caráter gentil, e não desprovida de inteligência, logo ganhará a simpatia da corte. Ela havia sido dama de honra das duas rainhas anteriores.

Dado que o casamento com Ana foi declarado inválido, o problema da sucessão se apresentava mais agudo do que nunca: enquanto esperava por um possível herdeiro, Henrique se via com três filhos ilegítimos: o duque de Richmond, Maria e Elizabeth. O Ato de Sucessão de 1534 não era mais válido, e somente o Parlamento poderia substituí-lo por uma nova lei. Ora, o Parlamento da reforma tinha acabado de ser dissolvido em 4 de abril. Eleito em 1529, o Parlamento tinha batido o recorde de longevidade e prestado ao rei os serviços que sabemos. Para consternação de Cromwell, novas eleições tiveram que ser realizadas no final de maio. O vigário-geral temia que a nova assembleia não fosse tão bem disposta quanto a anterior, e interveio com sua eficiência habitual para garantir o sucesso dos candidatos favoráveis à causa real.

Seus temores foram em vão: o novo Parlamento foi exemplar em sua docilidade, e aprovou um Ato de Sucessão sob medida, que permitiu ao rei dispor da coroa como achasse conveniente. Os direitos dos eventuais filhos de Jane Seymour foram primeiramente garantidos, mas a lei autorizava Henrique, o texto dizia, "a dar, dispor, atribuir a coroa imperial deste reino, na falta de herdeiros legais de vosso corpo, a tais ou tais pessoas na posse e confiança que agrade a Vossa Grandeza"; se o herdeiro fosse menor, o rei poderia nomear um conselho de regência. Essa lei não poderia ser contestada no futuro. Em caso de sucessão por um menor, outra lei autorizava este último, quando tivesse 24 anos, a revogar as leis feitas durante sua minoridade. Ao deixar o rei livre para escolher um sucessor, o Parlamento resolvia definitivamente, ao que parece, e na direção de um despotismo crescente, o problema da dinastia. Isto exigiria que o rei tivesse tido tempo de fazer sua escolha antes de morrer, o que não era óbvio no caso de um acidente. Isso também significava que Maria, Elizabeth e o duque de Richmond teriam que aceitar sua eliminação. O caso deste último foi resolvido muito rapidamente, pois ele morreu de causas naturais em 28 de julho. O caso de Elizabeth permaneceu em suspenso, e Maria finalmente se submeteu.

Maria Tudor, já com 20 anos de idade, tinha tido uma triste juventude. Não amada por seu pai, que a considerava ilegítima, ela fora separada de sua mãe, a quem nem mesmo lhe foi permitido ver em seus últimos momentos. Humilhada pelos membros da família de Elizabeth, foi mantida sob estreita vigilância e transferida de palácio a palácio, para evitar contato com o povo, entre o qual era muito popular. Mas ela havia herdado o temperamento indomável de sua mãe, e logo se tornou um possível centro de conspiração. Por meio do embaixador espanhol, correspondia-se com o papa e com o imperador, que lhe sugeriram diferentes maridos: o rei da Escócia, o herdeiro de Portugal, o delfim da França, Reginaldo Pole. Ele até pensou, por um momento, em 1535, em fazê-la ser raptada para salvá-la de seu triste destino. Irritado e vagamente preocupado, Henrique forçou a princesa a mudar de residência. Após a morte de sua mãe, ela procurou se aproximar de seu pai, através de Cromwell e da gentil Jane Seymour. Henrique não respondeu a nenhuma de suas cartas e procurou apenas explorar o enfraquecimento de sua filha: ele enviou seus comissários para obter dela uma submissão completa, com reconhecimento de seu título de Chefe Supremo, um juramento de fidelidade e uma confissão de sua própria ilegitimidade. Maria recusou, para grande fúria do rei, que expulsou dois membros do Conselho que eram solidários à princesa e mandou uma de suas amigas, *lady* Hussey, para a Torre. Cromwell começava a lamentar seus esforços de mediação, e agora havia temores pela vida de Maria.

No verão de 1536, no entanto, abatida pela perseguição que sofria, e aconselhada pelo embaixador imperial Chapuys, concordou em assinar um texto infamante: reconhecia que o casamento de sua mãe com o rei era "incestuoso e ilegal", declarava que o rei era o chefe da Igreja da Inglaterra, e negava a autoridade papal. Ao mesmo tempo, ela pedia ao embaixador que obtivesse o perdão do papa por essa falta.

OS DEZ ARTIGOS. IMPOPULARIDADE DE HENRIQUE

Provisoriamente tranquilizado sobre esse ponto, Henrique VIII continuou sua reforma religiosa em 1536. Por um momento, o papa pensou que a reconciliação era possível: a morte de Catarina e a execução de Ana Bolena removiam muitos obstáculos. A excomunhão prometida foi mais uma vez retardada, e o cardeal Campeggio até se preparou para voltar à Inglaterra, como nos bons velhos tempos de seu colega Wolsey; talvez ele pudesse até recuperar sua diocese de Salisbury, confiscada pelo Parlamento. Tudo o que Paulo III queria era o reconhecimento de sua autoridade. A execução de Fisher já estava esquecida, e o menor gesto do rei poderia trazer a reconciliação.

Essa não era a intenção do soberano, que finalmente via as circunstâncias lhe sorrirem e que não tinha a intenção de desistir de sua supremacia. Por enquanto, bastava manter as ilusões do papa, adiar a excomunhão e impedir a reunião do concílio geral, que Paulo III havia finalmente convocado para junho. Henrique queria um concílio, mas um convocado pelos reis e colocado sob sua direção. Um concílio presidido pelo papa nada pressagiava de bom. Felizmente, a retomada do conflito entre Francisco I e Carlos V, durante o verão, lhe deu uma pausa adicional; nada podia ser feito enquanto as duas potências católicas estivessem em guerra.

Henrique, portanto, aproveitou a oportunidade para que o primeiro texto doutrinário da religião henriquista fosse elaborado e aplicado: os Dez Artigos. Em 9 de junho, quando a Convocação se reuniu, entendeu imediatamente que se tramava ainda uma nova perturbação: o doutor William Petre, procurador de Cromwell, presidia as sessões, e às vezes o vigário-geral vinha pessoalmente. A anulação do casamento com Ana Bolena foi ratificada sem nenhum contratempo. Em seguida, o clero inferior apresentou uma lista de 67 erros religiosos, principalmente de tendência protestante, dos quais foram encontrados vestígios no país, e que deveriam ser condenados. Os debates se tornaram acalorados até que, em 11 de julho, Edward Fox apresentou à assembleia uma lista de dez artigos de fé, totalmente endossados pelo rei, com o objetivo de fixar as crenças essenciais. Isto encerrou as discussões. O texto foi aprovado, e assinado por Cromwell, Cranmer, 17 bispos, 40 abades e 50 arcebispos e procuradores de casas religiosas. O conteúdo era característico daquela mistura original de catolicismo e luteranismo que devia marcar a religião anglicana: a transubstanciação, a necessidade de obras para a salvação, as preces para os santos para a salvação das almas dos mortos, e a conservação do uso de imagens e estátuas; por outro lado, os sacramentos foram reduzidos a três: batismo, penitência e eucaristia; a Bíblia e o Credo deveriam ser ensinados ao povo, a doutrina das indulgências estava condenada. Antes da separação, a Convocação aprovou um texto declarando que um conselho não poderia se reunir sem a aprovação dos príncipes.

Em agosto, Cromwell havia redigido "injunções", uma espécie de decretos de aplicação dos Dez Artigos. Estes deveriam ser ensinados em cada paróquia; o pároco pregaria periodicamente um sermão contra as usurpações de Roma; ficava proibido que as relíquias fossem exibidas para fins lucrativos; às crianças deveriam ser ensinados o Pai-Nosso, o Credo e os dez mandamentos em inglês; devia-se buscar antes uma vida virtuosa que fazer peregrinações; uma Bíblia em latim e inglês deveria ser colocada no coro de cada igreja antes de 1º de agosto de 1537; encorajava-se o zelo do clero, a manutenção dos edifícios da Igreja e o encargo com a educação das crianças mais capazes.

A autoridade real poderia ser vista como estando mais forte do que nunca no início do outono de 1536. O problema matrimonial, resolvido; uma nova esposa para produzir um herdeiro, a livre escolha do sucessor concedida pelo Ato de Sucessão, a submissão de Maria Tudor, o aumento dos recursos por meio da dissolução dos pequenos mosteiros, a nova doutrina imposta ao país pelos Dez Artigos, uma equipe governante eficiente e um país submisso, se não satisfeito, o papa paralisado pelo reinício da guerra entre a França e o Império: tudo caminhava na direção dos desejos do rei. Claro, sua autoridade ainda era a do "rei no Parlamento", mas este último, em parte graças às manobras de Cromwell, era tão dócil que se assemelhava mais a uma câmara de registro. Ao Ato de Sucessão ele acrescentou um outro, reafirmando categoricamente a rejeição da autoridade papal e sujeitando todas as dispensas até então concedidas à aprovação do arcebispo de Canterbury. A Convocação se mostrava igualmente submissa. Os mais destacados do reino não estavam imunes à arbitrariedade real: nesse mesmo ano de 1536, lorde Thomas Howard, irmão do duque de Norfolk, foi preso por planejar, sem o conselho do rei, um casamento com Margarida da Escócia, sobrinha de Henrique VIII.

Atrás dessa fachada cintilante de sucesso, porém, havia um profundo descontentamento, que no outono acabaria por levar à mais grave revolta que a dinastia havia visto desde que tomou o poder. Henrique não era mais o príncipe encantado dos anos 1520, amado por seus súditos. As recentes convulsões tinham abalado o reino e provocado indignação: o destino de Catarina, depois o de Maria, princesas que eram muito populares, as incertezas da sucessão, as execuções de More e Fisher, as reformas religiosas por demais brutais, o temor de novos impostos, o desaparecimento dos mosteiros, pouco estimados, mas que faziam parte do ambiente, as ameaças de excomunhão e de invasão, tudo isso havia perturbado a opinião pública. Se o medo tinha até então evitado revoltas, agora circulavam rumores hostis, e os tribunais tinham que lidar com muitos testemunhos de perversidade: em janeiro, quando a notícia do infeliz tombo do rei chegou ao público, um homem de Sussex declarou: "Ele teria feito melhor se tivesse partido o pescoço". Aqui ele foi chamado de "uma toupeira que deveria ser abatida", ali "um tirano mais cruel que Nero", em outros lugares, "uma besta, e pior ainda que uma besta". Os rumores mais selvagens circulavam sobre sua devassidão, e um homem contou como, cavalgando em Eltham, perto de Greenwich, o rei havia notado sua esposa e a havia levado imediatamente para a cama. Lamentava-se a falta do cardeal: em abril, o próprio lorde Montague teria dito: "O cardeal Wolsey teria sido um homem honesto, se ele tivesse tido um senhor honesto". Ainda foi ouvido: "Tudo o que nosso rei quer é uma maçã e uma garota bonita para se divertir". Cromwell foi associado a esse desprezo, tendo acabado de ser nomeado lorde do sinete privado em 29 de junho, em substituição a Thomas Bolena: "o rei é um tolo, e o lorde do sinete privado é outro".

O problema religioso era particularmente grave, especialmente desde a adoção dos Dez Artigos, que não satisfaziam ninguém; os conservadores ficaram alarmados com o desaparecimento de quatro sacramentos, e a ênfase no estilo de vida em detrimento das devoções tradicionais, das peregrinações, das relíquias e dos festivais; os partidários luteranos se indignavam com o lugar dado às obras, à transubstanciação, aos santos e às imagens. O arcebispo Thomas Cranmer, pessoalmente partidário do protestantismo, não podia mais reconciliar seus bispos, que se entregavam entre si em amargos debates. O partido "católico" era liderado por Gardiner, enquanto os "luteranos" encontravam membros ardentes em Latimer, Shaxton, Goodrich, Fox, Hilsey, Barlow, respectivamente bispos de Worcester, Salisbury, Ely, Hereford, Rochester, Saint-Asaph. Se Henrique VIII podia contar com o apoio da classe média, *yeomen* e burguesia, tinha perdido sua popularidade entre os pequenos súditos do campo, desorientados, e do clero, dividido. "Se ele conhecesse os verdadeiros sentimentos de seus súditos", disse um homem de Kent, "seu coração desfaleceria."

Foi no norte do país que o descontentamento irrompeu em revolta aberta. Esse episódio, conhecido como a Peregrinação da Graça, tem origens complexas. Tradicionalmente, o norte era difícil de governar. É uma região de montanhas de médio porte, com um clima mais rigoroso do que as modestas altitudes permitem sugerir, e era ainda uma região selvagem, que nada mais tinha da doçura das planícies e colinas do sul. A estrutura social era mais arcaica, e o apego às tradições, mais tortuoso. A atmosfera guerreira era mantida pela constante tensão ao longo da fronteira escocesa, e os grandes senhores eram muito ciumentos de sua autoridade. Havia séculos, a monarquia inglesa lhes concedia um grau de autonomia bastante grande, pois precisava de sua cooperação para conter os turbulentos vizinhos escoceses, e a administração real cedera lugar à estrutura feudal dos barões de Alnwick, Burgh, Bilsland, Langley, Greystoke, Westmorland, Kendal, das "honras" e "liberdades" de Richmond, Hewham, Alston, Knaresborough, Pickering, dos palatinados de Lancaster e Durham e, acima de tudo, do condado de Northumberland. Senhores e camponeses são solidariamente unidos em seu apego a essa antiga estrutura, que os protege do poder central. Ora, os desconfiados Tudor, pai e filho, vinham trabalhando desde o início do século para minar o poder das prestigiadas famílias Percy e Neville, guardiãs das marcas havia gerações. Seus poderes haviam sido confiados a nobres menores que, pouco respeitados e mal apoiados por um governo distante, não tinham sido capazes de manter suas posições. Em 1523 e 1525, ocorreram tumultos por causa da cobrança de impostos.

Henrique e Wolsey haviam então estabelecido um novo sistema de centralização: foi nomeado um "tenente-geral das regiões ao norte do rio Trent": o duque de Richmond. Ao seu redor, um conselho de financistas, advogados e administradores exercia o poder, exceto no condado palatino de Durham. O expediente fracassou e, em dezembro de 1527, foi necessário nomear o conde de Northumberland como guardião das marcas orientais e centrais, e lorde Dacre como guardião das marcas ocidentais. O conselho agora tinha pouca autoridade sobre qualquer outra coisa além de Yorkshire. Durante alguns anos, seu presidente foi o bispo de Durham, Cuthbert Tunstall.

Em 1533, o cargo de tenente-geral reapareceu, e foi entregue ao conde de Northumberland, ainda cercado por um conselho, composto tanto por seus amigos quanto pelo pessoal do rei. Na verdade, Henrique estava arrastando Northumberland para a ruína. O conde era um gastador, esbanjando os bens da família e afundando-se em dívidas. Em 1535, o rei o convenceu a deserdar seu irmão, Thomas Percy, e a entregar suas terras à coroa por uma renda anual de mil libras. A eliminação do senhor mais poderoso do norte e a penetração insidiosa da autoridade central foram, portanto, sérios motivos de inquietação entre a nobreza local, e a maioria dos conselheiros do conde de Northumberland participou da revolta.

O descontentamento econômico também agitava a população: os comerciantes de tecido do West Riding, uma parte do Yorkshire, protestavam contra as novas regulamentações para essa indústria; os camponeses se opuseram aos cercamentos e aos aumentos de aluguel; muitos estavam dispostos a seguir seus senhores na revolta, enquanto outros se levantaram contra eles, por razões que variavam de região para região.

Na verdade, o único elemento comum na série de revoltas díspares que compõem a Peregrinação é o descontentamento religioso. O retorno à tradição e à eliminação das tendências heréticas figuram na maioria dos manifestos dos rebeldes, visivelmente desconcertados e escandalizados pelas mudanças. Como sempre, rumores não confirmados espalhavam as previsões mais sombrias: apenas uma igreja seria deixada a cada cinco milhas, todas as baixelas sagradas seriam retiradas, batismos, casamentos e funerais seriam tributados, assim como o pão branco e as aves. As pessoas não confiavam mais nesse rei que estava virando o mundo do sagrado de cabeça para baixo e que sem dúvida era capaz de fazer o pior. Se a supremacia real era aceita por alguns, a supressão dos mosteiros foi unanimemente rejeitada. Particularmente numerosas e influentes no norte, as abadias contribuíam para o equilíbrio econômico e social dessa região; suas propriedades confiscadas só poderiam locupletar os novos-ricos ou os senhores, que se apressariam em cercar a terra; os monges ajudavam os pobres e faziam parte das circunstâncias da vida, do ambiente sagrado. O espetáculo dos comissários comportando-se como se estivessem em um país conquistado, fazendo inventários sem respeito ou consideração, buscando todo tipo de calúnia contra os monges; a chegada do pessoal do rei, que removia os sinos, retirava o chumbo e esvaziava as sacristias, dormitórios e bibliotecas; a partida dos monges. Esse conjunto todo produziu um choque violento e decisivo sobre a população, acendendo uma raiva que serviu de detonador para o movimento. Bispos hereges, como Cranmer, conselheiros recém-chegados, como Cromwell, e o próprio rei, cuja conduta conjugal era tema de escândalo, foram atacados. Além das exigências religiosas, as reivindicações feitas pelos "peregrinos" em Pontefract, em dezembro, incluíam a legitimação de Maria, a abolição do Ato de Sucessão e de palavras mal-intencionadas como parte do Estatuto de Traição, a modificação do método de eleição parlamentar, o fim das cercas, a observância dos antigos dias de folga e a prisão de administradores corruptos.

A PEREGRINAÇÃO DA GRAÇA

A revolta eclodiu em Lincolnshire, em 1º de outubro de 1536. Na época, esse condado estava particularmente ocupado pelos agentes do rei – três comissões o atravessavam ao mesmo tempo: uma para cobrar um imposto, outra para dissolver os mosteiros e outra para fazer cumprir os Dez Artigos. Nunca o poder central esteve tão presente, e esse acúmulo de intervenções, cada uma mais impopular que a outra, foi a gota d'água. Em Louth, Horncastle e arredores, frentes foram formadas, inicialmente lideradas por um sapateiro, Nicolas Melton. O motivo invocado era a defesa da religião: os homens juravam ser fiéis "a Deus, ao rei e às comunas, para o bem da santa Igreja", e seguiam uma bandeira com as cinco feridas de Cristo, uma hóstia, uma guampa e um arado. A nobreza local foi forçada a assumir a liderança, e o fez de boa vontade. Os membros das três comissões foram capturados, e um deles foi enviado a Henrique para entregar as demandas que se repetiam constantemente no decorrer da revolta: fim da dissolução dos mosteiros, abolição dos impostos e julgamento de Cromwell e dos bispos hereges.

Inicialmente o rei não percebeu a seriedade da revolta, que logo reuniu, diz-se, 40 mil homens, dos quais 16 mil estavam armados, 800 monges e padres, além de nobres. Lincoln foi ocupada. Beverly e Halifax juntaram-se ao movimento. Em 5 e 8 de outubro, foi elaborada uma lista de exigências em Horncastle e Ancaster. Alguns queriam marchar sobre Londres. Os nobres dissuadiram a multidão, pedindo que se esperasse pela resposta do rei.

Henrique reuniu as poucas tropas disponíveis. Fica-se espantado com a fraqueza das "forças da ordem" de que dispunham essas monarquias autoritárias. Na ausência de um exército permanente, diante de uma revolta, as autoridades ficavam reduzidas a recrutar as medíocres milícias dos condados. Foi o que fez o conde de Shrewsbury no vizinho Derbyshire, mas ele não tinha sequer dinheiro para pagar seus homens. Em outros lugares, algumas tropas iriam se reunir em Ampthill, sob a liderança dos duques de Norfolk e Suffolk. Em 10 de outubro, eles ainda tinham apenas novecentos homens, e Suffolk logo foi obrigado a mandá-los para casa, por falta de armas. Se os insurgentes tivessem avançado naquele momento, o governo estaria em uma situação muito delicada. Mas, como muitas vezes acontece, a monarquia foi salva pelas hesitações dos rebeldes e pela desconfiança que surgia entre o povo comum e a nobreza. Quando se soube que o rei se recusava a levar em consideração as exigências feitas, eles se dispersaram.

Em 19 de outubro, o rei enviou sua resposta: o povo de Lincolnshire, disse ele, era "um dos mais rudes e estúpidos da Inglaterra"; "traidores e rebeldes", os revoltosos tinham apenas "intenções miseráveis e diabólicas", e mereciam um castigo justo por terem ousado lhe dar conselhos, quando tudo o que criticavam tinha sido aprovado pelo Parlamento. Ele prometeu entregá-los, suas esposas e filhos, à "destruição total". Deveriam apresentar e entregar seus líderes. A mensagem, em sua brutalidade, expressa a essência do pensamento de Henrique sobre a revolta, sobre qualquer revolta. Sem nenhuma consideração pelas exigências feitas, considerava a rebelião, quaisquer que fossem seus motivos, como o pecado mais abominável, digno apenas de um castigo impiedoso. Os Tudor têm, sobre o assunto, a mesma atitude sem nuances que seus homólogos, os reis da França. Para Henrique VIII, a revolta dos súditos contra seu príncipe é um ato antinatural, incompreensível, indesculpável e diabólico. Ele nunca poderia conceber que essa multidão de brutos selvagens pudesse ter uma opinião, que pudesse expressá-la e, acima de tudo, que pudesse contestar suas decisões. O caráter despótico do soberano é aqui flagrante. Naturalmente, ele também invoca a autoridade do Parlamento, que aprovou as leis. Mas esse Parlamento é *seu* Parlamento, que ele se acostumou a considerar como uma câmara de registro, e cujo valor representativo é extremamente limitado. Se ele às vezes usa uma linguagem conciliadora, é apenas para ganhar tempo, para dividir e confundir os insurgentes; não recua nem mesmo diante de falsas promessas de reforma e de indulgência. Mas tudo isso é apenas tática, cálculo. Nem por um momento ele pensa em ceder, e só tem em mente a repressão selvagem. Quanto aos seus tenentes, está sempre pronto para acusá-los de incompetência. Essas reações estão de acordo com os costumes da época – lembre-se de como Lutero tinha levado ao massacre os camponeses revoltados – e podem ser explicadas, de certa forma, pela necessidade de manter a ordem pública, na ausência de qualquer força policial, numa população rude, que era facilmente despertada por boatos. Mais peculiar, para Henrique VIII, é sua recusa sistemática em considerar as reclamações que lhe são apresentadas; o pensamento nem sequer lhe ocorre. Que possa haver alguma justificação para essas exigências é um pensamento que não lhe passa pela cabeça. Mesmo se, movido pelas circunstâncias, ele anuncia concessões, será sempre sem a mínima intenção de cumprir sua palavra.

Mesmo antes de os rebeldes de Lincolnshire terem voltado para casa, Yorkshire se sublevava. No dia 13 de outubro, uma multidão se reuniu em

Wighton Hill, e, no dia 16, York foi ocupada. Esse novo movimento era mais sério. Tinha um líder, um homem capaz e responsável, nobre, com sólida formação jurídica, eloquente, resoluto: Robert Aske. Desde o início ele deu um sabor religioso à revolta, chamando-a de "peregrinação"; o saque era proibido, e os peregrinos faziam uma espécie de juramento. Yorkshire logo foi submerso. O bispo Tunstall refugiou-se em seu castelo em Norham, na fronteira. Lorde Darcy, que liderou algumas tropas, teve que se render e abandonar o poderoso castelo de Pontefract, onde Aske se estabeleceu. Com a ajuda dos membros do conselho do norte, que se haviam rebelado, ele criou uma espécie de governo. Em 24 de outubro, 30 mil homens, muitos deles cavaleiros, bem armados, estavam em Doncaster. Em nenhum caso as forças reais poderiam intervir: o duque de Suffolk ainda vigiava o Lincolnshire; o duque de Norfolk tinha falta de homens e de equipamentos; o conde de Shrewsbury estava ao sul de Doncaster; Lancashire, por sua vez, estava se sublevando. Era preciso negociar.

    Norfolk disse a Henrique que negociaria, porque não poderia fazer de outra forma, mas que não se tratava de cumprir qualquer promessa que pudesse ser levado a fazer. Ele se encontrou com uma delegação de peregrinos na ponte Doncaster, em 27 de outubro, e eles lhe deram uma lista de cinco artigos que retomavam as queixas já apresentadas. Norfolk se comprometeu a apresentá-las ao rei, e uma trégua foi acordada. Em 2 de novembro, ele se reportou ao rei em Windsor. Henrique ficou furioso ao ser forçado a discutir assim com os rebeldes. Percebeu que a melhor tática era ganhar tempo. Sua resposta, enviada em 17 de novembro, não mencionava os cinco artigos, mas convidava trinta peregrinos a virem conversar novamente com Norfolk, em Doncaster.

    Robert Aske viu o perigo; a desmobilização pairava sobre suas tropas. No dia 21, os chefes, reunidos em York, decidiram, apesar de tudo, aceitar a entrevista, com a condição de que o rei lhes concedesse salvo-conduto. Em 2 de dezembro, em uma nova reunião em Pontefract, eles elaboraram uma lista completa de suas demandas. Acrescentaram a exigência de um perdão geral e a reunião próxima de um Parlamento livremente eleito, que seria realizada no norte, para resolver os problemas específicos daquela região. Por sua vez, o rei dava instruções a Norfolk: ele poderia mostrar uma carta de perdão e conceder a reunião de um Parlamento, desde que ganhasse tempo;

diria que ele não tinha poder para garantir a aceitação real, mas que prometia fazê-lo, e assim por diante. Cada dia ganho permitiria que mais tropas fossem concentradas.

Em 6 de dezembro, a segunda entrevista aconteceu em Doncaster. Dez cavaleiros, dez escudeiros e dez membros do povo comum se encontraram com Norfolk, que então prometeu, verbalmente, trazer todas as questões perante um futuro Parlamento livre. Também fez a promessa do perdão real ser lida. Assim, satisfeitos, os delegados não tinham mais motivos para continuar o movimento, e confiaram no rei. Robert Aske retirou sua insígnia das cinco chagas, declarando com os outros: "Não usaremos insígnia alguma, a não ser a de nosso soberano senhor". Então convenceu suas tropas a se dispersarem, e ele próprio aceitou ingenuamente ir em pessoa fazer as pazes com Henrique.

A duplicidade do rei e de Norfolk havia dado certo, mas por pouco o movimento não recebeu reforços do exterior. Em Roma, a notícia da revolta havia suscitado novas esperanças, e Paulo III tentou explorar a situação. Em dezembro, ele nomeou um dos mais ferozes opositores do rei, Reginaldo Pole, como cardeal, embora este não fosse padre. Ele era um dos últimos descendentes do ramo de York, um sobrinho-neto de Eduardo IV e bisneto do duque Ricardo de York. O novo cardeal recebia também o título de núncio *a latere*, e devia viajar para os Países Baixos, ficando o mais próximo possível da Inglaterra. Depois de convocar formalmente o rei para se submeter a Roma, ele deveria reunir forças e juntar-se aos rebeldes de Yorkshire. O plano falhou completamente: Pole só chegou ao destino no final de fevereiro de 1537, quando a Peregrinação da Graça estava quase terminando; ele não tinha dinheiro suficiente para arregimentar uma força mercenária suficientemente grande; Francisco I e Carlos V não estavam, de modo algum, dispostos a apoiá-lo: excomungado ou não, Henrique VIII era um aliado indispensável para os dois soberanos católicos, que estavam em guerra novamente. O Tudor não teve nenhuma dificuldade para convencer seu primo francês a expulsar Reginaldo Pole de Cambrai; instalado em Liège, o cardeal escapou dos assassinos enviados por Henrique, mas nunca conseguiu cumprir sua missão, e retornou a Roma no final de junho. Carlos V, por sua vez, lisonjeava o rei da Inglaterra, oferecendo-lhe o herdeiro de Portugal para sua filha Maria.

No norte, as probabilidades também estavam a favor de Henrique VIII. O acordo de Doncaster, estabelecido em dezembro, não havia posto fim aos problemas. Enquanto a maior parte das tropas de Aske havia se dispersado, muitos não estavam satisfeitos com as promessas verbais de Norfolk, e vários movimentos irromperam aqui e ali: *sir* John Bigod e John Hallam atacaram Scarborough e Hull em janeiro; a agitação afetou a área de Richmond, Cumberland e Westmorland; Carlisle estava sitiada pelos camponeses. Mas a revolta havia perdido sua unidade, sua coerência e seu líder. Ao contrário, as tropas reais estavam agora reforçadas, e o rei as joga sobre os infelizes condados do norte. Norfolk realiza execuções sumárias em Carlisle; cortes extraordinárias condenam dezenas de pessoas em Lincoln, York, Durham, Newcastle e Hull. Em março, os juízes conseguiram o enforcamento de 35 pobres-diabos e um nobre em Lincolnshire. O próprio rei é responsável pelas execuções indiscriminadas: 70 camponeses de Cumberland foram pendurados nas árvores de seus próprios jardins; os monges da abadia de Sawley foram "pendurados em longas vigas ou de outra forma no campanário", segundo as instruções oficiais; 150 execuções, incluindo uma mulher queimada viva, nas cidades de Yorkshire. Além das execuções sumárias, 216 sentenças de morte foram proferidas e executadas: foi assim que se implementou o "perdão" do rei. Quanto aos chefes, nenhum escapou ao seu destino. O excessivamente confiante e leal Aske, que se opôs à continuação do movimento, foi enforcado em York, apesar da dupla promessa de perdão, do rei e de Cromwell; Darcy foi decapitado em Tower Hill, Russey em Lincoln. E, para terminar o episódio, a propaganda oficial circulou panfletos lembrando o povo da monstruosidade de qualquer revolta: *Uma exortação à unidade cristã*, de Thomas Starkey, *Um remédio para a sedição*, de Richard Morison, mostravam que a rebelião é o pecado por excelência; aquele que se levantava contra o Chefe Supremo e o ungido do Senhor, rejeita o próprio Deus. Um Parlamento livremente eleito para resolver os problemas do norte, obviamente, nunca esteve em questão.

O rei e, portanto, o bom direito e a justiça, triunfaram. Henrique nunca duvidou do resultado, e durante toda a crise mostrou firmeza e habilidade, se não coragem. Em várias ocasiões anunciou que iria ele próprio esmagar a escória, uma vez que seus tenentes não conseguiam fazer isso. Ele nunca foi. Anunciou que iria visitar o norte, até York e Carlisle, no verão de 1537, porém logo desistiu da ideia, por causa de sua perna ruim, disse ele a Norfolk. Isso não o impediu de fazer seu habitual périplo, de palácio em palácio, nos condados do sul. Provavelmente não queria aparecer naquelas terras, que no momento eram hostis. Ao contrário dos reis da França, que no século XVI visitaram sistematicamente seu reino, Henrique VIII só se aventurou a mais de 100 quilômetros de Londres uma única vez durante seu reinado. O fracasso da revolta deveu-se mais à solidez da administração Tudor do que ao rei, bem como à deslealdade do governo, que conseguiu desmobilizar os peregrinos fazendo falsas promessas. Quanto à força armada, foi mais eficaz na repressão, cujo fardo recaiu quase exclusivamente sobre a população comum.

A crise havia mostrado a necessidade de estabelecer uma forte autoridade administrativa no norte, que fosse, ao mesmo tempo, agente direta do governo central, e próxima dos súditos. A reorganização ocorreu entre janeiro e outubro de 1537, e foi um dos sucessos do reinado. Foi criado um conselho do norte, com autoridade sobre os cinco condados de Northumberland, Westmorland, Durham, Cumberland e Yorkshire. Era dirigido por um presidente e um vice-presidente e incluía pelo menos quatro consultores jurídicos especializados, um secretário, um procurador do rei, um escrivão e cerca de trinta oficiais subalternos, sendo que todos prestavam juramento. Não havia recursos contra o poder judicial do Conselho, e este podia pronunciar todos os tipos de sentenças: multas, prisão e até a pena de morte, durante as quatro sessões jurídicas anuais. Em constante contato com Londres, o Conselho era típico da administração Tudor: uma burocracia recrutada na classe média, advogados trabalhadores e regularmente pagos, agentes eficientes do poder. No geral, fez um bom trabalho, executando suas instruções para proteger "os mais pobres contra o mais rico senhor", lutando contra os abusos dos impostos senhoriais e contra os cercamentos. Em poucos anos, ele havia restaurado a imagem da monarquia na região: por meio de seus burocratas, Henrique VIII apagava os vestígios de seus próprios excessos. Este é um dos paradoxos duradouros desse reinado.

A Peregrinação da Graça também resultou em um certo recuo em relação às inovações religiosas do rei. A revolta tinha mostrado como a população permanecia ligada às formas tradicionais de culto. Assim, o novo manual doutrinário, publicado em setembro de 1537, com o nome de *A instituição do homem cristão* e frequentemente referido como *O livro dos bispos*, é um claro passo atrás em relação aos Dez Artigos. Os sete sacramentos estão incluídos na íntegra, e a ênfase na necessidade de obras é ainda mais acentuada. Ao mesmo tempo, o rei abandona seus planos de união com os protestantes alemães. As conferências de Londres de 1538, entre doutores ingleses e embaixadores dos príncipes luteranos, não tiveram sucesso. Cranmer ficará muito desapontado.

Por outro lado, Henrique procurou tranquilizar a opinião conservadora, demonstrando um novo zelo anti-herético, cujas vítimas foram os anabatistas, uma seita extremista que rejeitava toda autoridade, o que preocupava tanto os luteranos quanto os católicos. Defendendo uma ruptura completa com o mundo pecaminoso, os anabatistas pregavam a criação de comunidades de "santos", nas quais se entrava por meio de um novo batismo. Mas a seita tinha duas tendências: uma era violenta, exigindo que se acabasse com os ímpios, o que levou a revoltas sérias na Alemanha, entre as quais ocorreu principalmente o massacre de Münster, de 1535; a outra era pacífica, e contava com alguns seguidores na Inglaterra. Sua recusa em integrar-se à Igreja nacional os tornava, aos olhos das autoridades, perigosos marginais. Em 1º de outubro de 1538, Cranmer recebeu a missão de punir os recalcitrantes; em 22 de novembro, todos os anabatistas foram banidos, e alguns foram queimados. O próprio Chefe Supremo queria confundir o erro desses hereges, e em Westminster houve um confronto público entre o rei e William Lambert, um famoso anabatista. Henrique queria demonstrar sua ciência teológica e seu conhecimento das Escrituras, refutando os argumentos de Lambert. Este último, longe de ser intimidado, colocou o rei numa situação difícil, o que evidentemente não o impediu de sofrer o destino que antecipadamente lhe havia sido reservado: ele foi arrastado pelas ruas de Londres e queimado em Smithfield.

Após o esmagamento da Peregrinação da Graça e o fracasso do cardeal Pole, um terceiro evento fez de 1537 um ano fausto para o reinado. Em 12 de outubro, em Hampton Court, Jane Seymour deu à luz o príncipe Eduardo, o tão esperado herdeiro. Henrique, que estava então em Esher, a alguns quilômetros ao sul, aguardando passar uma epidemia de peste, que mais uma vez estava afetando Londres, veio correndo. Pode-se imaginar as festividades, banquetes e torneios que se seguiram ao evento. O rei estava realizado; com toda evidência, Deus lhe mostrava sua aprovação. A rainha morreu doze dias depois, em consequência do difícil parto por cesariana. Mas a pequena Jane havia cumprido sua missão.

AS INCERTEZAS DE 1538

Assim, o ano de 1538 iniciou sob o melhor dos auspícios. Um reino pacífico, uma sucessão assegurada, uma Igreja submissa, uma posição internacional fortalecida pela luta entre o imperador e o rei da França: havia muito tempo que a situação não era tão favorável. Mas nada está perenemente adquirido. O ano de 1538 foi de transição e incerteza, marcado por uma acentuada deterioração da saúde do rei, que agora tinha ambas as pernas debilitadas. Henrique se movia com dificuldade, sofria muito e seu humor se ressentia disso. Em maio, sofreu um sério alerta, tendo-se formado um coágulo de sangue em seus pulmões; seu rosto escureceu; durante vários dias não pôde falar, e começou-se a sussurrar sobre a sucessão. Duas facções já se enfrentavam: uma ao redor de Eduardo, a outra ao redor de Maria. O fenômeno era preocupante: o Ato de Sucessão e o nascimento de um menino pareciam não ter resolvido nada. O rei se recuperou, e a crise foi evitada, mas Henrique agora podia avaliar as consequências de suas complicações conjugais.

No entanto, uma das maiores preocupações de Henrique durante o ano foi a busca de uma quarta esposa. Assim que Jane Seymour foi enterrada, em 12 de novembro, o Conselho do rei abordou a questão. Segundo Cromwell, o rei não queria de fato se casar de novo imediatamente, mas, tendo considerado o aspecto político da questão, concluiu-se que um casamento com uma princesa estrangeira podia reforçar a segurança do país, no caso de Carlos V e Francisco I voltarem a se reconciliar. Cromwell provavelmente também preferia essa solução, e não a escolha de uma filha da nobreza inglesa, o que teria tido o efeito de criar um novo clã familiar, perigoso para sua autoridade: ele não queria repetir a experiência dos Bolena e dos Seymour. Uma princesa que fosse parente próxima ou distante de um dos dois grandes governantes do continente proporcionaria a constituição de uma aliança sólida. Ao mesmo tempo que o casamento do rei, para fortalecer os laços, também os casamentos de Maria, de Elizabeth e de Eduardo poderiam ser considerados. Seria, portanto, uma questão diplomática.

Nem por isso Henrique tinha a intenção de sacrificar seu prazer pessoal. Por que não combinar o útil e o agradável? Uma princesa politicamente bem colocada, é claro, mas que também fosse uma garota bonita. Nessa área, o rei, como seu pai no passado, mostraria o maior descaramento. É verdade que os casamentos principescos sempre foram assuntos políticos, nos quais a opinião da esposa nunca era demandada, independentemente dos contrastes de idade e de aparência física. Mas ainda havia certos limites de decência a serem respeitados, com os quais Henrique pouco se importava. Seus métodos estão a meio caminho entre os de um sultão, que escolhe as meninas para seu harém, e os de um comprador de gado, que seleciona os animais mais bonitos. Assim, no verão de 1538, ele teve o atrevimento de pedir candidamente a Francisco I que enviasse para Calais uma grande quantidade de princesas, para que ele pudesse inspecioná-las pessoalmente, antes de fazer sua escolha. Ele ficou surpreso quando o rei da França, chocado, salientou que não era costume na França enviar donzelas para serem examinadas como se fossem cavalos à venda. "Por Deus", respondeu Henrique ao embaixador, "o assunto me toca muito de perto. Desejo vê-las e conhecê-las por algum tempo antes de me decidir." Esse homem gordo, de 47 anos, catarrento e com pernas purulentas, tendo repudiado sua primeira esposa, executado a segunda e visto a terceira morrer no parto, apreciava especialmente as meninas menores de 20 anos. Das nove princesas que mais cobiçava no mercado europeu, ele se interessava particularmente por Christina, de 16 anos, já viúva do duque de Milão, com quem se casara aos 13 anos, sobrinha do imperador e segunda filha do rei Cristiano II da Dinamarca.

No entanto, foi para o lado francês que se mirou inicialmente. Havia dois partidos interessantes: Margarida, filha de Francisco I, de 15 anos, e Maria, filha do duque de Guise. Esta última, uma mulher mais madura, viúva, poderia parecer mais adequada; dizia-se que ela era bonita e muito cheia de vida, o que vinha a calhar, disse o rei ao embaixador francês, porque "ele era pessoalmente forte e precisava de uma mulher forte". Em dezembro de 1537, ele enviou um fidalgo da Câmara, Pierre Mewtas, para ver a senhora, que parecia cortês. Em fevereiro de 1538, Mewtas voltou à França para procurar um retrato de Maria; era tarde demais: ela tinha acabado de ser concedida a Jaime V, da Escócia, uma escolha ainda mais desagradável pelo fato de ter fortalecido a "Antiga Aliança".

Henrique então se voltou para o imperador, cuja jovem sobrinha Cristina estava livre. Ela havia acabado de chegar a Bruxelas, de onde o embaixador inglês havia enviado uma descrição entusiasta ao rei: além de sua juventude e beleza, ela tinha direitos sobre a Dinamarca, pelo lado de seu pai, e sobre

Milão, por meio de seu falecido marido, Francesco Sforza. O rei, então, pediu a seu embaixador que sugerisse o casamento para o imperador, como se a ideia tivesse vindo dele. Ao mesmo tempo, enviava Philip Hoby, outro fidalgo da câmara, e Hans Holbein, encarregado da tarefa de pintar um retrato de Cristina. Holbein fez a viagem de ida e volta, incluindo a pintura, em um tempo recorde de seis dias, no início de março de 1538. Henrique ficou encantado com o retrato; rejuvenescido no caráter (precisava dele para casar-se com uma mulher trinta anos mais jovem), estava alegre, voltava a se divertir novamente e fazia outros planos matrimoniais: Maria com o irmão do rei de Portugal, Elizabeth com o filho do rei da Hungria, Eduardo com a filha do imperador.

Era muito cedo para comemorar. Além do fato de que Cristina não tinha entusiasmo pela perspectiva de se casar com Henrique (ela tinha apenas uma cabeça, segundo afirmou), havia outros obstáculos. O mais grave de todos era o fato de que essa sobrinha de Carlos V era sobrinha-neta de Catarina de Aragão, a legítima ex-mulher do irmão de Henrique, e ex-mulher do próprio Henrique, ilegítima aos seus olhos e legítima aos olhos da Igreja Católica. Esse duplo grau de afinidade exigia uma dispensa. Ora, para o católico Carlos V, ela só poderia ser concedida pelo papa; para Henrique, só poderia ser concedida por ele mesmo, como Chefe Supremo da Igreja da Inglaterra: isto prometia muitos deleites jurídico-teológicos. Esse projeto significava a retomada do caso Catarina de Aragão, três vezes mais complicado, o retorno do pesadelo, a suprema dor de cabeça, o perfeito imbróglio. Dessa vez, Henrique só poderia escapar acrescentando o título de imperador ao seu título de chefe da Igreja. Além disso, as duas filhas que o rei generosamente oferecia como prêmios para os casamentos complementares eram, segundo a lei inglesa, ilegítimas, sem direito à sucessão: faltava generosidade ao presente. Finalmente, Henrique acrescentava duas cláusulas: Carlos V teria que incluir a Inglaterra em qualquer tratado de paz assinado com Francisco I e teria que se recusar a colaborar com o concílio que Paulo III tinha acabado de convocar. Isso era se mostrar bastante exigente para alguém que estava em posição de solicitante.

Enquanto isso, em maio, os franceses propuseram outra noiva: Louise de Guise, irmã de Maria. Com esse casamento, Henrique se tornaria o cunhado do rei da Escócia, que já era seu sobrinho. O rei imediatamente pediu um retrato dela, e como este demorasse a chegar, enviou Holbein e Hoby, que no início de junho trouxeram de volta dois desenhos de Louise. Mas Henrique já estava em outra pista: Renée de Guise, irmã das duas anteriores, e a mais bela, dizia-se. Ela deveria entrar para a vida religiosa, mas ainda não havia feito seus votos. Portanto, não era tarde demais. Em agosto, Holbein e Hoby retornaram à França; em Joinville, deveriam encontrar ou pintar um retrato de Renée, a ser colocado ao lado daquele de Louise, para que o rei pudesse escolher. Logo que Holbein saiu, o rei ficou sabendo que três outras mulheres estavam disponíveis: duas das primas de Francisco, Maria de Vendôme e Ana de Lorraine, e a própria irmã do rei francês. Era a superabundância. Ele exigiu os retratos de todas essas damas e donzelas para sua coleção. Depois de Joinville, Holbein foi a Nancy para pintar o rosto de Ana de Lorraine, e o embaixador teve que encontrar retratos das outras. Seria melhor examiná-las em carne e osso, se não as experimentar. Foi então que Henrique fez o espantoso pedido a Francisco I de que falamos: que uma carga inteira fosse levada a Calais para que o rei pudesse inspecionar a mercadoria! Apesar de tudo, Henrique não desiste de Cristina, e para isso elabora um plano complexo: a jovem viúva teria a primazia dos direitos sobre a Dinamarca, herança de seu pai, enquanto o imperador daria Milão a um Habsburgo, que se casaria com sua filha Maria.

Enquanto Henrique fazia esses planos utópicos e sonhava com futuras núpcias, Carlos V e Francisco I reconciliaram-se mais uma vez: em junho de 1538, em Nice, assinaram uma trégua de dez anos e se encontraram novamente em Aigues-Mortes, o que colocava a Inglaterra numa situação muito delicada. Sem aliados, diante de uma Europa católica reconciliada, ela poderia temer que o papa finalmente emitisse sua bula de excomunhão e lançasse uma cruzada contra o tirano cismático, especialmente porque Henrique multiplicava os ataques à religião tradicional. O ano de 1538 viu uma grande campanha contra as "superstições". As relíquias mais veneradas foram expostas como falsificações, como a cruz de Boxley, em Kent, e o sangue de Hailes,[1] em Gloucestershire. No norte do País de Gales, uma escultura de madeira chamada Darvell Gadarn, que tinha a reputação de ser capaz de retirar as almas do inferno, foi queimada, junto com o irmão Forrest, da Observância, que havia sido o confessor de Catarina. Muitos santuários de

---

1 A mais retumbante dessas ações, consideradas sacrílegas pelos católicos, foi a destruição do santuário da Cruz Verdadeira e do presumível sangue de Cristo, que se dizia terem virtudes milagrosas.

peregrinação foram destruídos, e seus tesouros, adicionados aos do rei: três arcas de joias em Chichester, uma cruz de esmeralda em Winchester, moedas de ouro e prata em quase todos os lugares. A mais retumbante dessas ações, considerada como sacrilégio pelos católicos, foi a destruição do santuário de São Thomas Becket, em Canterbury. Um local de peregrinação de renome europeu, era também um símbolo de resistência clerical à autoridade real. Em uma proclamação, Henrique declarou que Becket era "um rebelde que havia fugido para o reino da França e para o bispo de Roma para fazer revogar as leis salutares". A operação trouxe ao rei 24 carroças de tesouros e dois grandes baús de joias, que oito homens mal conseguiam levantar.

Essas medidas sacrílegas determinaram a reação do papa. Em 17 de dezembro, Paulo III decidiu promulgar a excomunhão e a bula, desobrigando os súditos de Henrique de qualquer obediência a ele. Ele esperou, entretanto, antes de enviá-la, até que os soberanos estivessem prontos para apoiar sua decisão por meios seculares, ou seja, uma cruzada. Em 27 de dezembro, o cardeal Reginaldo Pole iniciou uma visita pelas cortes europeias, pedindo a Carlos V e a Francisco I que impusessem sanções econômicas num primeiro momento, decretando um embargo à lã inglesa, e para que chamassem seu embaixador na Inglaterra. Eles também deveriam se preparar, em uma segunda fase, para uma invasão militar do reino. Em 12 de janeiro de 1539, pelo pacto de Toledo, o imperador e o rei da França se prometiam não concluir um acordo com Henrique sem consultar o outro. A ameaça de um ataque conjunto estava crescendo.

A reação do Tudor foi brutal, como sempre. Sentindo aumentar o perigo de uma invasão, ele procurou eliminar qualquer perigo de traição a partir de dentro. Os últimos descendentes da família York, sempre vistos como rebeldes em potencial, foram vítimas da tensão internacional. Em agosto de 1538, Geoffroy Pole, irmão mais novo do cardeal traidor, foi trancado na Torre. Ele era inofensivo. Tudo o que se esperava dele eram denúncias. Geoffroy contou tudo o que queriam que ele contasse: contra sua mãe, a velha condessa de Salisbury, sobrinha de Ricardo III; contra seu irmão, lorde Montague; contra outros parentes, o marquês de Exeter e *sir* Edward Neville. A família de la Pole, no entanto, tinha se dissociado do cardeal desde o início, mas permanecia suspeita, assim como os Courtenay e os Neville. Em caso de uma crise grave, esses descendentes da Rosa Branca podiam se tornar perigosos. Todos foram levados para a Torre, e, após um breve julgamento, Montague, Exeter e Neville foram decapitados em 9 de dezembro. O jovem filho de Montague "desapareceu" na Torre; o filho de Exeter permaneceu na prisão até 1553. Quanto à velha condessa de Salisbury, Margaret Pole, presa no início de 1539, foi executada em abril de 1541, sob o pretexto de um complô montado por um ramo distante da família. A Torre, lugar de sua morte, já havia visto o assassinato de seu pai, a execução de seu irmão e a de seu filho mais velho. Seu segundo filho, Reginaldo, o cardeal, era um rebelde, e seu terceiro, Geoffrey, que a havia denunciado, vagueava agora meio louco de remorso por toda a Europa. Os Pole nada tinham a invejar dos Atridas.[2]

No início de 1539, a posição de Henrique VIII havia se tornado precária novamente. A ameaça de guerra foi levada muito a sério pelo rei e seus súditos. Dizia-se que as frotas já estavam prontas para zarpar de Antuérpia e Boulogne, que um exército estava sendo montado nos Países Baixos. Os ingleses estavam se preparando febrilmente para recebê-los. As fortificações costeiras foram reparadas, e novos fortes, adaptados aos canhões modernos, foram iniciados na costa de passo de Calais; as piras destinadas a transmitir o alarme em caso de desembarque foram preparadas; o rei passava as tropas em revista em Londres e visitava as fortificações, reforçadas com pedras retiradas dos mosteiros. A ilha se tornava um acampamento entrincheirado, como sempre na véspera de cada grande choque. Os navios foram bloqueados nos portos, as munições foram reunidas. Nesse momento difícil, o país inteiro parecia estar unido por trás de seu soberano. Teria havido deserções se o ataque tivesse ocorrido? O recente caso da Peregrinação da Graça podia ter deixado pensar nisso. Mas o ataque não veio.

Nem Carlos, nem Francisco, que tinham acabado de sair de outra guerra, estavam interessados em embarcar em uma arriscada acometida só para agradar ao papa. Se faziam uma pausa em seu duelo episódico, era para recuperar suas forças, não para desperdiçá-las com um objetivo menor. Carlos V já tinha os turcos e os luteranos para se distrair. Francisco podia cuidar de seus impostos, desfrutar um pouco de seus castelos, e ele, que não tinha dúvidas em se aliar a muçulmanos e luteranos, não se incomodava

---

2 Na mitologia grega, os Atridas têm o destino marcado pelo assassinato, o parricídio, o infanticídio e o incesto. (N. T.)

desmedidamente com a presença de um cisma suplementar na Igreja. Uma vez que a túnica sem costura[3] ia aos pedaços, era preferível puxar a agulha para fora do jogo do que se esgotar em consertá-la.

Sob essas condições, a missão de Reginaldo Pole estava condenada ao fracasso. Educadamente rejeitado pelos espanhóis, ele passou pelo Comtat antes de ir encontrar Francisco I. Estava em Carpentras quando o rei da França lhe mandou dizer que estava pronto para intervir, mas somente com a condição de que Carlos também participasse. Ele aconselhou o cardeal a permanecer em Carpentras, para não levantar as suspeitas de Henrique e dar-lhe tempo para se preparar. Enquanto isso, ele enviava um embaixador à Inglaterra para tranquilizar o Tudor: seus preparativos, disse ele, tinham a intenção de retomar a guerra contra o imperador, e não de invadir a Grã-Bretanha. Em agosto, o papa, mais uma vez decepcionado com os filhos da Igreja, chamava o cardeal Pole de volta a Roma. O Mais Cristão e o Mais Católico eram mais solidários com o Defensor da Fé, embora cismático, do que com o sucessor de Pedro. O alerta havia acabado. Henrique, aliviado e triunfante, poderia continuar a colocar o reino em ordem, completar a dissolução dos mosteiros e a reforma religiosa, e voltar a casar em paz. Ele também poderia olhar para a sua Inglaterra com satisfação.

---

3 Vide a versão da narrativa da Paixão em João, 19, 23-4. A túnica sem costuras remete à vestimenta de Jesus, sendo dividida em pedaços. Uma possível exegese diz que ela representaria a unidade da Igreja, apesar de todas as suas divisões. (N. T.)

– XII –

A INGLATERRA DE HENRIQUE VIII

PROSPERIDADE GERAL DO REINO

Henrique tem um belo reino. Todos os estrangeiros que tiveram a oportunidade de visitá-lo reconhecem sua relativa prosperidade, as qualidades de seu povo e de sua civilização. O italiano Polydore Vergil, que redige sua *Anglica Historia* entre 1510 e 1514, descreve a exuberante atividade de Londres e de seu porto, o intenso tráfego de suas ruas e sua maravilhosa ponte, orgulho dos londrinos; a London Bridge, com seus dezenove pilares, 10 metros de largura e 20 metros de altura, ladeada de casas em ambos os lados, ligando a cidade ao subúrbio de Southwark, não tem praticamente nenhum equivalente na Europa nessa época. No campo, um povo vigoroso leva uma vida saudável e ativa, sem ser sobrecarregado de trabalho, permitindo que alguns atinjam 110 a 120 anos de idade. Os homens, altos e loiros, são alegres e hospitaleiros; as mulheres, de pele branca como a neve, são bonitas; os camponeses, que frequentam as cidades, e os senhores, que discutem muito entre si, têm um nível cultural claramente superior ao de seus colegas do continente, que são mais rudes. A comida é boa e abundante, a cerveja flui livremente. Os portos, que são numerosos, especialmente na costa oeste, são muito ativos.

Outra descrição estrangeira, a anônima *Relação italiana*, composta por volta de 1500, confirma, com os inevitáveis clichês, essa impressão de prosperidade, especialmente no campo:

> Nesta ilha, a agricultura não é praticada além do necessário para o consumo do povo; pois, se todas as terras cultiváveis fossem aradas e semeadas, grandes quantidades de grãos poderiam ser vendidas para os países vizinhos. Essa negligência é, entretanto, compensada por uma imensa profusão de todos os tipos de animais comestíveis, como veados, cabras, gamos, lebres, coelhos, porcos e um número infinito de bois, que têm chifres muito mais longos que os dos nossos, o que prova a suavidade do clima, pois os chifres não suportam o frio excessivo. [...] Mas, acima de tudo, eles têm inúmeras ovelhas, que lhes fornecem uma boa quantidade de lã de excelente qualidade. Não há lobos, pois seriam imediatamente caçados pelo povo; diz-se, no entanto, que ainda há alguns na Escócia.

Não há oliveiras, há poucas videiras, mas a cevada e a aveia são processadas em bebidas fermentadas, *beer* e *ale*, "que os estrangeiros não detestam quando a bebem quatro ou seis vezes" ... e estão muito sedentos. O vinho é comprado na França, na Espanha, em Candie, na Renânia. Esta é a única importação significativa, enquanto o país vende lã, estanho e chumbo. O padrão de vida é mais alto aqui do que em qualquer outro lugar, porque "a riqueza da Inglaterra é maior do que a de qualquer outro país europeu, como me disseram os comerciantes mais antigos e experientes, e como eu mesmo posso testemunhar pelo que tenho visto". Qualquer hoteleiro ou estalajadeiro tem baixela de mesa de prata ou de estanho, no valor de pelo menos 100 libras. Só em uma rua de Londres há 52 ourives. A capital é uma cidade maravilhosa, digna de comparação com Veneza, por suas riquezas, e tão populosa quanto Roma ou Florença. As outras cidades, por outro lado, exceto Bristol e York, são de importância medíocre, mas o prestígio intelectual de Oxford e Cambridge continua sendo muito grande. A população total é relativamente pequena, e a riqueza da ilha suportaria uma densidade muito maior.

Não há dúvida de que essas descrições são subjetivas. Para estar convencido disso, basta lembrar como Erasmo se tornou cada vez mais crítico em relação à Inglaterra, à medida que sua situação pessoal se deteriorava. Seu entusiasmo de 1499 transformou-se em aversão entre 1509 e 1517. Ele então viu os ingleses como um povo grosseiro, sujo e inóspito; os ladrões abundavam e a peste estava constantemente assolando. O testemunho é provavelmente muito pessoal para ser significativo.

Muito mais interessante, do ponto de vista documental, é a longa descrição feita no meio do reinado de Henrique VIII, de 1534 a 1543, por um inglês, John Leland. Como guardião das bibliotecas do rei, esse homem erudito estava preocupado com a dispersão e a perda da riqueza dos manuscritos dos mosteiros, após sua dissolução. Ele empreendeu uma vasta viagem em busca dos preciosos livros, que desejava consultar para verificar as histórias de Geoffrey de Monmouth. Durante nove anos, viajou por toda a Inglaterra e acumulou notas que iam muito além de seu objetivo inicial – o estado das estradas, as atividades das cidades e do campo, as convulsões sociais e econômicas, descrições de edifícios, observações arqueológicas, topográficas e genealógicas; tudo é relatado e constitui um conjunto considerável de informações, que se destinava a se tornar uma *Descrição do Reino da Inglaterra*, dedicada ao rei. Atingido por distúrbios mentais, Leland não foi capaz de completar sua tarefa. Suas valiosas notas, dispersas após sua morte em 1552, só foram coletadas em meados do século XVIII por Thomas Hearne: elas constituem o *Itinerário da Inglaterra e do País de Gales*, preenchendo cinco volumes na edição de 1906-1910, de Lucy Toulmin Smith.

Leland apontou bem o clássico contraste entre as ricas terras do sudeste e das Midlands, por um lado, onde, ao lado das charnecas que cobrem os picos calcários de Downs e Cotswolds, e os pântanos próximos às costas baixas de Norfolk, nos Fens, há plantações de trigo, vilarejos pitorescos e, por outro lado, as montanhas médias do norte, os Peninos, e do País de Gales, com suas severas paisagens rochosas, onde inúmeros rebanhos de ovelhas estão espalhados. As florestas ainda são vastas, mas estão recuando rapidamente sob o machado dos madeireiros, para abastecer a indústria da construção naval, construindo diques e molhes. A paisagem rural predominante ainda é o campo aberto, com culturas de cevada, aveia, trigo e centeio, mas aqui e ali aparecem cercas; as linhas de sebes tomam forma, acompanhadas pelo progresso da pecuária. A variedade da riqueza mineral é notável: chumbo de Yorkshire e de Cardiganshire, carvão de Yorkshire, Shropshire, Staffordshire, Lancashire e Durham, ferro da floresta de Dean, do Warwickshire, Staffordshire e Lancashire, alabastro, mármore, estanho e prata em todo o oeste. As estradas são numerosas e relativamente bem conservadas, assim como as pontes de pedra, que facilitam o tráfego. Os rios são muito utilizados, especialmente quando se aproximam dos estuários.

Leland ficou surpreso com o número de castelos-fortes em ruínas, seja totalmente abandonados e transformados em carreiras de pedra, seja parcialmente remodelados em residências mais confortáveis. É verdade que ele não visitou as regiões das grandes fortalezas das marcas. Viajando no final do reinado de Henrique VIII, testemunhou a transição da residência militar para o castelo de deleite. A paz havia sido restaurada havia mais de meio século; esse fato, somado ao progresso do poder real e à agitação da arte da guerra, explica o declínio tanto das muralhas urbanas quanto das fortalezas privadas, que foram substituídas pelas *manor houses* de estilo Tudor, que retêm as ameias apenas por elegância e abrem amplas janelas salientes para os jardins. As transformações dos castelos de Hever ou Leeds, no Kent, são características dessa evolução.

As cidades são numerosas, mas pequenas em tamanho. A própria Londres, com cerca de 75 mil habitantes, não atinge um terço da população de Paris; York tem talvez 25 mil, Norwich e Bristol, 15 mil cada, e as outras, menos de 10 mil. Mas seu papel econômico não é proporcional ao seu tamanho, especialmente quando se trata de centros de tecidos e de portos. A riqueza dessas pequenas aglomerações se exterioriza em suas casas burguesas de pedra, de madeira ou de tijolo, sua prefeitura (*town hall*), suas sedes de guildas (*guildhall*) e suas igrejas, cuja densidade e beleza impressionaram John Leland. Só em Londres, dentro das muralhas da cidade, havia nada menos que 97 igrejas, ou seja, uma para cada 700 pessoas!

Viajantes estrangeiros e ingleses ficavam então favoravelmente impressionados com a atividade do reino. Sua opinião é provavelmente a mais válida, pois, embora não deixe de lado a subjetividade, não é distorcida pelos anacronismos inconscientes e comparações não intencionais com períodos mais recentes, que obstruem nossa visão das coisas. Se os homens de 1540 estavam julgando a Inglaterra próspera, é neles que devemos acreditar; dado que a prosperidade é um conceito relativo, e o melhor juiz é aquele que a aprecia de dentro, de acordo com os critérios de seu tempo. Mas o historiador moderno, um quantificador inveterado, está ansioso para verificar, pesar, medir, aprofundar, nuançar e criticar essa prosperidade, com a ajuda de documentos que não estavam à disposição dos contemporâneos. Conhecendo o futuro, somos sem dúvida mais capazes de discernir as profundas correntes da economia da época, de ver o nascimento de novas formas de organização e o declínio das antigas.

O MEIO RURAL. AS CERCAS

A primeira metade do século XVI na Inglaterra aparece hoje como uma era de transição. A transição no domínio rural em primeiro lugar, que continua sendo, de longe, a mais importante. As continuidades medievais permanecem muito fortes dentro do sistema senhorial. Agrupados em pequenas comunidades, os agricultores praticam métodos agrícolas tradicionais, numa paisagem que ainda estava em grande parte aberta. Os campos, formados por faixas de um *furlong* de comprimento (cerca de 200 metros), são deixados em descanso a cada três anos, servindo de pasto para o rebanho comunal; muitas tarefas são realizadas em comum, e não há separação para impedir a livre movimentação de uma parcela para outra. As condições legais, ainda muito variadas, correspondem aos tipos de posse: proprietários livres (*freeholders*), arrendatários (*copyholders*), arrendatários livres (*tenants at will*), cada categoria deve serviços e honorários particulares ao senhor; o tamanho de suas propriedades, que de forma alguma coincide com a situação legal, varia da mais ínfima parcela até cerca de 20 hectares para os mais ricos. A servidão desapareceu completamente. O senhor, de seu casarão, supervisiona toda a propriedade e tem sua terra cultivada graças à corveia e ao trabalho assalariado. Para além das terras cultivadas, existem as áreas não plantadas, os bosques e florestas. Um mínimo de circulação monetária permite ao camponês pagar certos impostos em dinheiro, comprar algumas ferramentas, e, ao senhor, pagar a mão de obra contratada e adquirir algumas especiarias e produtos de luxo que não puderam ser encontrados localmente. No entanto, essa estrutura, que não mudou durante séculos, está começando a fissurar, devido a vários fatores.

Primeiramente, há um fator interno à sociedade rural, ligado à crescente concentração das fazendas. Confrontados com despesas maiores, tornadas necessárias pelas mudanças no estilo de vida, pelo refinamento dos costumes e pelas novas construções, os senhores aumentam suas exigências, colocando alguns inquilinos em dificuldades e levando-os a deixar a terra: os arrendamentos sobem, e os direitos de herança crescem para os *copyholders*. Os arrendatários mais prósperos assumem as posses de seus infelizes colegas e muitas vezes arrendam o próprio domínio senhorial. Cada vez mais, o senhor invade a terra comunitária, reduzindo o sustento dos trabalhadores agrícolas que ali faziam pastar alguns animais. A agricultura em grande escala está em andamento e leva ao início de um êxodo rural.

O movimento foi aumentado por um fator externo, a inflação, que acabou afetando a Inglaterra, assim como o resto da Europa. O aumento da oferta de dinheiro, a demanda crescente por bens de todos os tipos, devido ao simples crescimento demográfico, os gastos pesados da monarquia, a depreciação da moeda, a circulação acelerada do dinheiro: tudo contribuiu para o aumento dos preços e salários, especialmente a partir da década de 1530. A economia de mercado penetra no campo, onde a terra se torna um objeto de comércio e até mesmo de especulação. Os senhores, cujos recursos eram limitados pelo nível fixo de muitas rendas pagas pelos camponeses, venderam as terras e os novos proprietários, senhores mais poderosos ou comerciantes, são geralmente mais eficientes em tornar seus domínios mais lucrativos. A Inglaterra rural conheceu, dois séculos antes, as convulsões que afetariam a França na segunda metade do século XVIII.

É claro, não se deve exagerar. O reinado de Henrique VIII foi apenas o início de um movimento que assumiria sua verdadeira amplitude no século XVII. Embora os casos ainda estejam isolados, o fenômeno é percebido pelos contemporâneos, em particular quando resulta numa modificação da paisagem e dos métodos agrícolas, notadamente após a multiplicação das cercas. O aparecimento de sebes protetoras em torno de propriedades não era recente. Já no início do século XV, foram relatados distúrbios aqui e ali, quando camponeses furiosos destruíram essas novas cercas e protestaram contra a extensão dos pastos, até em certas aldeias que haviam sido abandonadas e arrasadas após a devastação causada pela peste negra. Muito cedo, o poder real se preocupou com a situação e tentou frear o movimento. Aos seus olhos, o cercamento, seguido da substituição de culturas pela criação de gado, era prejudicial à economia e à defesa do reino: as colheitas corriam o risco de se tornar insuficientes, e o número de agricultores estava diminuindo. Mas o fazendeiro era a força do país; foi ele quem forneceu o formidável arqueiro, o arquiteto das vitórias da Guerra dos Cem Anos; livre e robusto, ele era o orgulho do reino. Já em 1515, um autor local declarou: "Que povo no mundo pode se comparar com os comuns (*common people*) da Inglaterra, em riqueza, liberdade, bem-estar e todas as prosperidades? [...] Que pessoas no mundo são tão poderosas, tão fortes no campo de batalha, como os comuns da Inglaterra?". Em comparação com o lavrador (*husbandman*), o pastor é um cético, um pobre-diabo inútil. A conversão do cultivo para a pecuária é, portanto, fortemente depreciada. Thomas More compartilha essa visão; em *Utopia*, ele escreve: "Os carneiros se tornaram tão selvagens e tão devoradores que comem e engolem os próprios homens. Eles consomem, destroem e devoram campos, casas e cidades". Em 1489, duas leis de Henrique VII haviam reagido contra os cercados; um dizia respeito à ilha de Wight, onde se temia o despovoamento, pela concentração das propriedades; a outra, preocupando-se com a destruição de aldeias inteiras para dar lugar a pastagens de ovelhas, ordenava que qualquer casa que já tivesse comandado uma exploração de pelo menos 10 hectares fosse restaurada em seu propósito original.

Os cercamentos inegavelmente perturbaram os contemporâneos. Enquanto alguns deles efetivamente substituíram as plantações por gado, outros simplesmente permitiram que os senhores reagrupassem as parcelas de sua propriedade em um ou mais grandes blocos para melhorar o cultivo, plantando sebes para protegê-los dos animais. Outras vezes, são os arrendatários ricos que, por meio de trocas de parcelas, agrupam suas propriedades e as cercam; outras vezes, ainda, o senhor cerca e explora uma parte do terreno não plantado comum. Foi calculado que uma exploração rodeada por sebes via sua renda aumentar em 30%, em comparação com o sistema tradicional de campos abertos. O lucro poderia chegar a 60%, se o cultivo fosse abandonado em proveito da criação de ovelhas: as indústrias flamenga e italiana exigiam quantidades crescentes de lã em bruto e, a partir do século XV, a própria Inglaterra começou a fabricar seus tecidos, de modo que o preço da lã não parava de subir. Nessas circunstâncias, a reação dos proprietários é compreensível.

Em todo caso, o movimento resultava num êxodo rural, que afetava principalmente os trabalhadores agrícolas, levados a mendigar pela divisão de terras comunais, e privados de seus empregos por causa do abandono do cultivo. Durante o reinado de Henrique VIII, as autoridades tentaram novamente proibir os cercados: uma lei do Parlamento, em 1515, ordenava a reconstrução de casas abandonadas e a conversão de terras de pasto em plantações. Dessa vez, o governo tomou medidas para fazer cumprir a lei. Wolsey, como vimos, não tinha amor pelos nobres; estava feliz em impor-lhes as medidas contra os cercados. Em 28 de maio de 1517, ele nomeou dezessete comissões para pesquisar 25 condados, listar as casas destruídas e as terras convertidas em pasto, desde o dia de São Miguel[1] de 1488. Aqueles que haviam desobedecido à lei de 1515 tiveram que pagar pesadas multas. Em 1526, 1528, 1529, as proclamações ordenaram a derrubada das sebes; uma lei de 1534 proibiu a criação de mais de 2 mil ovelhas por fazenda; uma lei de 1536 reiterou essas ordens.

Mas o movimento era irresistível. A lei só poderia retardá-la, e a repetição das decisões mostra sua impotência. Nos condados, as autoridades locais, muitas vezes cúmplices dos senhorios, eram elas mesmas proprietárias de terras fechadas. Os pesquisadores, que eram intimidados ou corrompidos pelos nobres, não relatavam todos os casos, e as investigações de Wolsey não produziram os resultados esperados. De acordo com os registros resultantes, os cercados afetavam apenas 1,5% da área dos condados das Midlands, e desse pequeno total, menos de três quartos eram pastagens. No condado de Berkshire, houve 560 despejos de agricultores como consequência dos cercados, mas quase todos eles encontraram emprego nas grandes propriedades ou na plantação das sebes; apenas 80 pessoas tiveram que emigrar. Pelas razões apresentadas, esses números, sem dúvida, estão muito abaixo do tangível. Essa realidade, embora exagerada pelos escritores, não foi menos preocupante, especialmente em cinco condados de Midlands: Berkshire, Buckinghamshire, Northamptonshire, Oxfordshire, Warwickshire. Em Kent e no oeste, os espaços cercados eram mais antigos e, no norte, eram mais raros.

---

1 O dia de São Miguel, 29 de setembro, era no oeste a data de pagamento das rendas, efetuados pelos fazendeiros, depois da colheita; em consequência, é também o dia de expiração dos contratos de arrendamento de terras. (N. T.)

Que o problema era uma preocupação, pode ser visto na abundante literatura do período, que enfatiza os males dos cercamentos. Além de Thomas More, Thomas Latimer, Robert Crowley, Thomas Starkey, Henry Brinklow, Fitzherbert, Tusser, Becon, e muitos escritores anônimos denunciaram a situação. Um escrito da década de 1550 chegou a arriscar alguns números, sem dúvida exagerados; segundo *Certas causas [...] pelas quais é demonstrado o declínio da Inglaterra devido ao simples fato da quantidade de carneiros*, cada diário[2] de terra voltada para o pasto provoca a perda de seis empregos e o desaparecimento de alimentos para sete pessoas e meia, ou seja, 30 mil empregos perdidos e 375 mil pessoas a serem alimentadas em toda a Inglaterra; o preço da lã sobe, assim como os preços da carne e de outros alimentos, que tendem a desaparecer. Becon e Robert Crowley criticam os senhores gananciosos, que empobrecem o campesinato. Thomas Starkey, em seu *Diálogo*, enfatiza o êxodo rural. Henry Brinklow, em *Lamento de Roderyck More* e *Uma súplica dos pobres comuns*, ataca tanto a Igreja quanto os senhores seculares, por extorquir impostos cada vez mais altos e cercar a terra. Os protestos aumentam bastante após a morte de Henrique VIII.

O problema dos cercamentos está de fato ligado àquele da demografia, uma realidade que a ausência total de estatísticas para esse período ajudou a ocultar. Após a devastação causada pela peste negra no século XIV, a população começou a aumentar novamente. Sob Henrique VIII, ela alcançou e certamente superou os recordes medievais do final do século XIII, provavelmente atingindo um pouco menos de 4 milhões de habitantes. O número pode parecer baixo, especialmente quando comparado com os 16 a 18 milhões de franceses do mesmo período. No entanto, foi um pico relativo, e não deixou de ter repercussões sobre o emprego. As perspectivas profissionais militares haviam sido fechadas desde o final da Guerra dos Cem Anos e da Guerra das Duas Rosas; as tropas privadas da nobreza haviam desaparecido; a diminuição das florestas jogou nas estradas os bandos de foras da lei que anteriormente lá haviam encontrado refúgio; o desaparecimento das pequenas fazendas, a extensão das pastagens, a concentração da propriedade da terra, tudo contribuiu para inchar as fileiras desse estrato instável de mendigos e vagabundos que preocupavam as pequenas cidades. A abolição dos mosteiros só aumentou o problema.

---

2 Área que um homem podia arar em um dia.

O governo reagiu a isso num espírito profundamente medieval. Dado que o homem estava na terra para trabalhar, no lugar que Deus lhe designou, era imoral viver em ociosidade, à custa do corpo social. Portanto, era preciso fazer uma distinção entre mendigos velhos e doentes, que deviam ser sustentados, e mendigos capazes, que deviam ser punidos e colocados para trabalhar. A partir de 1495, foi aprovada uma lei ordenando que se colocasse no pelourinho os vagabundos capazes de trabalhar, antes de serem expulsos, e que se enviassem de volta os mendigos inválidos para suas regiões de origem. Em 1531, um ato do Parlamento previa que os inválidos deveriam obter uma licença dos juízes de paz para mendigar dentro de sua circunscrição, sob pena de flagelação e de pelourinho. Os válidos deveriam primeiramente ser açoitados, depois enviados de volta para sua paróquia de origem e lá trabalhar. Outra lei de 1536 detalhava as medidas: jovens entre 5 e 14 anos deveriam ser colocados como aprendizes com artesãos, e açoitados se fugissem ou caso se recusassem a trabalhar; vagabundos adultos que fossem reincidentes deveriam ter um pedaço de sua orelha cortado e ser açoitados novamente, antes de serem submetidos a trabalhos forçados. Por outro lado, a caridade pública foi incentivada em favor dos inválidos, sob a forma de doações e auxílios a instituições de caridade. Essas medidas eram insuficientes e ineficazes, e foram repetidas constantemente ao longo do século, mas refletiam a preocupação social com o inegável aumento da mendicidade. Um ato de 1542 deplora o fato de que as leis anteriores não foram aplicadas e atribui isso à negligência dos oficiais; sabe-se que às vezes os juízes de paz não ousavam agir contra os bandos de mendigos, por medo de verem seus bens incendiados.

Se o período foi difícil para o pequeno camponês, favoreceu a categoria do *yeomen*. Esses proprietários médios, de todas as condições legais, formaram uma classe média sem equivalente no continente. Livres e com relativo conforto, constituíam um elemento de estabilidade, sobre o qual os Tudor tiveram a habilidade de se apoiar. Os senhores do campo, a *gentry*, os senhores do meio dos *squires*, tiveram alguma dificuldade com o aumento dos preços e a estagnação da renda, mas se adaptaram rapidamente. Eles são os principais instigadores e beneficiários dos cercamentos, mas sua força também veio do fato de participarem amplamente de outras atividades econômicas. Ao contrário do nobre francês, que seria marginalizado por qualquer comércio manual ou comercial, o *squire* frequentemente enviava seus filhos caçulas como aprendizes de artesãos e comerciantes; outros se tornam advogados e muitas vezes acabam acumulando uma fortuna maior do que aquela do filho mais velho, que havia tomado posse da terra e herdado o senhorio. Não há separação entre o fidalgo rural, o comerciante de tecidos e o comerciante instalado em um porto.

O AMBIENTE URBANO. AS GUILDAS. O COMÉRCIO EXTERIOR

A residência preferida do *squire* que permaneceu como proprietário de terras é o campo: ele constrói uma dessas *manor houses* num ambiente muito mais agradável do que o meio urbano da época. Em todas as cidades, ocorre um movimento de concentração semelhante àquele que acabamos de ver no campo. O sistema artesanal tradicional era, como na França, o das corporações, ou *craft gilds*. A guilda, com sua organização autônoma, liderada por um grupo de mestres eleitos, regulamentava as condições de trabalho e salários, estabelecia padrões de qualidade e os fazia respeitar por meio de um sistema de multas: resolvia disputas entre os membros, mantinha a iluminação em uma ou mais igrejas e organizava o festival anual. Assim, as autoridades municipais delegaram à guilda a polícia profissional. Dentro de cada uma delas, havia uma hierarquia de aprendizes, companheiros[3] (*journeymen*) e mestres, e, em teoria, era possível se tornar um mestre, uma vez que uma obra-prima tivesse sido produzida. Com frequência as guildas eram altamente especializadas e numerosas – 66 em Londres, 47 em York, 24 em Coventry – e guardavam ciosamente o respeito ao seu monopólio.

Entretanto, essa estreita estrutura começava a se desintegrar sob a pressão do espírito capitalista. A partir do século XV, surgiram dificuldades. Em primeiro lugar, dificuldades financeiras; com a crescente diversificação da produção, as guildas se dividiram em unidades mais especializadas, menores, mais frágeis, menos capazes de suportar os custos de organização. Depois, havia as dificuldades sociais. A afluência de mão de obra para

---

3 Em francês, *compagnons*. Eram jovens colocados como aprendizes, que tinham casa e comida ofertadas pelo artesão, dando-lhes uma formação profissional e eventualmente conservando-os na condição de trabalhadores ao final da *compagnonage*. A família do jovem fornecia as vestimentas e pagava ao patrão por essa formação. (N. T.)

as cidades, devido ao movimento demográfico e ao êxodo rural, contribuía para uma queda nos salários; a maioria das profissões estava saturada, o acesso à posição de mestre era impossível e o recrutamento de aprendizes foi reduzido. As relações entre patrões e *compagnons* eram mais agressivas; estes últimos às vezes formavam suas próprias organizações, os *yeoman gilds*, que entravam em conflito com os patrões em questões de remuneração. Dentro das guildas, desenvolveram-se associações lideradas pelos principais mestres, as "corporações londrinas com libré própria" (*livery companies*); constituindo uma verdadeira elite rica em cada guilda, elas exigiam taxas de entrada muito mais altas do que as guildas comuns e recrutavam seus aprendizes entre a burguesia municipal. Dentro das próprias corporações, surgia uma oligarquia que concentrava a renda, os meios de produção e as rédeas do comando. Trabalhando para destruir as regulamentações corporativas que atrapalhavam seu desenvolvimento, esses mestres formaram o núcleo de um pré-capitalismo, que tinha à sua disposição uma massa crescente de assalariados em busca de trabalho. Tanto no artesanato quanto na agricultura, o reinado de Henrique VIII foi marcado pelo início de uma grande transição para os modos de produção modernos.

O capitalismo não era inteiramente novo. O setor de mineração havia muito tempo se caracterizava pelo emprego de uma numerosa mão de obra assalariada, efetivada por grandes proprietários de terras. No século XIV, "Abraão, o Estanhador" empregava trezentos homens em suas minas de estanho; o bispo de Bath e Wells também era um capitalista bem conhecido no mesmo setor. Esse tipo de organização era comum nos condados do sudoeste. Os mineiros tinham suas guildas, mas estas eram meramente associações de assalariados. Esse modelo tendia a se disseminar pelas cidades: pequenos artesãos tornavam-se fornecedores para pessoas ricas, que reservavam a função comercial para si. Assim, em 1502, um alvará real concedia o título de "alfaiates mercantes" à empresa de alfaiates, autorizando-os a recrutar quem quisessem e a vender em todo o país, enquanto a *yeoman gild* dos pequenos artesãos se tornou um corpo subordinado, reduzido à função de fabricação. A ascensão das poderosas empresas de *marchands-merciers*,[4] de

---

4 Literalmente, "mercadores de mercadorias". Limitados pelos regulamentos das guildas, que os proibiam de criar objetos inteiramente, só podiam montá-los ou transformá-los, o

fabricantes de tecidos e de comerciantes de vinho acentuou ainda mais a divisão das tarefas. Em 1480, os Mercadores Aventureiros de Newcastle haviam excluído os artesãos de qualquer atividade de venda.

O desenvolvimento mais espetacular concerne ao setor da indústria têxtil. Ao passo que durante séculos os ingleses vendiam sua lã em bruto para os flamengos, no século XV eles começaram a praticar a fiação e tecelagem para exportação. A monarquia encorajava o movimento, que proporcionava trabalho e trazia valiosas receitas alfandegárias. Em 1464, Eduardo IV proibiu a importação de tecidos estrangeiros. Sob Henrique VIII, as exportações de tecidos subiram de 85 mil para 120 mil unidades anuais, e grandes mercados especializados surgiram no país: Blackwell Hall em Londres, Norwich, Ipswich, York, Beverley, Coventry, Northampton, Winchester, Southampton e Bristol.

Um comércio dessa magnitude não poderia se limitar aos estreitos limites das guildas urbanas. Ele foi o principal trampolim para o crescimento do capitalismo na Inglaterra. Uma classe de grandes comerciantes construiu ali suas fortunas, fora das restrições das corporações: o tecelão empregava preferencialmente uma mão de obra rural, espalhada pelo campo, que utilizava a energia dos cursos d'água e das máquinas emprestadas pelos empresários, mas havia também verdadeiras fábricas: um certo Tucker, de Burford, para quem trabalhavam quinhentos funcionários, não hesitou em trazer artesãos estrangeiros, franceses e flamengos em particular, como em Norwich. Ele comprava as terras e os edifícios monásticos, convertendo refeitórios, dormitórios e igrejas em oficinas. Os nomes de John Winchcombe ou William Stumpe, que comprou a abadia de Malmesbury e arrendou a abadia de Osney, estabelecendo ali seus negócios, estão entre os primeiros grandes empresários capitalistas. Nos condados de Somerset, Gloucestershire, Wiltshire, Suffolk ou West Riding do Yorkshire, muitos vilarejos experimentaram uma prosperidade até então nunca vista, da qual ainda hoje as *guildhalls* e as magníficas igrejas paroquiais dão testemunho.

A ascensão dessas formas capitalistas de produção não é uma consequência da Reforma religiosa, já que o movimento havia começado muito antes do aparecimento do luteranismo. Por outro lado, é claro que o mesmo

---

que lhes rendeu o epíteto de Diderot, em sua *Enciclopédia*: "mercadores de tudo e fazedores de nada". (N. T.)

espírito preside à ascensão da grande empresa privada e a fé mais pessoal da Reforma. Em ambos os casos, o indivíduo é colocado antes da comunidade, com a iniciativa e a interpretação pessoal prevalecendo sobre a obediência e a submissão aos dogmas coletivos. A regulamentação e a tradição são rejeitadas, em nome de uma maior autonomia pessoal. Pobreza e riqueza não são mais o equivalente de santidade e de danação, mas, pelo contrário, as marcas do castigo ou da recompensa, da ociosidade no primeiro caso, do trabalho no segundo; essa concepção é expressa nas leis contra a vagabundagem. Tanto na esfera econômica, quanto na religiosa, esta é de fato a expressão de uma mesma revolução cultural.

É ainda mais impressionante notar que, em ambos os casos, a ação da monarquia Tudor vai no sentido de um compromisso. Estudamos isto em profundidade no campo religioso. Na esfera econômica, o governo fica dividido entre a necessidade de manter a ordem, o que o leva a frear os desenvolvimentos geradores de conflitos sociais, e o desejo de estimular a riqueza do país, sempre se apoiando na classe crescente dos novos-ricos, o que pelo menos supõe uma não intervenção nos assuntos econômicos. A legislação do reinado de Henrique VIII nessa área ilustra esse dilema. O próprio rei não se interessa por esses problemas, cuja importância ele nunca de fato entendeu. Além de seus prazeres, somente a diplomacia e a "grande" política são dignas de sua atenção. As histórias de comerciantes são boas para a administração subalterna. Naturalmente, seus conselheiros lhe mostraram as implicações econômicas de suas políticas, como quando em 1528 o comércio de tecidos com os Países Baixos foi interrompido por causa da guerra, causando um sério aumento do desemprego, ou quando, em 1525, impostos excessivos colocaram os fabricantes de tecidos de Suffolk em dificuldades. Mas a economia nunca foi o fator determinante de suas decisões políticas. As guerras imprudentes, as manipulações monetárias e a desistência das grandes viagens de exploração indicam, ao contrário, sua indiferença nessa área. Somente o desenvolvimento da marinha o interessa realmente, mas com óbvios motivos militares subjacentes.

A legislação econômica do reinado foi, portanto, o trabalho de seus conselheiros, e ela foi abundante, refletindo o questionamento do sistema geral das guildas. Em geral, o governo tem em vista manter o sistema tradicional. Decisões em 1523, 1534 e 1543 procuram devolver às cidades de

East Anglia o controle sobre a atividade têxtil, que foge cada vez mais para o campo; várias leis ordenam que as corporações tenham seus regulamentos aprovados pelas autoridades municipais, mas isso não impede que muitas dessas associações revisem as condições de trabalho de forma desfavorável aos funcionários e apliquem com grande liberdade os estatutos relativos a horários e salários. Os textos são reveladores das condições de trabalho da época. Por exemplo, um ato de 1495 estabelecia o horário de trabalho dos artesãos, começando às cinco da manhã e terminando entre sete e oito da noite, de meados de março a meados de setembro; dois intervalos estavam previstos: meia hora para o almoço e uma hora para o jantar; de meados de maio a meados de agosto, uma meia hora adicional de descanso foi concedida após o jantar, o que ainda compreendia jornadas de cerca de treze horas de trabalho efetivo; no inverno, a duração foi reduzida por causa da escuridão. Um ato de 1515 fixava o salário comum em 3 *pence* por dia no inverno e 4 *pence* no verão; para os *compagnons* habilidosos, as tarifas eram de 5 e 6 *pence*. Dificilmente se poderia esperar ganhar mais do que 6 libras por ano, desde que nunca se ficasse doente. Com a inflação, a condição material do trabalhador se deteriorou sob Henrique VIII. Segundo uma estimativa global, o nível de preços subiu do índice 100 ao índice 290, entre 1500 e 1560, enquanto o salário do pedreiro *compagnon* passava de 100 para 169.

Inúmeras leis também regulamentaram os preços e a qualidade dos bens e serviços. Assim, um ato de 1536 lembra que a carne deve ser vendida por peso, usando uma balança, e ao preço de meio *penny* por quilo de carne bovina ou suína, meio *penny* e meio *farthing* (um quarto de *penny*) por quilo de carne de carneiro e vitela. Uma lei de 1512 proibia a importação de chapéus estrangeiros e estabelecia normas para a qualidade dos chapéus ingleses; estes tinham de ostentar uma marca de fabricação: 2 *shillings* para um belo chapéu de lã Cotswolds, que tinha a marca C; de 1 a 3 *shillings* e 4 *pence* para chapéus Leominster, com a marca L. Outra lei de 1512 autoriza a punição de comerciantes de velas de má qualidade. Toda uma série de leis regulamenta a qualidade do couro, do estanho e dos tecidos. Para garantir a competência de médicos e cirurgiões, ninguém poderia exercer esses ofícios sem a aprovação... do bispo! Em 1523, os médicos de Londres formaram uma corporação, que tinha o direito de verificar as habilidades dos recém-chegados, a menos que eles fossem graduados em Oxford ou Cambridge.

Foi também dentro de um espírito medieval que o governo Tudor protegeu os produtores e comerciantes ingleses contra os estrangeiros. As atividades destes últimos são estritamente monitoradas; uma antiga lei de 1439 exigia que residissem na casa de um anfitrião inglês específico e que vendessem suas mercadorias dentro de oito meses. Em 1523, proibiu-se que os artesãos estrangeiros tivessem aprendizes estrangeiros, obrigou-se que colocassem uma marca especial em seus produtos e que se pusessem sob a supervisão das guildas locais. Em 1530, limita-se a dois o número de servidores estrangeiros; eles tinham que jurar fidelidade ao rei e só podiam se reunir no salão da empresa. Por vezes, a desconfiança dos artesãos ingleses em relação aos estrangeiros irrompe com violência, como nos motins de 1º de maio de 1517 em Londres. O governo tenta reservar a maior parte da indústria de lã para seus próprios habitantes, proibindo a exportação de tecidos não tingidos em 1512. Uma lei de 1523 também proibia a venda de tecido não tingido a estrangeiros, a menos que não se tivesse encontrado um comprador inglês após oito dias de exposição no Blackwell Hall. A tentativa de desenvolver o tingimento na Inglaterra foi, no entanto, um fracasso. Leis protecionistas similares tentaram estimular a indústria do linho: em 1529, foram restringidas as importações de *dowlas* e *locheram*, nomes dados aos tecidos grosseiros provenientes de Daoulas e Locronan, na Bretanha; em 1533, cada agricultor é obrigado a reservar um oitavo de hectare para o cultivo de linho. Foram impostas restrições severas aos curtidores e especialistas de couro estrangeiros: a partir de 1512, eles tinham que obter couro no mercado aberto e sob o controle da guilda dos curtidores. Por outro lado, os estrangeiros que trabalhavam em ofícios necessários, como cirurgiões, padeiros e cervejeiros, ficavam isentos das regulamentações nacionais. Quanto aos ingleses, precisavam levar em conta os interesses nacionais em seu comércio do outro lado do canal, evitando a venda de produtos estratégicos, como cavalos; aqueles que traziam produtos venezianos tinham que importar, para cada barril de vinho, dez unidades da madeira de fazer arcos (*bois d'arc*), que é material de guerra essencial para o exército inglês.

O comércio exterior inglês, sempre muito ativo na Idade Média, desde o século XV havia experimentado um impulso espetacular. A ilha vendia sua lã, seu pano cru, mas também peixe, sal, peles, trigo, carne, carvão, estanho, alabastro; comprava seda, especiarias, algodão mediterrâneo, alcatrão, ferro, grãos, peles do Báltico, arenques e tecidos de linho da Holanda, vinho de Bordeaux e do Oriente. Havia muito esse comércio estava nas mãos dos italianos e dos hanseáticos. Os primeiros frequentaram Southampton, Poole, Plymouth, Dartmouth e Sandwich e se beneficiaram de sua excelente rede bancária. Os segundos estavam firmemente estabelecidos em Londres, onde seu estabelecimento de Steelyard era uma espécie de enclave alemão no Tâmisa. O tratado de Utrecht, de 1474, havia lhes concedido privilégios que enfureciam os ingleses, principalmente uma grande redução dos direitos alfandegários sobre as mercadorias que eles traziam para a Inglaterra.

Ora, no início do século XVI, os italianos, enfraquecidos pelo avanço dos turcos e pela ascensão do mundo atlântico, como a Liga Hanseática, perturbado pelas guerras internas do império, estavam em retirada, e o lugar do comerciante inglês continuava a crescer no comércio exterior do reino. Eles foram responsáveis por 59% das exportações de tecido, 65% das exportações pagando direitos de *tunnage* e *poundage*,[5] 75% das importações de vinho e 88% do comércio da lã. Alguns comerciantes ingleses conseguiram rivalizar com os grandes comerciantes continentais em termos de riqueza, como os Canning, de Bristol, ou os Tanne, de King's Lynn. William Canning, sob o reinado de Eduardo IV, já possuía uma dúzia de navios e empregava oitocentas pessoas.

Esses comerciantes operavam em empresas bem organizadas, que protegiam seus interesses. A empresa mais antiga, a dos mercadores de Etapa, que surgira já no século XIV, especializou-se na exportação de lã em bruto, que tinha obrigatoriamente que ser feita por Calais, para facilitar a cobrança de impostos. Elas custavam 6 *shillings* e 8 *pence* por saca de lã, com diversos suplementos que elevavam o imposto para 2 libras para comerciantes ingleses, e 4 libras para comerciantes estrangeiros, o que era uma soma considerável. Sob Henrique VIII, esse comércio diminuiu rapidamente, em quase 50%: de 8.469 sacas exportadas em 1509, caiu para 4.700 sacas em 1546. Já em 1527, os comerciantes da Etapa reclamaram para Wolsey que havia apenas 140 deles, contra 400 no passado. Esse declínio irremediável é

---

5 *Tunnage and poundage duty*: imposto alfandegário cobrado sobre o comércio de cada *tun* de vinho e cada *pound* de produtos secos, daí seu nome. No século XIV, esse imposto destinava-se a pagar pela proteção dos comerciantes, porém mais tarde tornou-se um simples imposto aduaneiro.

explicado pelo impulso na exportação de tecidos. Os ingleses agora os fabricavam em seu país e a venda era mais lucrativa que aquela do produto bruto.

O comércio de tecidos estava nas mãos dos Comerciantes Aventureiros, que constituíam uma "empresa regulamentada": detendo o monopólio da exportação de tecidos, ela admitia em sua associação todos os comerciantes que pagavam a cotização, mas o comércio era realizado de forma individual. Em cada porto, os Aventureiros tinham seu próprio entreposto e seu local de reunião, o *hall*, alguns dos quais ainda estão magnificamente preservados, como o de York. A maior parte do comércio era com os Países Baixos. Sob Henrique VIII, os Aventureiros de Londres exerceram uma verdadeira hegemonia; já em 1497, eles haviam tentado excluir os comerciantes de outros portos, e em 1504 haviam tentado absorver a Etapa.

Apesar do crescimento inegável do comércio exterior durante o reinado de Henrique, a receita total da alfândega caiu de 42 mil libras para 35 mil libras por ano, principalmente devido a uma redistribuição do comércio. Os impostos sobre mercadorias gerais, conhecidas como *tunnage* e *poundage*, eram de fato leves, em torno de 5% do valor da mercadoria, enquanto os impostos sobre a lã eram muito altos. O declínio nas exportações de lã em bruto estava longe de ser compensado, em termos de receita alfandegária, pelos avanços nos tecidos e outros têxteis, pelos progressos dos tecidos e outros produtos.

LONDRES

Foi em Londres que o progresso econômico do reino ficou mais evidente. Os 75 mil habitantes ainda estavam, em sua maioria, contidos na velha cidade fechada, a City, cujos muros, bem mantidos, conservavam uma função militar, e davam ao conjunto um ar bastante medieval. Sempre se entrava na City através de impressionantes portas fortificadas: Aldgate, Bishopsgate, Moorgate, Aldersgate, Newgate e Ludgate. Encostada no Tâmisa, a cidade estava ao mesmo tempo protegida e vigiada pela maciça Torre, fortaleza, arsenal, oficina monetária, residência e prisão, à qual se poderia ter acesso pelo rio. A oeste, o muro corria ao longo do Fleet, um pequeno tributário do Tâmisa, que cheirava mal. Na margem sul, o subúrbio de Southwark tinha algumas belas igrejas, tais como Saint-Olaf, Saint Mary Overy, o hospital de Saint-Thomas,

O DÉSPOTA E SEU REINO 367

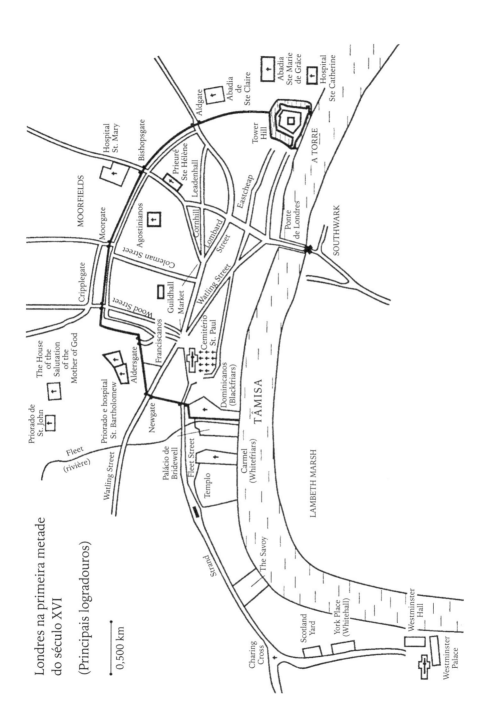

Londres na primeira metade do século XVI
(Principais logradouros)

o palácio do bispo de Winchester, e vários cabarés e bordéis. Southwark era ligada à cidade pela famosa ponte de Londres, cuja entrada era protegida pela Bridgegate e por uma ponte levadiça. Iniciada em 1176, essa notável construção de dezenove arcos permaneceu em serviço até 1832. Era a última passagem para Kent antes do mar, e marcava o limite a montante do porto marítimo de Londres, cujos cais de madeira se estendiam até a Torre. A passagem de navios sob a ponte era de fato perigosa, pois os arcos estreitos causavam uma forte corrente, responsável por muitos acidentes.

Havia muitos estabelecimentos comerciais na cidade: o mercado de tecidos de Blackwell Hall, o mercado de trigo, o mercado de carne, o mercado de gado (*stocksmarket*) o mercado de chumbo, o Steelyard, o entreposto hanseático a oeste da ponte, os *halls* das guildas comerciais, a alfândega, as lojas de cambistas da rua Lombard, a esplêndida construção das corporações, a *Guildhall*, que também era a prefeitura. Não menos importante era a função religiosa da City, visível de longe com o batalhão de 97 pináculos das igrejas paroquiais, dominadas pela imponente massa da catedral de Saint-Paul, uma das maiores da cristandade, rodeada por dois claustros, pelas residências do bispo e do clero, e por um cemitério. Os grandes conventos dos dominicanos, franciscanos, agostinianos e vários mosteiros menores completavam o domínio eclesiástico na cidade, onde se notava ainda o castelo real de Baynard, reconstruído por Henrique VII.

O amontoamento era extraordinário. As casas de madeira deixavam apenas passagens estreitas, perpetuamente desordenadas. A densidade se aproximava de 30 mil habitantes por quilômetro quadrado, num emaranhado inextricável de lojas, de igrejas, de cemitérios (quase uma centena), de prédios públicos e de mercados. Dessa incrível concentração, o grande incêndio de 1666 não deixou quase nada. Mas a aglomeração de Londres já estava se estendendo para além dos limites das muralhas da cidade. Se as áreas pantanosas de Lambeth Moor e de Moorfields continuavam desertas, casas e alguns grandes conventos e hospitais pontilhavam o campo nos limites imediatos dos muros: Hospital de Santa Catarina, a leste da Torre, Hospital de Santa Maria, Hospital de São Bartolomeu, ao norte, abadias de Santa Maria e de Santa Clara, e os priorados da Salvação, de São João, e de São Bartolomeu. A principal extensão da cidade era para o oeste, em direção a Westminster. Saindo da cidade pela Ludgate, seguia-se a Fleet Street, depois a Strand, até o cruzamento de Charing Cross; entre esse eixo e o rio se encontravam sucessivamente o palácio de Bridewell, o convento carmelita de Whitefriars, que após sua dissolução logo se tornou um lugar mundano, o Templo, antigo comando dos Templários, ocupado desde o século XIV pelas pessoas da lei, em seguida alguns palácios episcopais, e o Savoy, um hospital para os pobres. Na cruz de Charing Cross, que então ficava no campo, voltando-se para o sul, deixando à direita a residência dos anfitriões escoceses, a Scotland Yard, depois o palácio de York Place, que Henrique VIII confiscou dos arcebispos de York para fazer Whitehall; chegava-se então ao Westminster Hall, local de reunião mais frequente do Parlamento, mas onde também se realizavam as sessões dos tribunais de justiça da chancelaria, da bancada do rei, dos tribunais comuns e do tribunal de contas. Ao sul e ao leste do grande *hall* havia o palácio, a residência real, local de reunião do Conselho. Westminster era cada vez mais visto como a sede do governo, aos pés da abadia em que repousava, em sua magnífica capela, o fundador da dinastia, Henrique VII.

ADMINISTRAÇÃO E JUSTIÇA

É em Westminster que a máquina administrativa Tudor toma sua forma final. Organizada em torno da pessoa sacrossanta do soberano, de quem derivam todos os poderes, ela se destaca na Europa da primeira metade do século XVI por sua competência e eficiência. Mais do que em qualquer outro lugar, ela é conduzida por verdadeiros profissionais, muitas vezes de origem humilde, burocratas trabalhadores, que conhecem perfeitamente as questões e assim exercem a realidade do poder, às expensas dos grandes nobres, que ficam reduzidos à figuração amuada ou à peroração presunçosa. Administração, justiça e finanças alcançam um nível de perfeição sem precedentes, graças às comissões especializadas do Conselho, presididas por altos funcionários públicos que asseguram, na ausência do rei, a condução regular dos negócios.

Nas províncias, as decisões são aplicadas por "juízes de paz", diretamente responsáveis perante o Conselho, cuja autoridade agora substitui aquela dos xerifes. Os xerifes, outrora os principais agentes do poder real, são agora mantidos sob suspeita. Tendo perdido seus poderes judiciais para juízes itinerantes e para juízes de paz, e não tendo mais poderes fiscais, eles não são mais nem sequer chefes das milícias locais, uma tarefa agora confiada a um lorde-tenente. Seu ofício, que se tornou anual, fica reduzido à execução de decisões judiciais: prisões, manutenção da prisão, enforcamentos. Esses homens que, graças às suas ligações com a nobreza, haviam sido verdadeiros tiranos locais no tempo de Robin Hood, eram agora meros sargentos.

Paralelamente ao declínio do papel do xerife, aumentava aquele do juiz de paz. Nomeado pelo rei entre a nobreza local dos condados, ou eleito nas cidades pelos notáveis, ele desempenhou uma ampla gama de funções: manter a ordem, aplicar estatutos sobre a vagabundagem, sobre a fixação de preços e salários, sobre o cercamento, e sobre a interdição de reunir tropas privadas. Mas a justiça é obviamente seu domínio essencial. Quatro vezes por ano, ele organiza tribunais, no decorrer dos quais pode julgar os mais diversos casos, incluindo os criminais. O resto do ano, nos julgamentos ordinários, lida com todos os casos menores. Instrui os casos, procede aos interrogatórios preliminares e garante a independência dos júris. O juiz de paz, no entanto, é supervisionado de perto pelo Conselho, que pode rever seus julgamentos, e não está interessado em ver seus funcionários usando seus poderes para interesses pessoais. É sempre possível recorrer de uma decisão de um juiz de paz em outra corte, ou até mesmo ao rei ou ao chanceler, como previsto em uma lei de 1489, que estabelece que isso é necessário para que "os súditos do rei possam, sob a proteção de sua paz, viver em segurança de corpo e de bens".

Essa preocupação com a justiça é uma característica-chave do governo Tudor, que herda o código tradicional da lei comum (*common law*). Embora ninguém saiba realmente a origem desta última – mesmo que Fortescue a trace até Brutus –, a extrema antiguidade garantia sua força e prestígio. Longe de ser fixa, a lei comum é constantemente confrontada com novos casos, o que permite ao Parlamento esclarecê-la, "proclamá-la", ampliando assim seu campo de ação. Os juízes e advogados encarregados de aplicá-la têm uma formação de dezesseis anos: primeiro passam por uma das dez escolas de direito (*inns of chancery*) para aprender os rudimentos da profissão, depois frequentam uma das quatro *inns of court*, espécies de faculdades de Direito, assistem aos grandes processos em Westminster, organizam julgamentos simulados e compõem peças processuais. Depois de oferecer uma dispendiosa refeição aos membros da profissão, o estudante pode então tornar-se advogado. Como membro da bancada, pode pleitear nos tribunais reais, e seu parecer é solicitado pelo Parlamento e pelo Conselho. O governo Tudor em geral, e de Henrique VIII em particular, é basicamente um governo de juristas. Nenhuma lei é aprovada ou rejeitada sem o seu parecer.

A lei comum é aplicada pelos três grandes tribunais: o dos pleitos comuns, o do tesouro, que trata de assuntos tributários, e o da bancada do rei, corte suprema para casos criminais. Além disso, os tribunais itinerantes percorrem os condados duas vezes por ano; os tribunais nobres são agora apenas simbólicos e os poderes das cortes dos xerifes estão limitados a casos civis inferiores a 40 *shillings*. Em todos os tribunais comuns, o acusado é questionado se quer ser julgado ou não, por meio da pergunta: "Como você quer ser julgado?". Se a decisão for positiva, ele deve responder: "Por Deus e por meu país". Se não o diz, é submetido, sem outra forma de processo, à *"peine forte et dure"* (expressão em francês na lei): ele é esmagado sob pesos cada vez maiores. Esse método não foi abolido até 1772; ainda em 1658, um homem foi esmagado até a morte. Algumas pessoas, certas de serem condenadas à morte, preferiam morrer sem julgamento, pois dessa forma seus bens não seriam confiscados, nem suas famílias arruinadas. Mesmo que nem todos os vestígios de selvageria tivessem desaparecido da justiça inglesa, o uso do júri estava, no entanto, à frente dos métodos continentais. De fato, o papel do júri se desenvolve, embora seu uso não seja automático, e o acusado precise pedi-lo formalmente. Na verdade, havia dois júris: o júri de acusação, ou grande júri, e o júri de julgamento, ou pequeno júri. Sob Henrique VIII, os jurados não são mais considerados como testemunhas que sabem a verdade; eles agora correspondem à noção moderna de pessoas imparciais, diante das quais os fatos são apresentados, e as decisões têm que ser tomadas por unanimidade. Quanto à prisão dos malfeitores, foi deixada para o condestável (*constable*), na ausência de uma força policial. Qualquer pessoa com um pouco de músculo poderia ser designada para esse cargo por um ano, sob a condição de encontrar, por cinco ou dez libras, um substituto, pois o trabalho poderia ser perigoso.

Os casos mais graves de perturbação da ordem pública são julgados pelo tribunal da câmara estrelada, que foi regulamentada por um estatuto de 1487: ela é composta pelo chanceler, o tesoureiro, o guardião do timbre privado, ou apenas duas dessas três pessoas, que devem ser acompanhadas por um bispo, um lorde temporal do Conselho e dois presidentes de tribunais. Eles tratam de casos de motins, de assembleias ilegais, de corrupção de jurados, de más ações dos xerifes e de obstrução da justiça. Essa corte especial ainda existia em 1529, pois naquele ano foi aprovada uma lei que acrescentou a ela o presidente do Conselho. Mas, depois disso, suas funções foram exercidas por todo o Conselho, e sua jurisdição foi muito além dos casos previstos em 1487.

O turbulento reinado de Henrique VIII viu a lista de casos de traição alongar-se, até então limitados à intenção de matar o rei, à aliança com seus inimigos e às ações de guerra contra ele. O Tudor acrescentará casos de escrever e falar do rei, proclamando-o como herege, cismático, tirano, infiel, usurpador, sobre a recusa de abjurar a supremacia do papa, e sobre a intenção de privar o rei de seu título de Chefe Supremo da Igreja da Inglaterra. Posteriormente, esses casos foram estendidos à afirmação da validade de seu casamento com Ana de Clèves, à contestação da nova ordem de sucessão ao trono, ao fato de uma adúltera se casar com o rei. Também foram punidos com a morte casos de felonia: homicídio, incêndio criminoso, pilhagem, roubo com arrombamento, estupro e pequenos furtos envolvendo somas superiores a 12 *pence*.

Embora levando em conta a brutalidade inerente da época e uma hierarquia de valores diferente da nossa, é preciso reconhecer que a Inglaterra de Henrique VIII mostra uma notável preocupação com a justiça. Seu sistema judicial particularmente elaborado e eficiente lhe permite assegurar um mínimo de ordem sem qualquer força policial. A lealdade ao soberano, sem dúvida, desempenhou um papel fundamental no respeito à ordem pública. Nunca é demais enfatizar esse ponto, que é um dos grandes paradoxos das monarquias do passado. Henrique VIII é um déspota sem uma força policial, sem uma milícia, sem brigadas antimotins e sem um exército. Quantos estados modernos, incluindo os mais democráticos, poderiam durar mais de alguns meses nessa situação, sem cair na anarquia?

"O PAI DA MARINHA INGLESA"

O rei pouco fez pela cultura, pela economia, pelo exército, mas se interessou muito pela marinha, a ponto de ganhar o título de "pai da marinha inglesa". Pelo menos nessa área, sua superioridade sobre Francisco I, que, como a maioria dos reis franceses, não sabia grande coisa sobre assuntos marítimos, é indiscutível. Numericamente, quadruplicou a frota deixada por seu pai, construindo e comprando dos italianos e da Liga Hanseática. Em 1514, ele tinha 31 navios de guerra. No Tâmisa, em Woolwich e Depford, apareceram novos estaleiros navais; a doca seca em Portsmouth foi ampliada. No mesmo ano, autorizava a corporação da Trinity House, em Depford Strand, que deveria treinar pilotos e estudar o progresso da navegação. Em 1546, lançava as bases para o futuro Conselho da Marinha, a administração central dessa força. Henrique visitava frequentemente seus navios, passando-os em revista; em Southampton, em junho de 1518, durante exercícios, contam as crônicas, ele ordenou que "disparassem de novo e de novo, observando o alcance, pois era muito curioso sobre essas coisas".

A tecnologia da construção naval também fez progressos significativos durante seu reinado, e ele não lhe era estranho. O navio de guerra, até então uma pesada plataforma, com anteparas altas à proa e à popa e simples colubrinas na amurada, era utilizado principalmente para transportar tropas, que investiam sobre o convés do inimigo, onde lutavam como se estivessem em terra. Sob Henrique VIII, o combate naval se transforma: a abordagem gradualmente dá lugar ao combate a distância; os navios se tornam mais finos, mais rápidos e mais manobráveis; escotilhas são abertas no casco, através das quais mais e mais tiros podiam ser disparados; a força do navio agora estava no poderio de fogo de sua artilharia. O *Great Harry* foi modificado para se adaptar a essas mudanças. Naturalmente, a adoção da nova técnica foi gradual. Ela foi marcada por acidentes, como o do *Mary Rose*, que, ao virar de bordo, deixou entrar água pelas escotilhas e soçobrou. Mas foi durante esse período que a Royal Navy começou a tomar forma e as futuras façanhas de Francis Drake contra a Armada estavam sendo preparadas.

A UNIFICAÇÃO ADMINISTRATIVA DO REINO

A afirmação do poder real, que caracterizou o reinado de Henrique VIII, também se manifesta no progresso realizado para a assimilação das terras celtas do oeste. O País de Gales recebeu uma administração idêntica à da Inglaterra. No início do reinado, essa área compreendia os seis condados que constituíam o "principado" de Gales (Anglesey, Caernarvon, Merioneth, Cardigan, Carmarthen e Flint) e as terras feudais. O país estava relativamente calmo, e os laços da nova dinastia com Pembroke[6] facilitaram o entendimento; em Ludlow, o conselho das marcas havia sido liderado pessoalmente pelo filho mais velho de Henrique VII, o príncipe de Gales que, ademais, também se chamava Artur. Como na Irlanda, a autoridade inglesa era exercida por meio de uma grande família local, cujo líder, *sir* Rhys ap Thomas, se conduzia com fidelidade e moderação.

Em 1525, porém, *sir* Rhys ap Gruffyd, seu neto, sucedeu-o. Ele era mais turbulento e agia de forma tendenciosa e brutal, o que levou à sua execução na Tower Hill, em 4 de dezembro de 1531, e à remodelação da administração galesa. Em 1534, a presidência do conselho das marcas passa do incompetente John Voysey, bispo de Exeter, para o intransigente Rowland Lee, bispo de Lichfield e Coventry, que reprime alguns dos distúrbios, pune os insubordinados (fala-se, de maneira certamente exagerada, que 5 mil foram enforcados), reabilita os extraordinários castelos-fortes e garante que as leis sejam respeitadas. Em 1536, o conjunto do território foi dividido em condados. Aos seis condados já existentes, foram adicionados os de Pembroke, Glamorgan, Denbigh, Montgomery, Brecknock e Radnor, cada um elegendo um representante no Parlamento, assim como cada burgo-capital. Uma lei de 1543 estabelece aí o sistema inglês de xerifes, condestáveis, juizados de paz e o código de direito comum. Duas vezes por ano haveria rodadas itinerantes de justiça, e os galeses poderiam apelar diante do conselho das marcas ou em Westminster. A estrutura social continuava a ser tradicional, mas doravante o País de Gales estava permanentemente integrado ao reino.

---

6 Jasper Tudor, tio de Henrique VII, era conde de Pembroke; Henrique VII nasceu no castelo de Pembroke.

– XIII –

O DESPOTISMO RELIGIOSO, POLÍTICO E MATRIMONIAL (1539-1543)

"Fica claro que o rei agiu como se acreditasse ser infalível." Essa observação de Burnet, historiador do século XVII, aplica-se a todos os campos, mas é particularmente verdadeira na esfera religiosa. Henrique VIII retomou a ideia do Estado-soberano, apresentada entre outros por Marsílio de Pádua, em seu *Defensor pacis*, uma tradução inglesa que foi publicada em 1534 pelos bons ofícios de Cromwell. A doutrina foi mais desenvolvida pelo advogado Christopher Saint Germain, formado em Oxford, em sua obra, *Doutor e estudante*, de 1523. Em 1535, Gardiner, em sua *De vera obedientia oratio*, afirmava que "é por ordem divina que os príncipes devem ser obedecidos; sim, e obedecidos sem exceção". Por sua vez, Cranmer declarava: "Todos os príncipes cristãos receberam imediatamente de Deus a cura total de todos os seus súditos".

Essa doutrina vai muito além daquela de direito divino, elaborada na França, e que triunfará no século XVII. Pois aqui, o rei não é apenas o representante de Deus sobre a terra; a fim de fazer aplicar sua lei e garantir o respeito por sua Igreja, ele "declara" a lei divina, explicita-a e interpreta-a; ele é o mestre não só da disciplina, mas também da doutrina. Pertence à "graça do rei em seu Parlamento expor a Escritura, e assim decidir qual é a lei irrefutável de Deus; pois o rei, com seu povo, possui a autoridade da Igreja", diz Christopher Saint Germain. Nessa perspectiva, a Convocação só tem que colocar em forma os decretos reais, que são então passados ao Parlamento para aprovação. O direito canônico também é inútil; apesar das promessas feitas em 1534, o novo código nunca viu a luz do dia: o direito canônico e o direito civil são fundidos no direito comum, que governa tanto o espiritual quanto o temporal. As heresias estão sob a jurisdição de xerifes e outros oficiais reais, e caem na categoria de felonias. São os estatutos parlamentares que regulam o culto e a crença. Nunca antes a fusão do temporal e do espiritual havia sido levada tão longe. A partir de 1534, o ideal do rei-padre ressuscita na Inglaterra, e pode-se verdadeiramente falar de cesaropapismo. A ambiguidade do papel do Parlamento permanece, mas só na segunda metade do século sua seriedade é revelada, pois até o final do reinado as Câmaras, cuidadosamente preparadas, estavam em sintonia com o rei.

OS SEIS ARTIGOS E A REJEIÇÃO DO PROTESTANTISMO

Henrique naturalmente exige a unidade da fé no reino. Nisso não se diferencia de seus confrades do continente, mas sua originalidade é definir ele mesmo a fé e fazê-la ser proclamada pela Convocação, para dar-lhe maior respeitabilidade. Para definir a doutrina, o rei se remete à sua consciência; isto é o que ele sempre afirmou, desde o momento em que dúvidas e remorsos o assaltaram sobre seu primeiro casamento. Essa consciência, que é em essência impenetrável, julgada pelas ações do reinado, parece ser flutuante, flexível e indulgente. As decisões que ela dita ao rei coincidem em demasia com seus interesses políticos, físicos e materiais, para que não se duvide de sua sinceridade. Na verdade, o senso moral de Henrique, asfixiado por sua extraordinária vontade de poder, se funde e se identifica com seus desejos pessoais. A consciência de sua autoridade e a consciência moral, constantemente confundidas pelo exercício do poder, acabam por se fundir.

Essa confusão é ainda mais fácil porque as ideias religiosas de Henrique não são revolucionárias. Ele rejeita a audácia de Lutero e condena os anabatistas e outros hereges. Permanecendo essencialmente fiel à doutrina e ao culto católico, profundamente enraizados nele, acredita estar defendendo a verdadeira fé, que estima ter sido distorcida por Roma. Como todos os reformadores da época, está convencido de que faz um trabalho de restauração da Igreja primitiva, despojando os acréscimos feitos pelo papado. Mas se esquece de que a situação primitiva que pensa estar reconstituindo é, em grande parte, fruto da imaginação, e que, de qualquer forma, é ilusório acreditar na possibilidade de apagar séculos de evolução. Talvez seu maior erro tenha sido tentar impor um compromisso que satisfizesse a todos, um meio-termo entre o catolicismo e o luteranismo. Numa época em que o sentimento religioso é extremamente agudo, formalista e intolerante, essa tentativa de ecumenismo *avant la lettre* só poderia resultar na insatisfação, tanto de católicos como de protestantes. O ecumenismo não é uma doutrina para fanáticos: ele só é passível de ter sucesso em tempos de sentimentos religiosos atenuados. Ora, o homem do século XVI está mais próximo dos *fous de Dieu* que dos relativistas. Se Henrique conseguiu impor o equilíbrio até o final de seu reinado, certamente não foi devido à indiferença religiosa de seus súditos, nem mesmo ao uso da força, mas porque ele teve a habilidade, por meio de uma propaganda de tipo moderno, de explicar as mudanças e ligá-las a um ideal nacional e quase xenófobo. Ele usou a hostilidade dos ingleses contra os estrangeiros em geral, e contra Roma em particular, e construiu sua Igreja sobre uma oposição ao papa, misturando política e religião, para formar um todo de contornos elusivos, que não apresentava uma frente precisa para os ataques. Essa ambiguidade lhe permitiu impor o compromisso indefinível até sua morte, mas não poderia durar. Seus sucessores tiveram que escolher e esclarecer: seu filho Eduardo adotou o calvinismo; sua filha Maria adotou o catolicismo; e sua outra filha, Elizabeth, definiu por fim o anglicanismo.

O ano de 1539 viu a adoção de outro texto doutrinário: o Ato dos Seis Artigos. Ilustrando as flutuações do soberano, ela marca um claro retorno ao catolicismo, mais uma vez ditado pelas circunstâncias políticas. Desde o início do ano, a Inglaterra vinha se preparando para a guerra. A invasão parecia iminente. Além de fortificar o país, Henrique começou a reduzir a ameaça, e para isso fez um gesto em direção aos católicos. Em abril, convocou um novo Parlamento e pediu a uma comissão episcopal que preparasse um texto que servisse de base para o estabelecimento da unidade religiosa. Ainda paralisados pelas divisões entre conservadores e reformadores, os bispos não conseguiram chegar a um acordo. O rei então apresentou "seis artigos", de sua autoria, que causaram preocupação e críticas de Cranmer e de seus amigos pró-luteranos. O próprio Henrique foi à Câmara dos lordes para dar uma lição teológica aos recalcitrantes: ele "confundiu a todos com sua ciência do divino", diz uma crônica. À Convocação, restava apenas aprovar.

Os Seis Artigos condenavam certas opiniões heréticas, doravante assimiladas a casos de felonia. O próprio papa poderia ter aprovado a doutrina: negar a transubstanciação era punível com a morte; rejeitar a comunhão sob uma única espécie para os laicos, o celibato do clero, a permanência dos votos religiosos, a utilidade das missas privadas e o uso da confissão individual, implicava o confisco dos bens e a prisão numa primeira vez, e a morte em caso de recidiva. As comissões aplicariam esses regulamentos em cada condado. O texto tinha o objetivo de tranquilizar a opinião conservadora na Inglaterra e de neutralizar os argumentos da cruzada papal.

Para dar um ar mais sério, deu-se um início de aplicação dos Seis Artigos: o arcebispo Cranmer, no mínimo, teve que se separar de sua esposa; quinhentas pessoas foram presas em Londres por mera suspeita ou por terem lido a Bíblia na igreja e zombado dos padres; alguns protestantes foram queimados; os bispos Latimer e Shaxton foram colocados sob vigilância depois de renunciarem às suas sedes. Os Seis Artigos alcançaram seu objetivo; a opinião conservadora foi satisfeita e acalmada. Externamente, se o abandono dos planos de invasão foi devido principalmente à falta de interesse de Carlos e de Francisco, a nova lei ajudou a justificar sua tibieza aos olhos do papa. Dessa forma, assim que sua utilidade ficou menos evidente, ela foi arquivada: os quinhentos suspeitos foram libertados, uma nova lei limitou a pena de morte àqueles que negavam a transubstanciação; para se aparentar justiça, alguns católicos foram enforcados, especialmente Abel, Featherstone e Powell, que se opunham à supremacia real. Os Seis Artigos, porém, não foram abolidos, pois sempre poderiam ser usados novamente, se necessário.

Os anos seguintes viram as mesmas oscilações no pêndulo religioso que era a consciência real. Cada movimento corresponde a circunstâncias específicas e reforça a ideia de compromisso. Este foi o caso da leitura da Bíblia em inglês. A possibilidade de acesso direto à Escritura na linguagem vulgar foi um ponto essencial do espírito da Reforma. Já em 1535, os bispos trabalharam em uma tradução inglesa, que Gardiner efetuou nos Evangelhos de Lucas e de João. Em outubro, o futuro bispo de Exeter, Miles Coverdale, publicava uma versão completa que havia feito com base tanto na Bíblia de Lutero quanto na Vulgata. Mas Cranmer preferiu outra tradução, a de Thomas Matthew, na realidade John Rogers, dedicada ao rei em 1537 por um prebendado de Saint-Paul que aderiu à Reforma. Na realidade, esse novo texto retomava, para o Novo Testamento e o início do Antigo, o trabalho de Tyndale, anteriormente condenado pelo rei. Em setembro de 1538, Cromwell ordenou que uma cópia de grandes dimensões fosse colocada em cada igreja paroquial, e o clero precisou encorajar os fiéis a lê-la.

Entretanto, Henrique se inquietava com as possíveis consequências que a livre leitura da Bíblia pudesse ter sobre espíritos não advertidos. Certas passagens obscuras corriam o risco de dar nascimento, como na Alemanha, a interpretações perigosas. Em 1542, a Convocação abordou o tema, a pedido de Cranmer, que, apesar de tudo, havia escrito o prefácio da tradução. A maioria dos bispos, tendo à frente o conservador Gardiner, se pronunciou em favor de uma revisão do texto baseada na Vulgata e, portanto, num sentido mais católico. Cranmer preferia que o trabalho fosse confiado às universidades. Nada foi feito até a primavera de 1543, quando o rei fez votar uma lei que condenava as traduções "perniciosas, falsas e más" da Bíblia, incluindo a de Tyndale. Mesmo os textos aprovados não podiam mais ser lidos livremente nas igrejas, salvo por pessoas nomeadas pelo rei ou por um bispo; somente os nobres estavam autorizados a fazer a leitura da Bíblia para suas famílias em suas casas; os principais mercadores e suas esposas tinham o direito de fazer uma leitura estritamente pessoal; os artesãos, aprendizes e outras pessoas de baixa condição deviam contentar-se em escutar as passagens lidas pelo clero durante os ofícios. A leitura da Bíblia se tornava, de certa forma, censitária e marcava um claro recuo do espírito protestante.

Esse também foi o caso da nova declaração doutrinária, publicada em 29 de maio de 1543, com o nome de *Livro da religião*, porém mais conhecido como o *Livro do rei*, embora seu título oficial fosse *A necessária doutrina e erudição de todo cristão*. Já em 1540, o Parlamento havia expressado o desejo de que as crenças e o conteúdo das cerimônias fossem escritos, "de acordo com a Palavra de Deus e os Evangelhos de Cristo, por conselho de Sua Majestade e confirmados por suas cartas-patente [...] com a reserva de que nada de ordenado ou de previsto por esta lei seja contrário às leis e estatutos do reino". A fórmula mostra mais uma vez a estreita ligação entre a lei civil e a lei divina. A redação do texto estava conforme ao projeto: durante três anos, Cranmer reuniu os pareceres de bispos e doutores, depois submeteu o *corpus* ao rei, que corrigiu o conjunto. O livro, que realmente merece o nome do *Livro do rei*, segue a doutrina católica em quase todos os pontos, com exceção da teoria papal e das indulgências. Os sete sacramentos foram preservados, assim como o essencial dos ofícios.

O arcebispo de Canterbury, Thomas Cranmer, embora um firme apoiador da supremacia real, nem sempre estava de acordo com o soberano. Embora não fosse um luterano, ele tinha ideias reformistas mais avançadas do que aquelas de Henrique. Sendo ele mesmo casado, se opunha ao celibato dos sacerdotes; gostaria de ter excluído a extrema-unção e a ordem da lista de sacramentos; sua concepção da eucaristia não se estendia a um verdadeiro reconhecimento da transubstanciação. Seus inimigos tentaram repetidamente explorar essas diferenças para derrubar o arcebispo. Em vão. O rei sempre apoiou Cranmer, no qual reconhecia um fiel servidor. Ele o deixou reorganizar a liturgia como achasse conveniente, no sentido da simplificação: adoção do ritual de Sarum em 1542; supressão de um *Rationale* excessivamente conservador, escrito pela Convocação em 1543; redação de um sermonário condenando as extravagâncias do púlpito, de 1539 a 1543; composição das litanias da Igreja henriquista em junho de 1545, cuja recitação foi tornada obrigatória em todas as cerimônias de culto público, em agosto. Em contrapartida, Cranmer não conseguiu eliminar imagens, crucifixos e sinos.

Enquanto as crenças e a adoração se moviam numa direção mais católica, Roma continuava a ser o alvo da propaganda oficial. Cromwell continuava a empunhá-lo como um mestre. Além desses sermões e proclamações antipontifícias, o governo utilizava o poderoso meio do teatro popular; ele mantinha trupes que, por todo canto do país, na praça do mercado ou nos *green* dos vilarejos, encenavam peças ridicularizando o papa. Em Londres, essas apresentações foram espetaculares, como em junho de 1539, quando foi organizado um torneio naval no Tâmisa entre duas barcaças, uma com a tripulação representando o rei e seu Conselho, a outra liderada pelo papa e os cardeais, que, claro, acabaram lamentavelmente na água, para o riso dos londrinos.

Em 1539, o rei também faz novas propostas para um acordo com os luteranos da Alemanha. Christopher Mont foi enviado para oferecer a aliança inglesa ao duque da Saxônia e ao landgrave de Hesse. Henrique advertia a Liga de Smalkalde contra as propostas de Carlos V e pedia que fosse enviada uma embaixada luterana. Pouco tempo depois, Robert Barnes oferecia ao rei dinamarquês uma aliança antipapal. Essas propostas, puramente táticas, não entusiasmaram os luteranos, que arrastaram as negociações e enviaram apenas uma pequena delegação em abril. O voto dos Seis Artigos e a aproximação entre o imperador e os príncipes luteranos na dieta de Frankfurt puseram um fim a essas conversações insinceras de ambos os lados.

Assim, de 1539 a 1544, após a Peregrinação da Graça e a ameaça de invasão, Henrique parece recuar, ao reafirmar as crenças católicas. O novo dogma, que se torna mais claro sob pressão das circunstâncias, está longe do protestantismo, antes do balanço final do pêndulo, nos últimos três anos do reinado. Na série de novos livros de culto e textos doutrinários, os súditos de Henrique têm dificuldade em encontrar seu caminho: nesses anos hesitantes, eles não sabem mais exatamente no que é preciso acreditar, e o que é herético; os próprios bispos estão divididos. Em todos os níveis da sociedade, as discussões estão em curso e as paixões se exasperam, a ponto de, na noite de Natal de 1545, Henrique VIII lançar diante do Parlamento um apelo à tolerância e à unidade. "A joia mais preciosa, a Palavra de Deus, é disputada, colocada em versos e em canções, contestada, em toda cervejaria e taverna", lamentou ele. Como um bom apóstolo, esquecendo as vítimas de seus próprios excessos, ele pedia que seus súditos se reconciliassem numa mesma fé, ou seja, na submissão ao Chefe Supremo.

A DISSOLUÇÃO DOS GRANDES MOSTEIROS

Embora doutrinariamente houvesse um retorno às crenças tradicionais, as necessidades financeiras levaram o rei a uma segunda e última onda de dissoluções dos mosteiros. É difícil dizer que o resultado foi premeditado, pois o próprio rei reabrirá as abadias de Chertsey e Stixwold em julho de 1537, a fim de obter orações para si e para rainha; em maio de 1538, uma casa de freiras cistercienses foi recriada em Kirkless. Ao mesmo tempo, entretanto, os comissários Leigh e Layton retomavam suas visitas, solicitando que os abades dos mosteiros condenados assinassem um texto, pelo qual entregavam suas casas ao rei. Em janeiro de 1538, já circulavam rumores de que todos os mosteiros seriam em breve dissolvidos. O boato foi negado oficialmente em várias ocasiões, em particular por Layton, que o chamou de "conversa fiada"; enquanto isso, ele fazia campanha para intimidar os abades em Norfolk. Contudo, mesmo que não houvesse um plano sistemático para a supressão dos mosteiros, o aumento do número de renúncias individuais estava causando um processo de hemorragia inevitável. Depois da Peregrinação da Graça, muitos abades e priores acusados de participar da revolta haviam sido executados: os abades de Kirkstead, Barlings, Fountains, Jervaulx, Whalley, Woburn, Colchester, Glastonbury, Reading, os priores de Bridlington e Lenton. Como mostram as instruções de Cromwell a seus agentes, essas sentenças, decididas com antecedência, foram executadas na ausência de qualquer justiça. "O abade de Reading deve ser enviado a julgamento e executado", escreveu o vigário-geral de mão própria. Ao mesmo tempo, manipulando o medo provocado por esses "assassinatos legais", ele instava outros abades a entregarem suas casas ao rei, como no caso dos mosteiros de Lewes, Furness e Warden.

É possível que esses procedimentos, em parte, tenham escapado à atenção do rei; Cromwell enchia seus cofres, e isso foi o essencial. Henrique, vendo a debandada dos religiosos e a facilidade com que as chaves desses ricos mosteiros eram obtidas, se convenceu facilmente a apresentar ao Parlamento, em abril de 1539, um segundo projeto de lei, que previa a transferência para a monarquia, perpetuamente, de todos os bens das casas religiosas que lhe haviam sido abandonadas desde 1536, ou que ainda lhe seriam abandonadas. Restavam apenas dezessete abades no Parlamento, e o projeto de lei foi aprovado sem problemas. Tudo o que ainda era preciso, era obter a rendição dos últimos recalcitrantes: isto foi conseguido tanto pela força como pelo atrativo de rendas confortáveis. O fato de que havia uma clara espoliação – um abade não tinha o poder de abrir mão de propriedades que não lhe pertenciam – não incomodou o governo. A transferência de propriedade foi concluída em março de 1540, com a dissolução dos mosteiros de Rochester

O DÉSPOTA E SEU REINO   383

e Canterbury, e a rendição daquele de Waltham. No mesmo ano, os bens da Ordem de São João de Jerusalém foram confiscados.

Seis a sete mil monges e duas mil freiras ficaram de repente sem emprego. Eles foram absorvidos com grande facilidade pela sociedade civil e eclesiástica. Isto não é surpreendente: os religiosos representavam apenas 0,3% da população total. Uma pequena minoria renunciou aos seus votos e se casou. A grande maioria se converteu ao ministério paroquial, ainda mais facilmente, porque várias fábricas haviam comprado os edifícios monásticos e os usavam como igrejas. Alguns monges receberam um pequeno salário, outros uma pensão; em mosteiros que asseguravam um serviço religioso a uma catedral, como Carlisle, Durham, Ely, Norwich, Rochester, os monges simplesmente se tornaram cônegos seculares, agrupados em um colégio de padres, sob a direção do reitor. Os abades que haviam desistido de suas casas sem dificuldade recebiam pensões muito generosas, e até mesmo luxuosas: 338 libras, 6 *shillings* e 8 *pence* por ano para John Reeve, abade de Bury St. Edmunds. Complacente até o fim, ele teve o bom senso de morrer em 31 de março de 1540, poupando assim ao tesouro real uma soma considerável.

O uso de bens confiscados foi objeto de muita controvérsia a partir do século XVI. Constrangido pelas necessidades financeiras, pela erosão da moeda e logo pelo reinício da guerra, Henrique rapidamente teve que vender a maior parte das terras confiscadas. Ao final do reinado, estima-se que os bens ainda não vendidos representavam uma renda anual de cerca de 40 mil libras. O número não é negligenciável, mas a maioria mudou de mãos entre 1540 e 1547, e em termos que não foram muito vantajosos para a realeza. A administração real, com pressa de vender, liquidou uma grande parte das propriedades a preços muito abaixo de seu valor real. Dessa forma, alguns compradores obtiveram lucros notáveis: Thomas Audley, que comprou o priorado de Prittlewell por quatrocentas libras, vendeu-o dez anos depois para o lorde Riche pelo dobro dessa quantia; o desperdício era muitas vezes óbvio: o local e os edifícios de Bury St. Edmunds foram vendidos a John Eyer por 412 libras, 19 *shillings* e 4 *pence*. Em contraste, havia relativamente poucos donativos diretos do rei, que recebeu cerca de 750 mil libras da operação.

Os grandes nobres, os pares do reino, adquiriram grandes lotes: Norfolk, Suffolk, Essex, Audley, Howard, Rutland e alguns outros ampliaram suas propriedades de forma barata. Os senhores da câmara e os oficiais dos tribunais fiscais, bem situados para escolher, adquiriram lotes interessantes; diz-se que *sir* Ralph Sadler, secretário do rei, se tornou o mais rico plebeu do reino. A burguesia também tomou parte ativa nas compras: notários, advogados, juízes, médicos, comerciantes, às vezes agrupados em sindicatos, tomaram posse de antigas propriedades monásticas, e às vezes para fins especulativos. Mas a maior parte das terras foi adquirida pela nobreza local, pelos *squires* e pela *gentry*, já intimamente ligados aos mosteiros, e cujas propriedades alugavam, arrendavam e governavam. Em Yorkshire, a abadia de Byland passou para *sir* William Pickering, Rievaulx para o conde de Rutland, Mount Grace para *sir* James Strangways, Gisborough para o comissário Leigh. Assim, os laços entre o rei, por um lado, a *gentry* e a classe média, por outro, foram fortalecidos: pelo vínculo de propriedade, essas categorias se viram solidárias com a reforma religiosa.

A DILAPIDAÇÃO DOS BENS MONÁSTICOS

Desde o dia da dissolução dos grandes mosteiros, Henrique anunciava, num texto cujo preâmbulo ele mesmo havia escrito, sua intenção de usar os bens monásticos para dotar as novas dioceses que queria criar. Essa reforma foi em resposta aos desejos de muitos membros do Parlamento, e Wolsey já havia considerado o problema. As dioceses inglesas eram muito vastas: uma média de 6.900 quilômetros quadrados (contra 4.200 quilômetros quadrados na França), o que colocava problemas de visitação e supervisão, pois havia apenas dezoito bispados e dois arcebispados para todo o reino. Em seu preâmbulo, o rei expôs as intenções mais louváveis: os bens monásticos seriam usados para criar escolas, hospitais, asilos para os pobres e cadeiras de grego, latim e hebraico nas universidades. Essa fortuna até então adormecida seria, portanto, colocada a serviço da sociedade como um todo. Infelizmente, as realizações ficaram longe de seguir essas promessas.

O próprio Henrique se comprometeu a redesenhar o mapa das dioceses, para que cada condado coincidisse aproximadamente com um bispado, exceto para os menores. Ele previu a criação de treze novas sedes, às quais seriam destinadas as receitas de cerca de vinte grandes abadias confiscadas: Bury St. Edmunds para a diocese de Suffolk, Saint-Alban para a de Hertford,

Waltham para a de Essex, Fountains para a de Lancaster, e assim por diante. Entretanto, apenas seis novas dioceses foram realmente criadas: Gloucester, Bristol, Peterborough, Oxford, Chester e Westminster. Além disso, oito antigas catedrais, anteriormente servidas por monges, receberam parte da propriedade da comunidade dissolvida, e as abadias de Thornton e Burton foram convertidas em colégios seculares, para serem novamente confiscadas em 1546 e 1544, respectivamente. No total, portanto, apenas uma parte da propriedade de catorze abadias foi transferida para o clero secular. Esse magro balanço se empobrecerá ainda mais, quando o rei e seus sucessores forçarão os bispos a fazer trocas de terras com a coroa que serão muito desvantajosas.

O trabalho de assistência sem dúvida sofreu com essa solução. É claro que a organização monástica estava bem longe de atender às necessidades, porém muitos asilos, hospitais e santas casas, dirigidos pelos monges, fecharam suas portas. Em Londres, apesar dos protestos do prefeito e dos conselheiros, este foi o caso de Saint Bartholomew, Sainte Mary em Cripplegate, Sainte Mary fora de Bishopsgate, Saint-Thomas de Acon, Saint-Thomas de Southwark, Saint-Gilles des Champs, ou seja, um total de mais de quinhentos leitos para os doentes e os inválidos. O rei reabriu o de Saint Bartholomew no final do reinado, mas com um magro donativo de quinhentos marcos, que os cidadãos de Londres consideraram "muito insuficiente". O grande asilo de Walsingham, todos os hospitais da abadia de Bury-St. Edmunds, Whitby, Peterborough, Hexham, Bermondsey, também foram fechados. As principais cidades se organizaram para assumir alguns dos asilos monásticos abandonados, mas em todos os lugares houve uma redução na capacidade de acolhimento: Bristol perdeu dois em onze asilos, Exeter três em sete, Winchester dois em cinco, Worcester um em três.

Muitos mosteiros também mantinham uma escola, algumas das quais, particularmente em Evesham, Reading, Glastonbury, eram bem consideráveis. Algumas delas desapareceram, mas a maioria foi assumida pelas comunidades urbanas, como em Abingdon, Cirencester, Sherborne e Warwick. Muitas vezes, uma nova escola foi aberta por personalidades locais.

As universidades sofreram mais com a agitação causada pela dissolução, especialmente porque ela foi acompanhada por uma tentativa de abolir o ensino da teoria escolástica e do direito canônico. Várias cátedras foram abolidas, e o inspetor real, Richard Layton, invadiu e vandalizou Oxford.

As bibliotecas foram expurgadas, especialmente os volumes de Duns Scot, que Layton – com humor condizente com o do rei – se vangloriava de ter colocado como papel higiênico nos banheiros da universidade. Henrique, que nunca havia demonstrado muito interesse pelo ensino superior, foi a Oxford apenas uma vez. Ele cedeu aos apelos de sua comitiva e dos professores para que o Cardinal's College fosse conservado como Christ Church College, dando-lhe uma dotação reduzida. Em 1546 ele havia criado, como vimos, o Trinity College, que cumulava os bens de 26 casas religiosas. Esta foi sua única verdadeira criação universitária. Ele não retornou a Cambridge, onde havia relutantemente deixado apenas 1.200 das 2.800 libras prometidas a Fisher para equipar o Saint John College. Nunca foi um mecenas, e sua corte era muito carente de homens de letras, em comparação com a de Francisco I. Na época da desgraça de Wolsey, o rei tinha suprimido a notável faculdade fundada por seu ministro em Ipswich, e seus agentes se comportaram novamente com pouca delicadeza: chegando em 29 de novembro, esvaziaram o estabelecimento de seu guarda-roupa e de suas baixelas de louças sagradas; suas pedras deveriam ser usadas para ampliar outro dos despojos de Wolsey, York Place.

Outras mudanças no reinado foram a refundação do Buckingham College em 1542, sob o nome de Magdalen College, a absorção do convento carmelita pelo Queen's College, Cambridg, a do convento dominicano pelo Emmanuel College, a do convento franciscano pelo Sidney Sussex College; em Oxford, o salão cisterciense foi anexado pelo King's College, e, em 1540, o rei fundou cinco novas cátedras em Cambridge: grego, hebraico, direito civil, medicina e divindade. Em suma, o mundo acadêmico pouco ganhou com a dissolução dos mosteiros. Ele havia contribuído por ocasião do divórcio, mas foi reprimido quando da depuração teológica, então sofria pela falta de interesse, assim como pelos métodos autoritários do reinado. Em 1539, a Universidade de Cambridge lamentava a redução pela metade de seus efetivos.

A dissolução dos mosteiros também resultou na destruição de incontáveis tesouros artísticos. Henrique VIII figura de forma proeminente na lista dos principais vândalos da história da arte. As ruínas de algumas dezenas de mosteiros que permanecem até hoje, após séculos de coleta de pedras por senhores e camponeses, dão uma pálida ideia de como foram esses fabulosos edifícios. Ao lado desses poucos gigantes dilapidados que ainda fascinam a Europa, entre os quais Fountains, Rievaulx, Tintern, Jervaulx, Byland e conexos, há centenas de outros que desapareceram e que eram tesouros da arquitetura românica e gótica. Retábulos, altares, cadeirais, vitrais, ourivesaria, vestes litúrgicas, tudo foi disperso ou destruído, e os edifícios foram usados como pedreiras. Algumas dessas igrejas monásticas eram maiores do que catedrais, e seu esplendor ainda surpreende. Quanto aos santuários de peregrinações, não podemos mais sequer imaginá-los. Nem Oliver Cromwell e seus puritanos, nem os revolucionários franceses de 1793, fariam tantos danos ao patrimônio artístico quanto Henrique VIII. Materialmente, a Igreja da Inglaterra sofreu muito com a mudança de dirigente: desde o primeiro Ato de Primeiros Frutos e Décimos de 1534, o clero anualmente remunerava o rei dez vezes mais do que havia pago anteriormente a Roma.

O ambiente cultural dos anos 1530 e 1550 foi, no entanto, favorável ao lançamento de planos ambiciosos para a educação, ajuda aos pobres e melhoria dos transportes. Os humanistas encorajavam o movimento. Wolsey, Fisher, Fox tinham dado um exemplo de fundações educacionais. Em 1533, Thomas Starkey propôs o uso de impostos sobre o clero para criar hospitais e aliviar os pobres. Escritos anônimos pediam que os antigos mosteiros se tornassem centros universitários ou caritativos. Wriothesley havia até mesmo elaborado um projeto que consistia em reservar os bens da igreja no valor de 5 mil marcos por ano para construir e manter estradas, 20 mil marcos para as necessidades do exército, 10 mil marcos para criar hospitais; ele também contava com essas novas atividades para reduzir a mendicidade e para empregar mão de obra. Uma enxurrada de sugestões, propostas e pedidos chegou até Henrique e Cromwell, dando-lhes ideias sobre como usar os antigos bens monásticos. As cidades, os bispos, os humanistas, os reformadores, os universitários ofereciam conselhos, argumentavam sobre suas necessidades de estradas, edifícios de caridade, de escolas. Uma grande esperança de que o soberano converteria a riqueza inútil dos monges em fundos produtivos para o bem de todo o corpo social excitava comunidades e indivíduos.

Henrique VIII irá decepcionar as expectativas de seus súditos; as de Latimer, que pedia que as rendas de dois conventos de Worcester fossem usadas para manter a muralha, a ponte e a escola da cidade, e que o priorado de Great Malvern fosse usado para "o saber, a predicação, o estudo e a hospitalidade"; as do prefeito de Coventry, que desejava que as duas igrejas conventuais pudessem ser usadas para isolar os doentes durante as epidemias; as do doutor John London, que pedia que a propriedade monástica de Northampton fosse usada para manter os pobres e desempregados, e que o convento franciscano de Reading se tornasse a prefeitura; e as de lorde Audley, que queria converter os mosteiros de Saint Osyth e de Saint John de Colchester, em Essex, em colégios, onde seriam feitas distribuições diárias para os pobres; a de Robert Ferrar, que propunha fazer do priorado de Saint-Oswald, perto de Pontefract, uma escola; e uma série de outros que ainda tinham confiança no rei. Um rei que transformava a casa de misericórdia, em Dover, num entreposto, a de Portsmouth, em um arsenal, a capela dos monges cartuxos, em Londres, numa reserva de barracas, as abadias de Chertsey e Merton, em pedreiras para seu palácio em Nonsuch, e que dilapida em poucos anos de guerras inúteis todo o capital resultante da dissolução das casas religiosas. Com a enorme riqueza das propriedades monásticas, Henrique VIII teve mais influência econômica, social e cultural do que qualquer um de seus predecessores. Essa oportunidade única foi lamentavelmente desperdiçada por um governante concentrado unicamente na satisfação de suas necessidades pessoais.

A decepção de seus súditos era proporcional às suas esperanças e às somas esbanjadas. Logo que o rei morreu, os reformadores, antes retidos pelo medo, expressaram seu ressentimento. Assim fez Robert Crowley, um ardente defensor dos pobres, que escreveu esta epigrama por volta de 1550: "Enquanto caminhava sozinho, pensando nos trabalhos feitos em meu tempo por grandes reis, lembrei-me das abadias que vira antigamente. Agora, todas elas foram suprimidas pela lei. Senhor, pensei então, que oportunidade havia para suprir as necessidades da ciência e para confortar os pobres! Essas terras e riquezas teriam encontrado pregadores de Deus, capazes de trazer de volta ao caminho certo aqueles que agora dele se desviam, e de diariamente alimentar os pobres que têm fome".

Por sua vez, o ex-monge Henry Brinklow, em *Lamento de Roderyck Mors*, comparará o uso dos bens da Igreja no Império e na Inglaterra, uma comparação que não é vantajosa para a reforma henriquista: "Vejam, para aprender a esse respeito, os bons cristãos alemães, que não distribuíram todos esses bens e terras entre príncipes, senhores e ricos, que não tinham necessidade deles, mas os colocaram ao uso da comunidade e ao serviço dos pobres, de acordo com a doutrina da Escritura". Certamente ele tem ilusões sobre a Reforma alemã, mas seus lamentos são sinceros. Thomas Becon, um clérigo, também fustiga os novos proprietários de bens monásticos em *O tesouro da alegria*: "Onde os claustros praticavam a hospitalidade, alugavam fazendas a um preço razoável, mantinham escolas, educavam a juventude nas letras, eles nada fizeram parecido". Seu confrade Thomas Lever lamenta a situação dos pobres, "enganados em suas esperanças, e agora mais miseráveis que nunca [...]. Eles tinham hospitais e lares de idosos para morar, mas agora dormem e morrem de fome nas ruas".

Essas lamentações foram feitas após a morte do rei. Durante a vida de Henrique, alguns homens destemidos ousaram proclamar a decepção do povo inglês, e esses clamores, que eram desagradáveis para o soberano, foram sufocados pelos oficiais da monarquia. Quando, em 30 de julho de 1540, o protestante Robert Barnes foi amarrado à estaca em Smithfield, dirigiu-se à multidão, gritando: "Enquanto Sua Graça recebeu em suas mãos todos os bens e substância das abadias...". O xerife interrompeu sua fala, e o infeliz, superando o tumulto, só pôde dizer: "Deus queira que Sua Graça dedique esses bens, ou parte deles, em benefício de seus súditos, que seguramente precisam muito disso". O incidente, relatado por John Foxe, traduzia a imensa amargura dos ingleses, mas apenas um homem condenado ousou expressá-la, pouco antes de desaparecer nas chamas.

ANA DE CLÈVES

O ano de 1540 testemunhou duas outras manifestações desconcertantes da arbitrariedade real, cujas causas não foram completamente elucidadas pelos historiadores. O primeiro foi o breve episódio do casamento com Ana de Clèves, a quarta esposa de Henrique. As várias negociações de 1538 não tinham sido bem-sucedidas; o rei continuava viúvo. Em 1539, o dossiê de uma das inúmeras candidatas involuntárias foi novamente trazido à tona, e dessa vez pareceu mais interessante, devido à nova conjuntura política.

O duque de Clèves, cujas terras se estendiam em ambos os lados do Reno, na fronteira entre os Países Baixos e a Alemanha, tinha acabado de herdar o rico ducado de Gueldres, o que o colocou em maus lençóis com o imperador. Ele não era protestante nem católico, seguia os princípios de Erasmo, portanto sua religião não era muito comprometedora. Uma de suas irmãs havia se casado com o eleitor[1] da Saxônia, o que lhe deu influência nos círculos luteranos do Império. Além disso, ele controlava uma região que era um reservatório de mercenários bem treinados. Finalmente, tinha duas irmãs solteiras, a mais velha das quais, Ana, de 24 anos, podia convir a Henrique. A oportunidade seria aproveitada para oferecer Maria em casamento a um irmão do duque. Christopher Mont, que deveria negociar em 1539 com a Liga de Smalkalde, recebeu a tarefa de sugerir essas alianças ao duque da Saxônia e ao landgrave[2] de Hessen. Seguiu-se uma segunda embaixada, liderada por Edward Carne.

Os alemães começaram por criar dificuldades. O duque alegou que sua irmã havia sido prometida ao duque de Lorraine e se mostrou reticente com a ideia de um tratado. Querendo que Henrique fosse pessoalmente fazer seu pedido, ele atrasou a apresentação de Ana aos embaixadores. O rei, no entanto, queria seu retrato. Mas o pintor local, Lucas Cranach, o Ancião, ao que parece, estava doente. Havia um retrato de Ana e sua irmã feito havia seis meses, mas não estava disponível no momento. Os embaixadores só podiam olhar para as irmãs do duque em segredo, mas estavam tão extravagantemente vestidas que não viram nada delas; como protestassem, o chanceler do duque respondeu: "O quê! Você gostaria de vê-las nuas?". Todos esses mistérios deveriam ter deixado o rei desconfiado. No entanto, Christopher Mont escreveu-lhe que se dizia que Ana era extraordinariamente bela, "tanto no rosto quanto no corpo", e que ela eclipsava a duquesa de Milão (a famosa Cristina, que o rei tanto cobiçara) "assim como o ouro do sol supera a prata da lua".

Essas reticências não podiam deixar de excitar a imaginação de Henrique. Em julho ele enviou William Petre para inspecionar Ana e sua irmã, acelerar as negociações e trazer os retratos. No final do mês, quando nada aconteceu, pediu a Hans Holbein que fizesse ele mesmo o trabalho. No final de agosto, o pintor voltou com os retratos, que agradaram ao rei. A julgar pela pintura do

---

1 Um príncipe eleitor (do latim *princeps elector*) era o detentor (com mais seis outros eleitores) de um título de alta nobreza, atribuído aos mais elevados príncipes do Sacro Império. Eles tinham o privilégio de eleger o rei da Germânia, futuro imperador do Sacro Império romano-germânico. (N. T.)
2 Título de príncipes alemães. (N. T.)

mesmo pintor que está no Museu do Louvre, Ana de Clèves certamente não era uma beleza: seu pequeno rosto inocente é gracioso, mas muito simples. É difícil entender por que Henrique se inflama diante dessa imagem.

A partir desse momento, tudo aconteceu muito rapidamente. Em 24 de setembro, uma embaixada do duque de Clèves chegava à Inglaterra para discutir o contrato, que foi assinado em 6 de outubro. Em novembro, Ana partia via Düsseldorf e Antuérpia, chegando a Calais em 11 de dezembro. A rota mais longa tinha sido preferida porque atravessar o mar do Norte, que é perigoso nessa época do ano, poderia danificar sua tez. Em 27 de dezembro, ela desembarcava em Deal, e depois seguia para Rochester. Henrique, que se roía de impaciência em Greenwich, decidiu ir ver sua futura esposa, disfarçado, para inspecioná-la a seu bel-prazer.

Ele ficou muito desapontado. Assim que a viu, sentiu uma repulsa indiscutível pela jovem, uma aversão que não pode ser explicada apenas por razões físicas. Se Ana não era uma beleza, certamente não era feia, e a comparação com Jane Seymour era vantajosa para ela. O retrato de Holbein não deve ser questionado. A reação do rei pode provavelmente ser explicada pela personalidade de Ana. Tímida, excessivamente reservada, sem charme, enfadonha a ponto de entediar, sem sagacidade ou brilhantismo social, ela dificilmente era adequada para seduzir o truculento soberano, um *bon-vivant* e libertino, um amante de grandes risadas, de piadas licenciosas, de vulgaridades, de intrigas amorosas e de histórias inconvenientes. Pode-se facilmente imaginar sua raiva, seu rancor e sua humilhação ao ver essa pequena alemã, muito ajuizada e que só queria viver escondida. "É uma pena que ela tenha sido tão elogiada quanto o foi, e ela não me agrada", foi seu primeiro comentário. Contou a Cromwell sua decepção, dizendo que se tivesse conhecido a verdade, essa "gansa flamenga" jamais teria vindo à Inglaterra. Ela não era o tipo de mulher que poderia distraí-lo, após dois anos de viuvez.

No entanto, alguns membros da embaixada que ele havia enviado a Clèves o haviam advertido. Em maio de 1539, Wotton escrevia sobre Ana: "Não ouvi dizer que ela é inclinada ao bom humor que conhecemos em nosso país, e isso não é surpreendente, pois seu irmão, para quem seria mais conveniente, é totalmente desprovido dele"; ele acrescentou que ela não sabia cantar nem tocar um instrumento, "pois aqui na Alemanha eles consideram como um defeito e uma marca de indecência que as grandes damas sejam instruídas ou que tenham conhecimentos de música". Henrique não havia prestado atenção a essas observações, e agora ele estava diante dessa jovem sem personalidade.

Quando Ana chegou a Greenwich, o rei a acolheu com frieza. Mas já era tarde demais para recuar. Enquanto Carlos V e Francisco I festejavam em Paris, ele não podia se dar ao luxo de insultar o duque de Clèves e, por meio dele, todos os príncipes protestantes, mandando sua noiva de volta. Em 6 de janeiro de 1540, o casamento foi discretamente celebrado na capela do palácio de Greenwich: "Monsenhor", confidenciou Henrique a Cromwell, "se não fosse para satisfazer a todos e ao meu reino, por nada no mundo eu faria o que devo fazer hoje". O casamento foi, além disso, puramente formal; Henrique jamais tocou em sua quarta esposa. "Deixei-a tão virgem quanto a encontrei", disse ele no dia seguinte.

Três meses mais tarde, sua consciência lhe sugeriu que esse casamento também era inválido. Havia duas razões para isso: a não consumação e a antiga promessa de casamento entre Ana e o filho do duque de Lorraine. O rei procurou explorar o segundo ponto. Ele sempre soube que esse casamento havia sido planejado pelo menos doze anos antes, e seus agentes haviam pedido ao duque de Clèves que fornecesse os documentos comprovando que essa antiga promessa havia sido devidamente quebrada, devolvendo a Ana sua liberdade. Os documentos provavelmente tinham sido perdidos e nunca foram entregues. Esta era sem dúvida a maneira de desfazer essa infeliz união. Os embaixadores de Clèves foram convocados para explicar-lhes a situação. Surpresos, eles prometeram permanecer como reféns até que os famosos papéis revogando o pré-contrato de casamento com o filho do duque de Lorraine fossem encontrados. Isso não era de modo algum o que Henrique queria, e seu desejo secreto era simplesmente que as provas solicitadas não fossem fornecidas.

Teria Thomas Cromwell, tão perspicaz e diligente em agradar seu senhor até então, sido míope nessa ocasião? Ele lhe garantiu que os documentos seriam obtidos em breve, e conseguiu que Ana reiterasse sua renúncia ao primeiro compromisso. "Estou mal atendido", resmungou Henrique, furioso ao perceber que seus conselheiros não sabiam o que ele estava pensando. De fato, Cromwell, estivesse ou não ciente dos verdadeiros desejos do rei, não desejava ver se desfazer um casamento que mantinha boas relações com os luteranos alemães. Essa foi uma das razões de sua ruína: em 10 de junho de 1540, em pleno Conselho, ele foi preso e levado para a Torre. O déspota não tolerava ninguém que não pudesse adivinhar seus planos e que lograsse, sem saber, frustrá-los. Ele estava descartando Cromwell, como havia excluído Wolsey, mas a maneira como o fez mostrava a que ponto sua arbitrariedade havia progredido.

Livrar-se de Ana de Clèves foi a seguir uma brincadeira de criança. A máquina para invalidar os casamentos reais estava bem azeitada, e a pequena alemã não tinha nem o temperamento, nem as alianças de Catarina. A razão foi rapidamente inventada: quando chegaram os famosos documentos de renúncia ao casamento com o filho do duque de Lorraine, os especialistas de Henrique acreditaram poder afirmar que, de acordo com o texto, Ana havia sido comprometida com o rapaz, não por uma "palavra futura", que poderia ser revogada, mas por uma "palavra presente", que criava um vínculo indissolúvel. O ritual funcionou perfeitamente: em 6 de julho de 1540, o Parlamento, tão dócil como sempre, suplicava ao rei que mandasse examinar a validade de seu casamento. No dia 7, o soberano encarregava a Convocação desse trabalho; no dia 9, a assembleia do clero declarava o casamento nulo, e o Parlamento aprovava o trâmite pouco depois.

Ana foi, como sempre, exemplar em sua docilidade. Isolada no castelo de Richmond, ela aceitou o procedimento, confirmou que o casamento não havia sido consumado e prometeu comunicar todas as cartas que recebesse de sua família. Ela recebeu duas residências, uma equipagem de acordo com sua nova posição, quinhentas libras por ano de renda, e depois desapareceu de cena, discreta e submissa, sem dúvida aliviada por estar na sombra. Ela permaneceu lá por dezessete anos, até sua morte em 1557, em Chelsea. Uma figura pálida e comovente, uma breve aparição incongruente no tumulto do reinado, ela encontrou a paz a que ansiava.

A QUEDA DE CROMWELL

Apesar disso, a passagem de Ana de Clèves contribuiu para a surpreendente queda do vigário-geral e lorde do sinete privado, Thomas Cromwell. Este foi o segundo grande evento de 1540, que surpreendeu pela sua instantaneidade. O próprio Cromwell parecia não acreditar, e explodiu de raiva quando o capitão dos guardas o deteve: jogando sua mitra no chão, ele perguntou se esta era a recompensa por seus bons serviços, e se algum dos presentes poderia chamá-lo de traidor. Por única resposta, o duque de Norfolk, seu inimigo de toda a vida, arranca suas insígnias, as ordens da Jarreteira e de São Jorge, leva-o por uma porta secreta até o rio e de lá para a Torre. A cena ilustrava a precariedade da situação dos grandes que estavam ao serviço de Henrique. Menos de dois meses antes, ele havia conferido a Cromwell a dignidade de conde de Essex e o cargo de grande camareiro da casa do rei.

As razões de sua queda não são totalmente claras. Não podem ser detectadas diferenças sérias entre o rei e seu ministro em nenhum ponto da política religiosa, interna ou externa. Todos os planos que Cromwell apresentara ao Parlamento na primavera de 1540 tiveram a aprovação do rei. É verdade que o vigário-geral sempre se inclinara para o lado protestante, maltratando os bispos conservadores e favorecendo a aproximação com os luteranos no Império. Mas nunca procurou forçar a mão do rei nessa área, e seu desaparecimento não marcará uma mudança fundamental na política. A acusação, aliás, não o censura em nenhum ponto por isso. Ele havia encorajado o casamento com Ana, e o fracasso dessa união pode lhe ter sido prejudicial. O fato de não ter cooperado, voluntariamente ou não, na invalidação desse casamento, certamente irritou o rei. Mas isso, por si só, não pode explicar a desgraça de um homem tão valioso.

Um estudo cuidadoso dos testemunhos, crônicas e eventos, das cartas e obras do agente francês Marillac, de Hall, de Foxe, sugere fortemente a ideia de um complô contra o ministro. Os dois chefes da trama eram Stephen Gardiner, bispo de Winchester, líder do clero conservador, oposto às tendências luteranas de Cromwell, e o duque de Norfolk, representante da grande aristocracia que havia sido descartada do poder por Cromwell e que procurava se livrar dele, como havia se livrado de Wolsey. Dentro do Conselho, a luta entre os novos homens e os grandes nobres continuava feroz. Em junho de 1539, Norfolk e Cromwell tiveram outra terrível discussão na casa do arcebispo Cranmer, e suas relações ficaram deploráveis. Em fevereiro de 1540, Norfolk foi enviado em missão à corte francesa, deixando o campo livre para seu inimigo. Mas ele tinha junto ao rei um aliado formidável na pessoa de sua sobrinha, a vivaz, sensual e provocadora Catarina Howard. Instada por seu tio e Gardiner, Catarina era uma magnífica isca para o rei, que se aborrecia com sua triste esposa.

A primavera de 1540 foi turbulenta, com uma luta silenciosa entre os dois clãs, por causa da invalidação do casamento. Somente as agitações superficiais chegaram até nós: a prisão do bispo Sampson, que estava do lado de Gardiner, assim como a de Nicholas Carew e lorde Lisle, várias manobras e rumores. Norfolk, de volta da França, culpou Cromwell pelo fracasso do casamento real. Catarina Howard empurrava o rei para a separação, enquanto o vigário-geral trabalhava na direção errada. Além disso, e o argumento parece ter desempenhado um grande papel, a facção de Norfolk acusou o grande camareiro de ser um herege perigoso, membro da seita dos sacramentários, que se opunha à presença real e que defendia opiniões perigosamente anarquistas. A acusação insiste nesse fato: que Cromwell teria distribuído livros heréticos, licenciado hereges para pregar, promovido a retirada de alguns deles das prisões reais, chegando a declarar que estava pronto para defender sua fé até mesmo contra o rei, "com a espada na mão, contra ele e todos os outros". Em uma carta escrita na prisão, pedindo misericórdia ao rei, Cromwell tentou justificar essa acusação de ser sacramentário.

Ao mesmo tempo que Cromwell, três reformadores famosos foram julgados: Robert Barnes, Thomas Garret e William Jerome. Gardiner já os observava havia muito tempo. O confronto ocorreu durante a Quaresma de 1540, quando Robert Barnes atacou o bispo de Winchester em um sermão pronunciado na Saint Paul's Cross. Preso com os outros dois, Barnes precisou retratar-se diante do rei e provar sua ortodoxia em um sermão na Semana Santa. Apesar disso, Gardiner conseguiu que os três homens fossem mantidos na prisão. Julgados sem testemunhas, pelo procedimento de *attainder*, foram condenados a serem queimados em Smithfield, em 30 de julho. A acusação, que foi extremamente vaga, apenas os considerou culpados das piores heresias, "em números tão enormes que não podem aqui serem expostos", sem mais precisões. O mal-estar era visível mesmo entre seus juízes e carrascos.

Na fogueira, os condenados alegaram sua ortodoxia, negando que já haviam pertencido a seitas extremistas. Barnes, decididamente loquaz em seus últimos momentos, perguntou ao xerife que o estava levando à execução se sabia por que ele estava sendo executado. O xerife não pôde responder.

Ele fez a mesma pergunta para a multidão, mas ainda não recebeu resposta. Jerome e Garret fizeram uma proclamação de fé, "recitando todos os artigos da fé cristã, dizendo brevemente o que pensavam de cada artigo, conforme o tempo o permitia; assim, o povo podia ver que não havia nenhuma causa de erro em sua fé que pudesse condená-los; protestavam também que nada tinham rejeitado do Antigo e do Novo Testamento publicado por seu soberano senhor, o rei", relata Foxe. Por sua vez, Eduardo Hall, surpreso com a imprecisão da acusação, disse que não conseguia entender por que esses homens "haviam sido executados tão cruelmente, embora eu tenha feito investigações para saber a verdade". A conspiração também é, para ele, a possibilidade mais forte. "A causa pela qual Barnes foi martirizado permanece oculta, pois Henrique deve ter vergonha disso", dirá Lutero.

Barnes era luterano, nada mais, certamente nem sacramentário, nem anabatista. Os três homens foram vítimas do complô articulado por Gardiner e Norfolk para provocar a queda de Cromwell. Este último residia em Stepney, onde Jerome era o pároco. Uma perigosa conspiração de sectários extremistas, na qual o ministro estava envolvido, seria um argumento poderoso para destruí-lo perante o rei. Essa foi indubitavelmente uma das principais razões para a prisão ocorrida em 10 de junho. Para dar corpo à acusação, foram acrescentadas a corrupção, a venda ilegal de licenças de exportação e passaportes, a concessão de comissões sem o conhecimento do rei, ou seja, as insignificâncias na rotina ministerial, mais a libertação de algumas pessoas acusadas de traição, e a usurpação do poder real efetuada por um sujeito de vil origem.

O procedimento utilizado foi o mais expedito e impiedoso: o *attainder*, um julgamento sem testemunhas feito pelo Parlamento, um ato legislativo, e não um ato judicial. Cromwell foi vítima do instrumento de arbitrariedade que ele mesmo havia forjado, equiparando a heresia à traição, pela lei de 1534, que proporcionava ao rei Parlamentos dóceis, prontos para aprovar qualquer lei, inclusive esta que o condenava. Ele foi decapitado em Tyburn, em 28 de julho de 1540.

Não foi a menor das faltas de Henrique VIII. Ele perdeu um servo eficaz; moralmente, Cromwell não era pior que o político médio. Ele usou seu poder em benefício de seus amigos, mas acima de tudo era um realista, e fez muito por Henrique. O sucesso da reforma religiosa e a dissolução dos mosteiros devem muitíssimo a ele. Com os grandes problemas superados, o rei pode ter sentido menos a necessidade imediata de seu ministro. No entanto, não demorou muito para se arrepender. Alguns meses depois, ele disse ao seu Conselho que Cromwell havia sido seu servo mais leal, e que suspeitava que aqueles que o rodeavam haviam acusado falsamente o ministro, por ciúmes. Assim, o déspota admitia que havia sido enganado e implicitamente reconhecia sua fragilidade.

CATARINA HOWARD

Seus ministros não foram os únicos a enganar o rei. Sua quinta esposa, Catarina Howard, não tinha um temperamento que ficasse satisfeito com um quinquagenário inchado e quase impotente. Foi no final de 1539 que essa sobrinha do duque de Norfolk chegou à corte, onde seria dama de honra de Ana de Clèves. Dezenove anos de idade, encantadora, pequenina e vivaz, ela já tinha tido uma série de casos de amor, levados bem longe, com vários jovens, incluindo François Dereham e seu professor de música, Henri Manox. O rei, excitado com essa jovem promissora, imediatamente demonstrou-lhe a mais viva atenção. O clã Norfolk imediatamente agarrou essa oportunidade e teve um sucesso magnífico, pois em 28 de julho de 1540, dia em que Thomas Cromwell foi decapitado, Henrique VIII casou-se com Catarina.

O rei, que envelhecia, se transformou. Seu bom humor natural reapareceu, e por alguns meses a atmosfera festiva e despreocupada dos primeiros anos do reinado voltou. Apesar dos novos problemas de saúde que surgiram em setembro, ele parecia estar reavivado. Levantando-se cedo, caçando a pé, mudando frequentemente de residência, ele esqueceu suas reformas e deixou seus súditos em paz até o final do ano.

Catarina, sobrecarregada de presentes, joias e atenções, pontificava nos bailes e banquetes, desfrutava de sua posição de soberana e até convidou Ana de Clèves para jantares a três. Logo, no entanto, sentiu a necessidade de satisfazer suas insaciáveis necessidades físicas com amantes mais atraentes, mais jovens e mais vigorosos. O corpulento Henrique jamais fora um homem refinado e galante; como em todas as coisas, seus modos amorosos eram brutais e diretos, com preâmbulos curtíssimos, desenvolvimentos restritos e conclusão abrupta; para ele, o amor físico sempre foi reduzido ao essencial, um rito biológico sem fantasia, com o objetivo de procriação. A galante Catarina havia conhecido coisas melhores antes de se casar com o rei, cuja aparência, aliás, nada tinha de atraente. A partir do início de 1541, seu ex-amante, François Dereham, reapareceu, e o círculo de jovens cortesãos que ela gostava de provocar se estreitou. Inconsciente do perigo, ela se entregou ao adultério, especialmente com Thomas Culpepper, um cavalheiro da câmara com quem frequentemente se encontrava em segredo.

Henrique não via nada. Ele se divertiu até o final do ano. Mas o inverno de 1540-1541 foi difícil. Suas pernas doíam novamente e mal podiam suportar o enorme peso de seu corpo; sua obesidade piorou, sustentada por refeições pantagruélicas, o que espantava Marillac. Em março, suas úlceras abertas foram agravadas por uma febre malária grave. O rei entrou em um período de depressão; ele se fechou em Hampton Court, afastando-se dos prazeres e de sua jovem esposa, ruminando suas preocupações, meditando sobre as traições dos que o cercavam, cujas intrigas o haviam privado de um precioso ministro. Más notícias lhe chegaram do norte, onde *sir* John Neville tinha fomentado um complô que estava agitando Yorkshire. Em abril ele se recuperou, retomou firmemente em mãos o poder e voltou à ação.

Pela primeira vez em seu reinado, quis fazer uma viagem ao norte de suas terras, onde já havia prometido ir após a Peregrinação da Graça. Após a última revolta, era preciso pacificar essas regiões conturbadas, exibindo ali o poder da majestade real. Ele também poderia aproveitar a oportunidade para conhecer o rei escocês, Jaime V, a quem tentava em vão atrair para uma política anticlerical e de confisco de bens da Igreja, o que o separaria de suas alianças católicas. As cartas bastante protetoras que havia enviado a seu sobrinho escocês haviam sido ineficazes até o momento; talvez uma entrevista fosse mais proveitosa.

A expedição foi impressionante, própria para intimidar essas populações indóceis. Em 30 de junho de 1541, Henrique partiu para o norte, levando sua esposa, uma grande parte da corte, uma fração do Conselho, 5 mil cavaleiros, mil soldados da infantaria e da artilharia. O avanço foi lento, dificultado pelas chuvas contínuas do verão inglês. Foram necessários quarenta dias para atravessar os 250 quilômetros entre Londres e Lincoln. Apesar disso, Catarina não estava entediada. Com a ajuda de *lady* Rochford, uma dama de sua comitiva, ela passava agradáveis momentos com Culpepper, enquanto o rei caçava. Depois, através de Pontefract, aonde chegaram em 24 de agosto, eles entraram em Yorkshire. A multidão vinha ao encontro de Henrique, as cidades celebravam magnificamente sua passagem; ele se mostrava um bom príncipe, absolvendo todos os sobreviventes da Peregrinação da Graça que vinham humildemente pedir seu perdão. Nesse ritmo, York só foi alcançada em 18 de setembro. Era lá que se realizaria a reunião com Jaime V. Tudo estava pronto. Centenas de trabalhadores tinham montado os habituais acampamentos, cabanas, tendas e decorações; a antiga abadia de Sainte-Mary tinha sido reformada e seria o cenário para a recepção. Mas o rei da Escócia não aparecia. Henrique esperou por ele durante nove dias, com um mau humor crescente, e depois voltou para Londres, furioso com a afronta infligida por esse sobrinho indigno.

Más notícias o aguardavam em seu retorno. Seu filho Eduardo estava gravemente doente. Então, em 2 de novembro, enquanto o rei assistia à missa, Cranmer apresentou-lhe um documento expondo a má conduta da rainha. Enquanto Henrique estava no norte, um informante havia alertado o Conselho, que, após uma pequena investigação, havia decidido avisar o rei. Decididamente, ele teve má sorte com suas esposas. Na hora, recusou-se a acreditar nas denúncias, que chamou de caluniosas. Mas precisou enfrentar os fatos, especialmente depois que Dereham confessou sua culpa. O assunto foi discutido em segredo com os conselheiros Wriothesley e Norfolk, perto de Hampton Court, e depois em um conselho noturno na residência do bispo Gardiner, em Southwark. Ali o rei exalou sua raiva, ameaçou matar Catarina e depois chorou, lamentando suas desventuras conjugais com "esposas tão mal-intencionadas". Durante vários dias, refletindo sobre a decisão a ser tomada, ele se isolou e passou o tempo caçando.

Depois, veio a punição. Catarina foi acusada de adultério pré-matrimonial. Ela reagiu, de acordo com seu temperamento, com violência, negando tudo, antes de confessar. Por enquanto, era apenas uma questão de suas relações antes de se casar com o rei; a acusação, apesar de sua gravidade, poderia não a ter levado à morte, especialmente se alguma vez tivesse havido uma promessa de casamento entre ela e Dereham, que ela inabilmente negou. Mas a investigação logo levou às suas recentes relações com Culpepper e Dereham; estes, quando torturados, primeiro negaram, depois confessaram sua intenção de cometer adultério com a rainha; no final, confessaram a realidade do fato. Como esse delito se aparentava a um caso de traição, foram quase imediatamente executados. Em janeiro de 1542, foi iniciado um processo de *attainder* contra Catarina. Em 13 de fevereiro de 1543, ela foi decapitada na Tower Green, em companhia de *lady* Rochford.

Para o duque de Norfolk, o golpe foi severo. Suas duas sobrinhas, Ana Bolena e Catarina Howard, tinham acabado da mesma maneira. Vários membros de sua família também foram acusados de traição menor (*misprision of treason*), pois se o fato de uma adúltera se casar com o rei era um caso de traição, então ocultar o adultério era um caso de ofensa ao meio social da rainha. Durante algum tempo, o próprio Norfolk se sentiu ameaçado e se manteve afastado da corte. O rei afundou-se por um mês numa depressão profunda, e se chegou a temer que ele enlouquecesse. Seu temperamento lhe permitiu superar rapidamente a nova provação. Essa não era a primeira esposa que ele perdia! Assim que o *Mardi Gras* chegou, os alegres banquetes recomeçaram, e Henrique estava mais do que nunca cercado pelas damas. Além disso, o demônio da guerra o possuía novamente. Por alguns meses, as aventuras militares o curariam de sua febre matrimonial.

O PROBLEMA ESCOCÊS (1542-1543)

Havia quinze anos que os problemas de política externa tinham sido relegados ao segundo plano, devido às preocupações religiosas, às questões de divórcio, à reforma eclesiástica e à dissolução dos mosteiros. Henrique havia dedicado a maior parte de seu tempo de trabalho a essas questões e sacrificara dois excelentes ministros. A grande luta entre Carlos V e Francisco I, que ocorria no continente, lhe havia deixado muito tempo para afirmar sua supremacia religiosa. Mesmo o alerta de 1539 tinha sido de curta duração.

O principal já havia sido feito nessas áreas. Mais alguns detalhes deveriam ser acrescentados à organização da Igreja henriquista antes do fim do reinado, mas a supremacia real tinha sido definitivamente estabelecida, a propriedade monástica definitivamente desperdiçada e a série de casamentos temporariamente interrompida. Apesar de seus problemas de saúde, o rei de 51 anos de idade guardava uma energia que não podia ser esgotada pela caça e pelos banquetes. Apesar das aparências, ele precisava de um grande projeto, por trás da vida superficial e dispersa da corte. Tendo se tornado o senhor incontestável, o sacerdote-rei, acostumado a fazer tudo se curvar diante dele, consciente de sua grandeza e importância, ele precisava ligar seu nome a um grande empreendimento, o que lhe permitiria também manter seu Conselho em estado de alerta e de dependência. Depois da glória religiosa, a glória militar era a mais apta a cumprir esse propósito. Henrique estava de volta ao seu primeiro amor.

O maquinário governamental estava perfeitamente sintonizado. Na ausência de um ministro chefe, o rei é o verdadeiro mestre do Conselho, decidindo entre as diferentes opiniões e orientando a política. Gardiner, Paget, Norfolk, Wriothesley, eram as figuras principais, mas nenhum deles tinha o gênio de Cromwell, sua vítima. O soberano, que desconfiava deles, exercia um controle mais cerrado que antes sobre a condução dos negócios. Havia vários anos, ele se cercava de um conselho privado, que o acompanhava em suas viagens, distinto do Conselho real baseado em Londres. Este último, que tinha mais membros, era responsável pela condução ordinária dos negócios e emitia decisões sob o grande sinete ou o sinete privado. O rei, em frequentes deslocamentos, estava agora acostumado a reunir ao seu redor alguns homens de confiança para discutir as questões mais importantes. Essas reuniões, ainda informais, nem sempre deixaram vestígios, embora a partir de 1540 um secretário anotasse as decisões tomadas. O conteúdo dos debates e discussões não era relatado, e esse conselho privado não terá seu próprio timbre até 1556. Seu papel era, no entanto, capital a partir de então: nele o rei tinha um papel essencial; ele participava de quase todas as reuniões, às vezes tratava duramente os conselheiros e sempre tomava a decisão final. Se era possível hesitar sobre a divisão de responsabilidade pelas decisões no início do reinado, e ainda durante a época de Cromwell, não havia dúvida sobre isso agora. Durante os últimos sete anos de seu reinado, o rei foi o único gerador da política, dentro de seu conselho privado.

O retorno às aventuras militares lhe é, portanto, exclusivamente imputável. A viagem a Yorkshire em 1541 e o encontro fracassado com Jaime V foram precursores da renovação de seu interesse em assuntos externos. Henrique esperava, entre outras coisas, assegurar a neutralidade escocesa com vistas a uma guerra renovada com a França. Não que tivesse elaborado um plano geral coerente, lógico e bem amadurecido para seus futuros empreendimentos no estrangeiro. Acima de tudo um pragmático, o rei agia e reagia de acordo com as circunstâncias. Incapaz de conceber uma estratégia de longo prazo, ele desenvolvia sua política no dia a dia, o que a tornava ao mesmo tempo flexível e imprevisível. A partir de 1541, voltou ao seu antigo sonho de conquista na França. Se, no mesmo ano, ele tomou o título de rei da Irlanda, foi principalmente com o objetivo de afirmar ali sua supremacia religiosa e desatar a ilha de sua lealdade a Roma. Se, finalmente, a Escócia ocupava um lugar tão importante em sua política de 1541 a 1545, era porque ele não podia embarcar em nenhum empreendimento contra a França até que tivesse subjugado o reino do norte.

No continente, as circunstâncias eram favoráveis à intervenção inglesa. Carlos e Francisco continuavam imperturbavelmente seu extenuante duelo, e ambos precisavam de aliados. Henrique ainda tinha um futuro brilhante como árbitro, e, se quisesse, tal arbitragem poderia ser lucrativa. De fato, o imperador e o rei da França o cortejavam assiduamente. Francisco I lhe propunha um casamento entre o duque de Orléans e a princesa Maria; o projeto falhou, em parte, por causa da recusa de Henrique em legitimar Maria. Carlos V, por sua vez, fazia avanços secretos; em junho de 1542, o bispo de Westminster era enviado à Alemanha para planejar um ataque conjunto contra a França; ele foi seguido pelo embaixador imperial, Chapuys, que devia assegurar um acordo entre o rei da Inglaterra e o regente dos Países Baixos. Multiplicavam-se as idas e vindas de diplomatas no Mar do Norte.

No entanto, Henrique primeiro precisava garantir suas costas. As relações com a Escócia permaneciam tensas. Jaime V não tinha seguido o exemplo de Henrique com relação à Igreja: ele não tinha vindo à reunião em York, retido por seus conselheiros eclesiásticos, que temiam uma armadilha. Os confrontos aumentavam na fronteira e os dois reis se atribuíam mutuamente a responsabilidade. Em agosto de 1542 foi acordado o envio de representantes a York para discutir um possível acordo. Mas, ao mesmo tempo, Henrique enviava mercenários flamengos para o norte, sob a liderança do duque de Norfolk. Uma pequena tropa inglesa, liderada por *sir* Robert Bowes, cruzou a fronteira, mas foi derrotada em Haddon Rig. Em setembro, Henrique ordenou a Norfolk que devastasse o sul da Escócia; o duque partiu de Berwick, penetrou até Roxburgh e Kelso, fez o máximo de estragos que pôde, mas logo foi forçado a se retirar, por causa da chuva incessante; além disso, sua tropa carecia de cerveja e alimentos.

Em York, as negociações mudavam repentinamente de direção. As exigências inglesas eram exorbitantes: libertação imediata dos prisioneiros ingleses detidos na Escócia; vinda de Jaime V, pessoalmente, a Londres ou York, para concluir um tratado; renúncia de penhoras para garantir a boa vontade do povo escocês. Henrique estava escolhendo claramente o caminho mais difícil contra seu sobrinho. As discussões foram apenas um pretexto. O rei estava, de fato, procurando uma vitória militar decisiva para enfraquecer permanentemente seu vizinho, um novo Flodden. As cartas que ele enviou a Norfolk em outubro-novembro deixam isso bem claro: ele pede ao duque que não envie seu exército de volta, mas, ao contrário, que o reforce num total de 5 mil homens, e que requisite suprimentos a fim de manter uma expedição militar.

Jaime V foi forçado a ir para a guerra, embora com relutância. Mandou um pedido de socorro ao papa e aos soberanos católicos, e em seguida reuniu 20 mil homens ao sul de Edimburgo. A sorte, no entanto, estava com Henrique. O exército escocês, dividido em dois grupos, lançou um ataque diversionista na fronteira oriental, enquanto a maior parte das tropas, mais de 10 mil homens, atacava no oeste. Em uma área pantanosa ao norte de Carlisle, em Solway Moss, um destacamento inglês caiu sobre as forças escocesas em 23 de novembro de 1542. Os escoceses, em grande número, deveriam ter ganho. Mas suas dissensões internas causaram mais uma vez sua perda: Oliver Sinclair, seu líder, favorito do rei, era odiado pelos nobres; os protestantes, que haviam sido colocados na vanguarda, pensavam que estavam sendo traídos; vários chefes de clãs suspeitavam que haviam sido denunciados como hereges; cada um desconfiava de seu vizinho; as ordens não foram cumpridas. Foi um desastre. Dois condes, cinco barões, quinhentos nobres e vinte canhões caíram nas mãos dos ingleses. A notícia da derrota acabou com o rei, que já estava muito doente. Jaime V morreu em Falkland, em 14 de dezembro de 1542. A herdeira era Mary Stuart, que tinha seis dias de idade. A Escócia estava à mercê do rei da Inglaterra.

Mas Henrique precisava jogar bem suas cartas. Seus trunfos eram importantes: Edimburgo estava sem governo, com a perspectiva de uma longa regência sob a autoridade nominal de uma recém-nascida, cujo tio-avô era o rei da Inglaterra; o Tudor tinha um filho, Eduardo, de 6 anos, que seria um marido adequado para sua prima, sujeito a uma dispensa que Cranmer certamente concederia. A possibilidade de unir os dois reinos estava à mão, uma solução final para o problema de seu relacionamento conturbado. Além disso, a Escócia não tinha mais um exército, pois alguns de seus líderes haviam sido feitos prisioneiros na batalha de Solway Moss. O país estava dilacerado, não apenas pelas tradicionais disputas entre os clãs, mas também por confrontos religiosos: o protestantismo, que havia conquistado parte da população, proporcionava ao rei da Inglaterra aliados em potencial. As circunstâncias eram excepcionalmente favoráveis.

Henrique procurou informações sobre a situação interna do reino vizinho com seu médico, o doutor Cromer, que era escocês. Cromer tentou explicar a ele a complexa interação entre facções e clãs. Era necessário evitar que se perturbassem as suscetibilidades da nobreza. O rei achou mais prudente agir através dos prisioneiros de Solway Moss, alguns dos quais eram protestantes e estavam a seu favor. Ele os libertou, recebeu na corte no Natal e depois, antes de enviá-los para casa, fez que jurassem favorecer seus planos na Escócia: iriam formar lá um partido pró-inglês, assumir o controle de várias praças-fortes, proteger a pequena rainha Mary, levá-la para a Inglaterra e, finalmente, obter o acordo do Conselho para o casamento com Eduardo. Eles até concordaram em reconhecer Henrique como rei da Escócia se Mary morresse.

Mas um desenvolvimento imprevisto frustrou o plano do rei. Em 3 de janeiro de 1543, o conde de Arran, herdeiro presumido do trono escocês, foi proclamado governador, com o direito de sucessão em caso de morte de Mary. Era necessário se livrar desse incômodo. Henrique enviou novas instruções aos ex-prisioneiros, que ainda estavam em Berwick, para subjugar Arran e o cardeal Beaton, o agente do papa em Edimburgo. Mas Arran assumiu a dianteira. Apresentando-se como amigo dos reformados, ele mesmo mandou prender Beaton e escreveu a Henrique pedindo-lhe que abrisse negociações para um tratado de paz e de casamento; ele também anunciava sua intenção de submeter a Igreja da Escócia.

O Tudor teria encontrado nele um emulador e aliado? Em todo caso, ele concordou com uma trégua e com o envio de negociadores escoceses. Em meados de março, o rei da Inglaterra enviava Ralph Sadler a Edimburgo, com uma longa carta dando conselhos sobre como reformar a Igreja e dissolver os mosteiros. Henrique dava boas receitas a seu suposto discípulo, dando provas de um tal cinismo que o texto foi apresentado desde então como uma marca de sua má-fé e maquiavelismo. Ele propôs uma confissão de fé válida para ambos os reinos e ofereceu-se para dar sua filha Elizabeth em casamento ao filho do conde de Arran, se este último concordasse com seus conselhos e com a união dos reinos.

Mas o rei estava lidando com uma pessoa mais astuta do que ele, e a *Realpolitik* do governador estava prestes a ultrapassar a sua própria. O conde de Arran não tinha nenhuma intenção de servir como instrumento para a união dos dois reinos. Enquanto demonstrava seu propósito de reformar a Igreja, ele apelava ao papa, colocando-se sob sua proteção. Roma enviou imediatamente um núncio. O cardeal Beaton foi liberado. Pior ainda, Arran também se voltou para seu tradicional aliado, a França, que estava diretamente concernida nesse caso: como Mary Stuart era filha de Maria de Guise, temia-se que a pequena rainha fosse colocada sob a custódia de Francisco I. Logo o conde de Lennox retornou da França com dinheiro e com a promessa das tropas para repelir uma eventual agressão inglesa.

Enquanto isso, o governador continuava a iludir Henrique; ele mantinha comentários anticlericais, fingia proteger o partido pró-inglês e prometia chamar o exército real quando as circunstâncias estivessem favoráveis. Era apenas uma questão de ganhar tempo, e conseguiu fazer isso perfeitamente. Jogando duplamente até o fim, ele autoriza os negociadores escoceses a assinar o tratado de Greenwich em 1º de julho de 1543. A paz estava restabelecida entre os dois reinos, e o casamento proposto entre Eduardo e Mary estava arranjado. Esta última, entretanto, não seria entregue imediatamente à Inglaterra, como Henrique teria desejado, e só o seria aos 10 anos de idade; enquanto isso, os reféns garantiriam a aplicação do tratado. O rei perdia, portanto, o essencial, mesmo se, na ocasião da ratificação do tratado, no Palácio Real de Holyrood, em 25 de agosto, o núncio Grimani acreditasse que a causa romana estava perdida na Escócia.

Henrique VIII veria suas ilusões se desvanecerem antes do fim do ano. No final de agosto, seu enviado Ralph Sadler o advertia de que a Escócia estava à beira de uma guerra civil; Arran estava em perigo; Beaton e Lennox fomentavam uma revolta. O rei imediatamente enviou instruções: o governador devia ser avisado, seria prometido a ele um exército de 5 mil homens para lutar contra os papistas e, acima de tudo, que não perdesse o controle da pequena rainha; seria feita a Arran a promessa de grandes recompensas e até mesmo o título de rei da Escócia, se Mary não fosse sequestrada e forçada a se casar com alguém que não fosse o príncipe Eduardo. Em 31 de agosto, o duque de Suffolk recebeu a ordem de reunir um exército para entrar na Escócia. Mas, no dia 5 de setembro, Sadler revelou a verdade: Arran estava concertado com Beaton e Lennox.

Furioso, Henrique escolheu o conde de Angus como o novo defensor da causa inglesa, prometendo-lhe 8 mil homens. A missão de Angus era apoderar-se de Mary, de Arran e de Beaton. Ao mesmo tempo, em violação ao recente tratado de Greenwich, ele apreendeu vários navios escoceses no Tâmisa. Esse ato de guerra foi inábil; ele deu ao Parlamento escocês um pretexto para anular o tratado em 11 de dezembro, e no dia 16 todos os antigos tratados de aliança com a França foram restaurados. Em um ano, Henrique, por seus métodos altivos e brutais, havia desperdiçado uma oportunidade única de unir os dois reinos. Em 14 de dezembro de 1542, a Escócia estava à sua mercê; em 16 de dezembro de 1543, ela estava contra ele, com o apoio da França. Henrique havia sido enganado por Arran.

Sua nova situação se tornou ainda mais desconfortável pelo fato de que no mesmo ano, 1543, falsamente tranquilizado sobre a situação na Escócia, ele havia se comprometido oficialmente ao lado de Carlos V. Um tratado de aliança havia sido assinado com este último em 11 de fevereiro, não sem dificuldades: a redação havia sido difícil de ser trabalhada porque o imperador recusava-se a conceder ao Tudor o título de Chefe Supremo da Igreja da Inglaterra. No final, o assunto foi resolvido de forma muito diplomática pela fórmula "Defensor da Fé etc.", em que a pequena locução latina recobria pudicamente a realidade diante da qual o imperador ocultava sua face. O outro problema era identificar os possíveis adversários dos dois aliados; eles tinham que apoiar um ao outro contra qualquer ataque, mesmo que viessem de "pessoas espirituais", insistiam os ingleses, que temiam que o papa estivesse do lado dos franceses. O católico Carlos V, que já tinha escrúpulos em se aliar a um rei cismático, não podia aceitar uma fórmula tão direta. Henrique salientou que ele não havia sido tão escrupuloso em 1527, quando suas tropas haviam saqueado Roma, e que, além disso, o rei Muito Cristão estava aliado aos turcos e aos protestantes; qualquer que fosse a autoridade espiritual que desse absolvição a Francisco I, ele acrescentou, nós nos encarregaremos de lhe administrar a penitência. A fórmula sugerida foi: aliança contra "qualquer pessoa, qualquer que seja seu *status*, sua patente ou sua dignidade".

O tratado foi mantido em segredo até o final de junho. Acreditando estar no controle da Escócia, Henrique então enviou seu ultimato a Francisco I, anunciando a intenção de recuperar "seu" reino. A antiga ficção foi mais uma vez ressuscitada. Mas o ano estava muito avançado para iniciar uma campanha séria. Cinco mil homens foram enviados para Calais, sob o comando de *sir* John Wallop, e algumas escaramuças aconteceram no canal da Mancha. A verdadeira invasão deveria acontecer em 1544. Assim, o grande e otimista plano elaborado por Carlos e Henrique era que cada um deles colocaria em campo nada menos que 42 mil homens até 20 de junho; o primeiro atacaria através da região de Champagne, enquanto o segundo, liderando suas tropas, atravessaria o Somme e marcharia diretamente para Paris. Os fracassos do início do reinado não haviam servido para nada: as ilusões de uma guerra--relâmpago permaneciam tenazes, embora totalmente inadequadas ao contexto militar do século XVI.

CATARINA PARR

Ao mesmo tempo que se lançava numa nova guerra, Henrique tentava pela sexta vez uma aventura não menos arriscada para ele, a do casamento. Esse homem definitivamente não se deixava abater por nenhum insucesso. Dezesseis meses após a execução de sua quinta esposa, em 12 de julho de 1543, ele desposava a filha de um simples cavaleiro de Northamptonshire, Catarina Parr. Sua incompreensível obstinação em se atirar ao matrimônio foi, no entanto, recompensada. Sua última escolha foi a melhor. Sua terceira Catarina era uma mulher notável. Uma idade razoável, 31 anos, com alguma experiência: duas vezes viúva, estava prestes a se casar com Thomas Seymour, um personagem sinistro, que se tornaria seu quarto marido quando, em 1547, ela realizou a façanha de sobreviver a três anos e meio de casamento com Henrique VIII.

Finamente cultivada, gentil e muito sensata, Catarina era comedidamente favorável às ideias protestantes. Conciliadora, foi um fator de moderação no final do reinado. A partir do final de 1543, reuniu as três crianças reais, Maria, Elizabeth e Eduardo, em igual afeto. Ela se encarregou de sua educação e finalmente lhes deu uma pausa na vida agitada que seu terrível pai lhes proporcionava. Familiarizou-os particularmente com as obras de Erasmo e de Margarida de Navarra, que ela havia mandado traduzir para eles. Ela mesma compunha obras de piedade, como *Les Prières dirigeant l'esprit vers les méditations célestes*, publicado em 1545, e *Les Lamentations d'un pécheur*, publicado em 1547. Mais uma enfermeira que uma companheira de cama, ela foi um conforto para os últimos anos do turbulento soberano.

– XIV –

OS ÚLTIMOS COMBATES (1544-1547)

O ano de 1544 marca o recomeço da guerra no continente. Henrique VIII retomava o conflito secular contra o rei francês. Um século após o fim da Guerra dos Cem Anos, o rei da Inglaterra ainda contestava o resultado. Ele não se resignava com a perda desse belo reino. A desproporção de forças era, no entanto, flagrante: quatro vezes menor que a França, quatro vezes menos povoada, proporcionando ao seu rei dez vezes menos recursos financeiros, seria a Inglaterra ainda capaz de enfrentar seu vizinho, capaz de manter durante vários anos efetivos de mais de 40 mil homens e o mais temível parque de artilharia da cristandade? Henrique provavelmente desconhecia essa desproporção, por não ter os números que os historiadores mais tarde acumulariam. Bastava-lhe saber que menos de dois séculos antes, seus antecessores haviam esmagado os franceses em Crécy, Poitiers e Azincourt, e que haviam conseguido, com exércitos minúsculos, ocupar mais da metade do país. Sem se dar conta do imenso progresso econômico, demográfico e militar feito pela França desde aquela época, ele ainda alimentava seus sonhos de façanhas cavaleirescas. Francisco I não estava exausto devido às suas lutas contra Carlos V? Este não era um poderoso aliado, que obrigaria o rei francês a dividir suas forças?

A CAMPANHA DE 1544

A primeira metade do ano foi ocupada com os preparativos. Já havia algum tempo, o exército vinha se modernizando. Canhões de grosso calibre tinham sido fundidos. Em 1542, tambores e flautins foram trazidos de Viena para a cavalaria, pois a guerra também é uma arte, um espetáculo, um entretenimento, uma exibição de som e cor, o que torna os músicos quase tão úteis quanto os canhoneiros. Em 1543, os flamengos Peter Van Colin e Peter Bawd tinham vindo para direcionar a construção de morteiros e obuses, que eram indispensáveis para os enfadonhos cercos das novas fortificações. Para acelerar a marcha do exército em campanha, foram preparados fornos e moinhos que podiam ser operados nas carroças em movimento. Os barcos a remo, com canhões na proa e nos lados, foram construídos para rivalizar com as galeras francesas.

A preparação para uma guerra contra a França também significava proteger sua retaguarda. Nos primeiros meses de 1544, Henrique tentou reconstruir um forte partido pró-inglês na Escócia. O jovem conde de Lennox, recentemente retornado do exílio na França, tinha acabado de se voltar para a Inglaterra; junto com o conde de Angus, que ainda garantia sua lealdade ao rei, poderiam liderar uma força suficiente para controlar o reino do norte. Henrique lhes deu a tarefa de apoderar-se de Maria, de nomeá-lo como protetor do país durante sua minoridade, de divulgar as ideias de reforma religiosa e também demandou reféns para garantir sua lealdade. Ele lhes prometia apoio militar para assumir o controle do país.

Logo ficou claro, entretanto, que as capacidades e as forças de Lennox e Angus haviam sido superestimadas. Já era o final de março, e havia uma necessidade urgente de colocar a Escócia fora de combate, antes que a campanha francesa começasse. Henrique decidiu a favor de um ataque-relâmpago a Edimburgo, que seria saqueada a tal ponto que levaria meses, se não anos, para que o governo escocês se recuperasse. Edward Seymour (lorde Hertford) comandaria a expedição; ele deveria destruir completamente o castelo, massacrando homens, mulheres e crianças, e fazer o mesmo em Leith e Saint-Andrews, da qual não deveria deixar pedra sobre pedra. Ao mesmo tempo, em todos os lugares, ele proclamaria Henrique como protetor do reino e governador da rainha Maria até o fim de sua minoridade. Hertford tentou em vão explicar ao rei que tal ação não acalmaria os escoceses, mas apenas os uniria num ódio a ele, e que seria melhor assegurar o controle de um porto estratégico, como Leith, a partir do qual se poderia vigiar Edimburgo e as idas e vindas no Firth of Forth. O rei de nada queria saber. Ele havia decidido vingar-se de seus recentes contratempos e quebrar os escoceses.

Hertford, contra sua vontade, cumpriu a missão. A maneira mais fácil de chegar à distante Edimburgo com segurança era pelo mar. Em 20 de abril, navios requisitados na costa leste, Londres, Ipswich, King's Lynn, Hull, se reuniram em Newcastle e depois navegaram para o norte. Em 6 de maio, a tropa desembarcava perto de Leith, repelia uma pequena força escocesa e tomava o porto. No dia 7, algumas centenas de cavaleiros chegaram por terra para se juntar a Hertford. Os ingleses imediatamente atacaram; Edimburgo foi tomada e queimada, juntamente com o palácio de Holyrood; Leith sofreu o mesmo destino, e as tropas devastaram os campos dos arredores antes de voltar a embarcar. Henrique ficou satisfeito. Os escoceses haviam recebido uma lição e seu partido estava momentaneamente fortalecido: Lennox se casava com sua sobrinha Margaret, enquanto a rainha *douairière*[1] Maria de Lorraine assumia o controle dos negócios no lugar de Arran. Entretanto, os sentimentos anti-ingleses estavam mais fortes que nunca entre a população. Por outro lado, a notícia da incursão também incomodou muito Carlos V, que temia que isso levasse o papa a condenar sua aliança com tal perseguidor de católicos.

Por enquanto, Henrique ficava aliviado e se dedicava à sua futura campanha na França. Esse projeto o obcecava dia e noite, a ponto de se tornar uma ideia fixa, segundo seus assessores a Chapuys. Seria ele capaz de desempenhar seu papel à frente do exército, como havia proclamado? Em março, sua saúde piorou: suas úlceras se deterioraram, e ele foi assolado por uma febre durante vários dias. O rei mal podia se mover, exceto numa cadeira em

---

1 Viúva nobre dotada de bens. (N. T.)

que era carregado; ele subia escadas com a ajuda de uma roldana, e içá-lo sobre seu cavalo exigia um guincho. Seu enorme corpo exigia uma gigantesca armadura, na qual era muito difícil fechá-lo. A armadura que ele tinha mandado fazer por volta de 1540, pesando mais de 45 quilos, e que pode ser vista hoje em Windsor, dá uma ideia de seu tamanho naquela época; o arreio completo do homem e do cavalo, preservado na Torre de Londres, é impressionante, e apenas um colossal corcel poderia suportar a massa do rei com armadura. Seus conselheiros tentavam fazê-lo compreender que sua presença poderia retardar os movimentos da tropa, e Henrique, que conhecia seus pensamentos, se irritava com essa relutância. Ele se obstinava em tentar fazer o papel de cavaleiro, negava sua deficiência física, mas, secretamente, o medo o atormentava.

No final de maio, Henrique sugeriu a Carlos V que o plano fosse modificado: os dois soberanos enviariam seus exércitos sob o comando de um tenente para tomar Paris, enquanto eles mesmos trabalhariam no norte da França em tarefas menores, mais adequadas à sua majestade do que liderar uma incursão na capital. O rei dava como exemplo o recente sucesso da expedição de Hertford em Edimburgo. Às vésperas da campanha, ele só poderia se retirar se o imperador também desistisse de liderar suas tropas pessoalmente; caso contrário, seria um vergonhoso reconhecimento de sua enfermidade. Ora, Carlos, nove anos mais jovem, artrítico, mas não obeso, que tinha vindo especialmente da Espanha para a Alemanha para liderar o exército, não tinha motivos para recusar a oportunidade de se cobrir de glória com a ajuda das tropas inglesas. Henrique não podia mais se furtar.

Desde o início do ano, tropas e suprimentos se acumulavam em Calais. Em junho, os duques de Norfolk e Suffolk vieram para assumir o comando, enquanto aguardavam a chegada do rei. Mas desde o início a confusão se instalou, e a campanha de 1544, que havia sido sonhada como gloriosa, foi conduzida da maneira mais lamentável. Em meados de junho, Norfolk recebia a ordem de entrar em território inimigo, mas sem nenhum objetivo específico. Ele, então, avançou alguns quilômetros para o leste, depois parou, para receber instruções mais precisas. Os planos de 1543 previam uma marcha forçada para Paris. Desde então, o entusiasmo de Henrique esfriou; temendo um ataque de flanco, pensava que seria difícil assegurar os suprimentos e considerava mais prudente tomar primeiramente os lugares franceses no norte – Ardres, Montreuil, Boulogne –, para garantir a retaguarda. O rei informou a Carlos sobre suas novas orientações, aconselhando-o a agir da mesma forma. O imperador ficou furioso; o Tudor estava traindo os termos de seu tratado e ao mesmo tempo arruinava suas esperanças. Norfolk ainda aguardava ordens, que impacientemente exigia em suas cartas enviadas para o Conselho. Finalmente elas chegaram: Montreuil devia ser sitiada, o que ele fez imediatamente. Mas a cidade era forte; depois de alguns dias, Norfolk reclamava da falta de suprimentos, de canhões e de munições: não havia mais um Wolsey para lidar com tudo isso.

Em 14 de julho, o rei finalmente desembarcava em Calais. Uma semana depois, ele sitiava Boulogne, onde passou umas boas semanas a inspecionar os trabalhos, a ordenar as trincheiras e os ataques. Acampado ao norte da cidade, perto da costa, ele se sentia à vontade nesse papel, que satisfazia seu gosto pela guerra, enquanto evitava o desconforto de uma campanha itinerante. Uma marcha sobre Paris estava fora de questão. Todas as suas forças estavam ocupadas no cerco das duas cidades. A atividade terminou em 14 de setembro, com a capitulação de Boulogne, onde o rei fez uma entrada triunfal. Durante quinze dias ele supervisionou a modificação das fortificações feita por seus engenheiros, e em 30 de setembro embarcou para a Inglaterra.

Uma semana antes, Henrique ficara sabendo, com estupefação, que Carlos V, numa posição difícil, havia assinado a paz com Francisco I, em Crépy. Sua indignação não era legítima: o imperador havia se aproximado mais de Paris que ele. O rei francês não demorou para explorar o desacordo entre os aliados. Essa paz separada deixou os ingleses sozinhos para enfrentar o exército do delfim. Este se aproximava de Montreuil, onde os homens de Norfolk sofriam mais com a falta de suprimentos do que os sitiados. Arriscar uma batalha contra o exército francês, mais numeroso, mais fresco e mais bem comandado, teria sido suicídio. Henrique pelo menos teve o mérito de entender isso; ele ordenou que Norfolk recuasse para Boulogne e a batida em retirada foi feita sem muitos desgastes.

Antes de partir para a Inglaterra, o rei havia ordenado que Norfolk e Suffolk permanecessem com suas tropas em Boulogne. Logo que ele embarcou, os dois duques deixaram a cidade e seguiram para Calais, mais bem defendida. Ao saber desse movimento, enquanto ele ainda não havia retornado a Londres, Henrique enviou-lhes uma carta furiosa, insinuando que sua conduta beirava a traição e ordenando-lhes que retornassem a Boulogne. Sua retirada, dizia a carta, sacrificou deliberadamente essa cidade, sob o pretexto de "necessidade fingida, a fim de cobrir e ocultar faltas demasiado aparentes a um olho imparcial". Envergonhados, Norfolk e Suffolk explicaram que as defesas de Boulogne não eram utilizáveis e que Calais precisava ser protegida. De qualquer forma, era tarde demais para voltar atrás: os 50 mil homens do delfim ocupavam a região, e seus mercenários flamengos tinham ido embora.

Assim terminava, na maior confusão, uma campanha ambiciosa e cara. A imperícia dos líderes, a começar pelo rei, tinha sido total. Falta de preparação, abastecimento insuficiente, ignorância do terreno, aumentada por mapas imprecisos, tudo esteve combinado para arruinar a expedição. Boulogne, no entanto, foi tomada. A aquisição não foi desprezível: com Calais, era uma segunda porta de entrada para o reino da França. Este seria um novo pomo de discórdia entre Henrique e Francisco, nas negociações abertas em Calais no dia 18 de outubro. Seymour, Paget e logo Norfolk e Suffolk, que lideraram a delegação inglesa, receberam instruções para exigir que os franceses abandonassem tanto Boulogne quanto a aliança escocesa. Quinze dias foram suficientes para se perceber que nenhum acordo seria alcançado.

A situação de Henrique estava longe de ser confortável: ele havia perdido a aliança de Carlos V, e os assuntos escoceses não estavam melhorando. Com o primeiro, houve uma troca de cartas acrimoniosas no outono, cada um acusando o outro de traí-lo: Henrique culpou o imperador por ter concluído unilateralmente a paz de Crépy e pediu-lhe que retomasse a guerra. Com o passar dos meses, novos incidentes alimentaram a animosidade entre os dois antigos aliados: os comerciantes ingleses foram maltratados pela Inquisição espanhola; os navios imperiais ficaram retidos em portos ingleses; a pólvora comprada pelos ingleses em Brabant não tinha chegado; os mercenários espanhóis passaram para o exército francês. O rei da Inglaterra, com falta de tropas, tentava fazer uma nova aproximação com os príncipes luteranos do Império, sem muito sucesso. Essa nova reviravolta só poderia desagradar a Carlos V, que ao mesmo tempo empreendia um esforço militar sem precedentes contra a Liga de Smalkalde.

Henrique devia proteger Calais e Boulogne, mas também reforçar o exército do norte, na fronteira escocesa. Para lá enviou todos os mercenários desocupados que encontrou: italianos, cavaleiros albaneses, setecentos arcabuzeiros espanhóis que haviam feito um desembarque forçado na costa inglesa. No continente, ele empregou a seu soldo o capitão Frederic von Rieffenberg e 10 mil homens para defender Boulogne, onde as tropas inglesas ainda não haviam terminado de reparar os danos que haviam causado durante o cerco. Dos príncipes e das cidades protestantes, Henrique recebeu pouca ajuda. Escaldados por falhas anteriores, estavam mais que relutantes em firmar uma aliança com o Tudor. Christopher Mont e John Bucler, que negociaram para o rei com os luteranos entre as sessões da dieta de Worms, obtiveram apenas uma promessa de uma liga defensiva, com o fornecimento de 4.500 homens, pagos pelo rei, em troca de 200 mil coroas; as cidades hanseáticas de Bremen, Lubeck e Hamburgo recusaram-se a fornecer tropas.

No lado escocês, a situação continuou a se deteriorar. O rei não sabia mais qual tática usar: confiar em Angus ou subjugá-lo? Mandar assassinar o cardeal Beaton? A ideia era tentadora, e foi sugerida a Sadler, sob a condição de que ele agisse sem comprometer o rei. Usar a força? A tropa heterogênea que o rei mantinha na fronteira fez várias incursões de pilhagem; em uma delas, destruíram as tumbas da família Angus em Melrose, o que teve por efeito fazer com que seu antigo aliado se voltasse contra a Inglaterra. Em 27 de fevereiro de 1545, Angus derrotou um destacamento inglês em Ancrum, perto de Jedburgh. Alguns meses depois, um exército francês, liderado por Lorges de Montgomery, reforçou os escoceses, e lorde Hertfort foi restringido a saquear as magníficas abadias do vale do Tweed: Kelso, Melrose, Dryburgh, Roxburgh, Coldingham.

O ALERTA DE 1545

O verão de 1545 foi militarmente muito difícil. Sem aliados, a Inglaterra teve que fazer um enorme esforço para juntar e manter tropas, já que a invasão era esperada a qualquer momento. A ansiosa vigília de 1539 recomeçava, dessa vez mais seriamente, em uma atmosfera que prefigurava o episódio da Armada. Nunca o rei teve tantas frentes para vigiar de uma só vez. Lorde Hertford permanecia na fronteira escocesa; o duque de Norfolk liderava um exército em Essex, em antecipação a um possível desembarque; o duque de

Suffolk comandava outro em Kent, e o conde de Arundel, um terceiro no oeste; o almirante, lorde Lisle, defendia o mar, com 160 navios de todos os tamanhos e 12 mil homens; em Boulogne, lorde Poynings e sua guarnição aguardavam os assaltos franceses. Mais de 60 mil homens, ao todo, estavam a soldo do rei.

Henrique, sitiado em sua metade de ilha, era o único responsável por essa situação crítica, consequência de sua louca agressão do ano anterior, quando poderia simplesmente ter continuado a contar os pontos no duelo entre Carlos V e Francisco I. O absurdo sonho de glória militar de um velho rei impotente estava levando uma nação próspera à beira da catástrofe. Em 10 de agosto, Henrique recorreu à arma suprema dos casos desesperados: ordenou procissões por todo o reino para o sucesso de seus exércitos. Ele mesmo vigiava as fortificações.

Em 19 de julho, ele jantava a bordo do navio mais prestigiado de sua frota, o *Great Harry*, ao largo de Portsmouth, quando se relataram as presenças das duzentas velas francesas do almirante d'Annebault, a algumas milhas de distância deles, no Solent. Henrique deixou o navio tão rapidamente quanto suas pobres pernas permitiam. Esse era o desembarque francês? O alarme foi dado por fogos, espalhados ao longo da costa, na noite seguinte. Mas d'Annebault não tinha consigo uma força de invasão; ele tinha apenas perseguido uma frota inglesa, que o havia provocado no estuário do Sena. Houve batalhas navais desconexas no Solent, durante as quais os ingleses perderam o célebre *Mary Rose*, que soçobrou quando fez uma brusca conversão, com suas escotilhas abertas. Recuperado após quatro séculos e meio no fundo do mar, o magnífico destroço é agora uma testemunha inestimável dos navios do rei Henrique. Os franceses tentaram, sem sucesso, desembarcar na ilha de Wight, depois foram queimar Brighton e partiram. No outono, Lisle foi, por sua vez, queimar algumas aldeias da costa normanda, enquanto os combates ao redor de Boulogne e Calais não deram nenhum resultado.

A ameaça de invasão foi afastada em 1545, mas a situação permanecia dramática. "Estamos em guerra com a França e a Escócia", escrevia o bispo Stephen Gardiner, "estamos em conflito com o bispo de Roma; não temos nenhuma amizade segura com o imperador, e recebemos tamanha recusa grosseira do *landgrave*, o capitão-chefe dos protestantes, que ele pode pensar que queremos prejudicá-lo [...]. Nossa guerra é prejudicial ao reino e a todos os nossos negociantes que comercializam no estreito [...]. Estamos em um mundo onde a razão e a ciência não prevalecem e os acordos não são respeitados." Tudo o que podemos esperar, continuava o bispo, é a "pior paz", que ainda é "melhor do que a melhor das guerras". Para piorar a situação para o rei, o concílio, tantas vezes postergado, finalmente se reuniu em Trento.

O ano de 1546 se anunciava bem perigoso, se não fosse possível encontrar aliados. O Conselho tentava desesperadamente persuadir Henrique de que a melhor solução era entregar Boulogne e assinar a paz. O rei não queria ouvir falar em desistir de sua conquista. Colocava todas as suas esperanças na retomada das hostilidades por Carlos V. Durante todo o inverno, ele tentou alcançar esse resultado.

As negociações, que duraram de outubro de 1545 a janeiro de 1546, foram extremamente complexas. Elas envolveram quatro parceiros, cada um deles fazendo um jogo duplo, com um objetivo declarado e com diferentes intenções secretas, cada um desconfiando dos outros três: Henrique, Carlos, Francisco e os príncipes protestantes. Estes, sentindo-se ameaçados pelos preparativos de Carlos V, precisavam de Henrique e de Francisco, e ofereceram-lhes sua mediação. Sua oferta foi bem recebida na França e na Inglaterra, e em 21 de novembro, sob sua égide, iniciaram-se as negociações entre Paget e Tunstall, por um lado, e a delegação francesa, por outro, perto de Guines. O imperador queria também uma reconciliação franco-inglesa, para formar uma frente unida de soberanos contra os luteranos. Ele sugeriu uma reunião para esse fim em Bruges, entre Gardiner e o almirante francês. Francisco I, envolvido simultaneamente em duas conferências com os representantes de Henrique, conferências conduzidas por dois inimigos, que visavam reconciliar dois outros inimigos, a fim de trazer cada um deles para seu lado, temia um conluio secreto entre Carlos e Henrique, cuja reconciliação ele queria evitar. Finalmente, Henrique, que também estava envolvido em ambas as conferências, buscava acima de tudo usar a ameaça protestante para forçar Carlos a tomar seu partido contra Francisco. Raramente se viu um tal imbróglio diplomático.

A questão de Boulogne tornava a paz entre os dois reis impossível. Carlos, determinado a acabar com os luteranos, a quem acabara de infligir uma derrota em Mühlberg, não tinha a intenção de retomar a guerra imediatamente. Ele rejeitou todos os avanços feitos por Stephen Gardiner em nome de Henrique:

ofertas de casamento de Maria, Elizabeth e Eduardo a qualquer Habsburgo viúvo ou solteiro; uma oferta de encontro pessoal entre os dois soberanos, que o imperador descartou com o pretexto de que uma viagem iria cansar Henrique, e que ele não teria tempo antes da dieta de Regensburg em janeiro; ele a aceitaria com a condição de que os reis da França e da Inglaterra tivessem concordado de antemão. Isto significava que a embaixada de Gardiner no Império não tinha nenhuma chance de sucesso. Quando chegou a Bruges, em meados de outubro de 1545, para discutir com Carlos V, o bispo não teve sequer a oportunidade de abordar o tema do possível retorno do imperador à guerra. Sob vários pretextos, as conversações foram adiadas até janeiro, e não levaram a nenhum resultado. Carlos se recusou até a permitir que os ingleses obtivessem salitre de cobre, armas, âncoras e couro da Holanda, pois ele precisava desses suprimentos para travar uma guerra contra os protestantes.

A PAZ DE ARDRES E AS COMPLICAÇÕES DIPLOMÁTICAS DO FINAL DO REINADO

Henrique precisou retomar a guerra sozinho, já que as negociações com os franceses e os protestantes haviam sido infrutíferas. Em 17 de janeiro de 1546, o rei em Conselho decidia lançar uma nova campanha em grande escala. Um exército de 16 mil ingleses, 10 mil mercenários espanhóis, italianos e alemães, e 4 mil cavaleiros, sob a liderança de lorde Hertford, desembarcariam em Calais, enquanto uma frota assolaria as costas. As campanhas de recrutamento seriam conduzidas nos estados protestantes da Alemanha. Efetivamente, Hertford chegou, com todo seu contingente, no dia 23 de março, e se estabeleceu perto de Boulogne, fortificando o porto de Ambleteuse. Três semanas depois, Henrique mudava de ideia e procurava a paz.

Essa brutal mudança de opinião, da qual ele havia dado muitos outros exemplos durante seu reinado, provavelmente se explica pela situação financeira catastrófica na qual se encontrava na época, não sendo mais capaz de lidar com as enormes despesas causadas pelo conflito. Seus conselheiros havia muito tempo lhe diziam humildemente isso; a perspectiva de mais um ano de salário a ser pago a seus milhares de mercenários, numa guerra cujo único objetivo era a defesa de Boulogne, finalmente o convenceu. Foram feitos contatos com a corte francesa, por intermédio do veneziano Bernardo, e em 24 de abril Paget, Lisle e Hertford iniciaram as negociações com os delegados franceses perto de Ardres. Os emissários ingleses fizeram exigências espantosas: Henrique queria manter Boulogne e os arredores, receber grandes indenizações de guerra e obter o fim da ajuda francesa à Escócia. Agia como um vitorioso, quando estava em uma posição de inferioridade. Quando suas exigências não foram aceitas, apresentou outras, não menos exorbitantes: que Maria Stuart deveria ser entregue à sua custódia em troca da paz com a Escócia; que ele deveria receber todos os atrasados da pensão que lhe era devida pelo rei da França em tratados anteriores; que lhe fossem dados 8 milhões de marcos de indenização pelos seus custos de guerra. "Oito milhões! Você está brincando", responderam os delegados franceses. "Não existe tal soma em toda a cristandade." As discussões foram extremamente duras; o rei verificava com minúcias cada detalhe custosamente elaborado, e levou mais de um mês para chegar, em 7 de junho, à assinatura do tratado de Ardres, que restabelecia a paz entre os dois reinos.

Henrique VIII tinha se saído bem, dada sua precária situação militar e financeira. Ele manteve Boulogne até o dia de São Miguel de 1554; Francisco I lhe pagaria então 2 milhões de coroas em troca, e como compensação pela pensão não paga; além disso, o rei da França pagaria 94.736 coroas por ano até a morte de Henrique, e depois 50 mil coroas perpetuamente. A Escócia foi incluída no tratado. Assim, a posse de Boulogne era uma garantia preciosa que o Tudor explorava ao máximo. Conhecendo os problemas financeiros de seu rival, ele esperava que Francisco I, incapaz de pagar os 2 milhões, lhe abandonaria sua conquista.

O Tudor marcava outro ponto, dado que conseguia que a formulação do tratado lhe concedesse o título de Chefe Supremo da Igreja da Inglaterra e da Irlanda. O rei da França não teve dificuldade em aceitar isso, nem mesmo na leitura solene do texto em Fontainebleau, em 1º de agosto, na presença de seis cardeais. Entretanto, a implementação do acordo levou a alguns confrontos, especialmente quando, em setembro, os franceses iniciaram a construção do forte de Châtillon, que controlava a entrada do porto de Boulogne e o teria tornado inutilizável. A reação de Henrique ilustra seus métodos. O problema foi discutido em um conselho privado, e foi decidido por unanimidade não tocar nessas fortificações, pois isso poria em causa a paz. Uma carta, assinada pelo rei, foi então enviada a lorde Grey, governador de Boulogne, pedindo-lhe que nada fizesse. Mas o rei deu oralmente ao mensageiro ordens em contrário: ele deveria transmitir a Grey a tarefa de "impedir a fortificação de Châtillon e, se possível, arrasá-la". O rei foi obedecido, no decorrer de um ataque surpresa noturno. No dia seguinte a essa façanha, Henrique entrou triunfantemente no conselho: "O que dizem, senhores? O novo forte de Châtillon foi arrasado, tão plano quanto este piso". Os conselheiros ficaram indignados, e um deles declarou que Grey deveria ser decapitado por essa ação. Ao que o rei respondeu: "Seria melhor perder uma dúzia de cabeças como a sua", referindo-se a seu conselheiro.

Nos poucos meses que lhe restavam de vida, Henrique VIII praticou uma política externa extremamente complexa. A hipótese mais provável é que o rei, tão desconfiado, como sempre, de seus dois homólogos, Francisco e Carlos, procurou manobrar, da maneira mais hábil possível, e enfrentar qualquer ameaça de um ou outro e, acima de tudo, para evitar sua reconciliação. O trio, que envelhecia, retomava sua ocupação favorita, o jogo dos tolos, em que todos os truques, de preferência os mais desonestos, eram permitidos. O objetivo era isolar um dos três, aproximando-se do outro, não importando qual deles. Nesse estranho jogo de xadrez a três, os peões podiam ser usados como auxiliares para bloquear um ou outro dos oponentes: os príncipes protestantes, a Escócia e até mesmo o papa. As apostas eram puramente políticas; entre Carlos V, Francisco I e Henrique VIII, orgulhosamente condecorados com seus títulos de Chefe Mais Católico, Mais Cristão e Supremo da Igreja da Inglaterra; a religião, como vimos muitas vezes, não era mais do que um pretexto. Entre essas três raposas experientes e igualmente astuciosas, o jogo era apertado. Embaixadas, enviados secretos, instruções oficiais, contrainstruções confidenciais, declarações de intenção, desmentidos, pressões abertas e ocultas se cruzavam e entrelaçavam com tal rapidez e desenhavam uma teia tão emaranhada que é muito difícil se entender nela.

Nesse grande jogo de pesca em águas agitadas, o Tudor utilizou amplamente a isca dos príncipes protestantes, a quem propôs repetidamente a conclusão de um acordo dogmático. Em 1546, a situação dos luteranos alemães era dramática. Após sua derrota em Mühlberg, eles pareciam estar à mercê do ataque em grande escala que o imperador estava preparando. Henrique temia que um triunfo imperial fosse o prelúdio de uma cruzada católica contra a

Inglaterra. Ele também procurava, simultaneamente, tanto se aproximar dos príncipes protestantes quanto manejar o papa. Em março-abril, ele enviou John Mason, escrivão do conselho privado, ao eleitor palatino, para propor um acordo e o casamento entre seu sobrinho e a princesa Maria; ao mesmo tempo, Christopher Mont se encontrava com o *landgrave* de Hesse e oferecia-se para formar uma liga. Em agosto, as negociações foram retomadas, dessa vez por meio do doutor Hans Bruno, que tinha vindo a Londres com propostas para um acordo da parte do eleitor da Saxônia. A cada vez, Henrique exigia a possibilidade de seus agentes recrutarem mercenários nos estados protestantes. Ele estava mais interessado no potencial militar dos luteranos do que em sua teologia, e sempre adiava a realização de conferências religiosas, sob vários pretextos. Sua principal preocupação era chegar a um acordo que pudesse ser usado tanto contra o imperador quanto contra o rei francês. Esse objetivo é claramente visível na oferta que Bruno trouxe de volta: Henrique propunha uma pensão de 12 mil florins em troca do direito de recrutar mercenários, e de uma aliança defensiva contra qualquer outro soberano.

Nesse mesmo mês de agosto, Henrique ouvia com atenção uma nova oferta do papa, apresentada por intermédio do italiano Guron Bertano. Paulo III não perdia a esperança de trazer o Tudor de volta ao rebanho da Igreja. Ele propunha esquecer o passado, com a condição de que o rei reconhecesse novamente a supremacia papal, e até lhe permitia enviar bispos ao concílio de Trento. Henrique não tinha intenção de se submeter, mas a iniciativa papal lhe dava a oportunidade de ganhar tempo. Deu uma resposta cautelosa, declarando-se pronto para enviar representantes a alguma reunião convocada pelos príncipes. Então, depois de esperar por uma reação por mais de sete semanas, ele dispensou Bertano.

Francisco I também estava interessado nos príncipes luteranos. Ele ofereceu a Henrique que formassem uma liga de três. Este último rejeitou a oferta, porque suspeitava que o rei francês queria aproveitar-se dela para recuperar Boulogne mais cedo do que o esperado. Em dezembro, os protestantes, que estavam numa situação crítica, tentaram se aproximar dos dois reis, mas nenhum dos dois quis dar o primeiro passo, por medo de ser traído pelo outro: Francisco declarou que se alinharia com a conduta de Henrique, e Henrique respondeu que seguiria o exemplo de Francisco, temendo que este se aproveitasse da oportunidade para juntar-se ao imperador. Deste último, ele recebeu uma embaixada, o que alarmou os representantes franceses; Henrique, no entanto, reclamava publicamente de Carlos, de quem suspeitava estar preparando secretamente uma cruzada contra ele, com o acordo do concílio e do papa; uma declaração destinada a tranquilizar os franceses, enquanto advertia os imperiais. Na realidade, ele estava negociando com ambos ao mesmo tempo, quando a morte o surpreendeu, em janeiro de 1547.

A Escócia não foi esquecida nesse fogo cruzado. Ao longo de 1546, o rei continuou a pressionar seus vizinhos do norte. As incursões continuaram a partir da fronteira; tentou-se até mesmo uma expedição para as Highlands pelo mar da Irlanda, mas ela falhou completamente. Henrique também encorajou complôs para assassinar o cardeal Beaton, o que se tornou realidade em 29 de maio. Concentrando novas tropas em Northumberland, o rei se preparava para lançar outra ofensiva durante 1547. Sua morte afastou temporariamente o perigo para os escoceses.

OS PROBLEMAS FINANCEIROS

Henrique deixava, assim, uma situação diplomática mais confusa que nunca. Também legava a seu filho os cofres vazios, embora tivesse herdado um tesouro considerável de seu pai. As atividades militares de 1544-1546 engoliram somas fabulosas para a manutenção de enormes tropas mercenárias, da construção e de reparos de fortificações e de operações navais: 2 milhões de libras no total. Só sua gloriosa campanha de 1544 tinha custado 650 mil libras; do dia de São Miguel de 1544 a 8 de setembro de 1545, as operações em torno de Boulogne absorveram um total de 560 mil libras. Em novembro daquele ano, Gardiner escrevia a Paget: "Posso assegurar-lhe, senhor Secretário, que não tenho ideia de como vamos conseguir nos desenrascar nos próximos três meses, e ainda menos nos dois seguintes". E ele enumerava as miseráveis somas penosamente arrecadadas: 15 mil libras de receita da cunhagem monetária, 3 mil libras da corte de aumentos, mil libras do ducado de Lancaster, outro tanto da corte de tutelas e dos tributos. Somas ridículas, em comparação com as necessidades do momento.

As receitas ordinárias, por mais que aumentadas pelos novos impostos sobre o clero, estavam bem longe de serem suficientes. O Parlamento foi chamado a contribuir; votou nada menos que seis *quinzièmes et dixièmes*, bem como três subsídios extraterritoriais de 1540 a 1547. O primeiro trouxe 29 mil libras anualmente; os subsídios chegaram a 94 mil libras em 1540, 183 mil libras em 1543, 200 mil libras em 1545. O aumento da pressão fiscal, por si só, não poderia preencher a lacuna deixada pelas despesas militares. Foi necessário recorrer a todos os expedientes tristemente clássicos e ilegais da panóplia de extorsões reais. Comissários, munidos com listas de súditos ricos, lançaram-se sobre as cidades e os campos, extorquindo empréstimos forçados e "benevolências" (*benevolences*), ou seja, donativos. Em 1544, o Parlamento cancelou o reembolso de um empréstimo real de 112 mil libras, contraído em 1542; em janeiro de 1545, o chanceler Wriothesley organizava uma campanha sem precedentes para recolher benevolências, embora a prática tivesse sido declarada ilegal sob Ricardo III. Dois conselheiros municipais de Londres se atreveram a protestar. Um, *sir* William Roach, foi detido na prisão de Fleet e precisou comprar sua liberdade; o outro, Richard Reid, foi obrigado a equipar uma tropa à sua própria custa e conduzi-la para a batalha na fronteira escocesa, onde foi feito prisioneiro e teve que pagar um resgate. O despotismo de Henrique não conhecia mais limites. A campanha lhe trouxe 120 mil libras e foi seguida por outra, em 1546.

 A Igreja foi mais uma vez vítima da rapacidade do Estado. Além de acelerar a venda de propriedades monásticas, Henrique atacou fundações privadas, capelanias, colégios seculares e cantarias. O *Chantries Act* de 1545 lhe deu o poder de dissolver essas instituições e confiscar seus bens, que foram inventariados pelos comissários. Se houve poucos confiscos antes do fim do reinado, foi apenas devido a restrições de tempo. No mesmo ano, o rei considerou tomar, ou "emprestar", como ele disse, as baixelas sagradas. Piedoso pensamento, aprova lorde Hertford, pois "o serviço de Deus, que não consiste em joias, baixelas ou ornamentos de ouro ou prata, não seria de forma alguma diminuído por esse ato, e os utensílios seriam mais bem empregados para o bem e a defesa do reino". Além das 27 mil libras que os primeiros frutos e décimos traziam para a monarquia, o clero teve que pagar um subsídio de mais de 80 mil libras em 1540, 1542, 1543 e 1544.

 Ao mesmo tempo, empréstimos tiveram que ser contraídos. Henrique voltou-se para o principal centro bancário do noroeste da Europa, Antuérpia, uma cidade próspera, onde os maiores bancos alemães e italianos abriam filiais, em particular os Fugger e Welser. Mas esses especialistas exigiam taxas de juros de até 14%, e garantias de reembolso. Essa atitude era compreensível, pois os empréstimos para os soberanos eram muito arriscados: Fugger havia tido essa experiência com Carlos V. O governo inglês se envolveu em um verdadeiro comércio com os bancos, cujo benefício não era óbvio: venda de chumbo proveniente dos telhados dos mosteiros; troca desse chumbo por tecidos ou alúmen revendidos na Inglaterra; empréstimos consignados sobre a exportação de lã. O resultado líquido foi que Henrique deixou seu sucessor com uma dívida de 27 mil libras para com os flamengos.

Ainda mais graves para o futuro da economia inglesa foram as alterações monetárias. O balanço do reinado é particularmente catastrófico nesse ponto. Em 1509, as moedas inglesas, cunhadas sob Henrique VII, eram de uma pureza e qualidade artística sem paralelo na Europa; em 1547, a moeda inglesa havia se tornado uma das piores da cristandade; leves, finas, as moedas continham uma grande proporção de metal vil, que as fazia descolorir rapidamente; elas manchavam os dedos e tinham motivos de gravura mais que medíocres. Uma comparação das características das quatro principais moedas em circulação no país entre o início e o fim do reinado é instrutiva:

| | SOBERANO (moeda de ouro) || ANGEL[2] (moeda de ouro) ||
	1509	1547	1509	1547
Peso	240 g	192 g	80 g	80 g
Valor nominal	20 s	20 s	6 s 8 d	8 s
Espessura	23 quilates	20 quilates	23 quilates	23 quilates

| | GROAT (moeda de prata) || PENNY ||
	1509	1547	1509	1547
Peso	48 g	40 g	12 g	10 g
Valor nominal	4 d	4 d	1 d	1 d
Espessura	11 onças	4 onças	11 onças	4 onças

s: *shillings*; d: *pence*.

---

[2] Antiga moeda de ouro inglesa com a efígie de São Miguel. (N. T.)

As desvalorizações começaram de fato já em 1526, quando Wolsey aumentou o preço do ouro de 40 para 45 *shillings* a onça e mandou cunhar moedas mais leves. Em 1542, o rei usou o processo em grande escala para obter lucro e reduzir sua carga de dívida. Nas oficinas das casas da moeda, na Torre, em Southwark, em Canterbury, em York e Durham, ele mandou cunhar moedas que continham uma proporção cada vez menor de metal precioso, mantendo o mesmo valor nominal. O metal recuperado servia para cunhar moedas adicionais. O processo foi acelerado a partir de 1544, para fins de guerra; de março de 1544 a janeiro de 1547, o rei obteve um lucro de 363 mil libras com sua cunhagem monetária. Paralelamente, o bom dinheiro fugiu para o exterior, seguindo a lei que *sir* Thomas Gresham formularia sob Elizabeth: "O mau dinheiro expulsa o bom". Richard e John Gresham, aliás, trabalhavam no departamento financeiro de Henrique.

AS ÚLTIMAS CONVULSÕES RELIGIOSAS

Os últimos três anos do reinado não foram ocupados apenas com a guerra e a diplomacia. Até o fim, o rei manteve seu mundo em suspense com suas explosões de humor, seus planos e suas ameaças. Os sobressaltos de sua política religiosa só cessariam em seu leito de morte.

A fim de compreender os motivos precisos de suas ações, devem-se levar em conta tanto os imperativos da política externa quanto os jogos das facções conservadora e pró-luterana que se enfrentavam na corte e no alto clero. Assim, no final de 1545 e início de 1546, o rei encorajou Cranmer a empreender mais mudanças litúrgicas e a eliminar aspectos "supersticiosos" do culto tradicional: badalar de sinos na véspera de Todos os Santos, genuflexões e prostrações diante da Cruz, véu envolvendo estátuas na Quaresma, genuflexões diante da Cruz no Domingo de Ramos. Pouco tempo depois, quando soube que sua embaixada junto ao imperador parecia estar fazendo progressos, reverteu essa decisão, que poderia desagradar ao soberano católico. Quando as cartas que ordenavam essas mudanças lhe foram trazidas para assinatura, disse: "Eu agora mudei de ideia"; "toda inovação, mudança ou alteração na religião ou nas cerimônias" devia cessar.

A luta contra a heresia, porém, sob a liderança ativa de Stephen Gardiner, não afrouxou. As gráficas eram monitoradas de perto, e o bispo caçava a heterodoxia mesmo nos círculos mais aristocráticos da corte. Em julho de 1543, cinco fidalgos da câmara e as esposas de outros três foram processados. Em 1546, o doutor Crome foi preso e sua confissão destruiu uma vasta rede protestante na corte e no país; uma sacramentária, Anne Askew, foi queimada em Smithfield, como um aviso a todas as grandes senhoras a quem havia frequentado, como *lady* Hertford e *lady* Denny. Nessa caça aos hereges, encorajada pelo clero conservador, ninguém estava seguro, nem mesmo a rainha.

O cronista John Foxe relata um episódio sobre ela que mais uma vez ilustra o gosto do rei por procedimentos tortuosos e por suas súbitas reversões. O incidente também é indicativo do poder de Stephen Gardiner e de seu zelo anti-herético, que quase custou a vida da sexta esposa de Henrique. Catarina Parr, como já vimos, era culta e de espírito erasmiano. Ela era provavelmente até mesmo uma protestante no coração. Todos os dias lia e comentava passagens da Bíblia com algumas das grandes damas e seus capelães. Na medida em que o rei tolerava, ela também tinha conversas com ele sobre religião, nas quais o exortava a ser mais rigoroso com o catolicismo e a adotar uma fé mais despojada. Ela o elogiava, diz o cronista, por ter "iniciado um bom e santo trabalho para banir aquele ídolo monstruoso de Roma", e lhe pedia "para aperfeiçoar e completar esse trabalho, limpando e purificando a Igreja da Inglaterra dos restos dela", "para proceder zelosamente à reforma da Igreja". Em seus bons momentos, Henrique ouvia sua esposa, mas às vezes se aborrecia ao ouvir sermões, feitos por uma mulher, sobre um campo reservado à sua competência exclusiva, no qual ele pensava ter conhecimentos superiores aos dos maiores teólogos. Ele, o Chefe Supremo da Igreja da Inglaterra, não tinha nenhum conselho a receber de uma mulher. A religião inglesa era sua obra, e ele não seria mais um discípulo nem de Lutero, nem do papa. Em uma dessas conversas, na qual Gardiner estava presente, Henrique interrompeu sua esposa, mudou completamente de assunto e a dispensou, dizendo ao bispo: "Que maravilha quando as mulheres se tornam tão sábias, e eis-me aqui, bem reconfortado por chegar à minha velhice para ouvir minha esposa me dar uma lição!".

Gardiner agarrou a oportunidade. Ele havia muito temia a influência de Catarina e sua proteção a tudo o que era protestante. Aproveitando-se do mau humor do rei, ele se atreveu a propor-lhe que apresentasse ao Conselho provas das crenças heréticas da rainha, para que "Sua Majestade pudesse perceber como era perigoso abrigar uma serpente em seu seio". Henrique deu carta branca a Gardiner. Quais eram os verdadeiros pensamentos do rei naquele momento? Para quem ele montava a armadilha? Para Catarina ou para o bispo? Sem dúvida, a velha raposa estava testando os dois, deixando-os jogar suas cartas, um contra o outro, reservando para si o julgamento final, quando suas mútuas denúncias lhe permitissem saber mais. Esse tipo de manobra foi uma das constantes do reinado e um dos fatores mais eficazes para manter sua autoridade.

Então Gardiner e seus amigos reuniram todas as provas possíveis, incluindo investigações secretas, de que a rainha e sua comitiva eram hereges; uma lista foi elaborada, culminando em uma ordem de prisão de Catarina na Torre. Estaríamos nos encaminhando para uma terceira execução e, por que não, um sétimo casamento? O resultado foi menos trágico, embora bastante estranho. A rainha, tendo por acaso tomado conhecimento do que estava sendo planejado contra ela, veio implorar ao rei por misericórdia. Henrique, a princípio, disse ironicamente: "Não, não, por Santa Maria, você é uma verdadeira doutora, Cathy, você deve ensinar, não deve ser instruída ou dirigida por nós". Catarina prometeu obediência absoluta ao Chefe Supremo em assuntos religiosos, e jurou que sua conversa teológica só tinha a intenção de distrair o rei durante sua doença. "Então é verdade, meu coração", respondeu Henrique, "que você não tinha más intenções? Então sejamos novamente bons amigos, como antes e para o futuro."

Essas foram palavras muito desconcertantes da parte do terrível soberano, que não estava acostumado a tal indulgência para com suas esposas. É difícil acreditar que a idade teria amaciado seu temperamento: ele ainda faria rolar algumas cabeças famosas antes de morrer. Parece mais que ele queria dar uma lição a Gardiner nesse caso. A manutenção das duas tendências opostas em seu séquito, conservadores e pró-luteranos, não era a melhor maneira de manter a supremacia, permanecendo o árbitro supremo? A eliminação de uma das duas facções teria inevitavelmente levado ao desequilíbrio do sistema e colocado em perigo o futuro de sua reforma. Ao dar um tiro de advertência às duas facções, ele as neutralizou, uma pela outra. Ao astuto Tudor não faltava *finesse*. Em todo caso, quando no dia seguinte o chanceler Wriothesley veio até ele pedir permissão para prender a rainha, foi dispensado com uma violência sem precedentes: teve que sair correndo da sala, debaixo de uma saraivada de insultos: "Patife velhaco! Imbecil! Idiota!".

Henrique gostava muito desse tipo de teatralidade, o que só pode reforçar a interpretação que demos. Foxe relata que, em 1543, o rei havia fomentado uma trama semelhante contra Thomas Cranmer, arcebispo de Canterbury, a quem ele chamou de "o maior herege de Kent". Sua duplicidade havia ido ainda mais longe nessa ocasião, pois todos os detalhes da prisão, que deveria ocorrer no meio do Conselho, haviam sido implementados. Na noite anterior, o rei havia convocado Cranmer em Whitehall para revelar seu plano: ele lhe dera seu anel, e havia combinado com o arcebispo que, quando fosse preso, ele o mostraria a todos e pediria para ser ouvido pelo rei. Isto foi feito; os líderes da conspiração, atônitos, receberam sua salva de insultos e recuaram sem dizer mais nada. No ano seguinte, a mesma cena aconteceu. Dessa vez a isca foi Stephen Gardiner, cujo sobrinho, Germain Gardiner, havia acabado de ser executado pelo rei por ser papista. Com tudo pronto para a queda do bispo de Winchester, o caso degringolou numa confusão para seus adversários, os quais, apesar disso, o rei havia encorajado. A conspiração contra Cromwell, que o rei em seguida lamentou, com o sentimento amargo de ter sido enganado, pode explicar em parte os tolos jogos tragicômicos no final do reinado. Henrique, que não pretendia ser liderado por ninguém, manteve um clima de incerteza e constante ameaça aos que o rodeavam, a fim de melhor garantir sua lealdade.

Assim, equilibrando os clãs conservadores e protestantes, em agosto de 1546, o rei considera uma última reforma religiosa de importância capital: a supressão da missa. Ele revelou sua intenção em uma circunstância, no mínimo, inesperada: a ratificação do tratado franco-inglês em Hampton Court. Na presença do almirante da França e do arcebispo Cranmer, que relatou pessoalmente suas palavras, ele declarou que em ambos os reinos a missa seria logo substituída por um serviço de comunhão, assim como a moda protestante. Isto foi uma intenção sincera ou uma declaração tática? Nenhuma das possibilidades pode ser apoiada por argumentos convincentes. Esse foi o único momento durante o reinado em que o rei aludiu a esse projeto, que não foi implementado até sua morte. Henrique assistirá devotamente ao santo sacrifício da missa em sua concepção católica até o final, e todas as declarações doutrinárias henriquistas mantêm o dogma da transubstanciação. Então, manobra política? As circunstâncias favorecem essa interpretação, pois pode parecer incongruente fazer tal afirmação teológica durante uma cerimônia diplomática. Mas, então, a que propósito poderia servir a ousada declaração, já que Francisco I nunca havia falado em abolir a missa? Foi destinada apenas aos ouvidos estrangeiros, a saber, os de Carlos V e os do papa, à guisa de advertência? Foi um sinal de pleno acordo entre os dois reis, para desarmar qualquer tentativa de cruzada do lado católico? As verdadeiras intenções do rei permanecem misteriosas, e suas reações, tão imprevisíveis como sempre.

OS ÚLTIMOS ATOS DE DESPOTISMO

Na esfera política, os últimos anos do reinado também viram o caráter despótico do soberano se fortalecer. Esse despotismo foi ainda mais formidável porque, paradoxalmente, foi apoiado pelo Parlamento. A instituição havia sofrido algumas mudanças recentes: a Câmara dos Lordes não tinha mais abades, mas seis bispos adicionais, todos nomeados pelo rei, enquanto os lordes temporais estavam mais ligados do que nunca à monarquia, por meio da compra de terras monásticas. Na maioria das vezes, projetos de lei importantes eram inicialmente apresentados aos Lordes. Os Comuns, por sua vez, viram seus membros aumentarem, tendo 31 novos representantes: a partir de 1535, o País de Gales, incorporado ao sistema inglês, elegia um deputado para cada um dos doze condados, e um para cada um dos onze burgos, sendo que Monmouthshire e o burgo de Monmouth enviavam dois cada um. Em 1543, o palatinado de Chester, que até então tinha um sistema separado, também recebia o direito de eleger dois representantes, assim como o burgo de Chester.

Longe de restringir as liberdades parlamentares, Henrique VIII apenas as confirmou e ampliou. Assim, o direito à liberdade de expressão, aceito tacitamente até então, foi explicitamente reconhecido por ocasião do caso Richard Strode. Esse burguês de Plympton havia sido preso a pedido da corte das minas (*stannary court*), devido a um discurso que fizera aos Comuns, em 1512 – ele foi libertado; em 1522, o rei pôde explicar ao papa que a liberdade de expressão nos Comuns era total. Em 1541, quando a sessão foi aberta, o *speaker* declarou que a liberdade de expressão era um dos direitos inquestionáveis do Parlamento, e o rei confirmou isso. Melhor ainda, o princípio da imunidade parlamentar deu um passo decisivo sob esse reinado despótico. Em 1543, George Ferrers, um burguês de Plymouth, foi preso pelo não pagamento de uma dívida da qual era fiador. Os Comuns imediatamente enviaram seu sargento, que representava a instituição, para exigir sua libertação, e prenderam os oficiais que o haviam detido. O rei aprovou a ação, especialmente porque Ferrers era um de seus pajens. Para ele, a jurisdição do Parlamento deveria permanecer suprema e não ser contestada por nenhuma outra; ela lhe trazia enormes serviços nos casos de *attainder*. "Nós, como a cabeça, e vocês, como os membros, somos indissociáveis", disse ele aos Comuns naquela ocasião.

A razão pela qual Henrique estava tão bem disposto em relação a essa assembleia é, como vimos, porque ele conseguia absolutamente tudo o que queria dela. É verdade que, de tempos em tempos, ele encontrava indícios de controvérsia, mas sem consequência; em 1545, um projeto de lei sobre heresia foi rejeitado; em 1539, um representante de Calais se opôs à política real. Eram ninharias em comparação com todas as medidas aprovadas, o que confortava o despotismo de Henrique: a resolução dos assuntos matrimoniais, os *attainders*, as leis sobre a sucessão, modificadas à vontade após cada casamento, a última das quais, em 1544, estabelecia como nova ordem de prioridade: Eduardo, os eventuais filhos de Catarina Parr, Maria, Elizabeth, e uma pessoa de escolha do rei. Em 1539, o Parlamento, pelo Ato das Proclamações, decidia dar força legal às proclamações feitas pelo rei depois do parecer do Conselho, desde que elas não fossem contra a lei comum. Em 1529, outro ato cancelava todas as dívidas de Henrique; em 1544, o Parlamento recidivou: cancelou as dívidas reais desde 1º de janeiro de 1542 e, para que não houvesse inveja, aqueles que já haviam sido reembolsados deviam devolver a quantia ao Tesouro!

Assim, Henrique é um déspota por consentimento dos deputados e com sua cumplicidade. Vários fatores se combinam para explicar esse fato. A prática do *packing* não é alheia a isto: o pequeno tamanho do eleitorado tornava possível, através de várias pressões, eleger representantes favoráveis ao rei. Mas outros fenômenos também desempenharam um papel não negligenciável, em particular o medo de um retorno das guerras civis. Apesar de seus defeitos, Henrique VIII tinha pelo menos o mérito de garantir a paz civil e o respeito da ordem; a burguesia e a *gentry* lhe eram gratas por isso e assim aceitavam votar a maioria dos projetos de lei apresentados pelo governo. O medo difuso das reações do soberano também não deixa de ter efeito sobre a boa vontade dos representantes eleitos. Os homens do rei tinham assento mais frequentemente entre os Comuns, onde eram muito ativos na promoção dos interesses do soberano: em 1539, o controlador da casa do rei, *sir* William Kingston, reduziu ao silêncio o deputado de Calais que fazia oposição; em 1540, os secretários Wriothesley e Sadler sentaram-se entre os Comuns, em vez de entre os Lordes, pois o rei acreditava que seriam mais úteis lá.

Por fim, Henrique sabia manipular notavelmente essa assembleia, por meio de uma combinação de lisonjas, ameaças e subentendidos cúmplices. Além das vicissitudes causadas pela política religiosa, a classe média se sente solidária com uma monarquia que menospreza os grandes nobres e submete a Igreja. O soberano entende essa comunidade de interesses e a explora habilmente. A atitude complacente do Parlamento o encoraja a dar-lhe grandes poderes, pedindo-lhe que formalize todas as suas reformas. Mais tarde, sob reis mais fracos, esses poderes poderão ser usados contra a monarquia. O despotismo de Henrique teve, assim, o resultado ambíguo de fortalecer tanto o poder real quanto o parlamentarismo. "Despotismo parlamentar" poderia ser o termo usado para descrever o sistema henriquista.

Nos últimos dias do reinado houve uma última revolução palaciana, na qual uma das principais famílias da nobreza inglesa, os Howard, foi vítima, o que não poderia desagradar à opinião pública. Thomas Howard, 73 anos de idade, terceiro duque de Norfolk, era descendente de Eduardo I e até mesmo de Eduardo, o Confessor. Ele havia ocupado os cargos mais importantes: almirante em 1513, lorde-tenente da Irlanda em 1520, tesoureiro em 1522, marechal em 1533; como chefe da fração aristocrática do Conselho, ele havia entrado em conflito com os novos homens, os novos-ricos como Wolsey e Cromwell, para cuja queda tinha amplamente contribuído. Sempre fiel ao rei, ele manteve a confiança deste último, apesar de alguns lapsos e do destino infeliz de suas sobrinhas, Ana Bolena e Catarina Howard. Decididamente, esse homem devia ser muito desagradável, pois raramente um grande personagem amealhou tanta unanimidade contra si em sua própria família: era detestado por suas sobrinhas, odiado por sua segunda esposa, a quem vergonhosamente maltratou, amaldiçoado por seu sogro, o duque de Buckingham, assim como por seu cunhado, cujo desejo mais ardente era transpassá-lo com uma adaga. No Conselho ele não tinha amigos, nem mesmo Gardiner, que era, como ele, um membro do partido conservador, mas que favorecia a aliança imperial, em vez da aliança francesa.

Pior que Norfolk era seu filho, Henrique Howard, conde de Surrey. Segundo todos os testemunhos, esse jovem tão arrogante, briguento, desonesto e pretensioso quanto incapaz, de 30 anos de idade, vangloriava-se sem pudor de sua ascendência real. Ele havia sido repetidamente levado à justiça por delitos menores, que traíam seu caráter turbulento: em 1537, havia espancado Edward Seymour, e, graças a Cromwell, não perdeu a mão direita em punição; em 1542, foi preso devido a um caso de duelo; em 1543, foi condenado por quebrar vidraças em Londres com uma funda, e foi acusado de comer carne na Quaresma; e havia estado em contato com um sacramentário, George Blagge. No início de 1546, enquanto era governador de Boulogne, cometeu erros na defesa da cidade e foi acusado de usar seu cargo para ganho pessoal e de seus amigos; quando perguntou se sua esposa poderia vir e juntar-se a ele, o rei, irritado, respondeu que o lugar e as circunstâncias não eram adequados para a "imbecilidade feminina". Isso, contudo, não impedia que Surrey fosse um dos melhores e mais delicados poetas da época. Mas seu orgulho foi a causa de sua perdição. Descendente de reis, casado com a filha do 15º conde de Oxford, cunhado do duque de Richmond, de quem havia sido amigo, ele tinha até mesmo sido considerado para se casar com a princesa Maria. Em várias ocasiões declarou em público que, quando o rei morresse, seu pai deveria exercer a regência, e ele teve a audácia de colocar em suas armas, em Kenninghall, os leopardos reais. Dizia-se que havia jurado se livrar dos novos-ricos do Conselho, depor o rei e assumir o controle de Eduardo; outros diziam que ele encorajara sua irmã a se tornar amante do rei; por fim, havia rumores de relações secretas entre Norfolk e os embaixadores franceses.

Em 12 de dezembro de 1546, Norfolk e Surrey foram presos e levados para a Torre. Em 13 de janeiro, Surrey foi julgado no Guildhall, e o júri, por um momento hesitante, condenou-o à morte por traição, por ordem do rei, transmitida por Paget. Ele foi executado em Tower Hill no dia 19. Para Norfolk, foi utilizado o procedimento de *attainder*, e a condenação à pena capital foi proferida no dia 27. Ele deveria ser decapitado na manhã seguinte. Pouco antes do amanhecer, o rei morreu: Norfolk salvou sua cabeça *in extremis*. No entanto, permaneceu na prisão até sua morte, em 1554, aos 81 anos de idade.

A MORTE DO REI

Henrique VIII terminou seu reinado à sua própria imagem: nove dias antes de sua morte, mandara decapitar um de seus súditos, depois de uma aparência de justiça, e sua própria morte poupou a vida de um de seus mais leais servidores. Fiel a si mesmo, foi um déspota até o fim.

Em fevereiro de 1546, um novo ataque de febre havia confinado o rei à cama por três semanas. No mês seguinte, tendo se recuperado, recebeu os embaixadores do imperador e os tranquilizou quanto à sua saúde. Durante o verão, fez seu passeio habitual pelos castelos. Em setembro, continuou os negócios, recebeu os embaixadores franceses, aos quais expressou sua insatisfação com as fortificações em torno de Boulogne. Em outubro e novembro, foi para Windsor, Londres, Oatlands, Nonsuch, e passou por uma sucessão de altos e baixos relatados pelo embaixador imperial Van der Delft. No final de dezembro, de volta a Londres, sofreu outro ataque de febre. O fim, dessa vez, parecia próximo. Na noite de 26 de dezembro, Henrique mandou *sir* Anthony Denny, primeiro cavalheiro da casa, trazer seu testamento. O documento havia sido alterado várias vezes durante o reinado, e o rei queria que ele o lesse para acrescentar as últimas mudanças. Denny primeiro pegou o papel errado, depois, tendo encontrado o texto mais recente, começou a lê-lo. O rei parecia surpreso com algumas das disposições, das quais não se lembrava mais. A última mudança que ele exigiu foi excluir Stephen Gardiner da lista do Conselho de regência e dos executores testamentários, dizendo que "ele era um homem teimoso e não era conveniente que estivesse junto ao seu filho".

O bispo de Winchester ocupava um lugar de destaque no Conselho e tinha desempenhado um papel importante nos recentes desenvolvimentos políticos e religiosos. Denny ficou surpreso com sua exclusão, o que irritou o rei: "Céus! Tenho boa memória dele e o excluo voluntariamente; pois se eu o colocasse em meu testamento e ele fosse um de vocês, ele os sobrecarregaria a todos, e vocês seriam incapazes de controlá-lo, tão turbulenta é sua natureza. Dou-lhe minha palavra, eu poderia domá-lo e usá-lo para todos os fins que quisesse; mas você não poderia". Essas palavras parecem se encaixar bem na realidade. O bispo de Winchester era um excelente administrador, e o rei, por essa razão, o havia poupado até então, mas não gostava dele, por julgá-lo católico demais, arrogante demais e empreendedor demais. Henrique gabava-se de ser o único que podia mantê-lo na linha, e talvez não estivesse errado. Ele já lhe havia feito advertências, como vimos, e, como havia dito a Paget, tinha um documento pronto, que a qualquer momento poderia provocar sua queda. No início de dezembro, Gardiner havia piorado a situação para si mesmo ao recusar uma troca de terras com o rei, e sua autoridade estava agora sendo desafiada no Conselho: em outubro, Dudley o havia esbofeteado. Muitos esperavam que ele seguisse os Howard até a Torre. Sua exclusão do Conselho de regência não foi, portanto, surpreendente.

Em 30 de dezembro, Henrique reuniu novamente alguns conselheiros e entregou a versão final de seu testamento a Edward Seymour, conde de Hertford, que seria o Protetor do Reino quando o rei morresse. O fato de esse documento ter sido assinado por *dry stamp* – ou seja, por um secretário que desenha a assinatura real através de um pedaço de papel, do qual foi recortado – deu origem a inúmeras suposições quanto à sua autenticidade. O estado enfraquecido do rei parece ser explicação suficiente, mesmo que o secretário, William Clerk, inadvertidamente não tenha registrado o documento até o final de janeiro. Certamente o testamento não previa a nomeação de Hertford como Protetor, mas isso foi feito por cartas patentes alguns dias depois, como atesta o embaixador Van der Delft.

Em meados de janeiro, no entanto, Henrique estava se sentindo melhor. No dia 16 recebeu os embaixadores franceses e imperiais, e parecia estar em plena posse de seus sentidos. No dia 27, sua condição piorou repentinamente, mas ninguém ousou dizer-lhe que seu fim estava próximo. Prever a morte do rei era de fato um crime de traição, que havia custado a vida a lorde Hungerford seis anos antes. Ainda assim, *sir* Anthony Denny teve a coragem de dizer a Henrique que tinha chegado a hora de se preparar. O soberano expressou sua esperança de obter o perdão de Deus por seus pecados.

Ele adormeceu por um momento, depois pediu para ver Cranmer. Este se encontrava em Croydon, a poucos quilômetros de distância, e quando chegou, o rei tinha perdido a fala. O arcebispo falou-lhe do amor de Deus, e Henrique apertou-lhe a mão com força, em sinal de compreensão e de esperança. Poucas horas depois, ao amanhecer de 28 de janeiro de 1547, Henrique VIII morreu.

A notícia só foi revelada na segunda-feira, 31 de janeiro. Naquele dia, o chanceler Wriothesley, em uma voz quebrada por soluços, anunciou a morte do soberano ao Parlamento. Paget leu o testamento. Como era costume, o Parlamento foi dissolvido. Por que esse atraso excepcional na história da monarquia? O pequeno círculo de conselheiros que sabia da verdade utilizou esses três dias para organizar a futura regência. O pequeno Eduardo VI ainda não tinha 10 anos e a turbulência religiosa do reinado e as rivalidades entre facções deixavam prever uma minoridade turbulenta. Na última vez que isto acontecera, por ocasião da morte de Eduardo IV, em 1483, o país havia mergulhado na guerra civil. O governo tinha que ser aperfeiçoado antes de anunciar uma morte que pudesse desencadear ambições. Norfolk também estava esperando na prisão. O rei não tinha tido tempo de assinar a ordem de execução e o homem poderia ser perigoso. Seria feita uma falcatrua e o mandariam executar? Como sabemos, o duque foi milagrosamente salvo.

No dia 8 de fevereiro, um solene toque de finados foi dado em todo o país; no dia seguinte, foram cantadas missas de réquiem. No dia 14, o corpo embalsamado foi levado para Windsor. O rei queria ser enterrado na capela de São Jorge do castelo, ao lado de Jane Seymour, a única rainha que lhe havia dado um filho. No dia 16, Gardiner celebrou a missa fúnebre e pronunciou a oração. Mesmo na morte, Henrique despojava Wolsey de seus bens: o túmulo no qual foi enterrado não era outro senão o do cardeal, ainda inacabado. Ele nunca o foi, e o Parlamento mandou desmontá-lo em 1646.

Quanto aos restos mortais do rei, não sabemos o que aconteceu. Durante o reinado de Elizabeth, um exilado católico na Espanha, *sir* Francis Englefield, que havia sido conselheiro de Maria Tudor, disse ao jesuíta Robert Persons que a católica Maria tinha mandado exumar e queimar como herege o corpo de seu pai. Havia muitos rumores em apoio a essa afirmação, mas nenhuma prova formal. Quando o túmulo foi reutilizado, no início do século XIX, para dele fazer a tumba de Nelson, o sarcófago do rei estava vazio.

CONCLUSÃO

Supõe-se que o biógrafo deva julgar seu herói. Espera-se que ele dê um veredicto, a conclusão lógica da maneira como apresentou a vida do personagem. Alguns biógrafos não se furtam a isso, procedem com lealdade e pronunciam a sentença. Além disso, há algum tempo, os juízes têm sido generosos, dado que a moda é a reabilitação, talvez em parte porque contar a história da vida de um homem implica uma certa simpatia por ele. Recentemente, vimos serem reabertos arquivos que se pensava encerrados; reputações que se pensava serem definitivas, postas em questão; condenações que se pensava terem sido asseguradas, rejeitadas.

O caso dos reis é particularmente claro. Suas primeiras biografias científicas foram produzidas no século XIX, numa época em que a fé republicana e secular era alimentada pelas memórias sombrias do Antigo Regime, numa época em que muitas pessoas ainda tinham muitas ilusões sobre a vida política democrática. Desiludidos por um século de democracias cheias de escândalos, corrupções, abusos, injustiças e cinismo, muitos historiadores foram levados a rever seus julgamentos sobre os governos monárquicos do passado. Descobriram que os políticos não mudaram: apenas preocupados com suas carreiras e sua situação pessoal, não abertos ao povo, a não ser para pedir seus votos com discursos demagógicos e falsas promessas, camuflando suas verdadeiras intenções por trás de programas e princípios cujo único objetivo é atrair o cidadão ingênuo, que ainda se deixa iludir, reabilitam, então, as práticas da antiga monarquia. Mas isso não é simplesmente transferir a ilusão do presente para o passado? A moral nunca teve nada a ver com a política, que é o campo da fraude, do engano, da dissimulação e do realismo mais grosseiro. Os governantes do passado ainda despertam paixões de uma forma curiosa. Há argumentos sobre o "bom" e o "mau", o "justo", o "grande" e o "magnânimo", sem que seja sempre possível discernir o interesse dessas discussões e a razão das polêmicas sobre a grandeza deste ou daquele reinado.

Henrique VIII não é nosso amigo, nem nosso inimigo. Ele morreu há quatro séculos e meio e pertence à galeria de antigos reis, cuja imagem há muito tempo está fixada na mente coletiva. O que dissemos sobre ele não vai alterar em nada essa imagem. Ele será para sempre classificado como o rei que teve seis esposas, algumas das quais mandou decapitar, sem que o público em geral saiba quantas, uma espécie de Barba Azul cujo físico, imortalizado por Holbein, corresponde inteiramente à sua reputação. Suplementarmente, lembra-se que ele esteve na origem do anglicanismo, por causa da questão do divórcio. E é tudo.

O que podemos acrescentar a essa imagem de Épinal?[1] Relataremos a opinião de dois de seus contemporâneos. "Ele é uma velha raposa", escreveu o embaixador francês Castillon para Francisco I. "O senhor Henrique (*Junker* Heintz) quer ser Deus, e satisfazer todos os seus desejos", declarou Lutero, que não gostava muito dele, mas entendia muito bem esse homem que se parecia com ele pelo caráter. A história de seu reinado é uma constante ilustração desses julgamentos incisivos, que são desenvolvidos por um dos melhores conhecedores da época, o professor Mackie, em seu livro sobre *Os primeiros Tudor*:

> Henrique VIII era brutal, astuto, egoísta e sem generosidade; mesmo no esplendor de sua juventude, havia permitido que Empson e Dudley perecessem e, com o passar dos anos, a magnanimidade que ainda havia nele foi devorada por um egoísmo insaciável. Seu passeio triunfante pela vida o levou a esmagar com indiferença os corpos quebrados de seus servos e, embora pudesse ser afável quando isso lhe convinha, era um *faux bonhomme* [em francês no texto]. Era

---

[1] Historicamente, esse tipo de imagem era feito em Épinal, de onde seu nome. Os temas tratados, em geral, eram históricos, religiosos, ou ilustravam romances de sucesso. No sentido figurado, uma imagem de Épinal designa uma ideia ou um conceito julgados ultrapassados, um clichê, e adaptados à situação atual. (N. T.)

um realista integral; seu princípio era a eficiência; seu deus era ele mesmo, no Estado que ele personificava. Apesar disso, seu povo o aceitava como ele era; nada indica que seus cruéis enforcamentos ou execuções pelo fogo tenham provocado um ressentimento popular ou mesmo uma animosidade significativa nos corações de suas infelizes vítimas. O rei era o rei, e a lei era a lei.

Nós nos refugiaremos por trás desse retrato, que nos parece corresponder ao original. Não haverá, portanto, nenhuma reabilitação, mesmo que o termo tenha sido considerado. Os fatos falam por si: Henrique VIII mandou executar, por razões que nada têm a ver com justiça, duas esposas, um chanceler, um guardião do timbre privado, um cardeal, um conde de Surrey, um duque de Buckingham; um marquês de Exeter, um lorde Montague, um conde de Suffolk, uma condessa de Salisbury, um conde de Kildare e seus tios, para não mencionar as pessoas da plebe; ele espoliou os mosteiros e dilapidou suas riquezas; desvalorizou seriamente a moeda inglesa; esvaziou os cofres do reino, desperdiçando enormes somas em guerras infrutíferas, travadas em nome do prestígio pessoal; colocou em perigo o futuro dinástico, devido à sua instabilidade conjugal; introduziu a divisão religiosa no país por meio de uma reforma que obedecia, acima de tudo, ao desejo de impor sua supremacia pessoal; nem um mecenas, nem um esclarecido, não participou do grande Renascimento cultural de seu tempo; interessou-se pelas universidades apenas para obter opiniões favoráveis ao seu divórcio; deixou que outras nações explorassem e ocupassem a costa americana; e pelas frequentes inversões de sua política, irritou seus vizinhos escoceses e continentais.

Certamente ele deixou um grande vácuo, tanto na Inglaterra quanto na Europa. Um grande vazio e um grande silêncio. Esse homem grande e barulhento tinha causado uma grande agitação no cenário nacional e internacional. Sua morte surpreendeu, desconcertou, deixou uma incredulidade. Durante quase quarenta anos, ele havia liderado um reino em plena expansão econômica. Seu reinado foi marcado pela paz civil, mal interrompido pela Peregrinação da Graça. Uma administração competente e eficiente, baseada na classe média, tinha assegurado o bom funcionamento da justiça. A marinha, incontestavelmente, havia se desenvolvido. Em geral, as bases da grandeza elizabetana foram lançadas durante o reinado de Henrique. A Inglaterra de 1547 era mais próspera do que a de 1509. Mas o rei teve algo a ver com isso? Ocupado com sua própria grandeza pessoal, Henrique VIII não entendia nem apoiava as grandes aspirações de seu tempo. Sua colaboração com o Parlamento foi ditada pelo oportunismo e um realismo de curto prazo, o que, ao tornar indistinguível o poder real e o poder parlamentar, levou a graves problemas no início do século XVII, problemas que só foram resolvidos após guerras civis e a derrota da monarquia. Já em 1547, o Parlamento começou a retirar alguns dos poderes despóticos que havia dado ao soberano: O Ato das Proclamações foi anulado.

A grande obra do rei foi sua reforma religiosa, cujo princípio orientador era a supremacia real. Como Chefe Supremo da Igreja da Inglaterra, o rei havia parado no meio do caminho de uma reforma que alguns consideravam ousada demais, outros, insuficiente. A fragilidade do trabalho realizado nessa área será ilustrada pelas convulsões dos reinados de seus três filhos. Aqui, novamente, o rei tinha trabalhado para si mesmo, não para o futuro.

Nos assuntos europeus, tinha sido mais temido na paz do que na guerra. Parceiro hábil, havia muitas vezes jogado com destreza nas rivalidades entre a França e o Império, mas suas dispendiosas intervenções militares haviam terminado em fracasso. Havia conquistado Boulogne, mas estava prestes a devolvê-la pelo tratado de Ardres. Os assuntos religiosos e matrimoniais tiveram pelo menos o mérito de reter sua atenção pelo maior tempo possível, evitando a multiplicação de aventuras bélicas, que só empobreceriam o reino.

A morte de Henrique VIII afetou seu velho compadre e rival Francisco I. É relatado que um homem, vindo da Inglaterra, entregou uma mensagem do falecido ao rei da França, dizendo-lhe "que este soberano deveria pensar que era mortal como ele". Dois meses mais tarde, Francisco também faleceu. Até mesmo na morte, Henrique pretendia mostrar o caminho.

ANEXOS

LISTA DOS TITULARES DOS PRINCIPAIS OFÍCIOS DE GOVERNO

CHANCELERES

Data da nomeação	Nomes	Títulos
21 de janeiro de 1504	William Warham	bispo de Londres, 1502-1503 arcebispo de Canterbury, 1503-1532
24 de dezembro de 1515	Thomas Wolsey	bispo de Lincoln (1514) bispo de Bath e Wells, 1518-1524 bispo de Durham, 1524-1529 bispo de Winchester, 1529-1530 arcebispo de York, 1514-1530 cardeal (1515) núncio (1518)
26 de outubro de 1529	Thomas More	cavaleiro (1521)
26 de janeiro de 1533	Thomas Audley	cavaleiro (1532); barão Audley (1538)
3 de maio de 1544	Thomas Wriothesley	cavaleiro (1540) barão (1544)

TESOUREIROS

16 de junho de 1501	Thomas Howard	conde de Surrey (1483) duque de Norfolk (1514)
4 de dezembro de 1522	Thomas Howard, filho do precedente	conde de Surrey (1514) duque de Norfolk (1524) marechal (1533)

GUARDIÃES DO TIMBRE PRIVADO

24 de fevereiro de 1487	Richard Fox	bispo de Exeter, 1487-1492 bispo de Bath e Wells, 1492-1494 bispo de Durham, 1494-1501 bispo de Winchester, 1501-1528
18 de maio de 1516	Thomas Ruthall	bispo de Durham, 1509-1523
14 de fevereiro de 1523	Henry Marny	Lorde Marny (1523) capitão dos *yeomen* da guarda, 1509-1534
25 de maio de 1523	Cuthbert Tunstall	bispo de Londres, 1522-1530 bispo de Durham, 1530-1552
24 de janeiro de 1530	Thomas Bolena	conde de Wiltshire e de Ormond (1529) visconde Rochford (1525)
29 de junho de 1536	Thomas Cromwell	conde de Essex (1540)
14 de junho de 1540	William Fitzwilliam	conde de Southampton (1537)
3 de dezembro de 1542	John Russell	Lord Russell (1539) Conde de Bedford (1550)

MASTERS OF THE ROLLS

22 de janeiro de 1508	John Yonge	deão de York (1514)
12 de maio de 1516	Cuthbert Tunstall	
20 de outubro de 1522	John Clarke	arquidiácono de Colchester
9 de outubro de 1523	Thomas Hannibal	
26 de junho de 1527	John Taylor	prebendado de Westminster (1518)
8 de outubro de 1534	Thomas Cromwell	
10 de julho de 1536	Christopher Hales	
1º de julho de 1541	Robert Southwell	cavaleiro (1537)

SECRETÁRIOS DO REI

1500	Thomas Ruthall
1516	Richard Pace
1526	William Knigth
1528	Stephen Gardiner
1533	Thomas Cromwell

LORDS STEWARDS (ATÉ 1531) E DEPOIS GRANDES MESTRES DA CASA DO REI

1506	George Talbot	conde de Shrewsbury
1540	Charles Brandon	duque de Suffolk
1545	William Paulet	Lorde St. John of Basing

CAMAREIROS DA CASA DO REI

1509	Charles Somerset	
1526	William Sandys	
1543	William Paulet	
1546	Henry Fitzalan	conde de Arundel

TESOUREIROS DA CASA DO REI

1502	Thomas Lowell	
1522	Thomas Bolena	
1537	William Fitzwilliam	conde de Southampton (1537)
1537	William Paulet	

CONTROLADORES DA CASA DO REI

1509	Edward Poynings	
1520	Henry Guilford	
1526	William Fitzwilliam	
1532	William Paulet	
1537	John Russell	conde de Bedford (1550)
1540	John Gage	

LORDES-ALMIRANTES

21 de setembro de 1485	John de Vere	conde de Oxford
4 de maio de 1513	Thomas Howard	
16 de julho de 1525	Henry Fitzroy	duque de Richmond
16 de agosto de 1536	William Fitzwilliam	
18 de julho de 1540	John Russell	
28 de dezembro de 1542	Edward Seymour	conde de Hertford
26 de janeiro de 1543	John Dudley	visconde de Lisle

EARLS-MARSHALS

1494	Henrique Tudor
10 de julho de 1510	Thomas Howard
21 de maio de 1524	Charles Brandon
28 de maio de 1533	Thomas Howard

LORDES-TENENTES DA IRLANDA

1494	Henrique Tudor
1520	Thomas Howard
1529	Henry Fitzroy

SPEAKERS DA CÂMARA DOS COMUNS

23 de janeiro de 1510	Thomas Englefield	
6 de fevereiro de 1512	Robert Sheffield	arquivista de Londres
8 de fevereiro de 1515	Thomas Neville	eleito de Kent. Membro da família do rei
18 de abril de 1523	Thomas More	eleito de Londres
6 de novembro de 1529	Thomas Audley	eleito de Essex
9 de fevereiro de 1533	Humphrey Wingfield	eleito do burgo de Great Yarmouth
12 de junho de 1536	Richard Rich	eleito de Essex
maio de 1539	Nicolas Hare	eleito de Norfolk; chefe de petições (1537)
18 de junho de 1542	Thomas Moyle	eleito de Kent
23 de novembro de 1545	provavelmente o mesmo	

CRONOLOGIA

1491	*28 de junho:* nascimento do príncipe Henrique, em Greenwich.
1492	Descoberta da América por Cristóvão Colombo Captura de Granada por Fernando de Aragão Eleição do papa Alexandre VI
1493	Maximiliano imperador *5 de abril:* Henrique condestável do castelo de Dover
1595	*17 de maio:* Henrique cavaleiro da Jarreteira
1496	Revolta de Perkin Warbeck
1497	*Maio-junho:* revolta na Cornualha Viagem de John Cabot a Labrador
1498	Erasmo em Oxford Luís XII, rei da França
1501	*14 de novembro:* casamento de Artur e Catarina de Aragão
1502	*2 de abril:* morte de Artur. Henrique príncipe de Gales
1503	Eleição do papa Júlio II *25 de junho:* noivado de Henrique e Catarina de Aragão
1504	Casamento de Margarida Tudor e Jaime IV da Escócia
1509	*22 de abril:* morte de Henrique VII. Início do reinado de Henrique VIII *11 de junho:* casamento de Henrique VIII e Catarina de Aragão Sebastião Cabot explora as costas canadenses *Novembro:* Thomas Wolsey capelão do rei
1510	*Março:* tratado com a França
1511	*1º de janeiro:* nascimento do príncipe de Gales, Henrique, que morreu sete semanas depois *Outubro:* Santa Liga contra a França *5 de dezembro:* guerra contra a Escócia

1512	*4 de fevereiro:* reunião do Parlamento *Junho:* expedição desastrosa de Dorset ao País Basco *10 de agosto:* vitória naval do almirante Howard ao largo de Brest
1513	*Março:* eleição do papa Leão X *6 de abril:* renovação da Santa Liga *25 de abril:* derrota naval em Brest *7 de junho:* Henrique VIII desembarca em Calais *16 de agosto:* vitória de Guinegate (batalha dos Esporões) *23 de agosto:* captura de Thérouanne *8 de setembro:* vitória de Flodden sobre os escoceses
1514	*Julho:* Thomas Wolsey arcebispo de York *10 de agosto:* restabelecimento da paz com a França Início da construção de Hampton Court
1515	*Janeiro:* chegada de Francisco I *Setembro:* batalha de Marignan *Outubro:* tratado com Fernando *Novembro:* Thomas Wolsey cardeal *Dezembro:* Thomas Wolsey chanceler da Inglaterra
1516	*Janeiro:* morte de Fernando de Aragão. Chegada de Carlos V Nascimento de Maria Tudor Publicação de *Utopia* de Thomas More *Dezembro:* tratado com Maximiliano
1517	*Maio:* motim em Londres (*Evil May Day*) *Novembro:* publicação das teses de Lutero
1518	*Julho:* Thomas Wolsey núncio *a latere* *2 de outubro:* tratado de Londres, restabelecendo a paz com a França
1519	*Janeiro:* morte de Maximiliano *Junho:* Carlos V eleito imperador
1520	*7 de junho:* início da entrevista do Campo Pano de Ouro *Julho:* entrevista com Carlos V em Calais Lutero excomungado
1521	*Maio:* prisão e execução do duque de Buckingham *Julho:* publicação da *Defesa dos sete sacramentos*, de Henrique VIII *Agosto:* conferência de Calais entre a Inglaterra, a França e o Império *Outubro:* Henrique "Defensor da fé"
1522	Eleição de Adriano VI *Maio:* Carlos V visita a Inglaterra. Tratado de Windsor *Agosto-outubro:* campanha no norte da França
1523	*Abril:* reunião do Parlamento *Setembro-outubro:* campanha de Surrey, que chega a 80 km de Paris *Novembro:* Wolsey falha nas eleições papais. Eleição de Clemente VII
1524	Campanha do condestável de Bourbon na Provença, em acordo com a Inglaterra

1525	*Fevereiro:* Batalha de Pavia *Março:* planos para o desmembramento da França por Henrique VIII *30 de agosto:* tratado de More com a França Ana Bolena, amante do rei Fundação do Cardinal College, Oxford, por Wolsey
1526	Ordenanças de Eltham, reformando a casa do rei *Janeiro:* tratado de Madri *Maio:* Liga de Cognac (França, papado, Florença, Veneza, Milão). Henrique VIII aprova sem aderir Chegada de Holbein à Inglaterra Publicação da Bíblia de William Tyndale
1527	*30 de abril:* tratado de Westminster com Francisco I *Maio:* pilhagem de Roma pelas tropas imperiais. Um tribunal de teólogos em Westminster examina a validade do casamento de Henrique VIII e Catarina de Aragão
1528	*21 de janeiro:* Henrique VIII declara guerra ao imperador, ao lado da Liga de Cognac *Verão:* forte epidemia de febre de suor em Londres *9 de outubro:* chegada a Londres do cardeal Campeggio, que deverá julgar com Wolsey a questão do divórcio
1529	*18 de junho:* início do processo do divórcio em Blackfriars *Agosto:* Clemente VII levanta o caso do divórcio em Roma *5 de agosto:* Paz das Damas: reconciliação entre Francisco I e Carlos V *Setembro:* desgraça de Wolsey *Outubro:* Thomas More chanceler *3 de novembro:* reunião do Parlamento da Reforma
1530	Henrique VIII começa a reformar o clero na Inglaterra Agentes ingleses reúnem opiniões em universidades europeias sobre a questão do divórcio *22 de novembro:* morte de Thomas Wolsey
1531	Thomas Cromwell conselheiro do Rei *Janeiro:* ataque aos direitos judiciais do clero
1532	*15 de maio:* a Igreja da Inglaterra é privada de seu direito de legislar *16 de maio:* Thomas More renuncia ao cargo de chanceler *20 de outubro:* Henrique VIII e Francisco I encontram-se em Boulogne Abolição das anatas
1533	*Janeiro:* Ato da Restrição de Recursos *Meados de janeiro:* Thomas Cranmer arcebispo de Canterbury *25 de janeiro:* Henrique VIII se casa com Ana Bolena *23 de maio:* Cranmer anula o casamento de Henrique VIII e Catarina de Aragão *7 de setembro:* nascimento de Elizabeth *Novembro:* a questão da Donzela de Kent
1534	O Parlamento aprova leis reorganizando a Igreja da Inglaterra: Atos de Supremacia, de Submissão do Clero, da Restrição das anatas, de Dispensas, de Heresia, de Sucessão, dos Primeiros Frutos e Décimos, de Traição *Setembro:* morte de Clemente VII *Outubro:* eleição de Paulo III

1535	*Maio:* John Fisher cardeal *22 de junho:* execução de John Fisher *6 de julho:* execução de Thomas More *Janeiro-setembro:* consulta sobre o valor da propriedade monástica (*Valor ecclesiasticus*)
1536	*Janeiro:* morte de Catarina de Aragão. Acidente de Henrique VIII durante um torneio *Março:* supressão dos mosteiros com menos de 200 libras de renda *19 de maio:* execução de Ana Bolena *30 de maio:* casamento de Henrique VIII e Jane Seymour *11 de julho:* Os Dez Artigos *Julho:* Thomas Cromwell lorde do timbre privado *Outubro:* começa a Peregrinação da Graça
1537	*Setembro:* publicação do *Livro dos bispos* *Outubro:* nascimento do príncipe Eduardo e morte de Jane Seymour
1538	Início da construção de Nonsuch *Junho:* reaproximação de Francisco I e Carlos V *9 de dezembro:* execução de Montague, Exeter e Neville
1539	*Primavera:* ameaça de invasão francesa *Abril:* dissolução dos grandes mosteiros *Maio:* Ato dos Seis Artigos
1540	*6 de janeiro:* casamento de Henrique VIII e Ana de Clèves *9 de julho:* anulação do casamento com Ana de Clèves *28 de julho:* execução de Thomas Cromwell *28 de julho:* casamento de Henrique VIII e Catarina Howard
1541	*Julho-outubro:* Henrique VIII viaja para Yorkshire
1542	*13 de fevereiro:* execução de Catarina Howard *23 de novembro:* vitória de Solway Moss contra os escoceses *14 de dezembro:* morte de Jaime V
1543	*11 de fevereiro:* aliança de Henrique VIII e Carlos V *29 de maio:* publicação do *Livro do rei* *1º de julho:* tratado de Greenwich com a Escócia *12 de julho:* casamento de Henrique VIII e Catarina Parr
1544	*Julho-setembro:* campanha de Henrique VIII na França. Captura de Boulogne *Setembro:* paz de Crépy entre Francisco I e Carlos V
1545	Ameaça de desembarque na Inglaterra *Julho:* Mary Rose afunda no Solent
1546	*7 de junho:* tratado de Ardres entre Henrique VIII e Francisco I Fundação do Trinity College, Cambridge, por Henrique VIII *19 de dezembro:* execução do conde de Surrey
1547	*28 de janeiro:* morte de Henrique VIII

FONTES E BIBLIOGRAFIA

FONTES MANUSCRITAS

Os dois principais arquivos que concernem ao reinado de Henrique VIII são:

1 – O Public Record Office (Londres), principalmente com as seguintes coleções:
– *State Papers of Henry VIII*. S. P. I.: 13, 16, 17, 19, 21, 22, 23, 54, 57, 59, 70, 74, 135, 178, 236, 238, 241.
– *State Papers of Henry VII*. S. P. 2: volumes C, L, N, P.
– *Theological Tracts*. S. P. 6: 3, 5, 8, 9.
– *Exchequer records*: em particular, o *Treasury of Receipts* (*miscellaneous books*, E. 36), e *King's Remembrancer* (memoranda rolls. E. 159)
– *Treatises on Henry VIII's Divorce*.
– *King's Bench Records* (Ancient indictments; Coram Rege rolls, Controlment rolls)

2 – The British Museum (Londres), em particular os manuscritos Cotton, intitulados:
Caligula D VI, VII, VIII, IX;
Cleopatra C V, E IV, V, VI, F II;
Galba B V, D V, VII;
Nero B VI;
Otho C X;
Titus B I;
Vespasian C VII;
Vitellius B II, III, IV, VI, XI, XII, XIX, XX, XXI.

Diversos tratados sobre o divórcio de Henrique VIII, classificados nos manuscritos Cotton: Otho C X, Harley MS 417, Additional MSS 4622, 28 582.

FONTES IMPRESSAS, CRÔNICAS, COLEÇÕES DE DOCUMENTOS, INSTRUMENTOS DE TRABALHO, OBRAS DO SÉCULO XVI

Acts of the Privy Council of England, ed. John Roche Dasent, 1890-1893.
ABEL (Thomas), *Invicta Veritas*, Luneberg, 1532.
Ambassades en Angleterre de Jean du Bellay (1527-1529), ed. V. L. Bourrilly e P. de Vassière, 1905, em *Archives de l'histoire religieuse de la France*.
ANDRÉ (Bernard), *Annales Henrici*, ed. Gairdner, em *Memorials of King Henry the Seventh*.
Bibliography of British History, Tudor Period, 1485-1603, Conyers Read, 1959.
Bibliography of Early English Law Nooks, J. H. Beale, 1926.
BRINKELOW (Henry), *The Complaynt of Roderyck Mors*, Cowper, 1784.
BROWN (Rawdon), *Four Years at the Court of Henry VIII*, 2 vol., 1854.
Calais (The Chronicle of), Camden Society, XXXV, 1845.
Calendars (les): séries de documentos publicados pelo Public Record Office. Em particular: *Calendars of Papal Registers, Calendars of Patent Rolls, Calendars of State Papers* (Milão, 1385-1618), *Calendars of State Papers* (Espanha), *Calendars of State Papers*, (Veneza).
CAVENDISH (George), *The Life and Death of Cardinal Wolsey*, Sylvester, 1959.
Corps universel diplomatique, 8 vol., ed. J. Dumont, 1725.
Correspondance politique d'Odet de Selve, ambassadeur de France en Angleterre (1546-1549), ed. Lefèvre-Pontalis, 1888.
Correspondance politique de MM. de Castillon et de Marillac, ambassadeurs de France en Angleterre, 1537-1542, ed. J. Kaulek, 1885.
CRANMER (Thomas), *Miscellaneous Writings and Letters of*, Cox, Parker Society, 1846.
CROWLEY (Robert), *Select Works*, Cowper, 1872.
Determinacions of the Moste Famous and Moste Excellent Universities of Italy and France, 1531.
Dictionary of National Biography, 24 vol., 1908-1921.
Domesday of Inclosures, ed. I. S. Leadam, 2 vol., 1897.
ELLIS (Henry), *Original Letters Illustrative of English History, 1824-1846*.
FISHER (John), *The Earliest English Life of*, Hughes, 1935.
FITZHERBERT (Master), *The Boke of Husbandry 1534*, W. W. Skeat, 1882.
FOX (Richard), *The Letters*, ed. P. S. e H. M. Allen, Oxford, 1929.
FOXE (John), *Acts and Monuments (The Book of Martyrs)*, Pratt, 8 vol., 1874.
GEE (Henry e Hardy), *Documents Illustrative of English Church History*, 1896.
GIUSEPPI (M. S.), *Guide to the Manuscripts Preserved in the Public Record Office*, 2 vol., 1923-1924.
Grey Friars of London (Chronicle of), ed. J. G. Nichols, 1852.
Guide to the Public Record Office of Scotland, M. Livingstone, 1905.
HALL (Edward), *Chronicle*, 1806.
HARPSFIELD (Nicholas), *A Treatise on the Pretended Divorce between Henry VIII and Catherine of Aragon*, Pocock, Camden Society, XXI, 1878.
HARPSFIELD (Nicholas), *The Life and Death of Sir Thomas Moore, Knight*, ed. Hitchcock and Chambers, 1932.

HENRY VIII, *Assertio Septem Sacramentorum*, O'Donovan, New York, 1908.
HOLINSHED (Raphael), *Chronicles*, 1808.
HUGHES (Paul L.) e LARKIN (James F.), *Tudor Royal Proclamations*, t. I. *The Early Tudors, 1485-1553*, 1964.
Journals of the House of Lords, 1846.
King's Book, Lacey, 1932.
LELAND (John), *Itinerary I 535-1543*, Toulmin Smith, 5 vol., 1906-1910.
LESLIE (John), *The History of Scotland*, E. G. Cody, 1895.
Letters and Papers relating to the War with France, 1512-1513, ed. A. Spont, 1897.
Letters and Papers, Foreign and Domestic, of the Reign of Henry VIII, 1509-1547, ed. Brewer, Gairdner and Brodie, 21 vol., 1862-1910.
LINDESAY OF PITSCOTTIE (R.), *History and Chronicles of Scotland*, 3 vol., Scottish Text Society, 1899-1911.
List of Record Publications, list Q, 1938.
List of The Proceedings of the Court of Star Chamber, t. I, 1901.
LLOYD (C.), *Formularies of Faith Put Forth by Authority During the Reign of Henry VIII*, Oxford, 1856.
Materials for a History of the Reign of Henry VII, ed. Campbell, Rolls Series, 2 vol., 1873.
MAYNARD (John), *Les Reports des cases en les ans des roys Édouard V, Richard III, Henry VII et Henry VIII touts qui par cydevant ont este publies*, 1678-1680.
MORE (Thomas), *Correspondance*, Rogers, Princeton, 1947.
Papiers d'État, pièces et documents inédits ou peu connus relatifs à l'histoire de l'Écosse au XVIe siècle, ed. A. Teulet, 3 vol., 1852-1860.
Paston Letters, 1422-1509, ed. Gairdner, 6 vol., 1904.
POCOCK (Nicholas), *Records of the Reformation, the Divorce, 1527-1533*, 2 vol., Oxford, 1870.
Proceedings and Ordinances of the Privy Council of England, ed. Harris Nicholas, 1837.
Protestation Made for the Moste Mighty and Moste Redoubted Kynge of England, 1538.
Public Records of Scotland, J. Maitland Thomson, 1922.
Repertory of British Archives, Hubert Hall, 1920.
Relation, or Rather a True Account of the Island of England, ed. C. A. Sneyd, 1847.
Relations politiques de la France et de l'Espagne avec l'Écosse au XV I^e siècle, 5 vol., 1862.
ROPER (William), *The Life of Sir Thomas Moore*, ed. Hitchcock, 1935.
SANDER (Nicholas) e RISHTON (Edward), *De origine ac progressu Schismatis Anglicani*, 1585, trad. inglesa por David Lewis, 1877.
SKELTON (John), *Works*, ed. Dyce, 1843.
Songs, Ballads and Instrumental Pieces of Henry VIII, Roxburghe Club, 1912.
State Papers of Henry VIII, 11 vol., 1830-1852.
Statutes of the Realm, 11 vol., 1810-1828.
STRYPE (John), *Ecclesiastical Memorials*, 3 vol., Oxford, 1820-1840.
Treatise Proving by the King's Laws that Bishops qf Rome Had Never Right to any Supremitie Within this Realm, 1534.
Tudor and Stuart Proclamations, 2 vol., 1910.
Tudor Tracts, ed. A. F. Pollard, 1903.
Tudor Economic Documents, ed. R. H. Rawney e Eileen Power, 3 vol., 1924.

TYNDALE (William), *Works*, ed. Walter, Parker Society, 3 vol. 1848-1850.
VERGIL (Polydore), *The Anglica Historia*, ed. Hay, Camden Society, 1950.
Victoria History of the Counties of England, plus de 100 vol., desde 1900.
Visitations of the Diocese of Lincoln. 1517-1531, ed. Hamilton Thompson, 3 vol., 1940-1947.
Visitations of the Diocese of Norwich. 1492-1532, ed. A. Jessop, 1888.
WRIOTHESLEY (Charles), *A Chronicle of England*, ed. Hamilton, Camden Society, 2 vol., 1875-1877.

OBRAS MODERNAS

Abreviaturas

AHR: American Historical Review.
BIHR: Bulletin of the Institute of Historical Research.
BJRL: Bulletin of John Rylands Library.
CHJ: Cambridge Historical Journal.
EHR: English Historical Review.
JBS: Journal of British Studies.
JEH: Journal of Ecclesiastical History.
JMH: Journal of Modern History.
TRHS: Transactions of the Royal Historical Society.

ALLEN (J. W.), *A History of Political Thought in the Sixteenth Century*, 1928.
ANGLO (S.), "Le camp du Drap d'or et les entrevues d'Henri VIII et de Charles Quint", dans *Fêtes et cérémonies au temps de Charles Quint*, Paris, 1959.
_____. "The British History in early Tudor Propaganda", *BJRL*, 1961.
BAGWELL (R.), *Ireland under the Tudors*, 3 vol., 1885-1890.
BASKERVILLE (G.), *English Monks and the Suppression of the Monasteries*, 1937.
BAUMER (F. Van), *The Early Tudor Theory of Kingship*, New Haven, 1940.
BEHRENS (B.), "A Note on Henri VIII's divorce project of 1514", *BIHR*, 1934.
BINDOFF, *Tudor England*, 1950.
BLOMBIELD (Sir R.), *History of Renaissance Architecture in England*, 2 vol., 1897.
BREWER (J. S.), *The Reign of Henry VIII from his Accession to the Death of Wolsey*, 2 vol., 1884.
BRILLAUD (P. J.), *Traité pratique des empêchements et des dispenses de mariage*, Paris, 1884.
BURNET (G.), *History of the Reformation of the Church of England*, 7 vol., Oxford, 1865.
BUTTERWORTH (C.), *The English Primers, 1529-1545; their Publication and Connection with the English Bible and the Reformation in England*, Philadelphie, 1953.
Cambridge Modern History of English Litterature, 14 vol., 1907-1916.
CASPARI (F.), *Humanisme and the Social Order in Tudor England*, Chicago, 1954.
CHAMBER (R. W.), *Thomas More*, 1935.

CHAMBERLAIN (A. B.), *Hans Holbein the Younger*, 2 vol., 1913.
CHAMBERLIN (F.), *The Private Character of Henri VIII*, 1932.
CHAMBERS (D. S.), *Cardinal Bainbridge in the Court of Rome*, 1509 a 1514, Oxford, 1965.
_____. "Cardinal Wolsey and the papal tiara", *BIHR*, 1965.
CHENEY (A. D.), "The Holy Maid of Kent", *TRHS*, 1904.
CLAY (R. M.), *Medieval Hospitals of England*, 1909.
COKAYNE (G. E. C.), *Complete Peerage*, 1913.
COLE (H.), *King Henry the Eighth's Scheme of Bishopricks*, 1838.
CONSTANT (abbé), *La Réforme en Angleterre*, 2 vol., Paris, 1930-1939.
COOPER (J. P.), "The supplication against the ordinaries reconsidered", *EHR*, 1957.
CREIGHTON (M.), *History of the Papacy*, 1901.
_____. *Cardinal Wolsey*, 1898.
CURTIS (E.), *A History of Medieval Ireland*, 2ª ed., 1938.
DAUVILLIER (J.), *Le Mariage dans le droit classique de l'Église*, Paris, 1933.
DELUMEAU (J.), *La Civilisation de la Renaissance*, Paris, 1967.
_____. *Naissance et affirmation de la Réforme*, Paris, 1973.
DENT (J.), *The Quest for Nonsuch*, 1962.
DEVEREUX (E. J.), "Elizabeth Barton and Tudor censorship", *BJRL*, 1966.
DEWAR (M.), *Sir Thomas Smith. A Tudor Intellectual in Office*, 1964.
DICKENS (A. G.), *Lollards and Protestants in the Diocese of York*, 1509-1558, Oxford, 1958.
_____. "Thomas Cromwell and the English Reformation", *EUP*, 1959.
_____. *Heresy and the Origins of English Protestantism*, 1962.
_____. *The English Reformation*, 1964.
Dictionnaire de Droit canonique, Paris, 1924 et sq.
DIETZ (F.), *English Public Finance*, 1485-1558, University of Illinois studies in the social sciences, 1920.
DIX (G.), *The Theory of Confirmation in Relation to Baptism*, 1946.
DIXON (R. W.), *History of the Church of England, from the Abolition of the Roman Juridiction to 1570*, 6 vol., 1895-1902.
DODDS (M. H.), *The Pilgrimage of Grace, 1536-1537, and the Exeter Conspiracy*, 1539, 2 vol., Cambridge, 1915.
DOERNBERG (E.), *Henry VIII and Luther*, 1961.
DONALDSON (G.), *Scotland: James V a James VII. Edinburgh History of Scotland*, Edinburgh, 1965.
DOWELL (S.), *A History of Taxation in England from the Earliest Time to the Present Day*, t. I, 1884.
ELTON (G. R.), *The Tudor Revolution in Government*, Cambridge, 1953.
_____. "The evolution of a Reformation statute", *EHR*, 1949.
_____. "The Commons supplication of 1532; parliamentary manœuvres in the reign of Henry VIII", *EHR*, 1951.
_____. *Thomas Cromwell's Decline and Fall*, Cambridge Hist. Journal, 1951.
_____. *King or Minister? The Man behind the Henricain Reformation*, Hist. Journal, 1954.
_____. "The political creed of Thomas Cromwell", *TRHS*, 1956.
_____. *England under the Tudors*, 1955.
EISMEIN (A.), *Le Mariage en droit canonique*, Paris, 1891.

FERGUSON (A.), *The Indian Summer of English Chivalry*, Durham, North Carolina, 1960.
FISHER (H. A. L), *The Political History of England*, t. V, 1485-1547, 1906.
FLÜGEL (J. C.), "On the character and married life of Henry VIII", in *Psycho-analysis and history*, Englewood Cliffs, New Jersey, 1963.
FIDDES (R.), *The Life of Cardinal Wolsey*, 1724.
FORTESCUE (J. W.), *A History of the British Army*, t. I, 1910.
FRIEDMAN N (P.), *Anne Boleyn, a Chapter of English History, 1527-1536*, 2 vol., 1884.
FROUDE (J. A.), *The History of England from the Fall of Wolsey to the Defeat of the Spanish Armada*, 12 vol., 1856-1870.
FULLER (T.), *Church History of Britain*, ed. 1665.
GAIRDNER (J.), "New lights on the divorce of Henry VIII", *EHR*, 1896.
_____. *Lollardy and the Reformation in England*, 4 vol., 1908-1913.
_____. *The English Church in the Sixteenth Century*, 1902.
GANZ (P.), "Holbein and Henry VIII", *Burlington Magazine*, 1943.
GLADISH (D. M.), *The Tudor Privy Council*, 1915.
HALLAM (H.), *The Constitutional History of England*, 1827.
HAMY (A.), *Entrevue de François Ier avec Henry VIII à Boulogne-sur-mer en 1532*, Paris, 1898.
HARRISS (G. I.) e WILLIAMS (P.), *A Revolution in Tudor History?*, Past and Present, 1963.
HAY (D.), *Polydore Vergil, Renaissance Historian and Man of Letters*, 1952.
HERBERT (Lord Edward of Cherbury), *The Life and Reign of King Henry the Eighth*, 1672.
HOLDSWORTH (W. S.), *A History of English Law*, 12 vol., 1922-1938.
HUGHES (P.), *The Reformation in England*, t. I: The King's Proceedings, 1954.
HUGHES (A.) e ABRAHAM (F.), *Ars Nova and the Rennaissance*, New Oxford History of Music, Oxford, 1960.
HURSTFIELD (J.), *The Queen's Wards*, 1958.
HUME BROWN (P.), *History of Scotland*, 3 vol., 2ª ed., 1911.
JACOBS (H. E.), *A Study in Comparative Symbolics: the Lutheran Movement in England During the Reigns of Henry VIII and Edward VI, and its Literary Monuments*, Philadelphie, 1890.
JORDAN (W. K.), *Philantropy in England, 1480-1660*, 1959.
KELLY (M. J.), "The submission of the clergy", *THRS*, 1965.
KNOWLLES (M. D.), "The matter of Wilton in 1528", *BIHR*, 1958.
_____. *The Religious Orders in England*, t. III: *The Tudor Age*, Cambridge, 1959.
KNOX (D. B.), *The Doctrine of Faith in the Reign of Henry VIII*, 1961.
KOEBNER (R.), "The imperial crown of this realm: Henry VIII, Constantine and Polydore Vergil", *BIHR*, 1953.
LAMBERT (B.), *The History of London and its Environs*, 1806.
LAMONT (W. M.), *Marginal Prynne, 1600-1669*, 1963.
LANG (A.), *History of Scotland*, 4 vol., 1900-1907.
LAW (E.), *England's First Great War Minister*, 1916.
LEEMING (B.), *Principles of Sacramental Theology*, 1956.

LEONARD (E. M.), *The Early History of English Poor Relief*, 1 900.
LEVINE (M.), *The Last Will and Testament of Henry VIII: a Reappraisal Reapraised*, Historian, 1964.
LINDSAY KAIR (D.), *Constitutional History of Modern Britain*, 3e ed., 1947.
LIPSON (E.), *Economic History of England*, t. 3, 9ª ed., 1946.
LLOYD (*Sir* John), *A History of Wales*, 1911.
LUPTON (J. H.), *The Life of Dean Colet*, 1887.
MCCONICA (J. K.), *English Humanists and Reformation Politics under Henry VIII and Edward VI*, Oxford, 1965.
MACEWEN (A. R.), *A History of the Church in Scotland*, 2 vol, 1913-1918.
MACKIE (J. D.), *The Earliers Tudors. 1485-1558*, Oxford, 1952.
MCNALTY (A. S.), *Henry VIII, a Difficult Patient*, 1952.
MAINWARING BROWN (J.), " Henry VIII's book and the royan title of Defender of the Faith", TRHS, 1880.
MAITLAND (F. W.), *The Constitutional History of England*, 1908.
_____. "Elizabethan gleanings". I: Defender of the Faith and so forts", *EHR*, 1900.
MALLET (C. E.), *A History of the University of Oxford*, t. 2, 1924.
MARCUS (G. J.), *A Naval History of England*, t. I: *The Formative Years*, 1961.
MATTINGLY (G.), "An early non-aggression pact", *JMH*, 1938.
_____. *Catherine of Aragon*, 1950.
_____. *Renaissance Diplomacy*, 1955.
MAYNARD SMITH, *Henry VIII and the Reformation*, 1948.
MERRIMAN (R. B.), *The Life and Letters of Thomas Cromwell*, Oxford, 1902
MILLICAN (C. B.), *Spenser and the Round Table*, Cambridge, Mass., 1932.
MOZLEY, *William Tyndale*, 1937.
MULLER (J. A.), *Stephen Gardiner and the Tudor Reaction*, 1926.
MULLINGER (J. B.), *The University of Cambridge*, t. 1 e 2, 1873-1911.
NELSON (W.), *John Skelton Laureate*, Nova York, 1939.
NEWTON (A. P.), "The King's chamber under the early Tudors", *EHR*, 1917.
OPPENHEIM (M.), *History of the Administration of the Royal Navy*, 1896.
OXLEY (J. E.), *The Reformation in Essex, to the Death of Mary*, Manchester, 1965.
PAUL (J. E.), *Catherine of Aragon and her Friends*, 1966.
PERCY (Lord E.), *The Privy Council under the Tudors*, 1907.
PEYTON (S. A.), "The village population in the Tudor lay subsidy rolls", *EHR*, 1915.
PICKTHORN (K.), *Early Tudor Government*, 2 vol., 1934.
PLUCKNETT (T. F. T.), "Some proposed legislation of Henry VIII", *TRHS*, t. XIX.
POLLARD (A. F.), *Henry VIII*, 1951.
_____. *Thomas Cranmer and the English Reformation*, 1904.
_____. *The Evolution of Parliament*, 2' ed., 1926.
_____. "Council, Star Chamber and Privy Council under the Tudors", *EHR*, 1922.
_____. " The Privy Council under the Tudors", *EHR*, 1923.
_____. *Wolsey*, 1929.
_____. "Thomas Cromwell's parliamentary lists", *BIHR*, 1931-1932.
PORTER (H. C.), *Reformation and Reaction in Tudor Cambridge*, Cambridge, 1958.
POWICKE (M.), *The Reformation in England*, 1941.

PUTNAM (B. H.), *The Office of Justice of the Peace in England in it's Origin and Development*, 1904.
REED (A. W.), *Early Tudor Drama*, 1926.
REESE (G.), *Music in the Renaissance*, 1954.
REES (J. F.), *Tudor Policy in Wales*, 1935.
REID (R. R.), *The King's Council in the North*, 1921.
REYNOLDS (E. E.), *Saint John Fisher*, 1955.
RIDLEY (J.), *Thomas Cranmer*, Oxford, 1962.
SAVINE (A.), *English Monasteries on the Eve of the Dissolution*, in *Oxford studies in social and legal history*, t. I, 1919.
SAWADA (P.), "Two anonymous Tudor treatises on the General Council", *JEH*, 1961.
SCARISBRICK (J. J.), *Henry VIII*, 1968.
_____. *Henry VIII and the Vatican Library*, Bibliothèque d'humanisme et Renaissance, 1962.
_____. "Clerical taxation in England, 1485-1547", *JEH*, 1961.
_____. "The first Englishman round the Cape of Good Hope?", *BIHR*, 1961.
_____. The pardon of clergy, 1531", *CHJ*, 1956.
SCHENK, *Reginald Pole, Cardinal of England*, 1950.
SEEBOHM (F.), *The Oxford Reforrners John Colet, Erasmus, and Thomas More*, 1867.
SIMON (J.), *Education and Society in Tudor England*, Cambridge, 1966.
SKEEL (A. J.), *The Council in the Marches of Wales*, 1904.
SMITH (L. B.), *A Tudor Tragedy. The Life and Times of Catherine Howard*, 1961.
_____. "The last will and testamento of Henry VIII". *JBS*, 1962.
_____. "Henry VIII and the Protestant triomph", *AHR*, 1966.
STOW (John), *Annals*, ed., 1601.
_____. *A Survey of London*, ed. Kingsford, 2 vol., Oxford, 1908.
STRYPE (J.), *Memorials of Most Reverend Father in God, Thomas Cranmer*, 1694.
STURGE (C.), *Cuthbert Tunstall*, 1938.
SUMMERSON (J.), *Architecture in Britain, 1530-1830*, 1958.
TANNER (J. R.), *Tudor Constitutional Documents, 1485-1603*, 1922.
TAWNEY (R. H.), *The Agrarian Problem in the Sixteenth Century*, 1912.
_____. *Religion and the Rise of Capitalism*, 1926.
THOMSON (J. A. F.), *The Latter Lollards, 1414-1520*, Oxford Historical Series, 1965.
THOMSON (P.), *Sir Thomas Wyatt and his Background*, 1964.
THORNLEY (I. D.), "The Treason legislation of Henry VIII", *TRHS*, t. IX.
THOROLD ROGERS (J. E.), *A History of Agriculture and Prices in England*, t. 3 à 7, 1882-1902.
TIERNEY (B.), *Foundations of Conciliar Theory*, Cambridge, 1957.
TJERNAGEL (N. S.), *Henry VIII and the Lutherans*, Saint Louis, 1965.
TREVELYAN (G. M.), *English Social History*, 1944.
Tudor Studies, ed. R. W., Seton Watson, 1924.
ULLMAN (W.), *Principles of Government and Politics in Middle Age*, 1961.
WATSON (F.), *Tudor School Boy Life*, 1908.
WEGG (J.), *Richard Pace*, 1932.
WERHAM (R. B.), *Before the Armada: the Growth of English Foreign Policy*, 1485-1588, 1966.

WATMORE (L. E.), "The sermon against the Holy Maid of Kent, delivered at Saint Paul's Cross, 23 november 1533, and at Canterbury, 7 december", *EHR*, 1943.
WHITE (H.), *Social Criticism in Popular Religious Literature of the Sixteenth Century*, New York, 1944.
WILKS (M. J.), *The Problem of Sovereignty in the Later Middle Ages*, Cambridge, 1963.
WILLIAMS (C. H.), *England under the Early Tudors, 1485-1529*, 1925.
_____. *The Making of the Tudor Despotism*, 1928.
WILLIAMSON (J. A.), *The Voyages of the Cabots and the English Discovery of North America under Henry VII and Henry VIII*, 1929.
YOUINGS (J.), "The terms of the disposal of the Devon monastic lands, 1536-1558", *EHR*, 1954.
ZEEVELD (W. G.), *Foundations of Tudor policy*, 1948.

TABELAS E MAPAS

Genealogia dos Tudor   5
Mapa: A Inglaterra e o sul da Escócia   19
Mapa: A Irlanda   35
A Torre de Londres no século XVI   43
As residências reais da região de Londres   235
Londres na primeira metade do século XVI (Principais artérias)   367
Tabela: Comparação das quatro principais moedas em circulação no país entre o início
    e o fim do reinado   424

ÍNDICE ONOMÁSTICO

ABEL (Thomas) 172, 192, 378
ACTORS (Pierre) 225
ADRIANO VI 106, 153, 446
AGOSTINHO (Santo) 167, 173, 201
AGOSTINHO DE CANTERBURY (Santo) 169
AILRED (São) 318
ALBANY (John Stuart, duque de) 109, 115, 145, 150, 171
ALCOCK (John) 223
ALDO MANUCIO 217
ALEXANDRE VI (papa) 47, 172, 445
AMBOISE (Georges, cardeal de) 100
AMMONIO (Andrea) 211
ANA BOLENA 5, 42, 63, 66, 149, 161-2, 162-8, 176-7, 182-4, 186, 188-9, 191, 194, 198, 200, 203, 233, 242, 247-9, 253, 258, 273, 275, 278, 281, 285, 303, 306, 308, 322-8, 329, 341, 400, 431, 447-8
ANA DA BRETANHA 173
ANA DE CLÈVES 66, 238, 372, 389-93, 397, 448
ANA DE LORRAINE 344
ANDRÉ (Bernard) 64
ANGUS (Archibald Douglas, conde) 171, 406, 410, 415
ANNEBAULT (almirante Claude d') 416
AP RICE (John) 317-8

AREOPAGITA, Dionísio 217
ARISTÓTELES 221
ARMAGNAC (conde de) 169
ARRAN (conde) 404-6, 411
ARTUR (filho de Henrique VII) 5, 11, 28, 31, 34, 44-6, 50-1, 56, 62, 174-5, 260-1, 280, 281, 374, 445
ARTUR (rei) 261
ARUNDEL (conde de) 416, 443
ASCHAM (Roger) 222, 224, 229
ASKE (Robert) 336-8
ASKEW (Anne) 426
ATHEQUA (George de) 195, 251
ATHOLL (conde de) 39
AUDLEY (sir Thomas) 40, 43, 233, 251, 274, 322, 383, 388, 441, 444
AYALA 49

BACON (Francis) 58
BADOER 70
BAINBRIDGE (Christopher) 76-7, 93, 100, 110
BARBA RUIVA 248
BARCLAY (Alexander) 225-6, 228
BARLOW (Jerome) 245, 331
BARNES (Robert) 221, 247, 290, 302, 381, 389, 395-6
BARTON (Andrew) 77
BARTON (Elizabeth) 285-6

BASÍLIO (São) 167-8, 220
BAWD (Peter) 410
BAYARD 78, 85
BEAL (doutor) 105
BEATON (David) 404-6, 415, 422
BEAUFORT (cardeal) 16
BEAUFORT (Henri) 100
BEAUFORT (João, duque de Somerset) 4, 6
BEAUFORT (Margarida) 5, 6, 50-1, 223, 231, 237
BECKET (Thomas) 136n, 210, 246, 272, 345
BECON (Thomas) 290, 357, 389
BEDYLL 317
BELLAY (Jean du) 226
BENET (William) 192-3, 196, 256-60, 269
BERNARDO (Francisco) 419
BERNERS (lorde) 74
BERTANO (Guron) 421
BERTHELET (Thomas) 225
BETTS (James) 230
BIGOD (sir John) 338
BILNEY (Thomas) 221, 247
BLAGGE (George) 432
BLOIS (Pedro) 173
BLOUNT (Elizabeth) 162, 164
BLOUNT (William) 218
    ver também lorde MOUNTJOY
BLYTON (Richard) 318
BOAVENTURA (São) 167, 173, 189
BOCKING (Edward) 285
BOERIO (João Batista) 219
BOLENA (George) 181, 198, 249, 273, 283, 325
BOLENA (Maria) 66, 162, 181, 198, 249, 273, 325, 341
BOLENA (sir Thomas) 162, 325, 331, 442, 443
    ver também visconde ROCHFORD
BOLINGBROKE (visconde) 223
BONNIVET 155
BOUILLON (duque) 140
BOURBON (Charles, duque de) 151-2, 154-6, 159, 161, 446

BOWES (sir Robert) 402
BRACKENBURY 11
BRANDON (Charles) 88, 89, 443, 444
    ver também duque de SUFFOLK
BRANDT (Sebastian) 226
BRAY 52
BRENNUS 260-1
BRINKLOW (Henry) 357, 388
BROWNE (John) 237
BRUNO (Hans) 421
BRYAN (sir Francis) 123, 192-4
BUCER (Martin) 302
BUCKINGHAM (duque) 7, 14-5, 38, 68, 100, 126, 133-5, 162, 164, 235-6, 432, 439, 446
BUCLER (John) 415
BULLINGER (Heinrich) 295
BURGO (Antonio de Pulleo, barão) 306
BUTLER (sir James) 162
BUTLER (família) 36, 309-10

CABOT (John) ou Giovanni Caboto 54, 445
CABOT (Sebastião) 55, 445
CADWALADER (rei) 260
CAJETAN (Thomas de Vio, cardeal) 171
CALLISTUS (Andronicus) 211
CALVINO (João) 290
CAMPEGGIO (Lorenzo, cardeal) 95, 118-9, 121, 127-8, 184-5, 187, 187-92, 193-6, 199, 200, 246, 328, 447
CANNING (William) 365
CANTACUZENO (Demetrius) 211
CAPORELLA (Petropandus) 172
CARAFFA (Gianpietro) 88-9
CAREW (sir Nicolas) 69, 123, 395
CAREW (sir Peter) 64, 69
CAREY (William) 162
CARLOS DE VALOIS 48
CARLOS MAGNO 259
CARLOS V (imperador do Sacro Império romano-germânico) 25, 48, 64, 108, 112, 126-8, 129, 132-3, 140-6, 149-51, 153, 156-7, 159-61, 166, 179-81, 185, 187, 189, 191-4, 196-7,

199, 234, 242, 248, 253, 261, 275-6, 309-10, 323, 328, 337, 341, 343-7, 378, 381, 392, 400, 402, 406-7, 410-4, 416-8, 420, 422, 424, 429, 446-8
CARLOS VI (rei da França) 25
CARLOS VIII (rei da França) 34, 74
CARNE (Edward) 256-60, 269-70, 282, 390
CASALE (Gregory) 183-5, 188-9, 191, 193, 196, 255, 257, 269, 306
CASALE (John Baptist) 274
CASTELLI DE CORNETO (Adriano) 211
CASTIGLIONE (Baltasar) 64-5, 228
CASTILLON (Gaspard de Coligny, senhor de) 438
CATARINA DE ARAGÃO 5, 28, 34, 44-50, 64, 66-8, 90, 129, 149, 162-6, 166-77, 180-1, 184-5, 189-96, 204, 237, 250, 255, 257-8, 266, 269-71, 274-5, 278, 280-5, 290, 306-8, 323, 328, 330, 343, 445, 447-8
CATARINA DE MÉDICI 276
CATESBY 11
CAVALLARI (Antonio) 231
CAVENDISH (George) 200, 203-4, 290
CAVENDISH (Richard) 72
CAXTON (William) 74, 221, 224-5
CELESTINO I 258
CHANDÉE (Philibert de) 6
CHAPUYS (Eustáquio) 175, 199, 204, 249, 261, 265, 267, 280-1, 300, 316, 328, 402, 411
CHARNOCK (Richard) 218
CHAUCER 210, 225, 230, 318
CHAUNDLER (Thomas) 211
CHEKE (John) 224
CHIEREGATO (núncio) 99
CHOLMELEY (sir Richard) 105
CRISTIANO II (rei da Dinamarca) 342
CRISTINA (duquesa de Milão) 342-4, 390
CÍCERO 225
CLARENCE (duque de) 4, 5, 7, 8, 13, 18
CLARK (George) 214

CLARK (John) 247
CLÁUDIA (rainha consorte da França) 162
CLEMENT (John) 224
CLEMENTE VII (papa) 120, 153-4, 159, 161, 173-4, 177, 180, 182-9, 191-4, 196-7, 253-4, 256, 270, 275-6, 279-80, 282-4, 303, 305-6, 446, 447
CLERK (John) 139, 142, 153-5, 187, 189, 195, 266
CLERK (William) 434
CLÈVES (duque de) 389, 391-2
COCHLAEUS 172
COLET (John) 83, 201-2, 212, 216-22
COLOMBO (Bartolomeu) 54
COLOMBO (Cristóvão) 53-4, 445
COLT (Jane) 202
COMA (Raphael, cónego de Pádua) 255
COMMYNES (Philippe de) 9, 230
COMPTON (sir William) 69
CONSTANTINO (imperador) 260, 261, 264, 298
CONSTANTINOPLA (Emmanuel de) 211
CONTARINI (Gasparo) 140-1
CÓRDOBA (Gonzalve de) 78
CORNYSHE (William) 237
COURTENAY (Edward, conde de DEVON) 7, 12, 345
COURTENAY (Henrique, marquês de EXETER) 5, 7-8, 188, 345, 439
COVERDALE (Miles) 290, 379
COX (Richard) 224
CRANACH (Lucas) 390
CRANMER (Thomas) 171, 205, 221, 224, 254-6, 262, 278-83, 289-91, 293-5, 297, 307-8, 326, 329, 331, 333, 340, 375, 378-80, 394, 399, 404, 425, 428, 435, 447
CROKE (Richard) 64, 221, 224-5, 257-8
CROME (Edward) 426
CROMER (Walter) 404
CROMWELL (Olivier) 205, 387
CROMWELL (Thomas) 43, 65, 151, 205, 224, 233, 238, 245, 250, 262-5,

271-2, 279-80, 288, 301, 303, 311, 315-7, 321, 325-31, 333-4, 338, 341, 375, 379-80, 382, 387, 391-3, 393-7, 397, 401, 428, 431-2, 442, 443, 447-8
CROWLEY (Robert) 357, 388
CULPEPPER (sir Thomas) 398-9
CUTTE (sir John) 232

DACRE (lorde Thomas) 150, 332
DARCY (lorde Thomas) 78-9, 336, 338
DARIUS (Sylvester) 187-8
DAUBENEY 40, 42, 57
DAY (George) 224
DEANE (Henrique) 94
DEE (John) 224
DEFOE (Daniel) 212
DENNY (lady) 426
DENNY (sir Anthony) 433-4
DERBY (Thomas Stanley, conde de) 12, 134
DEREHAM (François) 394, 398-9
DEREK VAN GROVE 231
DORIA (Andrea) 187
DORSET (marquês de) 7, 78, 80-1, 94, 130, 150, 269, 446
DOUGLAS (Archibald) ver conde ANGUS
DOUGLAS-HOME (sir Alec) 223
DRAKE (Francis) 373
DRAWSWERD (Thomas) 230
DUDLEY (Edmund) 22, 56-7, 70, 214, 228, 434, 438
DUDLEY (John) 444
DUNS SCOT 168, 220n, 386
DUNSTABLE (John) 237
DUPRAT (chanceler) 140-1, 144

EASTAWE (John) 230, 232
ECK (John) 138
EDMUNDO (príncipe, filho de Henrique VII e Elisabeth de York) 51, 63, 448
EDUARDO (príncipe, filho de Henrique VIII, futuro EDUARDO VI) 5, 211, 302, 340-1, 406, 435

EDUARDO I 18, 39, 326, 431
EDUARDO III 4, 6, 11, 18, 29, 74, 134
EDUARDO IV 4, 5, 7-8, 11, 15, 20, 24, 29, 52, 57, 83, 130, 134, 211, 232, 337, 361, 365, 435
EDUARDO V 5
EDUARDO VI 5, 211, 302
EDUARDO VII 223
ELEONORA DE BORGONHA 46, 48
ELEONORA DE HABSBURGO 49
ELISABETH (filha de Henrique VIII) 5, 140, 308
ELISABETH DE YORK 34, 47, 51
ELVIRA (Dona) 46, 175
ELYOT (Thomas) 222, 228-9, 238
EMANUEL II (rei de Portugal) 173
EMPSON (Richard) 22, 56, 70, 438
EMSER (Jérôme) 138
ENEIDA 226
ENGLEFIELD (sir Francis) 435
EPICURO 218
ERASMO 50, 63-4, 83, 107, 139, 201-2, 216-21, 224-5, 236-7, 239, 247, 290, 351, 389, 408, 445
ESTRADA 46
ETHEREGE (George) 224
EUGÊNIO IV 169
EWES (Giles d') 64
EXETER (marquês de) 5, 8, 188, 345-6, 439
EYER (John) 383

FABYAN (Thomas) 229
FAIRFAX (Robert) 69, 237
FAQUES (William) 225
FARLEY (John) 211
FARNESE (Alexander) 306
    ver também PAULO III
FARNESE (Pier Luigi) 306
FEATHERSTONE 378
FELIPE DA ÁUSTRIA 44, 48
FELIPEZ (Francisco) 181
FERNANDEZ (João) 54
FERNANDO DE ARAGÃO 34, 46, 74, 79, 80, 88, 90, 112, 445-8

FERRAR (Robert) 247, 388
FERRERS (George) 11, 430
FICINO (Marsilio) 216
FILIPE, O Belo 256
FISH (Simon) 242-3
FISHER (John) 43, 50-1, 74, 135, 138, 171, 173, 180-1, 190, 195, 220, 223-4, 238, 252, 266-7, 273, 281, 285-6, 288, 302-11, 317, 323, 328, 330, 386-7, 448
FITZALAN (Henry) 443
 ver também conde de ARUNDEL
FITZGERALD (conde de Kildare) 38, 309-10
FITZGERALD (família) 36, 310
FITZHERBERT 357
FITZOSBERN (William) 28
FITZROY (Henry, duque de Richmond, filho natural de Henrique VIII) 444
FITZWALTER 57
FLAMANK (Thomas) 40, 43
FLANDRE (Jean de) 255
 ver também Richard CROKE
FLICKE (Gerhard) 254
FLOWER (Bernard) 231
FOIX (Gaston de) 78, 80-1
FORREST (John) 344
FORTESCUE (*sir* John) 10, 25, 370
FOX (Edward) 185-7, 254, 278, 289, 291, 329, 331, 387
FOX (Richard, bispo) 34, 48, 70, 71, 74, 88, 94, 107, 120, 166, 176, 218, 223, 237, 442
FOXE (John) 389, 394, 396, 426, 428
FRANCISCO I (rei da França) 63-4, 95, 108-10, 112-4, 119-21, 125-33, 139-41, 143-5, 147, 151, 154-61, 179, 181, 183, 187, 192-3, 196-7, 199, 223, 242, 248, 275-6, 282-4, 289, 323, 328, 337, 341-7, 373, 378, 386, 392, 400, 402, 405-7, 410, 413-4, 416-7, 419-21, 429, 438, 440, 446-8
FRANCISCO II (duque da Bretanha) 6
FREE (John) 211
FRITH (John) 224, 247

FROISSART 74
FUENSALIDA (Gutierre Gomez de) 49, 51, 66

GAMBARA (Umberto de) 183, 186
GARDINER (Germain) 428
GARDINER (Stephen) 185-9, 193-5, 199, 224, 254, 268, 273-4, 278, 284, 295, 301, 331, 375, 379, 394-6, 399, 401, 416-8, 422, 426-8, 432, 433-5, 443
GARRARD (Thomas) 247
GARRET (Thomas) 395-6
GATTINARA (Mercurio) 140-1
GERMAINE DE FOIX 48
GHINUCCI 183, 185, 246, 254-5, 269, 274
GIBERTI (Gian Matteo) 274
GIGLI (Silvestre de) 100, 106, 111, 211
GILES VAN CASTEL 231
GILLIS (Peter) 212
GIUSTINIANI (Sebastian) 62, 99, 108, 118, 123
GLADSTONE 223
GLOUCESTER (Humphey, duque) 18, 33, 222
GOLDWELL (bispo) 15
GOODRICH 331
GOWER (John) 225
GRAMMONT (Gabriel de) 275
GREGÓRIO IV (papa) 82
GRESHAM (John) 425
GRESHAM (Richard) 425
GRESHAM (*sir* Thomas) 425
GREY (*sir* Leonard) 310
GREY (Thomas, marquês de Dorset) 7, 80, 94, 130
GRIFFO (Pietro) 211
GRIMANI (núncio) 405
GROCIN (William) 202, 212, 216-21
GUELDRES (duque de) 79, 389
GUILFORD (*sir* Eduardo) 283
GUILFORD (*sir* Henrique) 69, 238
GUISE (Louise de) 343
GUISE (Maria de) 405
GUISE (Renée de) 344

HACKET (John) 247
HALIFAX (lorde) 223, 334
HALL (Eduardo, cronista) 67-8, 104, 114, 190, 229, 236, 283, 396
HALLAM (John) 338
HARPSFIELD (Nicolas) 165, 172, 201, 224
HAWES (Étienne) 74
HEATH (Nicolas) 291
HENRIQUE II 39, 74, 136n, 210, 280, 324
HENRIQUE III 18, 210
HENRIQUE IV 6, 20, 33, 229
HENRIQUE IV (rei de Castela) 171
HENRIQUE V 6, 74
HENRIQUE VI V, 24, 33, 53, 73, 100
HENRIQUE VII (Henrique Tudor) 3-8, 10-2, 15-8, 20-3, 25-31, 34, 36-40, 42, 44-51, 51-8, 62, 63-7, 68-70, 72, 74, 94, 99, 105, 107, 130, 136, 170, 175, 211, 219, 223, 228, 230-1, 237, 261, 355, 368-9, 374, 374n, 424, 444-5
HERBERT (William, duque de Pembroke, lorde de Cherbury) 6, 13, 50, 84
HERMONYMOS (George) 211
HERTFORD (conde) 411, 412, 415, 418-9, 423, 434, 444
 ver também Edward SEYMOUR
HOBY (Philip) 343-4
HOEFNAGEL (Joris) 235
HOLBEIN (Hans) 61, 236-40, 263, 272, 326, 343-4, 390-1, 438, 447
HOPKINS (Nicolas) 134
HORMAN (William) 222
HORSEY (doutor) 103
HOWARD (Catarina) 66, 395, 397-400, 431, 434, 448
HOWARD (Henrique) 226, 431-2, 434
 ver também conde de SURREY
HOWARD (*sir* Eduardo, almirante) 77, 79, 80-1, 84, 86, 446
HOWARD (Thomas, conde de Surrey) 10, 71, 84, 86, 88, 330, 431, 442, 444
 ver também duque de NORFOLK

HUNGERFORD (lorde Walter) 434
HUNNE (Richard) 102-3
HUSSEY (*lady*) 328
HUTCHINS (William) 246

IMBERT (Lawrence) 230
INOCÊNCIO I (papa) 258
INOCÊNCIO III (papa) 172, 258
INOCÊNCIO VIII (papa) 11
ISABEL DE CASTELA 34, 47
ISABELLA DE PORTUGAL 157

JAIME I 38
JAIME II 39
JAIME III 39
JAIME IV 5, 39, 77, 84, 86-7, 109, 445
JAIME V (rei da Escócia) 5, 39, 86, 109, 150, 158, 161, 310, 342, 398-9, 401-3, 448
JENINS (Robert) 230
JOACHIM (Jean) 154, 158
JOANA DE VALOIS (rainha de Nápoles) 47
JOANA, A LOUCA 48
JOÃO SEM-TERRA (rei da Inglaterra) 246, 280
JOSEPH (Charles) 103
JOSEPH (Michael) 40, 43
JÚLIO II (papa) 47, 49, 75-7, 80, 82, 88, 167, 170, 174, 176, 184-5, 191, 193, 445

KIDDERMINSTER (Richard) 103
KILDARE (conde) 36, 38, 309-10, 439
KILDARE (lorde Thomas) 309-10
KILWARDBY (Robert) 272
KINGSTON (*sir* William) 123, 204, 431
KNIGHT (William) 147, 181-4, 192-3
KNYVET (Carlos) 134
KRATZER (Nicolas) 224

LA PALICE 155
LA TRÉMOUILLE (Casa de) 155
LACY (Roger de) 28
LAMBERT (William) 340

LANCASTER (família) 3-9, 25, 36, 59, 229
LANGTON (Stephen) 272
LANGTON (Thomas) 16, 220
LARK (Thomas) 158, 357
LATIMER (Hugues) 288, 331, 378, 387
LATIMER (lorde John) 24
LATIMER (Thomas) 357
LATIMER (William) 220, 289
LAUTREC 152, 185, 187
LAYTON (Richard) 318, 382, 385-6
LEÃO X (papa) 87-9, 95, 110, 118, 121, 125, 127-8, 133, 139, 146, 153, 173, 196, 446
LEBONS (John) 230
LEE (Edward) 138, 171, 268, 278
LEE (Rowland, bispo) 374
LEIGH (Thomas) 318
LELAND (John) 351-2
LENNOX (conde) 405-6, 410-1
LEVER (Thomas) 389
LILY (William) 217
LINACRE (Thomas) 202, 212, 216-21
LINCOLN (John) 105, 441
LISLE (Arthur Plantageneta, visconde de) 395, 416, 419, 444
LIGHAM (Peter) 267
LLOYD (John) 53
LOAZES (Fernando de) 172
LOCKE (John) 223
LONDON (John) 388
LONGLAND (John) 139, 165-6, 224, 255, 273
LORRAINE (Ana de) 344
LORRAINE (Marie de) 411
  ver também Marie de GUISE
LOVELL (Thomas) 12, 71, 99
LUCIANO 218
LUÍS XI (rei da França) 15, 36, 58, 108, 130, 169
LUÍS XII (rei da França) 58, 73, 75-7, 80-3, 88-90, 99-100, 109, 139, 173, 304, 445
LUÍSA DE SAVOIA 98, 156, 158-9, 166
LUKE (Anne) 34

LUPO (Ambrose) 64
LUPSET (John) 224

MAJANO (Giovanni di) 231
MANCINI (Domenico) 211
MANOX (Henri) 397
MAQUIAVEL (Nicolau) 65, 228
MARCO POLO 214
MARGARIDA DA ÁUSTRIA (duquesa de Saboia, governante dos Países Baixos, filha do imperador Maximiliano) 48, 90, 187
MARGARIDA DA FRANÇA (filha de Francisco I) 342
MARGARIDA DE ANGOULÊME (duquesa de Alençon) 48-9
MARGARIDA DE ANJOU (esposa de Henrique VI) 33
MARGARIDA TUDOR (irmã de Henrique VIII) 45, 51, 63, 77, 109, 171, 237, 445
MARIA STUART ou MARIA I 5, 39, 419
MARIA TUDOR (filha de Henrique VIII) 5, 120, 141, 157, 302, 327, 330, 435, 446
MARNEY 71
MARSÍLIO DE PÁDUA 375
MASON (John) 421
MATSYS (Quentin) 239
MAXIMILIANO (imperador) 44, 48-9, 64, 75-6, 79, 81-2, 85, 87-90, 93, 95, 108-10, 112-5, 117, 120-2, 128, 445-6
MÉDICI (Júlio de) 120, 153
  ver também CLEMENTE VII
MELÂNCTON (Filipe) 291, 302
MELTON (Nicolas) 334
MEMBRILLA 49
MEMO (Dionísio) 64
MENDOZA (Inigo de) 160, 166, 191
MERLIN 260-1
MEWTAS (Pierre) 342
MIDDLETON (Alice) 202
MONMOUTH (Geoffrey de) 260-1, 280, 351
MONMOUTH (Humphrey) 246

MONT (Christopher) 381, 390, 415, 421
MONTAGUE (lorde) 5, 330, 345-6, 439, 448
   ver também Henrique POLE
MONTGOMERY (Lorges de) 415
MONTOYA 172
MORE (Thomas) 15, 43, 55, 57, 64-5, 107, 138-40, 143, 151-2, 172, 201-5, 210-9, 221, 223, 227, 228, 230, 237-8, 251, 274, 285-6, 288, 302-11, 319, 323, 330, 355, 357, 441, 444, 446-8
MORISON (Richard) 224, 338
MORTON (bispo de Ely) 7, 201, 227
MOUNTJOY (lorde William Blount) 63-4, 218-9
MURNER (Thomas) 138

NANFAN (sir Richard) 94
NENNIUS 260
NEVILLE (sir Edward) 13, 69, 332, 345-6, 448
NEVILLE (sir John) 13, 332, 345, 398
NIX (Richard) 253, 307
NORFOLK (Thomas Howard, duque) 10, 66, 71, 84, 86, 88, 123, 162, 181, 195, 197-8, 199, 200, 248, 261, 263, 273, 282-4, 326, 330, 334, 336, 338, 394-7, 399-402, 412-5, 431-3, 435, 442, 444
NORREY (John) 232
NORRIS (sir Henry) 325-6
NORTHUMBERLAND (Henrique Algemon Percy, quinto conde de) 13-4, 28
NORTHUMBERLAND (Henrique Percy, sexto conde de) 134, 163, 204, 325, 332
NORWICH (Thomas de) 322
NOWELL (Alexander) 224
NOZAROLA (Ludovico) 172

OEKOLAMPAD (Johannes) 290
OPITIIS (Benedict) 64
ORLÉANS (duque de) 226, 402
OSIANDER (Andreas) 290
OXFORD (conde de) 432, 444

PACE (Richard) 99-100, 110-2, 124-6, 137-8, 145-7, 155, 220, 223, 443
PAGET (William) 401, 414, 417, 419, 422, 433-5
PALSGRAVE (John) 104
PARR (Catarina) 66, 407-8, 426, 430, 448
PARR (sir Thomas) 69
PARR (sir William) 69
PAULO III (papa) 306-8, 323, 328, 337, 343, 345, 421, 447
PEELE (Robert) 223
PEMBROKE (duque de) 6, 13
PENN (William) 223
PERCY (Henrique Algernon) 14
   ver também conde de NORTHUMBERLAND
PERCY (Henrique) 163, 332
PERCY (Thomas) 332
PETRARCA 226
PETRE (sir William) 233, 329, 390
PICKERING (sir William) 384
PIO II (papa) 169
PIO III (papa) 47
PLANTAGENETA (Arthur), ver visconde de LISLE
PLUTARCO 220
POLE (Edmond de la) 58, 70, 83, 345-6
POLE (Henrique, lorde Montague) 5, 8, 70, 330, 345-6, 439
POLE (Jean de la, conde de Suffolk) 8, 134 345-6, 439
POLE (Margaret, condessa de Salisbury) 5, 41, 345-6, 439
POLE (Reginaldo, cardeal) 5, 8, 70, 255, 327, 337, 337, 340, 345-6, 347
POLE (Richard de la) 83, 155-6, 345-6
POLE (sir Geoffrey) 5, 70, 345-6
POYNINGS (sir Edward) 36, 71, 78, 79, 99, 416, 443
PRAET (embaixador imperial) 100
PREVIDELLI 171
PUCCI (cardeal Lorenzo) 184-6
PUEBLA 47-9
PYNSON (Richard) 225

RABELAIS (François) 229
RASTELL (John) 55, 228
RATCLIFF 11
REDMAN (John) 224
REEVE (John) 383
REID (Richard) 423
REYNOLDS (Richard) 224
RHYS AP GRUFFYD, sir 374
RHYS AP THOMAS, sir 374
RICARDO II 6, 8, 18, 24-5
RICARDO III 3, 5, 6-11, 15, 30, 41, 56-7, 135, 205, 211, 230, 345, 423
RICHE (lorde) 383
RICHMOND (duque de) 6, 162, 164, 176, 326, 327, 332, 432, 444
  ver também Henrique FITZROY
RIDLEY (Nicholas) 224
RIEFFENBERG (Frederic von) 415
RIGHTWISE (John) 217
ROACH (sir William) 423
ROCHFORD (Thomas Bolena, visconde) 181, 198, 442
ROCHFORD (viscondessa) 41
ROGERS (John) 379
ROPER, cronista 201
ROSELLIS (Anthony de) 173
ROSS (William), pseudônimo de Thomas More 138
ROY (William) 245, 246
RUFUS (Guilherme) 41
RUSSELL (sir John) 151-2, 155, 442, 443, 444
RUTHAL (Thomas) 67, 71, 74, 99, 442, 443
RUTLAND (conde de) 383-4

SADLER (sir Ralph) 384, 404-6, 415, 431
SAINT GERMAIN (Christopher) 301, 375-6
SAINT JOHN (Elisabeth) 38
SAINT LÉGER (sir Anthony) 310
SAINT-POL (condestável de) 194
SALCOT (John) 286
SAMPSON (Richard, bispo) 237, 395
SELLYNG (William) 211

SERBOPOULOS (John) 211
SEYMOUR (Jane) 66, 289, 296, 322-8, 340-1, 391, 435, 448
SEYMOUR (sir Edward, lorde Hertford, duque de Somerset) 341, 410-1, 414, 415, 418, 423, 432, 434, 444
SEYMOUR (sir Thomas) 341, 407
SFORZA (Francesco) 343
SHAFTESBURY (duque de) 223
SHAKESPEARE (William) V, VII, 228, 230, 240
SHAXTON (Nicolas) 331, 378
SHEFFIELD (sir Robert) 103-4, 444
SHELLEY (sir William) 203-4
SHELTON (Margaret) 326
SHERBORNE (Robert) 47, 385
SHINER (Matthieu) 110, 113, 125
SHREWSBURY (conde de) 38, 84, 105, 204, 334, 336, 443
SIMONETTA (Giacomo) 186
SINCLAIR (Oliver) 403
SOMERSET (duque de) 6
  ver também Edward SEYMOUR
SONCINO 52
SPINA (Bartolomeu de) 172
STAFFORD (Eduardo) 14
  ver também duque de BUCKINGHAM
STAFFORD (Henrique, conde de Essex) 69
STAFILEO (Giovanni) 186
STANBRIDGE (John) 222
STANDISH (Henry) 103, 307
STANLEY (lorde Thomas) 7, 12
  ver também conde de DERBY
STARKEY (Thomas) 224, 338, 357, 387
STOKESLEY (John) 224, 257, 278, 305, 325
STRANGWAYS (sir James) 384
STRODE (Richard) 429
STUART (John) 109
  ver também duque de ALBANY
STUMPE (William) 361
SUFFOLK (Charles Brandon, duque de) 24, 88-9, 90, 109, 122, 126, 181, 195, 197, 258, 324, 334, 336, 406, 412-6, 439, 443

SURREY (Eduardo, almirante) 55, 84, 150
SURREY (Henrique Howard, conde de) 226, 432
SURREY (Thomas Howard, conde de) 10, 12, 71, 84, 442
SWIFT (Jonathan) 212

TALBOT (George) 443
    ver também conde de SHREWSBURY
TALBOT (John) 78
TALLIS (Thomas) 237
TAVERNER (John) 237, 290
TAVERNER (Richard) 224
TERENCE 222
THORNE (Robert) 53
TOMÁS DE AQUINO (São) 168
TORQUEMADA (Tomás) 169, 173
TORREGIANO (Pietro) 231
TOUCHET (James) 40
TOURNON (François de) 275-6
TOVEZZANO (Benedetto di) 231
TOWNELEY (Nicolas) 230
TRACY (Richard) 290
TREGONWELL 317
TREVISANO (Girolamo) 231
TUDOR (Edmundo) 5, 6
TUDOR (família) 4-8, 10-1, 18, 190, 202, 232, 237, 239, 249-50, 303, 332, 335, 339, 358, 362, 364, 369-71, 438
TUDOR (Henrique) 3, 4, 6, 7, 12, 15, 17, 261, 444
    ver também HENRIQUE VII
TUDOR (Jasper) 6, 374n
TUDOR (Owen) 6
TUNSTALL (Cuthbert, bispo) 140, 156, 195, 220, 267, 281, 289, 295-6, 304, 307, 332, 336, 417, 442
TUSSER 357
TYE (Christopher) 237
TYNDALE (William) 165-6, 202, 215, 224-5, 246-7, 252, 379, 447

VAN DER DELFT (embaixador) 433-4
VANNES (Pierre) 192-3, 211
VAUGHAN (Stephen) 215
VENDÔME (Maria de) 344
VERGIL (Polydore) 98, 100, 165, 211, 225, 229, 261, 349
VERTUE (Robert) 230
VERTUE (William) 16
VESPÚCIO (Américo) 212, 214
VIRGÍLIO 225
VITELLI (Cornelio) 211
VIVES (Juan Luis) 171, 195, 222-4
VOYSEY (John) 374

WALLOP (sir John) 407
WARBECK (Perkin) 7-8, 37, 40, 52, 237, 445
WARHAM (William, arcebispo) 67, 70, 71, 72, 74, 80, 94, 98, 103-4, 166, 195, 219-20, 224, 238, 266, 272-3, 278, 285, 307, 441
WARWICK (Eduardo, duque de) 7
WASH (Walter) 204
WESLEY (John) 223
WEST (Nicolas) 67
WESTMORLAND (conde de) 134
WESTON (sir Richard) 123
WHITTINTON (Robert) 222
WHYTE (Robert) 237
WILTSHIRE (lorde) 134
WINCHCOMBE (John) 361
WINGFIELD (Humphrey) 20, 444
WINGFIELD (sir Robert) 110, 156
WITTINGHAM (William) 224
WOLMAN (Richard) 167
WOLSEY (Thomas) 63-5, 71-3, 79, 82, 85, 88-90, 93-115, 117-22, 124, 126-47, 150-5, 157-8, 159-63, 165-7, 174-7, 179-205, 211, 220, 223, 226, 231, 232, 234, 239, 245-9, 262-6, 270-2, 285, 304-6, 317, 320, 328, 331-2, 356, 365, 384, 386-7, 393-4, 413, 425, 431, 435, 441, 445-7
WOODVILLE (Eduardo) 7
WOODVILLE (Elizabeth) 7
WOTTON (Edward) 224
WOTTON (Nicolas) 391

WRIGHT (Andrew) 237
WRIOTHESLEY (Charles) 229
WRIOTHESLEY (sir Thomas, chanceler) 65, 233, 387, 399, 401, 423, 428, 431, 435, 441
WYATT (sir Thomas) 162-3, 226-7, 325
WYCLIFF (John) 17, 102, 102n, 136-7, 210, 244, 245

WYNKYN DE WORDE 236
WYNTER (Thomas) 97

YORK (família) 3, 6-9, 11, 24, 31, 36, 58-9, 83, 93, 229, 285, 337, 345
YORK (Ricardo, duque de) 4, 5, 337

ZWINGLIO (Ulrich) 290

SOBRE O LIVRO

Formato: 16 x 23 cm
Mancha: 27,5 x 42 paicas
Tipologia: Iowan Old Style 10/14,6
Papel: Off-white 80 g/m² (miolo)
Cartão Supremo 250 g/m² (capa)

1ª edição Editora Unesp: 2022

EQUIPE DE REALIZAÇÃO

Capa
Marcelo Girard

Edição de texto
Maria Elaine Andreoti (Copidesque)
Tulio Kawata (Revisão)

Editoração eletrônica
Sergio Gzeschnik (Diagramação)

Assistência editorial
Alberto Bononi
Gabriel Joppert

Impressão e Acabamento

(011) 4393-2911